Conrad

Gandhi und der Begriff des Politischen

Dieter Conrad

Gandhi und der Begriff des Politischen

Staat, Religion und Gewalt

Mit einer Einführung von
Jan Assmann

Herausgegeben von
Barbara Conrad-Lütt

Wilhelm Fink Verlag

Dieter Conrad (1932–2001) vertrat seit 1964 die Rechtswissenschaft (Öffentliches Recht und Verfassungsrecht) am Südasien-Institut der Universität Heidelberg, wo er bis zu seiner Pensionierung 1997 als Leiter und akademischer Direktor der Abteilung für Rechtswissenschaft wirkte. Zugleich war er am Max-Planck-Institut für ausländisches öffentliches Recht und Völkerrecht tätig. Zahlreiche, zum Teil langjährige Forschungsaufenthalte führten ihn nach Indien, Pakistan, Sri Lanka und Bangladesh sowie an das Wissenschaftskolleg zu Berlin. Er stand in regem Dialog mit indischen Fachkollegen und gab der indischen Verfassungsdiskussion wichtige Anstöße: Seine Überlegungen zu den Grundlagen der Verfassung, der „Basic Structure", gingen in die Entscheidungen des indischen *Supreme Court* ein. Sie sind damit Bestandteil der indischen Verfassung geworden und wurden später auch von anderen südasiatischen Staaten übernommen. In seinen Publikationen befaßte er sich mit Verfassungsproblemen der Staaten des Südasiatischen Subkontinents. Daneben hat er immer wieder über Gandhi sowie über rechtsphilosophische und rechtsvergleichende Themen gearbeitet.

Bibliografische Information Der Deutschen Bibliothek

Die Deutsche Bibliothek verzeichnet diese Publikation in der Deutschen Nationalbibliografie; detaillierte bibliografische Daten sind im Internet über
http://dnb.ddb.de abrufbar.

© 2006 Wilhelm Fink Verlag, München
(Wilhelm Fink GmbH & Co. Verlags-KG, Jühenplatz 1, D-33098 Paderborn)

www.fink.de

Einbandgestaltung: Evelyn Ziegler, München
Herstellung: Ferdinand Schöningh GmbH & Co. KG, Paderborn

ISBN13: 978-3-7705-4312-0
ISBN10: 3-7705-4312-2

Inhaltsverzeichnis

Teil III: Grundrechte und Grundpflichten

5. Kapitel: Das Recht auf Subsistenz

6. Kapitel: Freiheit und Gleichheit

Vorbemerkung

Seit den 1970er Jahren hat Dieter Conrad immer wieder, mit langen Unterbrechungen, an seinem Gandhi-Buch gearbeitet. Einzelne Aspekte hat er in Aufsätzen weiter vertieft – auf sie wird in den Anmerkungen hingewiesen. Letzte Form gab er dem Manuskript, so wie es jetzt vorliegt, während seiner Fellowship 1987/88 am Wissenschaftskolleg zu Berlin. In der ursprünglichen Konzeption hatte dem aber noch ein Teil über Martin Luther King folgen sollen. Als er mir, schon schwerkrank, wenige Monate vor seinem Tod auf meine Bitte hin das Manuskript übergab, sprachen wir über notwendige Vorarbeiten für eine Veröffentlichung – in erster Linie natürlich darüber, ob noch ein Schluß angefügt werden könnte, was leider nicht mehr geschehen ist. Außerdem überlegten wir auch, daß doch, anders als ursprünglich geplant, einige der Zitate aus den Fußnoten wieder in den Text gestellt werden sollten. Schließlich war auch der Titel noch ein ungelöstes Problem, für das wir damals mehrere Varianten als vorläufige Formulierungsbasis notierten – die endgültige Form hat ihm später Dieter Conrads langjähriger Freund Jan Assmann gegeben.

Die redaktionellen Arbeiten an dem Buch erwiesen sich doch als umfangreicher als ursprünglich gedacht. Der gesamte Anhang, also Glossar, Verzeichnis der benutzten Literatur, kommentiertes Namenregister, mußte erstellt und vor allem die Fußnoten in formaler Hinsicht entsprechend vereinheitlicht werden. Wo immer es möglich war, wurden dabei Gandhi-Zitate aus den Anmerkungen in den Text aufgenommen, ebenso zwei größere Exkurse.

Bei der Arbeit habe ich viel Zuspruch und Hilfsbereitschaft bei Freunden, Verwandten und Bekannten erfahren. Stellvertretend möchte ich hier Tomoko Mamine nennen, die mit großer Sorgfalt noch einmal letzte Hand an den Anhang gelegt, Zitate kontrolliert und Namen erschlossen hat, vor allem aber meinen lieben Mann, Jürgen Lütt, ohne dessen fachlichen Rat ich dieses Abenteuer nicht hätte wagen können. Ihnen sei an dieser Stelle von Herzen gedankt. Mein Dank gilt auch Axel Michaels, sowie dem Heidelberger Südasien-Institut, das den Druck des Buches mit einem namhaften Zuschuß gefördert hat. Vor allem aber möchte ich Raimar Zons für die Aufnahme des Buchs in das Programm des Fink-Verlags danken, für seine so ermutigende Begleitung der letzten Arbeiten, die sorgfältige Drucklegung und die Großzügigkeit, mit der er dieses Projekt unterstützt hat.

Barbara Conrad-Lütt

Jan Assmann

Staat, Gesetz, Offenbarung als Quellen der Gewalt. Zur Einführung.

Nichts erschüttert die gegenwärtige Welt so sehr wie der Ausbruch religiöser Gewalt und der unausgesetzte Zusammenprall von Gewalt und Gegengewalt. Kein Thema kann daher größere Aktualität beanspruchen als die Frage nach den religiösen und politischen Quellen der Gewalt. Im Rückgang auf Gandhi, der hier erstmals auch als politischer Theoretiker höchsten Ranges entdeckt wird, erschließt Dieter Conrad diesem brennenden Thema ganz neue Perspektiven. An die Stelle einer konfrontativen Perspektive, in der sich Ost und West als unverhandelbare Gegensätze gegenüberstehen, setzt er eine kontrastive Perspektive, in der die Gegensätze auf ein Drittes, eine übergeordnete gemeinsame Sachproblematik hin bezogen und dadurch neuen Lösungen zugeführt werden können. Conrads Darstellung von Gandhis Denken ist das genaue Gegenteil dessen, was Edward Said als „Orientalismus" gebrandmarkt hat.[1] Hier wird der Osten nicht zum kulturell Anderen verfremdet, sondern als Partner eines universellen Diskurses wahrgenommen, und sogar als ein Partner, der uns in vieler Hinsicht weit voraus ist und uns zu völlig neuen Sichtweisen und Lösungsmöglichkeiten unserer Probleme führen kann. In Conrads Rekonstruktion erweist sich Gandhis Theorie des Politischen als die avancierteste, weit über Max Weber, Carl Schmitt und andere westliche Theoretiker hinausweisende Position.

Diese Theorie destilliert Conrad aus den 90 Bänden der „Collected Works" sowie aus Gandhis politischen Aktionen und Auftritten und bringt sie, auf Augenhöhe mit der westlichen Theoriebildung zu Fragen von Staat und Gewalt, Politik und Religion, in die Form einer systematischen und kohärenten Darstellung. Dadurch werden westliche Gewißheiten und unhinterfragte Eurozentrismen erstmals mit einer Gegenposition konfrontiert, die sich nicht auf das Klischee vom Gegensatz von Orient und Okzident reduzieren läßt, sondern auf der Ebene einer transkulturellen Sachdiskussion verhandelt werden muß. Diese Diskussion führt zu einer neuen Sicht auch auf die westliche Tradition, über die man in diesem Buch ebenso viel lernt wie über die östliche und die wohl selten in solcher Klarheit und Prägnanz auf den Begriff gebracht wurde wie in dieser kontrastiven Darstellung. Drei Quellen der Gewalt macht Conrad

---

[1] Edward W. Said, Orientalism, New York 1978; dt. Orientalismus, Frankfurt a. M., Berlin, Wien 1981.

in dieser Rekonstruktion von Gandhis politischer Theorie namhaft: Recht bzw. Staat, Offenbarung und Eigentum. In meinen folgenden Bemerkungen möchte ich mich auf die ersten beiden beschränken und sie aus der Sicht des Ägyptologen und Religionswissenschaftlers beleuchten.

1. Staat, Politik, Gewalt

Gewaltlosigkeit als „sichtbares Leiden"

Gandhis Neubestimmung des Verhältnisses von Politik und Gewalt bezeichnet den Aspekt seines Wirkens, der am stärksten die traditionelle Begriffsbildung revolutioniert hat. Er hat als erster systematisch das Prinzip der Gewaltlosigkeit als eine Form politischen Handelns eingesetzt, mit gewaltigen, weltverändernden Folgen, wie sie mit den traditionellen Mitteln des Gewalteinsatzes vermutlich nie zu erreichen gewesen wären und die uns dazu zwingen, auch auf theoretischer Ebene das Problem der Gewalt neu zu überdenken. Gewaltlosigkeit, bis dahin immer als das Andere, das Gegenteil, der Verzicht auf politisches Handeln, das schlechthin Unpolitische verstanden, stellt sich seit Gandhi als eine ganz besonders wirkungsvolle Form politischen Handelns dar.

Dabei ist die gewaltlose politische Aktion auch im Westen nichts vollkommen Unerhörtes. Vermutlich hat man bereits die Jesus-Bewegung in diesem Sinne zu verstehen, auch wenn vielleicht nicht klar ist, in welchem Umfang sie als politische Aktion intendiert war und nicht erst in ihren Fernwirkungen politische Umwälzungen größten Ausmaßes in Gang gesetzt hat. Ein sehr klares und lehrreiches Beispiel gewaltloser politischer Aktion, die ihre Wirkung gerade aus ihrer programmatischen Gewaltlosigkeit bezog, ist jedoch der berühmte Gang Heinrichs IV. nach Canossa im Jahre 1077. Der Kaiser, der vom Papst Gregor VII. mit dem Kirchenbann belegt war, hätte sein politisches Ziel, die Befreiung von diesem Bann, niemals mit Gewalt durchsetzen können. Er mußte sich also ebenfalls auf geistliche Gewalt, und das heißt den Verzicht auf jede physische Gewalt, beschränken und spielte mit einer geradezu selbstzerstörerischen Konsequenz die rituelle Rolle des Büßers, indem er drei Tage und Nächte barfuß im Büßerhemd vor der winterlichen Burg von Canossa ausharrte und den Papst durch diese extreme Selbstdemütigung zwang, den Bann zurückzunehmen. Im Gedächtnis blieb „Canossa" als Inbegriff der Niederlage lebendig; in Wirklichkeit war es ein Sieg: der Kaiser hatte sein politisches Ziel erreicht, das mit politischen Mitteln nicht zu erreichen war. Hier zeigt sich die Religion als eine andere Macht, die zwar in diesem Fall in der Hand des Staates gegen die religiöse Instanz angewendet wurde, mit der aber in umgekehrter Richtung auch der Staat im Falle manifester Ungerechtigkeit in die Knie zu zwingen wäre. Es liegt nahe, im Hinblick auf das Bußritual, dem sich Heinrich

IV. unterworfen hat, von „ritueller" oder „symbolischer" Gewalt[2] zu reden, da hier ja tatsächlich ein Zwang ausgeübt wurde, dem der Papst schließlich gegen seinen Willen nachgeben mußte. Dieser Zwang funktioniert jedoch nur auf der Grundlage vollkommener Gewaltlosigkeit.

Dabei scheint „Gewaltlosigkeit" sogar noch ein zu schwacher Begriff. Worum es geht, ist nicht nur Verzicht auf, sondern Erleiden von Gewalt, und zwar sichtbares Leiden, Leiden vor den Augen von Zeugen und einer moralischen Öffentlichkeit, die einerseits durch solches Leiden vorausgesetzt und hervorgebracht wird und durch die andererseits ein solches Leiden erst sichtbar wird.[3] Heinrichs Ausharren im Büßerhemd muß man in dieser Hinsicht einem Hungerstreik vergleichen, mit dem Menschen, denen kein anderes Mittel mehr übrig bleibt, z.B. Gefangene, eine moralische Öffentlichkeit auf das von ihnen erlittene Unrecht aufmerksam machen wollen. Ausdrücke wie „symbolische Gewalt" verdecken den kommunikativen Charakter solcher gewaltfreier Aktionen in Form „sichtbaren Leidens", die, im Unterschied zu physischer Gewalt, nur unter den Bedingungen der Zeugenschaft und der moralischen Öffentlichkeit, also unter kommunikativen Bedingungen, ihr Ziel erreicht. Hätte Heinrich gegenüber Gregor VII. die Gewalt angewendet, mit der dieser gerechnet hatte, als er sich in die befestigte Burg Canossa zurückzog, dann hätte er, wie man heute sagt, jeden „Kredit" verloren bzw. jedes „symbolische Kapital" verspielt. Die ökonomische Terminologie verdeckt den politischen Charakter der Macht, die in der gewaltlosen Handlung steckt, sie verweist aber auf ihren kommunikativen Charakter und auf die dritte Macht jenseits der beiden Kontrahenten: eine Öffentlichkeit in Gestalt von Staatsvolk und Kirchenvolk, Adel und Klerus, vor denen das gewaltfreie Spiel aufgeführt wird. Allerdings, und darin liegt wohl ein entscheidender Unterschied zu Gandhis gewaltfreien politischen Aktionen, agierte Heinrich auch als Repräsentant der gottgewollten weltlichen Macht doch sehr stark in eigener Sache; seinem Auftritt als Büßer fehlte der Charakter des Eintretens für Andere, die nach Conrads These das Wesen des Politischen ausmacht. Auch Gandhis gewaltfreie Aktionen nahmen meist die Form sichtbaren Leidens an, z.B. wenn er durch gezielten Rechtsbruch den Unrechtscharakter geltender Gesetze bloßstellen wollte und dafür widerstandslos und geradezu demonstrativ die Strafe erlitt. Dieses ostentative Erleiden von Gewalt stand niemals in eigener Sache, wie bei Heinrich IV., sondern immer im Dienste jenes „Eintretens für".

Dem Einsatz sichtbaren Leidens als politisches Mittel und der Aufmerksamkeit einer moralischen Öffentlichkeit auf manifeste Fälle ungerechter staatli-

---

[2] Vgl. Gert Althoff, Die Macht der Rituale. Symbolik und Herrschaft im Mittelalter, Darmstadt 2003; Stefan Weinfurter, Canossa. Die Entzauberung der Welt, München 2006.

[3] Die Kategorien der Zeugenschaft und der moralischen Öffentlichkeit entwickelt Aleida Assmann in ihrem neuen Buch über die europäische Gedächtnisgeschichte des Holocaust: Der lange Schatten der Vergangenheit. Erinnerungskultur und Geschichtspolitik, München 2006.

cher Gewaltanwendung entspricht auf der anderen Seite das Interesse des Staates, das von ihm verantwortete Leiden anderer unsichtbar zu halten und die moralische Öffentlichkeit nach Möglichkeit einzuschüchtern und auszuschalten.[4]

Recht und Gewalt

Die westliche Tradition führt das Politische auf den Staat und den Staat auf das Recht zurück. Beide Größen, der Staat und das Recht, beruhen auf Gewalt, und zwar nicht notwendigerweise auf der de facto ausgeübten, aber auf der als Sanktion glaubhaft angedrohten physischen Gewalt. So stellte Niklas Luhmann fest, „daß Politik und Recht nur möglich sind, wenn sie zu ihrer Durchsetzung auf physische Gewalt zurückgreifen und Gegengewalt wirksam ausschließen können".[5] Das Recht bedarf, wie es schon Blaise Pascal in einer berühmten Passage seiner „Pensées" feststellte, der Gewalt zu seiner Durchsetzung.

> Gerechtigkeit *(justice)*, Gewalt *(force)*.
> Die Gerechtigkeit ohne Gewalt ist kraftlos, ohnmächtig; Gewalt ohne Gerechtigkeit ist tyrannisch. Gerechtigkeit ohne Gewalt wird nicht anerkannt, weil es immer Bösewichte gibt; Gewalt ohne Gerechtigkeit wird angeklagt. Man muß also Gerechtigkeit und Gewalt zusammenstellen, damit, was gerecht und angemessen auch stark und kräftig, was stark und kräftig auch gerecht und angemessen ist.
> Da man nicht hat erreichen können, daß das Gerechte und Angemessene auch stark und kräftig ist, hat man dafür gesorgt, daß das Starke und Kräftige gerecht und angemessen ist.[6]

Auf der Grundlage dieses Zusammenhangs hat Walter Benjamin zwischen zwei Formen von Gewalt unterschieden: der rohen Gewalt, die sich auf kein Recht berufen kann, dem sie zur Durchsetzung dient, und der legitimen Gewalt, ohne die das Recht wirkungslos bliebe.[7] Jacques Derrida, der sich in seinen Überlegungen zur „Gesetzeskraft" sowohl mit Pascal als auch mit Benjamin auseinandersetzt, verbindet diese Stelle aus Nr. 298 mit einer anderen Passage aus Nr. 293, in der es heißt:

---

[4] Zu dieser Form von „Biopolitik", der Produktion unsichtbaren Leidens im Rahmen totalitärer Regimes, insbesondere Nazi-Deutschlands, siehe Giorgio Agamben, Homo Sacer. Die souveräne Macht und das nackte Leben, Frankfurt a. M. 2002.

[5] Niklas Luhmann, Rechtszwang und politische Gewalt, in: Ausdifferenzierung des Rechts. Beiträge zur Rechtssoziologie und Rechtstheorie, S. 154–172, Zitat 154, nach Dieter Conrad, Der Begriff des Politischen, die Gewalt und Gandhis gewaltlose politische Aktion, in: Jan Assmann, Dietrich Harth (Hrsg.), Kultur und Konflikt, Frankfurt a. M. 1990, S. 72–112, 77 f.

[6] Blaise Pascal, Pensées et opuscules, hrsg. von L. Brunschvig, Paris 1912, 470 Nr. 298, zit. nach Jacques Derrida, Gesetzeskraft. Der mystische Grund der Autorität, Frankfurt a. M. 1991.

Der eine sagt, daß das Wesen der Gerechtigkeit in der Autorität des Gesetzgebers besteht, der andere dagegen, daß jenes, was dem Souverän zweckdienlich ist, dieses Wesen ausmacht; ein dritter schließlich meint, daß die Gerechtigkeit in den jeweils geltenden Gewohnheiten ihr Wesen hat. Diese Meinung ist wohl jene, die am ehesten zutrifft: folgt man nämlich der Vernunft, gibt es nichts, was von sich aus gerecht ist. Alles gerät mit der Zeit in Bewegung. Weil sie übernommen wird, bestimmt die Gewohnheit gänzlich die Gerechtigkeit: das ist der mystische Grund ihrer Autorität. Wer sie auf ihr Prinzip zurückführt, zerstört sie.

Pascal zitiert hier, wie Derrida zeigt, Montaigne, der in seinem Essay „De l'expérience" („Von der Erfahrung") schreibt:

Die Macht der Gesetze bleibt ja nicht deswegen unangetastet, weil sie gerecht, sondern weil sie Gesetze sind. Dies ist das mystische Fundament ihrer fortdauernden Geltung, ein anderes haben sie nicht [...] Wer ihnen gehorcht, weil sie gerecht sind, gehorcht ihnen nicht aus dem rechten Grund.[8]

Das ist nichts anderes als der Gedanke, den Hobbes später auf die berühmte Formel brachte: „Auctoritas, non veritas facit legem." Das Gesetz – auch wenn es in naturrechtlicher Perspektive hundertmal gerecht und angemessen erscheint – bezieht seinen Anspruch auf Befolgung nicht aus seinem Bezug auf die Idee der Gerechtigkeit, die seine „Wahrheit" ausmacht, sondern aus der dahinter stehenden Staatsgewalt, die seine Befolgung mit physischer Gewalt erzwingen kann.

Diese Gedanken lassen sich weit in der Geschichte zurückverfolgen, im Westen bis zu den alten Ägyptern, in Indien bis zur klassischen Staatslehre des Kautilya, dem Arthasastra. Dahinter steht eine pessimistische Anthropologie, die davon ausgeht, daß die Menschen, als *animalia socialia* darauf angewiesen, in Gemeinschaft zu leben, ohne einen starken „Staat" (d.h., in der Begrifflichkeit der frühen Texte, ohne Königtum) nicht leben können, der die Befolgung der Gesetze als der Rahmenbedingungen des Gemeinschaftslebens sicherstellt, da sie sich sonst in ihrer Freiheit zum Bösen gegenseitig totschlagen, übervorteilen, unterdrücken und ausbeuten würden. Diesen Zusammenhang von Staatslehre und Anthropologie und die Begründung der Gewalt in der „Natur" des Menschen hat Carl Schmitt 1932 in der 2. Auflage seines Buches „Der Begriff des Politischen" sehr klar formuliert: „Man könnte alle Staatstheorien und alle politischen Ideen auf ihre Anthropologie prüfen und danach einteilen, ob sie, bewußt oder unbewußt, einen ‚von Natur bösen' oder einen ‚von Natur guten' Menschen voraussetzen."[9] An seiner eigenen Position ließ C. Schmitt keinen Zweifel. Stellt er doch klipp und klar fest, daß „alle echten politischen Theori-

---

[7] Walter Benjamin, Zur Kritik der Gewalt, Gesammelte Schriften, hrsg. von Rolf Tiedemann und Hermann Schweppenhäuser, Frankfurt a. M. 1980, Bd. II/1, S. 179–203.

[8] Michel de Montaigne, Essais, übers. von Hans Stilett, Frankfurt a. M. 1998, S. 541.

[9] Carl Schmitt, Der Begriff des Politischen, unveränd. Nachdruck, Berlin 1979, S. 59 ff.

en (den Menschen) als ‚böse‘, d.h. als keineswegs unproblematisches, sondern als ‚gefährliches‘ und dynamisches Wesen" voraussetzen.

Schmitts großes Vorbild ist natürlich Thomas Hobbes mit seiner Vorstellung von der wölfischen Natur des Menschen *(homo homini lupus)* und seiner Theorie des Naturzustands als eines Kriegs aller gegen aller *(bellum omnium contra omnes)*. Es ist nun sehr aufschlußreich, daß solche auf einer pessimistischen Anthropologie basierenden „echten" politischen Theorien keine Errungenschaft der frühen Neuzeit darstellen, sondern zum Ältesten gehören, was sich überhaupt an Quellen zu dieser Thematik greifen läßt. Schon 2000 Jahre vor Hobbes rechnet die klassische indische Staatslehre mit einem Naturzustand, der durch das Gewaltrecht des Stärkeren, *Matsya-nyaya*, charakterisiert wird. *Matsya-nyaya*, „das Gesetz der Fische" ist eine Metapher aus der Tierwelt, die besagt, daß die Kleinen von den Großen gefressen, die Schwachen von den Starken unterdrückt oder erschlagen werden. Dieses Naturgesetz regiert auch die Menschen. Um es zu überwinden braucht er den Staat, der eine Sphäre des Rechts und der Ordnung *(dharma)* aufbaut, innerhalb deren die Menschen ihr eigentliches Biotop finden, wo sie ihren jeweiligen Pflichten folgen und dadurch auf Erlösung hoffen können.[10] Nur durch den Staat gelingt dem Menschen die Heraushebung aus dem Chaos der subhumanen Sphäre ewiger gegenseitiger Zerfleischung, in das er im Zustand der Herrschaftslosigkeit *(arajaka)* wieder zurückfällt:

> Gäbe es auf Erden keinen König, der den züchtigenden Stock trägt, dann würden die Starken die Schwachen aufspießen und braten wie Fische.[11]

Dem Staat, d.h. dem Krieger- und Fürstenstand *(Kshatriya)* fällt in diesem Weltbild eine sehr umfassende Schutzpflicht zu, nämlich die, eine Ordnung des Zusammenlebens aufzubauen und zu garantieren, welche Menschentum *(manusha)* überhaupt erst möglich macht. Aus der pessisimistischen Anthropologie und der Fiktion eines chaotischen Naturzustands ergab sich eine umfassende Ermächtigung zum Gewaltgebrauch und zur Aggressivität. Diese sind in den altindischen Fürstenspiegeln kodifiziert, insbesondere im Arthasastra des Kautilya, deren Lehren Max Weber als „nackteste[n] Machiavellismus" bezeichnete.[12] Nach Weber ist der „Krieg schlechthin" das Dharma des Kshatriya. Im

---

[10] Dieter Conrad, Max Webers Interpretation des Dharma und sein Begriff der Eigengesetzlichkeit, in: Max Weber e l'India. Atti del Convegno Internazionale su: La Tesi Weberiana della Razionalizzazione in Rapporto all'Induismo e al Buddhismo. Hrsg. von dem Goethe Institut in Turin und Centro Piemontese di Studi sul Medio ed Estremo Oriente, Turin 1986, S. 37–78 mit Verweis auf Robert Lingat, The Classical Law of India, New Delhi, 1973.

[11] Mahabharata XII, 67, 16 nach Louis M. Dumont, Gesellschaft in Indien. Die Soziologie des Kastenwesens, (dt. Ausgabe von Louis Dumont, Homo hierarchicus, Paris 1966), Wien 1976, S. 351.

[12] Max Weber, Gesammelte Aufsätze zur Religionssoziologie, Bd. 2, Tübingen [6]1978, S. 145f., 65f. Vgl. zum Arthasastra auch Dumont 1976: 353–359, der auf S. 353 feststellt: „Die oft betonte Parallele zu Machiavelli ist durchaus nicht unsinnig".

Banne dieser Lehren entfaltete sich nicht nur eine großartige Heldenepik, son-
dern entwickelte sich auch der indische Subkontinent zu einer der friedlosesten
Zonen, die die Erde je gekannt hat. Denn dieselben Waffen, die Frieden und
Gerechtigkeit innerhalb des Systems garantierten, verbreiteten Krieg und
Schrecken in seiner Umwelt.

Auch die alten Ägypter waren davon überzeugt, daß sich die Gerechtigkeit
auf Erden nur mit Gewalt, und zwar mit Staatsgewalt, durchsetzen läßt. Ohne
den Staat gäbe es weder Recht noch Ordnung auf Erden, und die Menschen
würden sich in ihrer ungezügelten Habgier gegenseitig umbringen und unterdrücken. Die altägyptische Göttin der Gerechtigkeit wird „die Flammende" genannt und der flammenspeienden „Uräus"-Schlange gleichgesetzt, die der Son-
nengott und der Pharao als Insignie ihrer welterhaltenden Herrschaft an der
Stirn tragen. Die Aufgabe des Herrschers ist es, „die Gerechtigkeit an die Stelle
des Unrechts zu setzen in der Feuerinsel" (Pyr 265). Das bedeutet, „dem
Schwachen zu seinem Recht zu verhelfen gegenüber dem Starken". Der Ge-
walt-Aspekt des pharaonischen Königtums wird denn auch in einer Bilderwelt
entfaltet, die an Aggressivität nichts zu wünschen übrig läßt.[13]

In der abendländisch-christlichen Tradition wird die pessimistische Anthropologie seit Augustinus mit der Doktrin der Erbsünde begründet.[14] So taucht
das indische Bild vom „Gesetz der Fische" auch in der mittelalterlichen Staatslehre auf: „Überall unterdrücken die Starken die Schwachen und die Menschen
sind wie die Fische im Meer, die sich gegenseitig verschlingen."[15] Darauf bezieht sich z.B. das Gesetzbuch Friedrichs II. von Hohenstaufen aus dem Jahre
1231. Durch den Sündenfall faßten die Menschen „gegeneinander Haß, trenn-
ten den nach natürlichem Recht gemeinsamen Besitz der Dinge und … scheu-
ten sich nicht, auf Streitigkeiten einzugehen. So … wurden die Fürsten der

---

[13] Vgl. Rolf Gundlach, Erschlagen des Feindes. Der Krieg als politisches Mittel und
kulturelles Problem im alten Ägypten, in: Hans-Henrik Krummacher (Hrsg.), Gei-
steswissenschaften – wozu? Beispiele ihrer Gegenstände und ihrer Fragen, Wiesbaden 1988, S. 245–265; Jan Assmann, Herrschaft und Heil. Politische Theologie in
Altägypten, Israel und Europa, München 2000, S. 76–108. Das klassische Beispiel
einer bis zum äußersten gesteigerten aggressiven und grausamen Selbstdarstellung
nach außen bieten die Assyrer, vgl. dazu Wolfgang Röllig, Assur – Geißel der Völker, in: Saeculum 37 (1986), S. 116–128, sowie allgemein Harold Dwight Lasswell,
Daniel Lerner und Hans Speier (Hrsg.), Propaganda and Communication in World
History I: The Symbolic Instrument in Early Times, Honolulu 1979.

[14] Elaine Pagels, Adam, Eve, and the Serpent, New York 1988, insbesondere Kap. V:
„The politics of paradise". Derrida führt auch Pascals Allianz von Recht und Gewalt auf den Sündenfall zurück: „Die Pascalsche Kritik", schreibt er, „verweist ihrem Prinzip nach auf den Sündenfall, auf das Verderben der von der Natur vorgege-
benen Gesetze, das von einer selbst verdorbenen Vernunft verursacht wird." Mit
Recht wehrt er sich gegen eine „konventionalistische" Auslegung von Pascals Argumentation im Sinne eines relativistischen Utilitarismus („Der Stärkste hat immer
recht", vgl. Derrida 1991: 26).

[15] Marc Bloch, La société féodale. La formation des liens de dépendance, Paris 1939,
S. 9.

Welt gewählt, damit durch sie die Freiheit zu Verbrechen eingeschränkt werden könne".[16] Der Mythos vom chaotischen Naturzustand als latentes Bedrohungspotential bildet im Symbolsystem einer Kultur einen Wertkomplex, auf den hin soziale Institutionen, Wertordnungen und Handlungsmuster ausgerichtet sind. Er ist ein aitiologischer und legitimierender Mythos insofern, als er in einem begründenden Verhältnis zu bestehenden Ordnungen, Werten und Bedürfnissen steht. Er formuliert die Herausforderung der „Natur", auf die die Institutionen der „Kultur" die Antwort sind. Der ägyptische Sonnenkult überwindet ebenso die „Natur" wie der hobbessche Staat. Je gefährlicher dieser „Natur"-Zustand, desto größer das für seine Überwindung nötige Gewaltpotential, je schlechter die Menschennatur, desto massiver die legitimen Maßnahmen zur Disziplinierung. Die Gefährlichkeit des Menschen ist, wie Leo Strauss prägnant formuliert hat, die Quelle seiner „Herrschaftsbedürftigkeit".[17]

Die Vision eines Chaos von unten legitimiert den staatlichen Gewalteinsatz, der sich oft genug, mit einer Formulierung Dieter Conrads, als ein „Chaos von oben" dargestellt hat in Gestalt des charismatischen, von Traditionen und Institutionen abgekoppelten Führers, der die Massen durch Suggestion und persönliche Entscheidungsmacht bannt. Das Chaos von oben ist nichts anderes als jener Ausnahmezustand, über den zu entscheiden nach Carl Schmitt das Merkmal souveräner Herrschaft darstellt.[18] Noch im Jahre 2005, im Novemberheft der Zeitschrift MERKUR kann Rudolf Burger unter Berufung auf Leo Strauss schreiben: „‚Wenn es wahr ist', sagt Leo Strauss, ‚daß das schließliche Selbstbewußtsein des Liberalismus die Kulturphilosophie ist, so dürfen wir … sagen: Der Liberalismus, geborgen und befangen in einer Welt der Kultur, vergißt das Fundament der Kultur, den Naturzustand, das heißt die menschliche Natur in ihrer Gefährlichkeit und Gefährdetheit.' Mit anderen Worten: Er vergißt die Wolfsnatur des Menschen."[19] Dieses Zitat bezeichnet präzise den Punkt, in dem sich Leo Strauss und Carl Schmitt einig waren.[20] Was wiederum Rudolf Burger vergißt, ist die Lektion des 20. Jahrhunderts. Als

---

[16] Zit. nach Arno Borst, Lebensformen im Mittelalter, Frankfurt a. M., Berlin 1979, S. 285 ff.

[17] Leo Strauss, Anmerkungen zu Carl Schmitt, Der Begriff des Politischen, hrsg. von Heinrich Meier, Stuttgart 1988, S. 114 f.

[18] Auch das in der Nacht vom 3. zum 4. Juni 1989 auf dem „Platz des Himmlischen Friedens" inszenierte Chaos, als Regierungstruppen unter dem verbliebenen Rest einer in Auflösung begriffenen Demonstration ein Massaker anrichteten, wurde im altchinesischen Stil mit der Notwendigkeit der Abwehr des „Chaos" begründet.

[19] Rudolf Burger, Der sterbliche Gott. Eine Bildbetrachtung, in: Merkur 59, Nov. 2005, S. 1041. In die gleiche Kerbe haut gleich im anschließenden Essay Roger Sandall, Das Fortschrittsparadox. Über die Wurzeln des romantischen Primitivismus, ebd., S. 1042–1049.

[20] Das von Burger nicht weiter ausgewiesene Zitat stammt bezeichnenderweise aus Strauss' „Anmerkungen zu Carl Schmitt, Der Begriff des Politischen", siehe Heinrich Meier, Carl Schmitt, Leo Strauss und „Der Begriff des Politischen". Zu einem Dialog unter Abwesenden, erw. Neuausgabe, Stuttgart 1998, S. 109.

Leo Strauss im Jahre 1932 diese Sätze schrieb, waren die mit staatlicher Autorität implementierten Verbrechen der totalitären Regimes eines Stalin und Hitler noch nicht begangen bzw. bekannt gemacht und damit das „Chaos von oben" als die eigentliche Quelle der Gefährdung nicht durchschaut worden. Inzwischen sind wir klüger geworden und sollten hinter diese Erkenntnis nicht wieder zurückfallen. In den mörderischen Exzessen der modernen Diktaturen zeigte nicht „die Wolfsnatur des Menschen" ihr wahres Gesicht, sondern ein sich über alle „natürlichen" menschlichen Empfindungen und Bedürfnisse brutal hinwegsetzendes parteipolitisches Machtstreben, dessen Wurzeln man in der „Wolfsnatur" nicht des Menschen, sondern des totalitären Staates und damit eines kulturellen Produkts suchen muß.

Was ich mit diesen Andeutungen zeigen möchte, ist die Dichte und Tiefe jener Vorstellungen einer gleichsam natürlichen Verankerung der Staatsgewalt in der Natur des Menschen und der damit verbundenen unauflöslichen Allianz von Recht, Politik und Gewalt, die Gandhi mit seiner Theorie und Praxis gewaltfreien politischen Handelns revolutioniert hat. Hier stehen sich weder „Ost" und „West" noch „Gesinnungsethik" und „Verantwortungsethik" oder „Religion" und „Politik" gegenüber, sondern eine radikal, weltverändernd neue Konzeption und eine zugleich uralte und bis heute dominierende Tradition, die in Ost und West gleichermaßen verankert und verbreitet ist.

Hinter Gandhis Denken und politischem Wirken stand eine positive Anthropologie. Sie kommt in Sätzen zum Ausdruck wie „to believe that what has not occurred in history will not occur at all is to argue disbelief in the dignity of man" (166). Das Problem jeder positiven Anthropologie ist, daß sie sich mit dem Vorwurf der Naivität auseinandersetzen muß und ihn nur schwer wirkungsvoll widerlegen kann. Dieser Vorwurf ist ja auch Gandhi von westlicher Seite immer wieder gemacht worden. Eine nicht-naive positive Anthropologie wäre wohl in einer Richtung zu suchen, die Conrad mit folgendem Satz andeutet:

> Das wahre Problem scheint nicht zu sein, ob einige wenige Heilige der Welt ein Idealgesetz aufzwingen sollen, sondern ob einige wenige Wolfsnaturen genügen, um allen das Wolfsgesetz aufzuerlegen. (147)

2. Politische Theologie und doppelte Religion

Derrida transzendiert bzw., in seiner Terminologie, „dekonstruiert" die Allianz von Recht und Gewalt in Richtung auf das, was er, im Rückgang auf Montaigne, „den mystischen Grund der Autorität" nennt. In der Tat ist ja mit dem Satz „Auctoritas, non veritas facit legem" das Problem nur verschoben, und es stellt sich die Frage, wer oder was denn die Autorität schafft, die das Gesetz macht. An diese Stelle setzt Gandhi den Begriff „Wahrheit" ein. Er würde sagen: „Veritas, non vis bruta, facit auctoritatem." Wenn Gandhi nun diese

„Wahrheit" religiös fundiert, ja geradezu mit Religion gleichsetzt, dann sieht
das auf den ersten Blick so aus, als würde er damit hinter Hobbes und die Erfahrung der Religionskriege zurückgehen, die dieser mit seiner Theorie des absolutistischen Staates und seines autoritativ gesetzten bzw. „gesatzten" Rechts
für alle Zukunft ausschließen wollte. Gandhi trifft hier aber eine wichtige Unterscheidung: zwischen einer wahren Religion oder Religion der Wahrheit, auf
die alle konkreten Religionen der Erde hinzielen und die ihren verborgenen
Konvergenzpunkt darstellt, und den konkreten Religionen wie Hinduismus
und Islam, Judentum und Christentum, Buddhismus und sogar Atheismus. Der
Wahrheit sind alle verpflichtet, auch wenn sie diese Wahrheit jeweils verschieden auslegen. Er strebte einen unabhängigen Staat an, in dem alle Religionen,
insbesondere Hinduismus und Islam, friedlich koexistieren könnten, und drang
daher, ganz im westlichen Sinne, auf eine strikte Trennung von Staat und Religion. Trotzdem bestand er, was seine Theorie und Praxis des politischen
Handelns anging, auf der Untrennbarkeit des Politischen und des Religiösen:
„I can say without the slightest hesitation, and yet in all humility, that those
who say that religion has nothing to do with politics do not know what religion
means" (29). Wenn er auf der Trennung von Religion und Staat besteht, denkt
er an konkrete Religionen. Wo er jedoch die Untrennbarkeit von Religion und
Politik unterstreicht, hat er die allgemeine Religion der Wahrheit im Blick, „the
universal and all-pervading spirit of Truth" (ibid.). Nicht nur die Politik, auch
kein anderer Lebensbereich kann sich der religiösen, und das heißt bei Gandhi:
der moralischen Verantwortung entziehen. Gewiß, in dieser Aufhebung einer
Ausdifferenzierung der Wertsphären, wie sie nach Max Weber die Signatur der
Moderne darstellt, äußert sich ein anti-moderner Zug in Gandhis Denken, der
aber in seinem lebensreformerischen Impuls über die Moderne hinaus, nicht
vor die Moderne zurück zielt.

Den doppelten Religionsbegriff und die Gleichsetzung von Gott und Wahrheit nennt Conrad „Gandhis Freimaurergeheimnis". Mit Recht: die Unterscheidung zwischen einer „allgemeinen Menschheitsreligion" und den einzelnen konkreten Religionen gehört zu den zentralen Prinzipien der freimaureri-
schen Aufklärung. Sie bildet den Kern von Lessings Ringparabel in „Nathan
der Weise" und findet sich ausführlich entfaltet und begründet in Moses Mendelssohns Schrift „Jerusalem oder Über religiöse Macht und Judentum".[21]
Zunächst bestreitet Mendelssohn den Offenbarungscharakter des Judentums.
„Ich glaube", schreibt er, „das Judentum wisse von keiner geoffenbarten Religion. Die Israeliten haben … Gesetze, Gebote, Lebensregeln, Unterricht vom
Willen Gottes …, aber keine Lehrmeinungen, keine Heilswahrheiten, keine allgemeinen Vernunftsätze. Diese offenbart der Ewige uns, wie allen übrigen

---

[21] Moses Mendelssohn, Jerusalem oder Über religiöse Macht und Judentum, in: Schriften über Religion und Aufklärung, hrsg. von Martina Thom, Darmstadt 1989, S.
351–458.

Menschen, allezeit durch Natur und Sache, nie durch Wort und Schriftzeichen."[22] Mendelssohn unterscheidet also zwischen Lebensregeln und allgemeinen Vernunftsätzen. Die einen sind Gegenstand des „Unterrichts vom Willen Gottes", und darauf bezieht sich das Judentum. Die anderen sind Gegenstand göttlicher Offenbarung, aber diese läßt Gott den Juden wie allen übrigen Menschen „durch Natur und Sache" zuteil werden und nicht durch heilige Schriften. Die einen sind „historische Wahrheiten"; diese darf man getrost festschreiben und kanonisieren. Das entspricht Gandhis Begriff der konkreten Religionen. Die anderen sind „ewige Wahrheiten". Im Judentum dürfen sie niemals schriftlich kodifiziert werden. „Sie wurden dem lebendigen, geistigen Unterrichte anvertrauet, der mit allen Veränderungen der Zeiten und Umstände gleichen Schritt hält."[23]

Die ewigen Wahrheiten können niemals schwarz auf weiß besessen, sondern immer nur im lebendigen Gespräch angezielt werden. „Bloß in Absicht auf Geschichtswahrheiten, dünkt mich, sei es der allerhöchsten Weisheit anständig, die Menschen auf menschliche Weise, d.h. durch Wort und Schrift, zu unterrichten."[24] Die historische Wahrheit des Gesetzes gilt nur für die Juden, die ewige Wahrheit für die gesamte Menschheit. „Dieses ist allgemeine Menschenreligion, nicht Judentum; und allgemeine Menschenreligion, ohne welche die Menschen weder tugendhaft noch glückselig werden können, sollte hier nicht geoffenbart werden. ... Das Judentum rühmet sich keiner ausschließenden Offenbarung ewiger Wahrheiten, die zur Seligkeit unentbehrlich sind; keiner geoffenbarten Religion, in dem Verstande, in welchem man dieses Wort zu nehmen gewohnt ist."[25] Mendelssohns Unterscheidung zwischen „allgemeiner Menschenreligion", die auf natürlicher Theologie basiert und auf „ewige Vernunftwahrheiten" ausgerichtet ist, und den einzelnen Religionen, die auf „Geschichtswahrheiten" beruhen und sich zu deren Verkündung und Überlieferung der Schrift bedienen, entspricht in vielen Grundzügen Gandhis „doppeltem Religionsbegriff".

In dem Bezug auf die Wahrheit im Sinne einer „allgemeinen Menschenreligion" jenseits aller konkreten Religionen gründet Gandhis politische und religiöse Autorität, aus diesem Bezug schöpft sie ihre performative, weltverändernde Kraft. Gewaltlosigkeit aber bildet das Hauptgesetz, das alle aus diesem Bezug entspringenden politischen Handlungen legitimiert. Das nennt Gandhi mit einer Begriffsneuschöpfung „Satyagraha", das „Festhalten an der Wahrheit".[26] Durch Satyagraha macht sich der Handelnde zum Instrument ei-

---

[22] A.a.O.: 407f.

[23] A.a.O.: 420.

[24] A.a.O.: 411.

[25] A.a.O.: 415.

[26] Dietmar Rothermund weist in seiner Gandhi-Biographie auf das in vielen altindischen Texten belegte Wort satyakriya „wahrmachen" hin, das sich auf eine besonders starke eidliche Form der Selbstverpflichtung bezieht. In diesem Gandhi offenbar unbekannten Wort kommt der performative Charakter des politischen Han-

ner gewaltlosen Selbstdurchsetzung der Wahrheit. Mit den Mitteln westlicher Theoriebildung ist der politische Charakter von Satyagraha nicht zu erklären. Im Gegenteil: durch den Verzicht auf Gewalt entzieht sich in westlicher Sichtweise Satyagraha dem Raum des Politischen und wechselt in den Raum einer apolitischen Gesinnungsethik, mit der sich nach westlicher Vorstellung vielleicht das Seelenheil erwerben, aber kein Staat machen oder aus den Angeln heben läßt. Genau das aber hat Gandhi bewirkt.

Das Phänomen Gandhi zwingt uns daher zum Umdenken und zur Suche nach anderen, allgemeineren Grundlagen des Politischen. Conrad identifiziert sie im Prinzip der Repräsentation, der Verantwortung und des Eintretens für andere. Politisch ist ein Handeln, wenn es nicht in eigener Sache, sondern für andere bzw. im Hinblick auf das Gemeinwohl erfolgt. Diesen Begriff politischen Handelns entwickelt Conrad im Rückgang auf Luther und wendet dabei dieselbe Methode wie bei Gandhi an: aus den an praktischen Fragen und am konkreten Einzelfall orientierten Äußerungen Luthers gewinnt er die Umrisse einer „transitiven", d.h. für andere eintretenden und in diesem Sinne übergriffigen Verantwortungsethik bei Luther, die man als eine bedeutende Entdeckung empfindet. Indem Luther das Recht zur gewaltsamen Selbstverteidigung ablehnt, das durchaus auch gewaltsame Eintreten zum Schutze anderer aber geradezu zur Christenpflicht erklärt, hat er den gleichen Begriff von Verantwortung im Blick wie Gandhi, weil er genau wie dieser auf der einfachen Unterscheidung „für sich" vs. „für andere" basiert.

Aus dem Handeln für andere entwickelt sich das Handeln anstelle anderer. Hier, schreibt Conrad, „öffnet sich der politische Bereich mit der Aufgabe, in Stellvertretung oder einer Art *negotiorum gestio* für ein Gemeininteresse zu handeln". In solcher Stellvertretung liegt ein Element der Entmündigung und Usurpation, „das dem Begriff ‚Verantwortung' bei Max Weber sein herrisches Gepräge gibt" (149). Das hat Gandhi klar erkannt und daraus seine viel weiter als alles bei Luther Angelegte gehende Theorie des repräsentativen Handelns bezogen. Den wichtigsten Unterschied zwischen Luthers und Gandhis Konzeption des für andere Handelns sieht Conrad, und dieser Gedanke führt uns geradenwegs zum Thema der politischen Theologie zurück, im Offenbarungsglauben. Für Luther ist die Wahrheit durch Offenbarung festgelegt und für den Christen eindeutig bestimmt. Aus dieser Gewißheit bezieht der Christ das Recht und die Pflicht, für andere notfalls auch mit gewaltsamen Mitteln einzutreten. Im Gedanken der Offenbarung ist ein Element der Gewalt, des unkommunikativen Handelns angelegt. Wer sich der Wahrheit als dem explizit klargestellten Willen Gottes entgegenstellt, mit dem kann es kein Verhandeln

---

delns, die durch die Unbedingtheit des Selbsteinsatzes, religiös gesprochen: der „Hingabe", an den Tag gelegte Wahrheit der vertretenen Position, sehr gut zum Ausdruck und paßt zu Gandhi, der es liebte, sein Leben durch Gelübde zu strukturieren. Siehe Dietmar Rothermund, Mahatma Gandhi, der Revolutionär der Gewaltlosigkeit, München 1989, S. 58 f.

geben. Für Gandhi dagegen ist die Wahrheit, ähnlich wie schon für Moses Mendelssohn, niemals in Offenbarungstexten niedergelegt, sondern immer problematisch und nur „als Ziel einer in sozialer Interaktion unablässig zu erarbeitenden Annäherung, als fragmentarisch im Experiment sich zu bewähren aufgefaßt" (149).

Wenn das Handeln für Andere generalisiert wird zum Eintreten für ein Abstraktum wie „das Gemeinwohl" oder die allgemeine „Idee der Gerechtigkeit", dann kommt alles darauf an, diese allgemeine und abstrakte Bezugsgröße eines „Eintretens für" offenzuhalten für divergierende Interpretationen und nicht autoritär mit einer absolut gesetzten Interpretation zu besetzen. Was als „Gemeinwohl" oder „Gerechtigkeit" zu gelten habe, muß immer wieder neu ausgehandelt werden. Der Begriff der Offenbarung besetzt diese Stelle mit dem Anspruch einer absoluten Wahrheit, die allem weiteren Aushandeln entzogen jedem in aller Klarheit vor Augen steht. In dieser Gewißheit, die weiteres Aushandeln abschneidet, liegt ein Element des Unkommunikativen und damit zumindest potentiell Gewalttätigen. Mendelsohn hat das scharfsinnig erkannt, als er die Weisheit der Juden, die ewigen Wahrheiten im Zustand der kommunikativen Verflüssigung zu erhalten, dem Christentum gegenüberstellte, die sie in Dogmen festgeschrieben haben.

Die geoffenbarte, in heiligen Texten, Dogmen und Lehrsätzen festgeschriebene Wahrheit ist der höchste Grad von unkommunikativer Verfestigung, die eine allgemeine Idee, für die man handelnd eintreten kann, erreichen kann; sie vermittelt den höchsten Grad von Glaubensgewißheit, auf der richtigen Seite zu stehen, für die richtige Sache einzutreten und seinem Handeln einen Zweck zu setzen, der alle Mittel heiligt. Mit diesem Handlungsrahmen verbinden sich die extremsten Formen eines „Eintretens für", die nach der passiven Seite hin die Form des Martyriums, des Sterbens für Gott bzw. das Gesetz oder die Wahrheit annehmen kann und nach der anderen Seite die Form des „Eiferns", hebr. qin'ah, griechisch zelos, arabisch jihad, des Tötens für Gott bzw. das Gesetz oder die Wahrheit. Beides sind Formen der Hingabe, die im Selbstmordattentat zusammenfallen.

Nicht zufällig haben sich die ersten historisch greifbaren Phänomene eines solchen Handelns aus Hingabe an ein geoffenbartes Prinzip in einer geschichtlichen Situation abgespielt, die viel mit der indischen Situation gemein hat. Ich denke an die Makkabäerkriege unter dem Seleukidenherrscher Antiochus IV. Epiphanes. Damals brach unter den Bedingungen von Fremdherrschaft und schwerer Unterdrückung im besetzten Land ein religiöser Bürgerkrieg aus, wie er in Indien unter englischer Herrschaft zwischen Hindus und Moslems schwelte und erst nach dem Ende der Kolonialherrschaft ausbrach. Die Fronten, die sich im seleukidischen Judaea gegenüberstanden, waren Eiferer für und gegen das Gesetz.[27] Judas Makkabäus, der die Eiferer für das Gesetz an-

---

[27] Dies ist die These von Elias Bickerman in seinem berühmten und umstrittenen

führte, kann in jeder Hinsicht als das Gegenteil von Gandhi gelten. Er war ein Mann der Waffen, der seinen Zweifrontenkrieg gegen Antiochus mit Entschlossenheit und Geschick, gegen die Gesetzesgegner im eigenen Volk aber mit beispielloser Brutalität und Grausamkeit führte. Im gleichen Zusammenhang berichten die Makkabäerbücher aber auch von den ersten Vorkommnissen von Martyrium. Die Bereitschaft, im Eintreten für etwas bis zum äußersten zu gehen, speist sich aus der absoluten Gewißheit, im Besitz der Wahrheit zu sein, wie sie mit dem Begriff der Offenbarung gegeben ist.

Der entscheidende Punkt, der Gandhis Konzeption eines „Eintretens für" von diesen traditionellen Formen von Hingabe abhebt, ist, wie Conrad zeigt, nicht nur die Entzogenheit der Wahrheit, sondern vor allem auch radikale Aufhebung des Zweck-Mittel-Kalküls. Es gibt keinen Zweck, der gewaltsame Mittel heiligt, es gibt für Gandhi vor allem überhaupt keinen Unterschied zwischen Zweck und Mitteln. Hier gilt: der Weg ist das Ziel, der Zweck steckt in der Maßnahme, jeder Schritt muß aus sich heraus „geheiligt" sein. Das Prinzip dieser Heiligung ist die Gewaltlosigkeit. Auch das Zweck-Mittel-Kalkül ist zutiefst verankert im christlichen Offenbarungsglauben und in der damit verbundenen „Linearisierung", mehr noch: der Zielorientierung der Geschichte, die in dieser Hinsicht auf die Erlösung als ihren Endzweck zuläuft und von diesem Endziel her in christlicher Sicht in allen, auch gewaltsamen, ja grausamen Schritten, die zu diesem Endziel beitragen, gerechtfertigt ist.

Die vorstehenden Bemerkungen sollen genügen, um anzudeuten, in welche Richtungen Dieter Conrads bahnbrechendes Buch den Kultur- und Religionswissenschaften neue Perspektiven erschließt. Sein Buch spricht allerdings eine andere Sprache. Es spricht nicht die „weiche", deskriptive Sprache der Kulturwissenschaft, sondern die glasklare, an Max Weber, Niklas Luhmann und anderen führenden Theoretikern der Moderne geschulte normative und systematische Sprache der vergleichenden Rechtswissenschaft. Dadurch gewinnen seine Erkenntnisse einen Grad von Verbindlichkeit, die den historischen Wissenschaften versagt ist. Hier wird der Grund gelegt zu einer transkulturellen und in diesem Sinne globalen Perspektive und Begrifflichkeit, auf deren Ebene der „Kampf der Kulturen" in einen kommunikativen Diskurs umgewandelt werden kann. Nichts wird in der gegenwärtigen Situation einer unaufhaltsamen Globalisierung dringender gebraucht als ein solcher Diskurs, der die sich selbstläufig entwickelnden Prozesse auf theoretischer Ebene einzuholen und in die Richtung einer humanen neuen Weltordnung zu lenken vermag.

Buch Der Gott der Makkabäer, Berlin 1937, die Martin Hengel in Judentum und Hellenismus, Tübingen [3]1988, weiter ausgebaut und vertieft hat.

Teil I

Gandhi als politischer Denker

Kapitel 1

Historische Perspektiven

§ 1 Gandhi, der „orientalische Heilige"

Die Schwierigkeiten der folgenden Untersuchung sind vor allem zwei: Einmal die Herausarbeitung rechtlicher Konturen aus sozusagen weichem Material, d.h. die juristische Interpretation von Äußerungen und Handlungen, die oft gar nicht oder nicht primär an Rechtsbegriffen, sondern an allgemeinen Ideen vom Guten, Gerechten, Richtigen, Frommen orientiert waren; zum andern das Zusammenbringen von Erscheinungen sehr verschiedener Kulturkreise zur verbindenden Reflexion über Grundstrukturen des Staats – und zwar des neuzeitlichen, in Europa und USA herausgebildeten Verfassungsstaats. Die Berechtigung, dessen Bauprinzipien als im wesentlichen identisch und für einen bestimmten Entwicklungsgrad sozialer Organisation maßgebend anzusetzen, steht also implizit mit zur Debatte. Im Bewußtsein dieser Schwierigkeiten, oder vielmehr gerade wegen der Verzweigtheit der Fragen, soll nun trotzdem kein abstrakt methodologisches Exposé an den Anfang gestellt werden. Ein solches könnte sich nur zu leicht in geistesgeschichtliche Trivialitäten verlieren oder aber sich vor dem eigentlichen Gegenstand allzu breit machen. Der Leser wird statt dessen gebeten, sich quasi auf Kredit zunächst auf die Untersuchung einzulassen und in ihrem Gang die zugrundeliegende methodische Reflexion mitzuvollziehen. Vom Gegenstand und seinen besonderen Bedingungen her soll sich die Berechtigung des Vorgehens schrittweise zeigen und die Frage nach der methodischen Möglichkeit zugleich mit der Einsicht in einen wesentlichen Zusammenhang beantwortet werden. An dieser Stelle sei zu der ersteren der genannten Schwierigkeiten, der juristischen Auslegbarkeit rechtlich unspezifischer, allgemein normativer Vorstellungen, nur bemerkt, daß man dabei im Grunde mit der allgemeinen Grenzbestimmung des Rechtssystems innerhalb der sozialen Umwelt zu tun hat, mit der Frage insbesondere, wann soziale Verhaltensorientierungen zu Rechtsunterscheidungen Anlaß geben und entsprechende formale Verfestigung erfahren sollen. Dies ist eine Frage, die den Juristen beschäftigen muß, mit der er auch in Wahrheit bei der Detailsubsumption häufig beschäftigt ist, und der er sich nicht entziehen darf, wenn sie, wie hier, in einer Größenordnung auftritt, die sein Begriffsvermögen anstrengt.

Was den Aspekt der Vergleichbarkeit und Transportierbarkeit betrifft, so erfordert vornehmlich die Behandlung indischen Materials etwas weitläufigere Vorbereitung bzw. Heranführung an das eigentliche Untersuchungsthema. Schon praktisch ergeben sich Darstellungsprobleme daraus, daß geschichtliche Vorgänge, die dem Spezialisten vertraut und für sich nicht erneut darstellungswürdig sind, in andere Zusammenhänge gebracht und in einem juristischen Horizont erörtert werden sollen, in dem sie sonst nur selten, von ferne, undeutlich auftauchen. Die zum Verständnis angezeigten Erläuterungen werden hauptsächlich, um den Text nicht zu überlasten, in den Anmerkungen gegeben; über wichtige Personen orientieren knappe Lebensdaten im Register.

Vor allem aber werden in den Anmerkungen Äußerungen Gandhis, mit denen die Interpretation belegt werden soll, in großem Umfang wörtlich wiedergegeben werden. Diese Äußerungen müssen, da Gandhi die systematische Exposition seiner Anschauungen fast grundsätzlich mied, aus unzähligen Reden, Briefen, Memoranden, Gesprächsnotizen, hauptsächlich aber aus den Aufsätzen zusammengetragen werden, mit denen er zeitlebens in seinen eigenen Wochenschriften eine quasi institutionalisierte öffentliche Dauerreflexion seiner Tätigkeit und Absichten unterhielt. Die Äußerungen müssen also zum Zwecke einer systematischen Projektion aus ihrem praktischen Kontext gerissen werden, auch muß darauf verzichtet werden, sie jeweils in bezug auf die Situation, auf die sie gemünzt waren, voll zu analysieren. Ermöglicht wird diese Abstraktion dadurch, daß Gandhi ständig generalisiert, sich sentenziös ausdrückt und dabei einige gleichbleibende Grundideen variiert. Allein es darf doch nie vergessen werden, daß es sich ganz überwiegend um Stellungnahmen zu irgendeinem praktischen Anlaß und in praktischer Absicht handelt. Die praktischen Implikationen erschließen sich häufig erst bei einiger Überlegung, und eine gewisse Hintersinnigkeit, die seine Gegner ihm verübelten, ist unbestreitbar. Gelegentlich ergeben umgekehrt gerade die Situationsbedingungen, bei nur schwacher Andeutung im Text, Hinweise auf den hier gesuchten Ideengrundriß. Manche scheinbaren Inkonsistenzen, wie Gandhi sie wohl auch aus Lust am Überraschungseffekt oberflächlich hervorzukehren liebte,[1] lösen sich dann auf.

Jedenfalls sei von vornherein davor gewarnt, die oft betont schlichten Formulierungen zu unterschätzen; darüber hinaus tut man gut daran, sich der Worte Nehrus zu erinnern: „His writings and his sayings conveyed little enough impression of the man behind; his personality was far bigger than they would lead one to think."[2] Hier aber soll keine neue Biographie Gandhis geschrieben, sondern, in abstracto, der gleichbleibende Kern einiger seiner An-

---

[1] „I must admit my many inconsistencies. But since I am called the ‚mahatma' I might well endorse Emerson's saying that ‚foolish consistency is the hobgoblin of little minds'. There is, I fancy, a method in my inconsistencies. There is a consistency running through my seeming inconsistencies, as in nature, there is a unity running through seeming diversity" (YI, 13.2.1930, CW 42: 469); gegen die Kritik an der Ersetzung der Unabhängigkeitsforderung durch seine 11 Punkte, vgl. § 18. W. H. Morris-Jones bemerkt mit Recht, daß in Wirklichkeit der Grad der Konsistenz über lange Zeiträume und in sehr verschiedenartigen Situationen erstaunlich ist (Morris-Jones 1960: 17).

[2] Nehru 1962: 508. Gandhi seinerseits hielt sich durch eine bloße Sammlung seiner Sentenzen für idealisiert, da in ihnen nur sein Anspruch erschien, nicht das Maß der praktischen Verwirklichung (zu N. K. Bose und seinen „Selections From Gandhi"; vgl. Bose 1971: 105).

sichten dargelegt und in seinen Konsequenzen analysiert werden. Wenn im ganzen also der Handlungskontext seiner Äußerungen der Präsentation des Historikers überlassen bleiben muß, so ermöglicht schon das wörtliche Zitat doch gelegentlich eine Veranschaulichung der Situation und insgesamt des Denkstils, der eigentümlichen geistigen Atmosphäre, auf die es ankommt, und die dennoch nicht im Haupttext, sondern gewissermaßen quer, polyphon dazu aufgenommen werden soll, ohne daß der Gedankengang in partikularer Vergegenwärtigung ersäuft.

Denn ohnedies steht der folgende Versuch, Gandhi, seine Lehre und politische Praxis zum Ausgangspunkt der Erörterung staatsrechtlicher Grundbegriffe zu machen, in Gefahr atmosphärischer Verwechslungen, und muß der Anspruch, muß aber auch die Unbefangenheit des analytischen Gedankens gegen den Anschein des Verwunderlichen, juristischem Stil und Wesen Inkongruenten, wo nicht geradezu gegen den Verdacht sektiererischer Neigungen durchgesetzt werden. Verschiedenerlei Einwände, reflektierte und weniger reflektierte, kommen hier zusammen. Die allgemeine, mit der europäischen Romantik aufgekommene Scheu vor unbefangenem transkulturellem Vergleich hat gerade im Falle Indiens eine Tradition des zweideutigen Respektes vor einer angenommenen Unergründlichkeit aufgebaut; auch auf banaler Ebene ist uns die Inkommensurabilität des (indischen) Ostens ein liebes Klischee geworden: „Oh, East is East, and West is West, and never the twain shall meet", wie es in Kiplings „The Ballad of East and West" (1889) heißt.

Aber auch wenn man es genauer nehmen will, scheint gerade Gandhi zu Gedanken über die Fremdheit des Orientalischen herauszufordern. Anders als die Mehrzahl der zeitgenössischen indischen Politiker – anglisierte Rechtsanwälte wie Tej Bahadur Sapru, Mohammad Ali Jinnah, C. R. Das, Motilal und Jawaharlal Nehru – hat er die Verschiedenartigkeit und kulturelle Eigentümlichkeit des Inders bis ins Pittoreske hervorgekehrt, hat den Umstand, daß auch er ein englisch geschulter Jurist war, im allgemeinen Bewußtsein zurücktreten lassen,[3]

---

[3] Gandhi hatte nach dreijährigem Aufenthalt in London 1891 die Anwaltszulassung im Inner Temple erhalten und baute sich nach anfänglichen Mißerfolgen in Bombay während seiner politischen Tätigkeit in Südafrika eine auch finanziell beachtliche Anwaltspraxis auf. Er entwickelte allerdings früh eine nationalistisch motivierte Kritik am anglo-indischen Gerichtssystem (vgl. „Hind Swaraj", Chap. XI, CW 10: 32ff.); dazu kam später, während des Unabhängigkeitskampfes, demonstrative Gleichgültigkeit gegenüber Details der britischen Kolonial-Verfassungsgesetze. Den Government of India Act von 1935 soll er erstmals 1942 gelesen haben (Sayeed 1978: 106). Wenn er sich aber zum Beispiel auf der Londoner Round Table Conference 1931 gegenüber dem bekannten Juristen A. Ramaswamy als verfassungsrechtlichen Laien bezeichnete (CW 48: 37), so lag darin ebensoviel ironische Distanzierung wie Bescheidenheit. Wo es ihm darauf ankam, konnte er seine juristische Ausbildung entschieden hervorkehren; so bei dem Zusammenstoß mit Vizekönig Lord Wavell über die Auslegung des Cabinet-Mission-Planes, wo er diesem Unterstützung durch einen „legal mind" empfahl (Menon 1968: 301 ff.; Ali 1967: 77; Wavell Journal 1973: 341 ff.).

sich statt dessen mehr und mehr zum Volksmann, Weisen und geradezu
Hinduheiligen stilisiert und sich, trotz manchen sympathischen Sträubens, *Mahatma* nennen lassen;[4] in dieser bis in die Kleidung hinein und in dieser Kleidung bis an den englischen Königshof übernommenen Rolle[5] als „naked
fakir"[6] und, für eine weniger tory-hafte Auffassung, als Verkörperung des echten, „hintergründigen"[7], unvergleichbaren Indien hat er auf den Westen ge-
wirkt und ist er mythifiziert worden.

§ 2 Vermischung von Religion und Politik

Das Fremdartige einer solchen Erscheinung liegt nicht einfach im undefiniert
„Orientalischen", sondern in etwas, das wir zwar für „typisch orientalisch" zu
halten leichthin geneigt sind, zugleich aber für westliche Verhältnisse und
vollends für eine Erörterung des industriezeitlichen Staates als Atavismus oder
als schlicht unseriös ansehen: in der Verbindung von religiösem und politischem Charisma. Gandhi hat eine weitgehende Einheit von Religion und Politik als Lebenstypus darzustellen und im Handeln durchzuhalten gesucht – irritierend gleichermaßen für Anhänger wie Gegenspieler in der Unberechenbar-
keit seiner, der „inner voice" folgenden politischen Intuition,[8] und irritierend

---

[4] Vgl. dazu Conrad 2001.

[5] Gandhi hatte im September 1921 im Zusammenhang mit der Boykott-Kampagne
gegen ausländische Industrie – insbesondere Textilwaren – begonnen, handgewebte
Tücher nach einheimischer Art zu tragen, oft nur ein Lendentuch. In dieser Aufma-
chung erschien er 1931 beim königlichen Empfang der Delegierten auf der Round
Table Conference im Buckingham Palace (T 3: 126).

[6] Nach der verbreiteten Kurzfassung von Churchills berühmter Polemik gegen die
Gandhi-Irwin-Verhandlungen (Rede in London am 23.2.1931): „It is alarming and
also nauseating to see Mr. Gandhi, a seditious Middle Temple lawyer, now posing as
a fakir of a type well-known in the East, striding half-naked up the steps of the
Viceregal palace, while he is still organising and conducting a defiant campaign of
civil disobedience, to parley on equal terms with the representative of the King-
Emperor" (Gilbert 1976, V: 390; leicht veränderte Versionen bei Birkenhead 1965:
297; Times of India 25.2.1931. Vgl. Bernays 1931).

[7] Vgl. Romain Rolland „Quand il s'agit d'un peuple comme celui de l'Inde. Peuple
formidable, par son nombre, sa durée, et son âme *abysmale*" (Rolland 1924: 52–53,
Hervorhebung DC).

[8] Als bemerkenswertes Zeugnis dieser Art stehe hier für viele der Bericht Nehrus
über eine Unterredung mit Gandhi am Tage nach Abschluß des Gandhi-Irwin-Pak-
tes 1931, in der er seiner Niedergeschlagenheit über die unvermuteten Konzessionen Gandhis an den Vizekönig Ausdruck gab: „The merits of the agreement apart, I
told him that his way of springing surprises upon us frightened me; there was
something unknown about him which, in spite of the closest association for four-
teen years, I could not understand at all and which filled me with apprehension. He
admitted the presence of this unknown element in him, and said that he himself
could not answer for it or foretell what it might lead to" (Nehru 1962: 260).

seither für Beobachter, die sich nachzurechnen bemühen, welchen Anteil „der Heilige" und welchen „der Politiker" Gandhi bei den einzelnen Entscheidungen hatte.[9] Er hat diese Einheit auch explizit und grundsätzlich immer wieder zu Bewußtsein gebracht. So konnte er die von ihm geführten nationalen Aufstandsbewegungen, etwa die *Civil-Disobedience*-Kampagne gegen den sogenannten Rowlatt Act im Jahre 1919, oder die *Non-Cooperation*-Kampagne 1920–22 ohne weiteres als religiöse Bewegungen,[10] die zeremonielle erste Übertretung des Salzmonopolgesetzes 1930 gar als *„great yajna"* (religiöse Opferhandlung) bezeichnen;[11] daneben stehen allgemeine Konfessionen, wie „sedition has become my religion"[12] – ein Satz, der wörtlich ernst zu nehmen ist – oder das programmatische Resümee im Schlußkapitel der Autobiographie:

> To see the universal and all-pervading Spirit of Truth face to face one must be able to love the meanest of creation as oneself. And a man who aspires after that cannot afford to keep out of any field of life. That is why my devotion to Truth has drawn me into the field of politics; and I can say without the slightest hesitation, and yet in all humility, that those who say that religion has nothing to do with politics do not know what religion means.[13]

---

[9] Gandhi hat die Alternative zurückgewiesen und seine Position in „Neither a Saint nor a Politician" erklärt (YI, 12.5.1920, CW 17: 405 ff.).

[10] „Rowlatt Act": Anarchical and Revolutionary Crimes Act, 1919, ein Ausnahmegesetz mit Vollmachten zur vorbeugenden Verhaftung und Aburteilung durch Sondergerichte bei aufrührerischen Handlungen, so genannt nach dem Vorsitzenden des Komitees, das die Maßnahme empfohlen hatte (vgl. Report of the Sedition Committee, 1918, und Gandhis Inhaltsangabe des Gesetzes CW 15: 110 ff.). Die Agitation gegen dieses Gesetz wird in der Ankündigung an die Presse vom 23.3.1919 als „essentially a religious movement" bezeichnet (CW 15: 145); ähnlich in der Rede in Madras vom 29.3.1919: „purely a religious struggle" (CW 15: 165). Zur Non-Cooperation-Kampagne als „religiöse Bewegung" vgl. etwa die Antwort auf Tagores Kritik an gewissen zivilisationsfeindlichen Auswüchsen (YI, 1.6.1921, CW 20: 158); in „Conditions of Swaraj" wird von einem „religious battle" gesprochen (YI, 23.2.1921, CW 19: 384). Als „religiös" wird hier, wie sich aus dem Zusammenhang mit Forderungen wie *swaraj* ergibt, keineswegs nur die mit der Non-Cooperation verbundene Khilafat-Bewegung bezeichnet.

[11] In Dandi am Morgen des 6.4.1930 in bezug auf den symbolischen Akt des Sammelns von natürlichem Salz am Strand (T 3: 31). Die Wendung begegnet häufiger, zum Beispiel: „The great yajna of the Swaraj of my dream" („A Silent Worker Gone" H, 11.9.1937: 249).

[12] Sharp 1960: 74, nach „Bombay Chronicle". Wiedergabe der auf Gujarati gehaltenen Rede vom 18.3.1930. Auch CW 43: 100, wo anstelle von *religion* der Begriff *dharma* stehen geblieben ist. Zu diesem Begriff vgl. Conrad 1986. Mit „sedition" ist technisch das so bezeichnete Hochverrats-Delikt nach sec. 124-A des Indian Penal Code gemeint, wonach mit Freiheitsstrafe bedroht wird „whosoever ... brings ... into hatred or contempt, or excites ... disaffection towards his Majesty or the Government established by law in British India" (die verschiedenen Begehungsformen im Zitat ausgelassen, DC). Nach dieser Bestimmung waren Gandhi selbst und andere nationalistische Politiker zu Gefängnis oder Deportation verurteilt worden.

[13] CW 39: 401.

Unzweifelhaft ist mit diesen sorgfältig formulierten Sätzen etwas vom Kern der Position Gandhis zur Sprache gebracht, zugleich das augenfällig Besondere seines Auftretens impliziert; unzweifelhaft sind sie für moderne okzidentale Anschauungen ein Ärgernis. Die grundsätzliche Verwischung der Grenzen zwischen Politik und Religion, und weiter noch Wahrheitssuche und Kreaturliebe, befremdet schon nach ihrer allgemeinsten Seite hin betrachtet: als Widerspruch zu unseren Bedürfnissen nach „sauberer" Unterscheidung der Bereiche, nach Anerkennung ihrer Eigengesetzlichkeit und der daraus resultierenden Komplexität des Erfahrungsganzen, damit zugleich nach einer gewissen Selbstbescheidung in der gesellschaftlichen Rollenteilung. Dies alles stellt Gandhi nicht nur hier in Frage. In einer naiv oder auch bewußt unkomplexen Manier, vielfach in der Nähe lebensreformerischer Zeitströmungen, hat er sich häufig gegen Bereichsabgrenzungen, gegen die Einteilung des Lebens in „watertight compartments", sogar gegen die Trennungslinie zwischen privatem und öffentlichem Verhalten gewandt und die Unteilbarkeit persönlichen Handelns und Lebens verteidigt.[14]

An den reformerischen Wirtschaftstheorien John Ruskins, um ein wichtiges Beispiel zu nehmen, war es gerade dieser antianalytische Grundzug, was ihn anzog: der Angriff auf die Autonomisierung des Wirtschaftsverhaltens und die Wiedereinführung der moralischen Komponente in die Ökonomie. Mit der Vehemenz eines Offenbarungserlebnisses trafen ihn diese Gedanken und ließen ihn seine eigene Position in Wirtschaftsdingen finden,[15] bezeichnet etwa

---

[14] Zum Beispiel in der Stellungnahme aus dem Gefängnis in Poona auf die Bedenken, seine Konzentration auf die Unberührbaren-Frage lenke vom nationalen Freiheitskampf ab: „I draw no hard and fast line of demarcation between political, social, religious and other questions. I have always held that they are inter-dependent and that the solution of one brings nearer the solution of the rest" (Nov. 1932; CW 52: 4); oder zu Missionaren: „The whole gamut of man's activities today constitutes an indivisible whole" (T 4: 318); oder am 2.2.1947 in Ostbengalen zur Rechtfertigung der Erörterung gewisser heikler Aspekte seines Privatlebens: „Much mischief was made throughout the world by divorce between the public and private conduct" (T 7: 329); oder am 10.3.1946 gegen den Vorwurf, er benütze seine Gebetsversammlungen zur Propagierung politischer Ziele: „Human life being an undivided whole, no line could ever be drawn between its different compartments, nor between ethics and politics" (T 7: 350); oder die Ashram-Constitution für den am 20.5.1915 gegründeten Satyagraha-Ashram bei Ahmadabad: „Politics, economic progress etc. are not unconnected matters: Knowing that they are all rooted in religion, the Controllers will make an effort to learn and teach politics, economics, social reform etc. in a religious spirit" (CW 13: 91 ff., 95. Draft).

[15] Ruskins „Unto This Last", eine Folge wirtschaftstheoretischer Essays, 1860 im Cornhill Magazine erschienen und seit 1862 als Buch verbreitet, las Gandhi 1904 auf einer 24stündigen Zugreise von Johannesburg nach Durban; er beschreibt den tiefen Eindruck, der ihn zu einer sofortigen Änderung seiner Lebensweise bestimmte, in seiner Autobiography (Part IV, Chap. XVIII, CW 39: 239). Die dort als Hauptlehren des Buches festgehaltenen Sätze bauen bereits auf der Grundtendenz, einer moralischen, „wahren" Wirtschaftslehre auf; diese kommt klarer zum Ausdruck in

durch den aus Ruskin extrapolierten Satz: „True economics is the economics of justice" für Ruskin: „Our economy will no longer depend merely on prudence, but on jurisprudence."[16] „Jurisprudence" ihrerseits gewann, wie Gandhi in anderem Zusammenhang berichtet, an Respektabilität für ihn erst, als er „Religion" in ihr entdeckte.[17]

Allein aus dem Gesamtbild solcher Anschauungen muß nun doch die Verbindung von Religion und Politik, oder vielmehr die Rückführung der einen auf die andere herausgehoben und nach ihrem besonderen Gewicht beachtet werden.[18] Hier lag die eigentliche Brisanz der Wirksamkeit Gandhis, und das nicht von ungefähr und nicht wegen einer zufälligen persönlichen Doppelbegabung, aber auch nicht einfach wegen des Zusammentreffens mit zeitgenössischen Risorgimento-Strömungen religiös-nationalistischer Art. Unabhängig von dieser verwirrenden – ja verhängnisvollen, wie sich zeigen sollte – Konstellation hatte Gandhis Streben nach wechselseitiger Durchdringung von religiöser und politischer Praxis einen systematisch gefährlichen Zug. Damit war eine fundamentale Befriedungslinie innerhalb der neuzeitlichen Zivilisation in Frage gestellt und, was insbesondere den Staat angeht, wie er sich in Europa entwickelt hatte, seine ursprüngliche friedenschaffende Legitimation. Die europäischen Erfahrungen, die in diesem Punkte zur Aufstellung eines Trennungsprinzips geführt haben, die geschichtlichen Schrecken, denen diese Einsicht abgerungen werden mußte, erscheinen noch heute als so exemplarisch, die möglichen Konsequenzen als so schwerwiegend, daß gerade hier die anscheinend naive Position Gandhis nicht fraglos hingenommen werden kann. Mit dem „orientalischen" Typus als Auskunft wird man sich schwer zufriedengeben, zumal wenn zugleich die europäischen Begriffe „Politik" und „Religion" in Frage stehen.

Die europäische Entwicklung des Staats und, wenn man so sagen darf, seine

---

Gandhis Einleitung zu einer Inhaltsparaphrase, die er auf Gujarati in „Indian Opinion" 1908 unter dem Titel „Sarvodaya" erscheinen ließ (englischer Text CW 8: 239 ff.).

[16] Sarvodaya, 8. Fortsetzung (IO, 4.7.1908, CW 8: 339). Der Satz Ruskins in „Unto this Last", III, § 46: 62.

[17] „My regard for jurisprudence increased, I discovered in it religion" (Autobiography, Part IV, Chap. V, CW 39: 212), in bezug auf die Erörterung der ‚Maxims of Equity' im Lehrbuch von Snell. Wie sich aus dem Zusammenhang, Gandhis noch zu behandelnder Trusteeship-Doktrin des Eigentums, ergibt, sind wahrscheinlich die Erläuterungen zu Maxime Nr. 2 („Equity follows the Law") gemeint: „Equity does not interfere with a man's legal rights unless it would be unconscientious on his part to take advantage of them. Equity acts on the conscience" (hier zitiert nach Snell 1973: 19 ff., 22).

[18] „Many of my political friends despair of me, because they say that even my politics are derived from religion. And they are right. My politics and all other activities of mine, are derived from my religion" (aus einer Rede, H, 2.3.1934: 23).

zivilisatorische Mission, hatte in einer fortschreitenden Säkularisierung der politischen Gewalt in eins mit ihrer Monopolisierung bestanden.[19]

Die Formulierung deutet an, daß das Wort Staat hier, einer sich durchset-
zenden Tendenz der neueren Staatslehre folgend, regelmäßig für den im neuzeitlichen Europa ausgebildeten Typus politischer Herrschaft gebraucht werden soll.[20] Doch halte ich, bei Anerkennung der Notwendigkeit, die Besonderheiten dieses Typus erst einmal herauszuarbeiten und vornehmlich gegen mittelalterliche Herrschaftsformen abzuheben, eine strenge terminologische Begrenzung noch immer nicht für sinnvoll und möchte darauf bestehen, das
Wort auch jenseits des engsten Bereichs, namentlich bei bürokratisch verfe-
stigter Herrschaft, mit charakterisierendem Zusatz zu gebrauchen, wie auch
gelegentlich als Oberbegriff. Denn wenn man sich auf die Singularität des modernen Staats kapriziert, ohne für das, was diesem Staat mit der ganzen übrigen
Weltgeschichte der Nicht-„Staaten" gemeinsam ist, bislang einen ähnlich prak-
tikablen Ausdruck zu besitzen, gerät nur allzu leicht mit dem verbindenden
Wort auch die Sache, die universale *Funktion* der politischen Verbandsgewalt,
aus dem Blick oder wird als „Allerweltserscheinung" abgetan.[21] Die terminologische Beschränkung, anfänglich gegen einen Ethnozentrismus gerichtet, führt
dann unversehens zu einer Beschränkung des Horizonts. Ohne wesentliche
Strukturfragen aufzugeben, kann die Staatslehre sich nicht terminologisch davon dispensieren, auch von den antiken Staaten der Ägypter, Griechen, Römer,
oder „gar von den Staaten der Araber, Türken oder Chinesen" zu handeln.[22]

Mit der Legitimierung weltlicher Souveränität aus den Primärzielen der Herstellung irdischen inneren Friedens und der Ent-Ideologisierung des internationalen Krieges[23] war es gelungen, die mörderische Krise der Religionskriege
zu überwinden. Es ist nur ein scheinbarer Widerspruch, daß zunächst gerade
der absolutistische Staat mit besonderer Energie die Verfügungsmacht über die
öffentlich ausgeübte Religion an sich zog. Dabei ging es, wie zum Beispiel die
relativierende Formel „cuius regio, eius religio" deutlich anzeigt, nicht mehr
um die alte Herrscherpflicht zur Durchsetzung der religiösen Wahrheit, sondern um das Staatsinteresse an der einheitlichen Religion, mit anderen Worten,
um die defensive Wahrung der Homogenität als Stabilitätsbedingung.[24] Dies

---

[19] Hierzu zusammenfassend etwa Böckenförde 1976; Quaritsch 1970, 1: 284ff.; Krüger 1964, § 7.

[20] Zum Diskussionsstand vgl. Quaritsch 1970, I: 20ff. mit Nachweisen.

[21] Krüger 1964: 1.

[22] Schmitt 1958: 376. Für ein Festhalten des universalen Anspruchs mit ähnlicher Begründung auch Kafka 1974: 493ff., 495.

[23] Hierzu grundlegend Schmitt 1950: 123ff.

[24] Zur Herkunft des Satzes „cuius regio eius religio" und seinem ursprünglichen de-
fensiven Sinn Heckel 1938: 232ff.; Quaritsch 1970: 292; Lecler 1965, I: 363ff. Für
die Herausbildung des Prinzips und den Zusammenhang mit der Unterscheidung
öffentlicher (mit öffentlichem Gut unterhaltener) und häuslicher Religionsausübung
ist ein früher und sprechender Beleg das Schreiben Luthers an den Kurfürsten

konnte sich bald reduzieren auf das Interesse an *irgendeiner* Religion als moralischer Anstalt und Ankergrund der Rechtslegitimation: *religion civile.*[25] Worauf es
idealtypisch schließlich hinauslief, war das Prinzip der Trennung von Kirche
und Staat, jedenfalls das Verbot der Staatskirche. Doch sollte der vordergründig dominierende Aspekt der Institutionentrennung nicht darüber täuschen,
daß dem eine parallele Trennung der Materien Politik und Religion zugrunde
liegt. Dies muß so sein, jedenfalls unter europäischen Bedingungen, wo Politik
das am Staat – der mit ihm gegebenen Menschengruppierung, Machtchancen
und Leistungsorganisation[26] – orientierte Handeln ist,[27] Religion aber sich in

---

Johann von Sachsen vom 9.2.1526, in dem er befürwortet, den Stiftsherren im protestantischen Altenburg die öffentlichen Meßfeiern zu verbieten, weil 1. das Gewissen des Fürsten durch seine Gewährung von „Schutz und Nahrung für solch läster-
lichen Gottesdienst ... immer mit eingemengt und mitschuldig" sei und 2., weil „einem weltlichen Regenten nicht zu dulden ist, daß seine Untertanen in Uneinigkeit
und Zwiespalt durch widerwärtige Prediger geführt werden, daraus zuletzt Aufruhr
und Rotterei zu besorgen wäre, sondern an einem Ort auch einerlei Predigt gehen
soll." Ausdrücklich wird hinzugesetzt, daß damit nicht Glaubenszwang geübt, sondern das öffentliche Ärgernis verboten werden solle, und „daß sie in ihren Kammern mögen anbeten und dienen, wem sie wollen und wie viel Götter sie wollen"
(WA, Briefe 4: 27 ff.). Zur Interpretation der Stelle Lecler 1965, I: 243; Quaritsch
1970: 295 f. Beide übergehen allerdings die im Brief klar hervortretende Bedeutung
des öffentlichen Kircheguts für das, was „öffentlicher Kult" ist, und die entsprechende Verantwortung des Landesherrn – wie die Geschichte zeigen sollte, die eigentlich explosive staatskirchenrechtliche Frage.
    Luthers Schriften werden zitiert nach der Kritischen Gesamtausgabe: D. Martin
Luthers Werke. Weimar 1883 ff. Briefwechsel; Weimar 1930 f. (= Weimarer Ausgabe, WA) sowie der von O. Clemen herausgegebenen Werke in Auswahl. 6 Bde. 5.
Aufl. Berlin 1959 (= Cl.)

[25] Rousseau, Du Contrat Social, Livre 4, Chap. 8 (Rousseau 1954). Dieser Standpunkt
ist übrigens schon bei Bodin mit Bewußtheit erreicht und wird vielleicht am deutlichsten in der Verwerfung des Atheismus als sozialschädlich; vgl. die Darstellung
bei Quaritsch 1970, § 5, Nr. 2 und 3: 288 ff.

[26] Die Begriffe Leistung (Funktion) und Leistungszusammenhang zur Beschreibung
des Staats unter dem Gesichtspunkt seiner realen Tätigkeit besonders bei Heller
1963: 241 und passim.

[27] Diese Begriffsverknüpfung steht nicht im Widerspruch zu dem von C. Schmitt unternommenen Versuch, prinzipiell den Begriff des Politischen von dem des Staates
zu lösen; vgl. den ersten Satz seiner berühmten Abhandlung: „Der Begriff des Staates setzt den Begriff des Politischen voraus" (Schmitt 1963: 20). Wenn dort das allgemeine Kriterium des Politischen in der Unterscheidung von Freund und Feind
gesehen wird, so ist andererseits dieser „äußerste Intensitätsgrad ... einer Assoziation oder Dissoziation" (loc. cit.: 27) nicht elementar gesetzt, sondern durch die politische Einheit vermittelt: es handelt sich stets um den politischen Freund bzw.
Feind. Da also die maßgebende politische Gruppierung das Kriterium gibt, wer
Freund, wer Feind ist, so ist in der Epoche des Staates „Politik" durch „Staat" bestimmt (so im Ergebnis auch in seinem Vorwort von 1963: 10). Die Trennung der
Begriffe steht in Zusammenhang mit der schon erwähnten Beschränkung des Staats-
begriffs. J. Freund definiert ebenfalls zirkulär Politik als *activité sociale*, die sich auf
eine *unité politique* bezieht (Freund 1965: 751). Weiter hierzu unten § 8. Die für unse-

der Glaubenspraxis organisierter Religionsgemeinschaften (Kirchen, Sekten) konstituiert.[28] Hier konnten sich die Institutionen Kirche und Staat nur bei einer tieferen Scheidung ihrer Bereiche wechselseitig freigeben, so daß einerseits der Streit der Religionen nicht mehr geeignet war, den politischen Verband zu zerreißen, daß religiöse Handlungen symbolische, niemand verletzende Kulthandlungen und religiöse Doktrinen „Privatmeinungen in Religionssachen" waren,[29] während andererseits politische Legitimität und das aus ihr abgeleitete staatliche Zwangsmonopol der religiösen Wahrheit äußerlich blieb.

§ 3 Religion in der Politik der indischen Nationalisten

Die politische Gewalt, mit der Gandhi in Indien (wie ähnlich zuvor in Südafrika) zu tun hatte, war nun nichts anderes als eben der europäische Typus Staat in Gestalt des britischen Kolonialstaates, dem Lande zunächst als fremdes Herrschaftsinstrument oktroyiert, allmählich sich einbürgernd. In mancherlei Hinsicht waren die Strukturen dieses Staats sogar – eher als die politischen Einrichtungen Englands – dem Idealtypus Staat angenähert, wie ihn der europäische Rationalismus aufgefaßt hatte: als regelhaft konstruierte, gesellschaftsferne Herrschaftsmaschinerie.[30] Jedenfalls war er Säkularstaat im indischen Kontext kraft seiner ursprünglichen Kulturfremdheit. Eine anfänglich allenfalls gegebene Möglichkeit herrschaftlicher christlicher Missionierung war durch das Eigeninteresse der ost-indischen Handelskompanie blockiert wor-

---

ren Zusammenhang wesentliche Sachfrage wäre, ob die Trennung Politik – Religion in einer Situation, in der der Staat noch nicht oder nicht mehr maßgebende politische Einheit ist, ihren Sinn behält. Dies verneint C. Schmitt, weil er die Unterscheidung der Materien an die Unterscheidung der Institutionen Kirche und Staat bindet (Schmitt 1970: 24 f.). Eine andere Auffassung hierzu ist unten § 13 entwickelt, vgl. besonders bei Anm. 320.

[28] Wenn man nicht überhaupt Religion ganz allgemein durch die Ausprägung in einer Religionsgemeinschaft bestimmt – wofür E. Durkheim gewichtige Gründe vorbringt (Durkheim 1968, I, Kap. 1) – und hierzu begrifflich die Abgrenzung von Phänomenen wie Magie oder philosophischer Heilsuche sieht.

[29] „Niemand ist schuldig, über seine Privatmeinungen in Religionssachen Vorschriften vom Staate anzunehmen" (Preussisches Allgemeines Landrecht II 11 § 3).

[30] Zu nennen wäre etwa die Schaffung eines integrierten öffentlichen Dienstes schon seit den Reformen Cornwalls 1786 und 1793, früher als im britischen Mutterland und in mancher Beziehung für dieses vorbildlich (Historische Darstellung bei Blunt 1937: 26 ff.), sowie die weitgehende Rechtskodifikation seit Schaffung der Law Commission im Charter Act von 1833 (sec. 53 ff.), der Ausbau auch der niederen Gerichtsbarkeit mit beamteten Richtern, die mit der Herrschaft der Handelskompanie gegebene Auffassung des Staates als juristischer Person und die daraus entstandene Verfassungsgesetzgebung. Für die Prägung der Kolonialverwaltung durch aufgeklärt-etatistische Anschauungen vor allem der Bentham-Schule siehe Stokes 1959. Das Hindostani kennt, anders als das Englische, mit dem Wort *sarkar* eine umgangssprachlich gebräuchliche Generalbezeichnung für „Staat".

den.[31] Die von ihr (und später von der Krone) aufgrund gesetzlicher Verpflichtung unterhaltenen geistlichen Einrichtungen[32] hatten hauptsächlich Bedeutung für den im Lande sich aufhaltenden britischen Bevölkerungsteil und Herrschaftsstab. In der praktischen Wirkung sicherte dies, so kann man geradezu sagen, die religiöse Nicht-Identifikation des Staates gegenüber den eigentlichen Landesreligionen, seine wesentliche Säkularität.

Politik bedeutete im Zusammenhang dieser Herrschaftsgegebenheiten für den indischen Untertan primär das Ringen um Einfluß auf den fremdbestimmten Säkularstaat, auf Erweiterung und Ausnützung seiner repräsentativen Elemente, auf Zugang zum Staatsdienst und so weiter: ein Spiel, das nur unter den Regeln des fremden Systems gespielt werden konnte und das praktisch nur einer kleinen Schicht der begütertsten Landbesitzer sowie, in schrittweiser Zulassung, der städtischen, englisch gebildeten Mittelklasse, insbesondere den Advokaten offenstand.[33] Die Beschränkung des Kreises war durch einen rigorosen Wahlzensus verschärft.[34]

---

[31] Nachdem noch 1793 Versuche gescheitert waren, die East India Company gesetzlich zur Förderung der Mission zu verpflichten, wurde erst im Charter Act von 1813 (53 Geo 3, c. 155) zugleich mit der Brechung des Handelsmonopols der Company der Zugang zu den indischen Besitzungen auch für Missionare unter einem Lizenz-System geöffnet; seit 1854 durften Missionsschulen öffentliche Zuschüsse für ihr „purely secular teaching" erhalten. Gegenüber der seit Hastings' Regulation 2/1772 bestimmten Anwendung einheimischen Rechtes auf Fragen der Familienordnung, Erbfolge, Kaste und andere religiöse Gewohnheiten wurden erst 1832 für Bengalen (Reg. VII/1832) und 1850 für Gesamtindien die Vermögensnachteile, die sich nach Hindu-Recht an die Konversion zum Christentum knüpften, ausgeschlossen (Caste Disabilities Removal Act, 21/1850); Keith 1937: 128, 160; Stokes 1959: 27ff.

[32] Der Charter Act 1813 sec. 49ff. schuf ein „Church Establishment" in den britisch-indischen Gebieten und ermächtigte die Krone zur Einsetzung eines Bischofs und dreier Erzdiakone, die von der East India Company zu besolden waren. Auch die späteren Government of India Acts enthielten Regelungen des kirchlichen Regimes (z.B. sec. 115ff. des Government of India Act, 1915), das bis zuletzt Vorbehaltsgebiet der Kolonialmacht blieb (sec. 11, Government of India Act, 1935). Zur historischen Entwicklung Smith 1963: 57ff.

[33] Vgl. die berühmte Bezeichnung dieser Schicht als „microscopic minority" in einer Rede des Vizekönigs Lord Dufferin 1888, wiederholt speziell auf den indischen Nationalkongreß bezogen 1892 durch den damaligen Unterstaatssekretär Lord Curzon bei der Beratung der Indian Councils Bill im Unterhaus; beide Reden bei Banerjee 1961, II: 91, 110.

[34] Nach der minimalen Repräsentation bestimmter Interessengruppen und besonders des Landbesitzes, wie sie die Indian Council Acts von 1892 und 1909 zuließen, brachten erstmalig die Reformen von 1919 ein verallgemeinertes Zensuswahlrecht, das etwa 2,2% der Gesamtbevölkerung stimmberechtigt machte (nach den Berechnungen im Report of the Franchise Committee, Calcutta 1919, § 11); nach dem Report der Indian Statutory Comission 1930 (Bd. I, § 147, S. 134) waren etwa 10% der erwachsenen männlichen und unter 1% der weiblichen Bevölkerung wahlberechtigt. Die Reformen von 1935 erhöhten den Anteil der Wahlberechtigten auf zwischen 10% und 28% der erwachsenen Bevölkerung (Keith 1937: 357; Austin 1966: 10, 387.)

Gegenüber solcher eng umgrenzten Honoratiorenpolitik und ihrem weltlichen, europäisierten, legalistischen Stil hatten indische Politiker schon vor
Gandhi, seit Ende des 19. Jahrhunderts, begonnen, Alternativen volkstümli-
cher indischer Politik zu entwickeln. Aus den verschiedenen Bewegungen religiöser oder sozialer Reform heraus, teilweise in polemischer Absetzung von
ihnen,[35] hatte man versucht, zu unmittelbar politischem Nationalismus durch-
zubrechen, der in breiteren Schichten Resonanz fand und sich nicht länger an
den Gestattungen der Kolonialverfassung, sondern an den eigenen Überliefe-
rungen und Aspirationen orientierte. Die eigentümliche Bedingung solcher
„indischen" politischen Sprache war die Unvermeidlichkeit, mit der jedes Anknüpfen an einheimische Traditionen die religiöse Komponente ins Spiel
brachte: man war für jede Art von sozialer Tiefenwirkung auf religiöse Argumentation und Symbolik angewiesen. Daß gesellschaftliche Reformprogramme
nur in Gestalt von Re-Interpretationen des Hinduismus oder des Islam formuliert und aufgenommen werden konnten, versteht sich fast von selbst.[36] Aber
auch der im engeren Sinne politische Nationalismus schien dazu gedrängt,
klassische religiöse Schriften politisch zu aktualisieren[37] oder „Nation"
geradezu zum religiösen Begriff zu machen,[38] regional prominente Götterkulte
als Vehikel patriotischer Emotionen zu benutzen[39] und selbst eine religiöse
Absonderlichkeit wie die Kuhverehrung als Identifikationssymbol hochzuspie-
len.[40] Wenn nationalistische Agitation umgekehrt von einem führenden Politi-

---

[35] Zu diesen Reformbewegungen und zur Alternative von Sozialreform und nationaler
Agitation allgemein Farquhar 1914; Heimsath 1964; Tara Chand 1961–72, II: 391 ff.;
Majumdar 1962–63, I: 290 ff.; Rothermund 1965: 17 ff.; Varma 1967, Part 1.

[36] Diese Wirksamkeitsvoraussetzung wird dennoch über dem Aufsuchen westlicher
Einflüsse zumeist ungenügend reflektiert, nur ansatzweise z.B. bei Heimsath 1964:
130 (in bezug auf Dayananda), überhaupt nicht z.B. bei Farquhar 1914. Dies führt
zu folgenschweren Verkürzungen für das Verständnis des Rezeptionsvorgangs und
für die Einschätzung der „Übersetzungs"leistung; vgl. weiter dazu im Text die §§ 6
und 17.

[37] Vor allem in der politischen Interpretation des Vedanta und den verschiedenen
Neuauslegungen der Bhagavadgita, Rothermund 1965: 39 ff. und die dort angegebenen Autoren, Varma 1967: 100 ff., 190 ff.

[38] Besonders Aurobindo Ghose im Anschluß an Vivekananda (Varma 1967:109,
275 ff.); bei Heimsath 1964: 312 f.: „Nationalism is a religion that has come from
God ... Nationalism is immortal; ... God cannot be killed" usw.

[39] Tilaks Ganpati-Feste in Maharashtra (Majumdar 1962–63, I: 426 ff.; Wolpert 1962:
67 ff.); vor allem aber die Rolle der Muttergöttin (Kali, Durga) in der bengalischen
Agitation gegen die Provinzteilung nach 1905; die Göttin verschmolz dabei mit dem
als Mutter vorgestellten heiligen Land Indien oder auch Bengalen (Majumdar 1962–
63, II: 175 ff.; Rothermund 1965: 39; Chirol 1910: 8 ff., 81 ff.; Aurobindo Ghose,
„The Demand of the Mother" in „Bande Mataram", 12.4.1908 (in Aurobindo Ghose
1965: 116 ff.); Broomfield 1968: 30).

[40] Zur politischen Motivation der Ende des 19. Jahrhunderts angefachten Kuhschutzbewegung sowie der Rolle von Dayananda Sarasvati und des Arya Samaj dabei vgl.
Lütt 1970: 134 ff.; vgl. schon Farquhar 1914: 111 und 359; weiteres Material auch
zur späteren Entwicklung bei Parel 1969: 177–202.

ker wie Tilak geradezu als „Beschützung der Kuh der Nation" stilisiert,[41] oder in Bengalen als Dienst an der Göttin Kali betrachtet werden konnte, wenn der bengalische Extremist Aurobindo das Lebensmark des Patriotismus in „the realization of the Motherhood of God in the Country" erblickte,[42] dann war die Illuminierung und Verschmelzung mit religiösen Ideen eine schon vor Gandhis Auftreten in Indien ausgebildete Möglichkeit politischer Sprache.[43] Man fragt sich, warum andere und er selbst es immer als seinen charakteristischen neuen Beitrag verstanden sehen wollten, daß er „Religion in die Politik eingeführt" habe.[44]

Die Gefahren dieses Wegs – durchaus die Art von Gefahren, die nach europäischen Parallelen zu erwarten waren – zeigten sich bald, und zwar gerade auch an der Kuhschutzbewegung und den mit ihr anwachsenden Hindu-Muslim-Zusammenstößen. In Indien wie zumeist in der Welt kam „Religion", entgegen Gandhis Ausdrucksweise, nicht primär als Singular vor, war die Sprache *der* Religion fast unvermeidlich die Sprache *einer* bestimmten Religion und also Ausdruck der Unterscheidung und des potentiellen Konflikts. Wohl konnte man sich von dem religiös argumentierenden Nationalismus ein Ausbrechen aus der anglisierten Wohlanständigkeit der Honoratiorenpolitik, die Weckung elementarer Energien und eine breitere Resonanz in der Bevölkerung verspre-

---

[41] Rede in Ahmednagar 1916, in der er zum Eintritt in die Home Rule League aufrief: „Did the idea ever occur to you that the mother country is also a great cow? This also is a work for the protection of cows, for the uplift of the nation ... Every one who can afford to pay one rupee should pay it and earn the merit of protecting the cow of the nation" (Zitat nach Wolpert 1962: 279, etwas verschiedener Wortlaut in Tilak 1922: 198). Eine ähnliche Verbindung in den im Sedition Committee („Rowlatt"-)Report S. 2 zitierten Ganpati Sloks von D. Chapekar.

[42] Aurobindo Ghose 1907: 84. Die Bezeichnung dieser Mutterlandsideologie als „Patriotismus" findet sich nicht an dieser Stelle, aber sonst häufig, und kann als Indiz für die unbekümmerte Mischung europäischer und indischer Vorstellungen in dieser Art Nationalismus gelten.

[43] Vgl. ibid. in den beiden Schlußkapiteln die Massierung politisch gebrauchter theologischer Begriffe wie *yajna, moksha, sadhana, ananda, maya* usw.; für eine ähnliche politisch-theologische Sprache, etwa auch beim früheren Tagore, vgl. Sarkar 1973: 52f.; allgemein zur Verwendung der Religion als Mittel politischer Volksbewegung vor allem in Bengalen ibid.: 72f.; Heimsath 1964: 309ff.; Sedition Committee Report 19ff. und die dort (S. 20) berichtete Äußerung von Upendra Nath Banarji: „As I thought that some people of India would not be made to do any work except through religion" usw. Chirol 1910:29ff.; Parel gibt einen vertraulichen Bericht des Home Department (GOI, Proceedings of the Home Dept., Confidential, 1919 Vol. 52 Nos. 165/6) über eine Besprechung von B. C. Pal, Sacchidananda Sinha und anderen Politikern 1916 in Bihar wieder, die das Ziel verfolgte, „to devise means by which the interest of Biharis in political affairs might be aroused, and it was agreed that in order to secure results, a religious element must be introduced into any measure taken. With this object, it was decided that a movement to prevent cow sacrifices should be started in Shahabad on a limited scale."

[44] „I have been experimenting with myself and with my friends by introducing religion into politics", aus: „Neither a Saint nor a Politician", YI, 12.5.1920, CW 17: 405ff.

chen. Zugleich bot sich damit die Chance, vage Radikalismen unter der Tarnung religiöser Symbolik und in einem Bereich zu artikulieren, in den der Säkularstaat nur zögernd eingriff.[45] Eben deshalb aber mußte diese Sprache religiös partikulär und hinsichtlich ihrer nationalen Generalisierbarkeit zweideutig bleiben,[46] drohte dieser Weg der Nationsbildung die Bevölkerung durch die Politisierung ihrer Religionsverschiedenheiten eher zu spalten und vornehmlich die Kluft zwischen den beiden größten Religionsgruppen, Hindus und Muslims, aufzureißen.[47] Wenn der Hindunationalismus als der ursprünglich territorial begründete den Anfang machte,[48] so war die unvermeidliche Muslimreaktion verschärft durch die Angst der Minderheitsposition. Sie mußte in dem Augenblick explosiven Charakter annehmen, wo der Kampf um einen unabhängigen indischen Staat und sein legales Gewaltmonopol einsetzte, mit anderen Worten, wo der religiöse Nationalitätengegensatz in seiner vollen politischen Bedeutung zutage trat.

---

[45] Sayeed 1978: 286, für Tilak. Vgl. auch das bei Chirol 1910: 341 mitgeteilte Schreiben Surendranath Banerjees, der zur Umgehung eines Versammlungsverbots unter dem Seditious Meeting Act eine religiöse Veranstaltung (Shakti-Puja, Kali-Puja) vorschlägt.

[46] Zum Beispiel behandelte der als Schlüsselroman für den nationalen Aufstand gelesene Roman „Anandamath" (1882) von Bankim Chandra Chatterji den Kampf einer religiös-politischen Bruderschaft zur Befreiung des heiligen Mutterlandes Bengalen von der Muslimherrschaft im 18. Jahrhundert. Die aus diesem Buch stammende Hymne „Bande Mataram" (Heil Dir Mutter) jedenfalls wurde später von den Muslims als Provokation empfunden, vgl. den bekannten Pirpur-Report aus der Muslim-Liga von 1938. Die dem Gründer des Mahratta-Reichs gewidmeten Shivaji-Feste Tilaks, gedacht als allgemein patriotische Heldenverehrung, galten jedoch zugleich der Rebellion eines Hindufürsten gegen das Moghulreich unter Aurangzeb und seinem Kampf gegen das (Muslim-)Sultanat von Bijapur (vgl. Wolpert 1962:79 ff.); über mißglückte Versuche, die Shivaji-Feste in das mehrheitlich muslimische Bengalen zu verpflanzen, vgl. Chirol 1910: 84; Sedition Committee Report: 19. Wenn Tilak in einer oft angeführten apologetischen Äußerung („The Mahratta", 24.6.1906, Tilak 1922: 48 ff.) argumentierte, die Feiern richteten sich so wenig gegen die Mohammedaner wie etwa Nelson-Feiern in England gegen Frankreich, so machte die hier zugrundeliegende Implikation verschiedener Nationalität die Sache unfreiwillig schlimmer. Zum anti-muslimischen Sinn der Ganpati-Feste vgl. Source Material II: 204.

[47] Chirol 1910: 118 ff.; Sarkar 1973: 74 f.; Heimsath 1964: 309 ff. Rothermund 1965: 41 ff.

[48] Wie D. Rothermund bemerkt, war der „Nationalismus" der Muslims zunächst extraterritorial, panislamisch (Rothermund 1965: 41). Die spätere Pakistanbewegung hatte aus diesem Grunde Schwierigkeiten mit Orthodoxen, denen die „geographical Muslims" anstößig waren, vgl. Binder 1961: 75 ff. Der Hinduismus war für die dem Nationalismus wesenseigene Identifikation mit einem Territorium (vgl. Dumont 1964) durch seine altertümliche Bezogenheit auf das heilige Land Indien besser gerüstet; dies ließ sich als „Mutter Indien" (vgl. Anm. 39) mythologisieren oder geradewegs in eine modernisierende Definition einbringen: „Every person is a Hindu who regards and owns this Bharat Bhoomi – this land from the Indus to the seas, as his Fatherland and Holyland – the land and origin of his religion and the cradle of his faith" (Savarkar 1923: 4).

Solchen Gefahren war nur dadurch auszuweichen, daß man den Appell an
politische Massenemotionen, der sich nahezu zwangsläufig als Appell an die
religiösen Gruppenloyalitäten darstellen mußte, vorerst vermied und statt dessen auf den Aufbau einer künftigen Staatsnation durch Sozialreform und Ein-
übung in die staatlichen Institutionen hinarbeitete. Dies war auch die Position
der sogenannten Gemäßigten in den Auseinandersetzungen innerhalb des Nationalkongresses gewesen. Diese Auseinandersetzungen, die 1907 zu einer dramatischen Spaltung geführt und die bereits das Problemfeld für das spätere
Auftreten Gandhis abgesteckt hatten – konstitutionelle oder außerkonstitutio-
nelle Methoden des politischen Kampfes – müssen als Ausdruck weiter-
reichender Auffassungsunterschiede über das Wesen der Nation und den
entsprechenden Begriff von Politik verstanden werden. Der eigentliche Gegenstand des Streits zwischen Extremisten (im Selbstverständnis eher: Nationalisten) und Gemäßigten (in ihrer Sicht auch: Progressiven) war die Frage, ob
sofort die Emanzipation einer außerhalb des Staates schon präsenten Nation gefordert und durchgesetzt oder ob vielmehr diese Nation erst schrittweise durch
Sozialreform zugleich mit konstitutioneller Partizipation gebildet werden müsse – und ob der Aufruf zur gegenwärtigen Selbstbefreiung nicht in Wahrheit
religiöse Traditionalismen wachrief, die das Land entzweiten.[49] Die eigentliche
Bedeutung der von den „Gemäßigten" befürworteten konstitutionellen Methoden lag darin, daß man sich damit zwar auf die Kolonialverfassung, die Prozeduren des britischen Herrschaftssystems und seine Wertvorstellungen einließ,

---

[49] Die Substanz dieser politischen Problematik, das Format der führenden Politiker
und die eigentliche Frage der Repräsentativität scheinen mir verkannt, wenn man
wie J. Brown die „limited politics" dieser Generation nur als Gerangel einer kleinen
Privilegiertenschicht um Einfluß und Pfründen darstellt (Brown 1974: 21ff., 228f.,
353 und passim). Als Illustration der verschiedenen Nationalbegriffe vgl. einerseits
Gokhales Präambel zur Satzung der 1905 gegründeten „Servants of India Society":
„For some time past, the conviction has been forcing itself on many earnest and
thoughtful minds that a stage has been reached in the work of nation-building in
India, when, for further progress, the devoted labours of a specially trained agency,
applying itself to the task in a true missionary spirit are required. ... The growth
during the last fifty years of a feeling of common nationality ... has been most
striking. The fact that we are Indians first, and Hindus, Mahomedans, Parsees or
Christians afterwards, is being realized in a steadily increased measure, and the idea
of a united and renovated India marching onwards to a place among the nations of
the world worthy of her great past, is ... the definitely accepted creed of those who
form the brain of the community – the educated classes of the country" (Farquhar
1914: 378; Wolpert 1962: 159). Vgl. dagegen Tilaks Rede im Dezember 1905 in Benares mit dem Appell, sich des gemeinsamen hinduistischen Erbes zu entsinnen
(Tilak 1922: 27ff., 36), oder die bei Wolpert aus dem Marathi übersetzte Äußerung:
„The common factor in Indian Society is the feeling of Hindutva (Hindutum). I do
not speak of Muslims and Christians at present because everywhere the majority of
our society consists of Hindus. We say that the Hindus of the Punjab, Bengal, Maharashtra, Telangana and Dravida (Madras) are one, and the reason for this is only
Hindu dharma" (Wolpert 1962: 135).

daß aber eben dies vorläufig die Einheit Indiens verbürgte. Dementsprechend forderte man, wie es der Kongreßpräsident Dadabhai Naoroji 1906 in Kalkutta formulierte, „‚Self-Government‘ or Swaraj like that of the United Kingdom or the Colonies" als „Birthrights" britischer Staatsbürger.[50] Kompromißweise war hier das von den „Extremisten" propagierte Sanskritwort *Swaraj(iya)* als Übersetzung des englischen *self-government* oder *homerule* aufgenommen.[51] Allein, daß sich hinter dieser Kompromißformel eine Grundverschiedenheit des Nationsbegriffs verbarg, zeigte die Zuspitzung, die Tilak ihr mit seiner berühmten Parole gab: „Swarajiya is my birthright and I will (must) have it."[52] Der Radikalismus dieser Wendung, ihre naturrechtliche Unmittelbarkeit anstelle der Berufung auf britisches Staatsrecht, erspart sich mit dem generellen Singular („*my* birthright") die entscheidende Frage, für welches Kollektiv hier „Selbst"regierung beansprucht wird. In der historischen Situation allerdings und in der agitatorischen Praxis bedeutete solches Außerachtlassen der staatlichen Repräsentationsfragen und der extremistische Aufruf der Volkskräfte zur direkten Aktion die Beschwörung fragloser, das heißt traditioneller, religiöser Gemeinsamkeiten, insgesamt also: Kommunalismus.[53]

---

[50] Inder haben die Rechte von *British citizens* 1. als *birth rights*, 2. als *pledged rights* (nach der Proklamation Königin Victorias von 1858), 3. nach *conscience*. „Instead of going into any further divisions or details of our rights as British citizens, the whole matter can be compromised in one word – ‚self-government‘ or Swaraj like that of the United Kingdom or the Colonies" (Dadabhai Naoroji, Presidential Address, Calcutta 1906, in Congress Presidential Addresses, 1. Series: 717 ff.).

[51] *Sva-rajya*, Selbst-Herrschaft, bezeichnete im Sanskrit ursprünglich ein unabhängiges Reich bzw. Herrschaftsgebiet (Monier-Williams 1960, vgl. *svá*, S. 1275). Das Wiederaufgreifen des Wortes als Ausdruck für die geforderte politische Selbstverantwortlichkeit empfahl sich, wie schon der Text zeigt, nicht nur wegen der Volkstümlichkeit, sondern auch wegen der, an modernen juristischen Differenzierungen gemessen, Unbestimmtheit des alten Begriffes; man konnte damit sowohl interne Meinungsdifferenzen verschleiern, wie nach außen hin eine Festlegung auf technische Formeln wie *responsible government, dominion status*, Souveränität, Sezessionsrecht aus dem Empire etc. vermeiden. Zu Tilaks Auffassungen Wolpert 1962: 80, 191 f.

[52] Rede in Akola am 2.5.1908, hier zitiert nach Wolpert 1962: 191.

[53] Dieser im Englischen eingeführte Ausdruck zur Bezeichnung einer primären durch Religionsgemeinsamkeit vermittelten Gruppenloyalität wird hier übernommen. Eine Definition etwa bei W. C. Smith: „That ideology which emphasizes as the social, political and economic unit the group of adherents of each religion, and emphasizes the distinction, even the antagonism, between such groups" (Smith 1947: 185). Systematisch zu dem Phänomen Dumont 1964; als aufgeklärter Befürworter von Kommunalismus in Indien Dr. Sir Muhammad Iqbal, Presidential Address vor der All-India Muslim-League 1930 (in Gwyer/Appadorai II: 435 ff.), der sich im Programm eines „composite nationalism" bemerkenswerterweise mit dem des bengalischen Hindu-Radikalen B. C. Pal trifft (vgl. Sarkar 1973: 75). Zur Situation 1907 neben den Allgemeindarstellungen vor allem Wolpert 1962; Heimsath 1964: 131 ff. sowie als Bericht eines Zeitgenossen Chaudhuri 1951, II, Chap. 3.

§ 4 Gandhis Religionspolitik in der Khilafat-Bewegung

Zur Zeit von Gandhis Eintritt in die indische Politik lag diese Debatte über die Grundpositionen des Nationalismus ein Jahrzehnt zurück. Die Implikationen waren deutlicher geworden. Hindu-extremistische Agitation gegen die Teilung Bengalens hatte zu *communal riots* und zur Polarisierung zwischen dem überwiegend muslimischen Hinterland Ostbengalen und der Metropole Kalkutta geführt[54] – ein erstes Warnzeichen der später in der Pakistan-Bewegung aufgebrochenen Disposition. Zugleich prägte sich die kommunalistische Orientierung verstärkt, nicht ohne pflegliche Aufmerksamkeit der britischen Verfassungspolitik, auch auf institutioneller Ebene aus. Neben den Nationalkongreß war die Muslim-Liga getreten, neben der allgemeinen Wählerliste eine besondere Muslim-Wählerschaft eingeführt. Jeder der beiden großen Religionsgemeinschaften war die Errichtung ihrer besonderen „nationalen" Universität zugestanden worden, mit Bildungsprogrammen, die im Unterschied zu den bestehenden, englisch geprägten, säkularistischen Bildungsinstitutionen gerade der jeweiligen Religion eine Führungsrolle zuwiesen.[55] Mit Anwachsen der nationalen Regenerationsbestrebungen wurde auffälliger, in welchem Maße sie innerhalb der einzelnen Religionsgemeinschaft und der entsprechenden je eigenen Traditionsproblematik ihren Ausdruck suchten. Gleichzeitig ließen die Verfassungsreformen die politische Konkurrenzsituation zwischen den Religionsgruppen schärfer ins Bewußtsein treten. Die Erkenntnis der aufziehenden Gefahr und der britischen Manipulationsmöglichkeiten brachten auch extremistische Politiker wie Tilak zu einer vorsichtigeren Gangart und im Interesse einer Annäherung innerhalb der Nationalbewegung zur grundsätzlichen Festlegung auf konstitutionelle Methoden, trotz deren bekannter Schwäche.[56] Dem Bedürfnis radikalerer Temperamente, gleichwohl zu einer Intensivierung und Effektsteigerung der Agitation innerhalb der konstitutionellen Grenzen zu gelangen, entsprach in dieser Lage die in britischem Stil von der anglo-irischen Theosophin Annie Besant organisierte *Home Rule*-Kampagne.[57] Die englische

54 Darüber Sarkar 1973: 152ff.; Chaudhuri 1951: 29f.; Broomfield 1968: 31f.; Johnson 1973.
55 „National" bedeutete in diesem Zusammenhang gerade nicht alle Inder umfassend, sondern betonte die einheimische Tradition gegenüber der englischen, implizierte also Hindu- bzw. Muslimnationalität. Zur Gründungsgeschichte vgl. Lütt 1976: 160ff.; Minault/Lelyveld 1974: 145–189.
56 Wie sich für einen nüchtern denkenden Politiker damals das Dilemma darstellte, läßt sich an der von Jawaharlal Nehru berichteten Position seines Vaters Motilal sehen: „Often he used to say in those days that moderate tactics were no good, but nothing effective could be done till some solution for the Hindu-Muslim question was found" (Nehru 1962: 32).
57 Vgl. Owen 1968: 166, 183ff. Der westliche Zuschnitt der Agitation kritisch vermerkt bei Gandhi, Rede auf der Gujarat Political Conference, 3.11.1917, CW 14: 48ff.

Parole, radikaler klingend als das seit 1906 geforderte *self-government* und alsbald von Tilak als Übersetzung seines *Swarajiya* aufgenommen,[58] konnte nach ihrem langen Gebrauch in der irischen Frage als konstitutionell zulässig gelten.[59] Die Konzentration auf diese eine, von hinduistischem Aroma gereinigte Forderung schien zudem ein Überspringen der Hindu-Muslim-Differenzen zu erlauben. Gleichzeitig unternahm man es auf der Führungsebene von Kongreß und Liga, durch direktes Eingehen auf die Religionsparteiung einen konstitutionellen Interessenausgleich zu finden: den unter dem Namen Lucknow-Pakt bekannt gewordenen gemeinsamen Verfassungsplan von 1916.[60]

Vor solchem Hintergrund erscheint Gandhis erneuter Versuch mit extra-konstitutionellen Widerstandsmethoden und zugleich mit einer religiös gefärb-ten, alle bisherigen Maße sprengenden Massenagitation in den Jahren 1919/20 als außerordentlich gewagt – dies auch dann, wenn man in Anschlag bringt, daß die Kolonialmacht die „Gemäßigten" wieder einmal desavouiert, den Hin-du-Muslim-Kompromiß alsbald durch neuartige Verfassungsangebote ausma-növriert[61] und im übrigen durch ihre Nachkriegsmaßnahmen das Vertrauen in konstitutionelle Reformpolitik allgemein erschüttert hatte.[62] Die davon unbe-rührte Brisanz der Religionsfragen in der indischen Politik kann allerdings Gandhi, trotz seines sehr andersartigen Erfahrungshorizonts aus Südafrika, schwerlich entgangen sein. Er hatte sich nach seiner Rückkehr aus Südafrika mit den politischen Verhältnissen Indiens aus der Nähe vertraut gemacht, bei

---

[58] Tilak gründete eine eigene „Home Rule League" neben Annie Besant mit dem satzungsmäßigen Ziel „to attain Home Rule or Self-Government within the British Empire by all constitutional means" (Gopal 1956: 376). Für die Frage der Verfas-sungsmäßigkeit war der Zusatz „within the British Empire" wesentlich. „Home Rule" ohne derartige Qualifikation hatte schon früher als englische Übersetzung ex-tremistischer Forderungen gegolten; vgl. Gandhis „Indian Home Rule" für „Hind Swaraj" und darin Chap. 20. Tilak formulierte auf dem Lucknow-Kongreß sein be-rühmtes Mantra (vgl. Anm. 52) „*Home Rule* is my birth right" um (Swami Shraddha-nand 1946: 41; vgl. Owen 1968; Wolpert 1962: 276).

[59] Tilak erreichte im Verfahren gegen eine Security Order des District Magistrate, Poo-na, die ausdrückliche Feststellung durch den High Court Bombay, daß seine „Home Rule"-Propaganda nicht *seditious* sei; *Tilak v. Emperor* AIR 1916 Bombay 9.

[60] Text abgedruckt in Rao 1968, I: 25 ff.; zum Lucknow-Pakt näher Rothermund 1965: 73 f.; Brown 1974: 29 ff. Zur Entwicklung der Muslim-Hindu-Frage in der Verfas-sungspolitik zusammenfassend Conrad 1973: 138 ff. mit weiteren Nachweisen. Füh-rend beteiligt am Zustandekommen des Lucknow-Pakts waren auf Kongreßseite B. G. Tilak, auf seiten der Muslim-Liga M. A. Jinnah.

[61] Die seit der Unterhaus-Erklärung des Staatssekretärs Montagu 1917 eingeleitete Teilparlamentarisierung der Regierungsgewalt überholte den Kongreß-Liga-Plan scheinbar progressiv und entzog gleichzeitig einem der Kernstücke des Kompro-misses – der Gewichtung der Mandatsverteilung in den Provinzlegislaturen zugun-sten der jeweiligen Religionsminderheit – die innere Grundlage.

[62] Mit dem Rowlatt-Act (siehe Anm. 10) und der auf die Proteste folgenden Repressio-nen vor allem im Punjab.

der Eröffnung der Benares Hindu University gesprochen,[63] am Lucknow-Kongreß teilgenommen, ebenso, mit Ovationen empfangen, am gleichzeitigen Treffen der Muslim-Liga in Lucknow[64] und sich für die Verwirklichung des Kongreß-Liga-Plans eingesetzt. Die Hindu-Muslim-Frage hatte er schon früher, in seiner Programmschrift aus der Südafrika-Zeit, „Hind Swaraj", als eine der nationalen Kernfragen behandelt, und zwar entschieden im Sinne einer Trennung des Nationsbegriffes von der Religionszugehörigkeit:

India cannot cease to be one nation because people belonging to different religions live in it ... In reality there are as many religions as there are individuals; but those who are conscious of the spirit of nationality do not interfere with one another's religion. If they do, they are not fit to be considered a nation. If the Hindus believe that India should be peopled only by Hindus, they are living in dreamland. The Hindus, the Mahomedans, the Parsis and the Christians who have made India their country are fellow countrymen, and they will have to live in unity, if only for their own interest. In no part of the world are nationality and one religion synonymous terms; nor has it ever been so in India.[65]

Zugleich hatte Gandhi schon damals einen der ärgsten Aufreizungsmechanismen des Hindu-Eiferertums angegriffen: den muslimfeindlichen Mißbrauch der Kuhverehrung in den Kuhschutzgesellschaften.

Die Kuhschutzgesellschaften (Gorakshini Sabhas, Cow Protection Societies) waren seit der ersten derartigen Gründung durch Dayananda Saraswati 1880/81 Hauptträger der Kuhschutzbewegung.[66] Ihr Programm, auf ein allgemeines gesetzliches Kuhschlachtungsverbot hinzuarbeiten und einstweilen für die mögliche Reduzierung von Schlachtungen alle Wege sozialer Selbsthilfe bis hin zu Boykott-Aufrufen zu beschreiten, mußte sie vorwiegend in Gegensatz zum muslimischen Bevölkerungsteil bringen. Damit wurde ein seit der Zeit der Muslimherrschaft de facto eingespieltes Verhältnis labilen Friedens gestört, in dem die Kasten-Hindus sich daran gewöhnt hatten, die Kuhschlachtung durch Muslimmetzger hinzunehmen, zumal diese damit eine im Grunde nützliche Funktion erfüllten. Billiges Rindfleisch war Nahrungsmittel nicht nur der Muslims, sondern auch der ärmsten, verachteten Schichten der Hindugesellschaft. Paradoxerweise ließ die Verbilligung durch das Tötungstabu die Kuh gerade in Indien zum bevorzugten Opfertier für die den Muslims am *Baqr-Id-Fest* vorge-

---

[63] Gandhi benutzte gerade diese Gelegenheit zur ersten politischen Programmrede auf indischem Boden nach Ablauf einer mit seinem Mentor Gokhale vereinbarten einjährigen Schweigefrist. Die Rede führte wegen ihres aggressiven Tones zu einem Eklat und mußte abgebrochen werden; Text CW 13: 210ff. daselbst auch verschiedene Stellungnahmen zum Abbruch. Zur Bedeutung Lütt 1976: 184ff. und Erikson 1970: 282ff.

[64] Brown 1974: 47.

[65] CW 10: 29. Es ist also nicht richtig, Gandhi unter die Propagandisten der Hindu-Nation zu stellen, wie es etwa M. Biardeau tut: „Gandhi n'est que l'exemple le plus spectaculaire d'un nationalisme avant tout religieux" (Biardeau 1965: 58).

[66] Vgl. Anm. 40 und insbesondere die Darstellung bei Lütt 1970.

schriebenen Opfer (primär Ziegen- oder Schafopfer) werden.[67] Mit der Sitte der Kuhopfer am *Baqr-Id (Korbani)* wurde die Frage zum beiderseits religiösen Streitpunkt. Während sich auf Hindu-Seite ein wiedererwachender, streitbarer Religionsnationalismus in der Kuhschutzagitation artikulierte, begannen die Muslims auf den Kuhopfern als einem religiösen Recht zu insistieren. Gegen den Widersinn dieses religionspolitischen Hochreizens der Gegensätze wandte sich Gandhi im Interesse sowohl des eigentlichen religiösen Anliegens als auch des gesamt-indischen Nationalismus:

> Am I, then, to fight with or kill a Mahomedan in order to save a cow? In doing so I would become an enemy of the Mahomedan as well as of the cow. Therefore the only method I know of protecting the cow is that I should approach my Mahomedan brother and urge him *for the sake of the country* to join me in protecting her. ... When the Hindus became insistent, the killing of cows increased. In my opinion, cow-protection societies may be considered cow-killing societies.[68]

Gandhis Bewußtsein für das religiöse Gefahrenpotential der Massenpolitik kann also vorausgesetzt werden. Paradoxerweise läßt es sich gerade daran able-sen, daß er den religiösen Symbolismus der Khilafat-Frage aufgriff, um die na-tionale Aufstandsbewegung in Gang zu bringen.[69] Direkt das religionspoliti-sche Anliegen der Minderheit, der religiös „anderen" zu übernehmen, für seine Übernahme durch Hindus und Kongreß zu sorgen und damit die nationale Unabhängigkeitsforderung zu verbinden[70] – dies entsprach erkennbar einem

---

[67] Vgl. zu diesen Verhältnissen noch die Sachverhaltsdarstellung in der Entscheidung des indischen Supreme Court zur Verfassungsmäßigkeit von Kuhschlachtungsver-boten: *Mohd. Hanif Quareshi v. State of Bihar*, AIR 1958 SC 731, 739 ff.

[68] „Hind Swaraj", Chap. X, CW 10: 30 (Hervorhebung DC). Ähnlich in „The Vow of Hindu-Muslim Unity", YI, 7.5.1919, CW 15: 201.

[69] Die indische Khilafat(= Kalifat)-Bewegung, d. h. das Agitieren gegen die Bedrohung des türkischen Kalifats durch die britische Orientpolitik nach dem Ersten Welt-krieg, war von Motiven panislamischer und national-indischer Muslimpolitik in ei-ner schwer durchschaubaren Mischung geprägt. Entsprechend schwanken die Inter-pretationen, vgl. einerseits Niemeijer 1972, andererseits die Ankündigung von Minault 1975: 37 ff. Sicher scheint zu sein, daß von den Führern der Bewegung die Khilafat-Frage zumindest auch als Integrationssymbol zur politischen Aktivierung der indischen Muslims eingesetzt wurde. Insofern entspräche Gandhis Benutzung des Themas für seine Nationalpolitik, besonders die Parallelisierung von Khilafat und Beschützung der Kuh, recht gut der wahren Sachlage, und wäre die in diesem Zusammenhang oft geäußerte Kritik an der Künstlichkeit der Verbindung voreilig. Vgl. zur Khilafat-Bewegung außer den genannten Autoren noch: Sayeed 1978: 42 ff.; Smith 1947: 234 ff.

[70] Zur ausdrücklichen Aufnahme der Forderung nach *Swaraj* in die Protestkampagne gegen Khilafat- und Punjab-Wrongs wurde Gandhi erst durch die Anträge anderer auf dem Kongreßtreffen 1920 in Kalkutta bewogen. Es war dies aber nur eine Fra-ge, das Selbstverständliche auszusprechen; Gandhis Zurückhaltung hing mit seiner Abneigung gegen abstrakte Programme, seinen Anschauungen über das Verhältnis von Mittel und Zweck und nicht zuletzt dem Wesen von *Swaraj* zusammen. Zu dem Vorgang Autobiography, Part V, Chap. XLII; Brown 1974: 262 ff.; Rothermund 1965: 107 f.

Konzept, das die Strategie des Lucknow-Pakts sozusagen auf emotionaler Ebene zu wiederholen suchte. Über die gegenseitige Anerkennung, ja Bestätigung der Religionsgruppen in ihrer Besonderheit – eine entsprechende Großzügigkeit wurde reziprok von den Muslims in der Frage der Kuhschlachtung erwartet[71] – sollte der Weg zu nationaler Solidarität frei werden.

Dieser Versuch, die Risiken der Volksbewegung durch Ausnutzung einer ganz unwahrscheinlichen Koinzidenz[72] aufzuheben, erwies sich als Fehlkalkulation. Unterschätzt waren dabei die Vehemenz und die Eigengesetzlichkeit der beschworenen religiösen Energien, die nur allzuleicht in die gewohnten Feindkonstellationen zurückschlagen konnten und deren latent gewalttätige Tendenzen kaum zu beherrschen waren – vor allem dann nicht, wenn man solche Elementarkräfte gegen die Staatsordnung mit ihrer bei allem kolonialen Despotismus doch auch neutralisierenden Funktion zur außerlegalen Aktion aufrief. Auf Muslimseite kam noch die delikate Aufgabe hinzu, die Vorstellungswelt des *Jihad* in die der gewaltlosen Aktion zu transformieren.[73] An Warnungen skeptischer Zeitgenossen – auch abgesehen von den interessiert-pessimistischen Prophezeiungen britischer Kolonialbeamter – hat es von Anfang an nicht gefehlt;[74] sie wurden durch die Folgeereignisse unheimlich bestätigt.

---

[71] Gandhi lehnte auf der Khilafat-Konferenz 1919 in Delhi zwar ausdrücklich einen direkten Tauschhandel von Hindu-Unterstützung für das Kalifat gegen Muslimkonzessionen in der Kuhfrage ab (vgl. den Bericht in Navajivan 7.12.1919, CW 16: 318 und Autobiography Part V, Chap. XXXVI), forderte aber dennoch die Hindus zur bedingungslosen Unterstützung mit der Hoffnung auf ein freiwilliges Entgegenkommen der Muslims auf: „If you want to save cows, then save Khilafat" (Rede in Kalkutta am 26.1.1921, CW 19: 282); vgl. auch „Hindu-Muslim Unity" (YI, 28.7. 1921, CW 20: 436); CW 19: 91, 230.

[72] „We have both now an opportunity of a life-time. The Khilafat question will not recur for another hundred years" (Hindu-Muslim Unity, YI, 11.5.1921, CW 20: 90).

[73] Es klang ein wenig künstlich, wenn Gandhi sich auf Auskünfte schriftgelehrter Muslimfreunde berief, wonach „there was warrant enough for ‚satyagraha' in the Holy Koran'" (Khilafat-Rede, Bombay, 9.5.1919, CW 15: 295). Auf der Ebene besonnenen theologischen Abwägens blieb es ohnedies nicht. Vgl. den in mehr als einer Hinsicht bemerkenswerten Bericht Swami Shraddhanands von einem gemeinsam mit Gandhi besuchten Khilafat-Kongreß in Nagpur 1921: „The *Ayats* (verses) of the Quran recited by Maulanas on this occasion contained frequent references to *Jihad* against and the killing of *Kafirs*. But when I drew his attention to this phase of the Khilafat movement Mahatmaji smiled and said – ‚They are alluding to the British bureaucracy.' In reply I said that it was all subversive of the idea of non-violence and when a revulsion of feeling came, the Muhammedan Maulanas would not refrain from using these verses against the Hindus" (Swami Shraddhanand 1946: 123).

[74] Erwähnenswert vor allem die kompromißlose, im Gegensatz zu anderen durchgehaltene und durch Austritt aus dem Kongreß bekräftigte Ablehnung durch M. A. Jinnah, damals einem der führenden Konstitutionalisten auf Muslimseite. Seine Einwände betrafen die illegale Massenbewegung (hierzu sein eindrucksvoller, die Einladung Gandhis zur Mitarbeit ablehnender Brief, abgedruckt bei Bolitho 1954: 83f., vgl. Sayeed 1978: 49), damit zugleich aber, wie aus einem Bericht K. M. Munshis

Noch während der nationalen Kampagne zeigten sich zunehmende Spannungen und Mißstände zwischen den Religionsgemeinschaften,[75] kam es in Malabar zu einem unheilvollen lokalen Ausbruch, dem Moplah-Aufstand, wo sich in irregeleitetem Khilafat-Enthusiasmus Muslimpächter gegen ihre brahmanischen Pachtherren erhoben.[76] Später, nach der überraschenden Einstellung der *Non-Cooperation*-Kampagne durch Gandhi, und erst recht nach der Abschaffung des türkischen Kalifates durch die Türken selbst, machten sich die aufgereizten und frustrierten religiösen Hoffnungen in zielloser Gewalttätigkeit zwischen Hindus und Muslims Luft.[77] Es läßt sich vermuten, daß die ins Leere gelaufene Khilafat-Agitation einen Bodensatz enttäuschter Begeisterung hinterließ, aus dem in der späteren Pakistan-Bewegung erneut chiliastische Tendenzen Nahrung ziehen konnten.[78]

Gandhi selbst blieb mit seiner Technik der Massenbeeinflussung, die den konsequenten Gebrauch volkssprachlicher Schlüsselworte und zwangsläufig viel religiösen Symbolismus hinduistischer (vaishnavitischer) Tradition einschloß,[79] vielen seiner muslimischen Bundesgenossen suspekt – gerade dann vielleicht am meisten, wenn er in „typischer Hindu-Art" auch die geistige Identifikation der Religionen suchte und damit der Exklusivität des Islam zu nahe trat. 1930 warnten die früheren Hauptbundesgenossen aus Khilafat-Tagen, die Brüder Mohammad und Shaukat Ali, ihre Muslim-Anhänger vor einer Beteili-

---

hervorgeht, das Spiel mit dem religiösen Fanatismus und insbesondere das Heranziehen der Ulama (Munshi 1967, I: 18, 22). Hiermit war auf ein zusätzliches Risiko von Gandhis Taktik hingewiesen: die neuerlich von Brown 1974 betonte Angewiesenheit auf „subcontractors" für den Kontakt mit den „Massen" – gerade bei dem Bündnis mit der fremden Religionsgemeinschaft eine schwer zu beherrschende Vermittlergruppe. Vgl. Minault 1974.

[75] Exemplarisch läßt sich diese zunehmende Entfremdung an der Entwicklung des Arya-Samaj-Führers Swami Shraddhanand ablesen, der in den Tagen der Rowlatt-Satyagraha dem ersten Überschwang der Hindu-Muslim-Verbrüderung durch eine Predigt in der großen Moschee Alt-Delhis Ausdruck verliehen hatte. Vgl. etwa den warnenden Brief von Swami Shraddhanand an Gandhi vom 9.9.1921: „Your triumphal procession does not allow you to learn the actual condition of things. During the last few days I have talked to some of the intermediate Hindu Muslim leaders of the Punjab and the United Provinces. In the hands of these [leaders] is the real rein of the masses. I know that among the communities there is a fall in their mutual trust" (Swami Shraddhanand 1946: 136).

[76] Zum Moplah-Aufstand Rothermund 1965: 105; Sayeed 1978: 54ff.; Lütt 1976: Kap. V Abs. 1 (a) mit weiterer Literatur.

[77] Indian Statutory Commission, Report S. 29; Mujeeb 1967: 437; Rothermund 1965: 121ff.; für Bengalen und Kalkutta insbesondere: Broomfield 1968: 244ff.; Macpherson 1974: 71ff.

[78] Sayeed 1978: 59, 180; über die damals schon auftretenden exaltierten Vorstellungen nicht nur einer Muslim-, sondern islamischen Gemeinschaft. „It is clear that the movement gave a completely unrealistic orientation to Indian Muslim Political thought and social sentiment" (Mujeeb 1967: 529). Vgl. auch Niemeijer 1972: 178; Qureshi 1977: 285 f.

[79] Zu Gandhis Wortprägungen und Symbolgebrauch vgl. I. Rothermund 1963: 17 ff.

gung an Gandhis *Civil-Disobedience*-Kampagne, weil es nur auf *Hindu-Raj* abgesehen sei.[80] Die religiöse Massenpolitik hatte inzwischen die Szene verändert; bald fanden sich Politiker, die das neuerschlossene demagogische Potential in einem wenig religiösen Sinne auszunutzen verstanden.[81] Es fiel unter solchen Gegebenheiten nicht schwer, Gandhi als „Hindu-Revivalist" und dann auch den von ihm geführten Kongreß als Hindu-Partei abzustempeln.[82] Schließlich griffen die Politiker der Muslim-Liga, die sich durch Wahlerfolge des Kongresses an den Rand gedrängt sahen, zum Mittel einer an den Methoden des Gegners orientierten Massenpropaganda. Mit der Parole, den Islam in Indien vor dem Hindu-Raj zu retten, bald aber auch mit der Utopie eines „islamischen" Gemeinwesens als Gegenbild zu Gandhis *Ram Raj*, wurden die Leidenschaften aufgestachelt und schließlich – in einer Travestie von Gandhis „direkter Aktion" – die Metzeleien zwischen Muslims und Hindus ausgelöst, welche die indische Teilung und die Geburt des Staates Pakistan begleiteten.[83]

§ 5 Gandhis Ablehnung der (kolonial-)staatlichen Befriedungsfunktion

Dies alles mutet geradezu wie ein Lehrstück über die Folgen der Einführung religiöser Unbedingtheit in die Politik an und ist von besonnenen Beobachtern auch so angesehen worden.[84] Man muß heute hinzufügen, daß das Ende der Tragödie mit der Teilung Indiens keineswegs erreicht war; die kommunalistische Fehlentwicklung hat wie die Gründung so weiterhin das unglückliche Schicksal Pakistans bestimmt.[85] Es läßt sich nicht einmal sagen, daß Gandhi

---

[80] Rothermund 1965: 142; Coupland 1942–44, I: 111.

[81] Als Beispiel vgl. über die Anfänge der Karriere von H. S. Suhrawardy in Kalkutta Macpherson 1974: vor allem 89 ff., 149 ff.

[82] Jinnah sagte in seiner Presidential Address vor der Muslim-Liga in Patna, Dezember 1938: „I have no hesitation in saying that it is Mr. Gandhi who is destroying the ideal with which Congress was started. He is the one man responsible for turning the Congress into an instrument for the revival of Hinduism. His ideal is to revive Hindu religion and establish Hinduraj in this country, and he is utilising the Congress to further this object" (Jinnah 1960, I: 67 ff., 73).

[83] Der von der Muslim-Liga 1946 proklamierte „Direct Action Day" und die hieraus entstandenen mehrtägigen blutigen Unruhen in Kalkutta („Great Calcutta Killing") leiteten die letzte, zunehmend von Mob-Gewalttätigkeiten bestimmte Phase der Auseinandersetzung um die Teilung Indiens ein. Zum „Direct Action Day" in Kalkutta vgl. Tucker 1950. Zur Entwicklung der Pakistan-Bewegung vgl. Conrad 1973; Sayeed 1978.

[84] „The Lucknow Pact showed that it was possible for middle-class, English educated Muslims and Hindus to arrive at an amicable settlement of Hindu-Muslim constitutional and political problems. The Khilafat movement was to show that all this work could be swept aside within a few years as a result of the injection of religious problems into politics and mass participation in political movements" (Sayeed 1978: 42).

[85] Vgl. Conrad 1973: 158 ff.; Stietencron 1973.

solche möglichen Konsequenzen nicht gesehen und nicht mit ihnen gerechnet hätte. Schon früh, in seinem Manifest „Hind Swaraj", findet sich ein Abschnitt, in dem die im Namen der Religion begangenen Gewalttaten und Grausamkeiten für „weitaus erträglicher" gehalten werden als die Schäden der irreligiösen modernen Zivilisation, weil die Pervertierungen der Religion als solche durchschaut und deshalb ohne Fortwirkung seien (Chap. VIII). Später beurteilte er die im Gefolge der Khilafat-Agitation zwischen Hindus und Muslims auftretenden Zusammenstöße als Auswüchse eines Selbstreinigungsprozesses, der mit dem – unverzichtbaren – Erwachen der Massen in Gang gekommen sei und durchgestanden werden müsse.[86] Schon in solchem Rechnen mit unvermeidlichen Reinigungskrisen, womöglich ihrer Herausforderung nach der Devise „je eher, desto besser",[87] verrät sich eine anarchistische Unbekümmertheit, im Ansatz abgründig unterschieden vom Programm der Gemäßigten, wonach die Nationsbildung sich unter der pazifizierenden Obhut des Staates und vorsichtig, langsam vollziehen sollte. Gandhi meinte, in den Auseinandersetzungen das Wachsen der Nation, ihre Kräftigung zu erkennen – es sei immer noch besser so, als wenn man in unmännlicher Hilflosigkeit verharrte, selbst wenn der von ihm propagierte bessere Weg der Gewaltlosigkeit nicht begangen würde.[88] Erst recht konnte er, sobald er hinter den konstitutionellen Bedenken und der Betonung der staatlichen Friedensfunktion das britische Interesse am Festhalten der Herrschaft witterte, in seiner Ablehnung vehement werden bis hin zur offenen Inkaufnahme des religiösen Bürgerkriegs:

We are so very much fear-stricken that a severance of the British connection means to us violence and chao Well, I want to make myself clear once more. Votary as I am of non-violence, if I was given a choice between being a helpless witness to chaos and perpetual slavery, I should unhesitatingly say that I would far rather be witness

[86] „Had I been a prophet and foreseen all that has happened, I should have still thrown myself into the Khilafat agitation. In spite of the present strained relations between the two communities, both have gained. The awakening among the masses was a necessary part of the training. It is itself a tremendous gain. I would do nothing to put the people to sleep again. Our wisdom consists now in directing the awakening into the proper channel" („Hindu-Muslim Tension", YI, 29.5.1924, CW 24: 137); „Having regard to the unparalleled popular awakening, the present developments, though painful, should surprise no one. All the dirt has come up to the surface and, therefore, it is all that we see ... If Fate has decreed that we should fight a few battles among ourselves, let us. ... Brothers sometimes fight with one another, but unite again" („My Dharma", Navajivan, 20.12.1925, CW 29: 334).

[87] „If it is to be our lot that, before we can come together, we shed one another's blood, then I say, the sooner we do so, the better it is for us. If we propose to break one another's head, let us do so in a manly way, let us not then shed crocodile tears, let us not ask for sympathy from any quarter if you do not propose to give any quarter" (Ansprache in Kalkutta, 1.5.1925, CW 27: 4ff., 6f.).

[88] „This fighting, therefore, however unfortunate it may be, is a sign of growth. ... Out of it will rise a mighty nation. A better than the bloody way was opened out to us in 1920, but we could not assimilate it. But even a bloody way is better than utter helplessness and unmanliness" („Action in Inaction", YI, 9.9.1926; CW 31: 367ff.)

to chaos in India, I would far rather be witness to Hindus and Mussalmans doing one another to death than that I should daily witness our gilded slavery.[89]

Zu Beginn des Jahres 1930 im Zusammenhang von Unabhängigkeitserklärung und Civil Disobedience[90] in Druck gegeben, können solche Worte angesichts des damals schon sichtbaren Auseinanderbrechens von Hindu- und Muslim-bewegung nicht als demagogische Rhetorik verharmlost werden. Gandhi hat diesen öfters geäußerten Standpunkt – selbst im vollen Ernst der Realität von 1947, als das gegenseitige Morden schon im Gange war – in einer Unterredung mit dem Vizekönig bekräftigt und auf sofortigen Abzug der Briten ohne Rücksicht auf ein mögliches Blutbad bestanden.[91]

Die außerordentliche Härte und die Risikobereitschaft, die in derlei nicht eben zimperlichen Äußerungen zum Vorschein kommen, müssen allerdings mitgesehen werden, wenn man sich von der Erscheinung dieses „Heiligen und Politikers" ein volles Bild machen und wässerigen Idealisierungen wie der eines „indischen Franziskus"[92] nicht erliegen will. Zugleich muß aber der umgekehrten Versuchung widerstanden werden, hier den Schlüssel für eine einseitige und einlinige Zurechnung von historischer Verantwortung finden zu wollen. Damit wäre nicht nur verkürzt, was bei Gandhi auf der anderen Seite stand: eine lebenslange Bemühung um die Versöhnung der religiösen Gegensätze und, im Augenblick der Katastrophe, der persönliche, rückhaltlose (und oft

---

[89] YI, 16.1.1930, CW 42: 388.

[90] Der Nationalkongreß hatte auf seiner Sitzung in Lahore am 31.12.1929 die Forderung nach völliger Unabhängigkeit gegen die britischen Pläne eines beschränkten Dominion-Status gestellt und eine gewaltfreie Aufstandsbewegung zur Erreichung dieses Zieles beschlossen (Text der Resolution CW 42: 345; Gandhis Entwurf ibid.: 320).

[91] „The British system of ‚Divide and Rule' had created a situation in which the only alternatives were a continuation of British rule to keep law and order or an Indian bloodbath. The bloodbath must be faced and accepted" (Bericht über die zweite Unterredung Gandhis mit dem neuernannten Vizekönig Mountbatten am 1.4.1947 in Campbell-Johnson 1951: 52).
Vgl. aber auch die relativ frühe Äußerung: „I would rather that the Hindus and the Muslims settled their accounts by means of the sword than that the British Government maintained artificial peace between them" („To Hindus" in Navajivan, 29.8.1920, CW 18: 203).

[92] Mit solcher Aura ist Gandhi in Europa vor allem durch die einflußreiche Interpretation Romain Rollands umgeben worden, diese wohl anfänglich vermittelt durch Tagores und Gandhis Missionars-Freunde C. F. Andrews and W. W. Pearson (Rolland 1924: 10; vgl. auch Rolland 1969: 10 („petit Saint François de l'Inde")). Rolland – der trotz alledem ein im ganzen reales Bild von Gandhi hat – beschränkt sich nicht auf diesen Vergleich, sondern sieht Gandhi gelegentlich auch als Paulus (im Gespräch mit dem „Plato" Tagore – welchen Vergleich er letzterem mit Brief vom 2.3.1923 mitteilt, Cahiers 12: 43), St. Thomas und schließlich Christus („Le Christ des Indes", 1932, Cahiers 12: 417; vgl. auch Rolland 1924: 186: „Il ne lui manque que la Croix").

dramatisch wirksame) Einsatz für Beruhigung und Befriedung;[93] es dürfen auch die sonstigen Faktoren des komplexen Geschehens nicht aus dem Blick geraten, nicht die eigene Gewalt der die Entwicklung treibenden Kräfte, und erst recht nicht der Zynismus einiger politischer Gegner, die sich der Massengewalttätigkeit absichtsvoll bedienten.[94] Der Erregung über derartige Machinationen wie über den Anreiz, den die politisch interessierte Schiedsrichtertätigkeit der Kolonialmacht hierfür zu bieten schien, sind einige der krassesten Worte Gandhis über die Notwendigkeit direkter Hindu-Muslim-Konfrontation entsprungen.[95]

---

[93] Für diese letzte, vielleicht bemerkenswerteste Phase seines Wirkens, in der er als Einzelgänger mit seinen Methoden einen wesentlichen Beitrag zur Eindämmung der Religionsunruhen leistete, vgl. neben den Allgemeindarstellungen die Fallstudie von Dalton 1970: 222ff. Dort auch zitiert das Anerkennungsschreiben des Vizekönigs Mountbatten, worin er ihn als „One Man Boundary Force" bezeichnete.

[94] Neben der bekannten Direct-Action-Politik der Muslim-Liga 1946/47, mit der die Teilung erzwungen wurde, ist hier an die oft erhobenen und kaum gänzlich unfundierten Vorwürfe zu erinnern, die Kolonialmacht habe durch *agents provocateurs* verschiedentlich zu Gewalttätigkeiten angestiftet, insbesondere um gewaltfreie Aktionen zu diskreditieren; vgl. z.B. schon die Beobachtungen von Swami Shraddhanand, Shraddhanand 1946: 68ff., seinen Brief an Gandhi ibid.: 134ff., 137; Nehru 1962: 85ff.; Rothermund 1965: 153f. und zu einem Vorfall dieser Art „The Pitfalls", YI, 13.12.1928, CW 38: 209.

[95] Dies insbesondere zu dem Bericht Wavells vom 27.8.1946 von der Unterredung mit Gandhi und Nehru, in der der Vizekönig sich vergeblich bemühte, unter dem Eindruck des *Great Calcutta Killing* vom Kongreß Konzessionen im Streit über den *Cabinet Mission*-Plan zu erlangen. Gandhi soll dabei, einer vom Herausgeber angemerkten mündlichen Tradition zufolge, auf den Tisch geschlagen und gesagt haben: „If India wants her bloodbath she shall have it" (Wavell 1973: 341). Die Erregung ist in dem am darauffolgenden Tage geschriebenen, ungewöhnlich scharfen Brief Gandhis an Wavell (ibid. 342f.) noch deutlich zu spüren.

Kapitel 2

Systematische Fragen

§ 6 Gandhis doppelter Religionsbegriff

Wie dem auch sei, jedenfalls müßte Klarheit darüber herrschen, daß der Inhalt dieser Auseinandersetzungen, der ganze Bereich sogenannter Religionspolitik, nicht das war, was Gandhi unter Einführung der Religion in die Politik verstand. Das Manövrieren der Religionsgruppen für Positionsvorteile, das Benutzen politischer Mittel für ihre Partikularinteressen, zugleich das Aufstacheln religiöser Leidenschaften zur Selbstidentifikation und Feindbestimmung, wie es die spätere Pakistan-Propaganda und den Hindu-Extremismus auszeichnete, waren das gerade Gegenteil seiner Vorstellungen. Gandhi war imstande, ein Blutvergießen zwischen den verblendeten Religionsgegnern als eine Art Gottesgericht ins Auge zu fassen, aus dem nicht der Sieg des einen oder anderen, sondern eine neue verbindende Wahrheit hervorgehen würde.[96] Es ist aber gänzlich undenkbar, daß er wie Jinnah erklärt hätte, im Interesse seiner Religionspartei werde man sich notfalls auch mit dem Teufel verbünden.[97] Insgesamt war es eine tragische Verwechslung, wenn er unter die Politiker des religiösen Risorgimento geriet. Denn, um mit einem indischen zeitgenössischen Beobachter zu sprechen, „in Wahrheit suchte er den Hinduismus zu säkularisieren“,[98] oder, wenn das zu weit zu gehen scheint und jedenfalls nicht in einem trivialen Sinne genommen werden darf: seine Intention ging beständig weg von der besonderen Religion, ihrer unterscheidenden Ausprägung und allem, woran das Interesse der Religionspolitiker hing, durch sie hindurch auf ihre Grundbedingung, die er im eigentlichen Sinne Religion nannte. Diese eine Religion – hier deutlichkeitshalber vielleicht einmal wiederzugeben als Religiosität oder Frömmigkeit – hielt er für das wahre religiöse Faktum, gemeinmenschlich wie die Vernunft.

---

[96] „Leave India in God's hands, in modern parlance, to anarchy, and that anarchy may lead to internecine warfare for a time or to unrestrained dacoities. From these a true India will rise in place of the false one we see“ (24.5.1942, nach dem Scheitern der Cripps-Mission, in Vorbereitung der „Quit India“-Resolution). Erläuternd, um dieselbe Zeit: „And, after all, those who are unarmed cannot produce a frightful amount of violence or anarchy, and I have a faith that out of that anarchy may arise pure non-violence“ (T 6: 92).

[97] Jinnahs Ansprache auf dem Treffen der Muslim-Liga in Patna 1938, wo die Grundsatzentscheidung für die eventuelle direkte Aktion getroffen wurde: „The Muslim League … would be the ally of even the devil if need be in the interest of Muslims“ (Jinnah 1960, I: 78).

[98] Moraes 1960: 73.

In „Neither a Saint Nor a Politician" heißt es über seine Einführung der Religion in die Politik:

> Let me explain what I mean by religion. It is not the Hindu religion, which I certainly prize above all other religions, but the religion which transcends Hinduism, which changes one's very nature, which binds one indissolubly to the truth within and which ever purifies. It is the permanent element in human nature which counts no cost too great in order to find full expression and which leaves the soul utterly restless until it has found itself, known its Maker and appreciated the true correspondence between the Maker and itself.[99]

Religion in diesem Sinne bedeutete die ständige Relativierung der von ihr selbst hervorgebrachten, unterschiedlichen Ausprägungen, der Religionen also, vor allem aber die Aufhebung ihrer unvernünftigen Antagonismen.

Nur wenn man an dieser Stelle etwas genauer zusieht, erschließt sich, was es mit der Durchdringung von „Religion" und „Politik" auf sich hat. Gandhi erscheint hier – und keineswegs zufällig – wie der Freimaurer in Lessings „Ernst und Falk": als einer, der wohl sieht, daß nur durch unaufhörliche Trennung die Menschen in Vereinigung erhalten werden können, und der doch diesen Trennungen, auch den religiösen, die Heiligkeit bestreitet.[100] Als säkularisierend läßt sich sein Standpunkt im gleichen Sinne auffassen, in dem auch in anderen Religionen Säkularisierung unter anderem ein theologischer Vorgang ist: unter der Herausforderung der neuzeitlichen Denkumbrüche zunächst einmal das Bemühen gerade theologischer Ernsthaftigkeit, aus folkloristischen Asylzonen des Religiösen auszubrechen und am verbindlichen, mitteilbaren Denken teilzunehmen; zugleich aber Ausdruck der immer geforderten Anstrengung der Theologie gegen die Neigung der Religiosität, sich auf die bestimmte Religion statt auf ihren Ursprung zu richten. Säkularisierende Form nimmt diese Anstrengung in einer Epoche an, in der die Unterscheidung von heiligen und profanen Dingen – an der E. Durkheim den Begriff der Religion festmachen wollte[101] –

---

[99] YI, 12.5.1920, CW 17: 405 f. Zur anthropologischen Universalität dieses Elements z.B.: „No man can live without religion. There are some who in the egotism of their reason declare that they have nothing to do with religion. But it is like a man saying that he breathes but that he has no nose. Whether by reason, or by instinct, or by superstition, man acknowledges some sort of relationship with the divine" (Ansprache im Sabarmati Ashram, Januar 1930, CW 42: 411).

[100] G. E. Lessing, Ernst und Falk. Gespräche für Freimaurer (1777), 2. Gespräch, zitiert nach Lessing 1968: 26 f.

[101] Durkheim 1968, Buch 1, Kap. 1, III; Ernst Cassirer faßt den Gegensatz als Grundgegensatz des *mythischen* Denkens (Cassirer 1923–29, II: 93 ff.); in diesen Umkreis gehört außerdem die Bestimmung des Heiligen als religiöse Grundkategorie durch R. Otto, vgl. Otto: 1917.

überhaupt schwindet, und in der die Welt insgesamt, die profane, entzauberte Welt Gegenstand theologischer Legitimation, ihre Nüchternheit geheiligt wird. Diese Denkbewegung ist in Hinsicht der Religion ambivalent, säkularisierende Theologie geht dabei ein gutes Wegstück gemeinsam mit ungläubiger Vernünftigkeit.

Die Lage Indiens war insofern besonders kompliziert, als hier die Auseinandersetzung mit der Vernunft zugleich eine Auseinandersetzung mit der fremden Religion sein mußte; denn das Christentum, in undefinierbarer Verquikkung mit der übermächtigen westlichen Zivilisation, erhob einen parallelen Anspruch überlegener religiöser Vernünftigkeit.[102] Für das religiöse Denken von Hindus wie Muslims ergab sich die verschärfte Herausforderung, der neuen, unbestreitbaren Rationalität theologisch Raum zu schaffen. In dieser Situation ist es kein Zufall – nicht mit der Khilafat-Konstellation allein zu erklären –, wenn gerade Muslimtheologen auch im Lager des säkularistischen Gandhi-Kongresses und Gandhi selbst an dessen Spitze zu finden waren,[103] die Religionspolitiker hingegen eher in der Muslim-Liga und in der Hindu Mahasabha.

Gandhis Position ist leicht zu verkennen, weil er nicht den sozusagen einfachen Säkularismus bilderfeindlicher Religionen vertreten konnte – einen Säkularismus, der neuerdings verschiedentlich so weit geht, nicht nur Bild und Mythos, sondern das Phänomen Religion überhaupt theologisch zu verwerfen,[104] jedenfalls es der „Welt" zuzurechnen und davon die jeweilige festzuhaltende Glaubenswahrheit abzuheben. Während hier von der Sprache eine unmetaphorische Wahrheit des Inkommensurablen erhofft wird, in deren Na-

---

[102] Von dieser Situation gibt sowohl nach dem Gegenstand wie den angelegten Wertmaßstäben einen guten Begriff die Darstellung des indischen Missionars J. N. Farquhar (Farquhar 1914: besonders 430 ff.).

[103] Vor allem der spätere Kongreßpräsident Maulana Abul Kalam Azad, aber auch die orthodoxen Ulama der Deobandhschule (vgl. Mujeeb 1967: 457 ff., 558).

[104] So Versuche vor allem im neueren Protestantismus; terminologisch aggressiv als erster Karl Barth in seinem Kommentar zum Römerbrief (Barth 1947), später in der „Kirchlichen Dogmatik" („Religion ist Unglaube") in Barth 1948: 2, 4, 327; ihm folgend E. Brunner, F. Gogarten; die Gedankenverbindung zum verbotenen Bild Gottes, das der Mensch sich selber macht, ist hier evident. Komplizierter, obzwar von Barth angeregt, die Skizzen D. Bonhoeffers zur „nichtreligiösen Interpretation" biblischer Begriffe in seinen Tegeler Gefängnisbriefen, veröffentlcht als „Widerstand und Ergebung", Neuausgabe München 1970. Auch für den Islam ist die Behauptung aufgestellt worden, daß es sich hier und einzig hier um etwas anderes als Religion handle, nämlich um die religiöse Emanzipation des Menschen zu freiem Gottesgehorsam ohne priesterliche Gewalt oder religiöse Zwischenwelt; so Parwez 1968, anknüpfend an Überlegungen Iqbals über die Letzt-heit des Prophetentums Muhammads und die antimessianische Wendung des Islam (The Reconstruction of Religious Thought in Islam, Kap. 5 und 6). Die terminologische Unterscheidung bei Parwez ist *din: madhhab*, er merkt an, daß „religion" bei Iqbal stets *din* bedeute (Parwez 1968: 80). Vgl. Khalid 1974: 45.

men die Welt freizumachen wäre von der als „Religion" eingerichteten Vermittlung durch besonders geheiligte Zeichen und Institutionen, lag es der eher
„katholischen" Art des Hindu (Gandhi) näher, durch die – symbolisch aufgefaßte – Religion hindurch auf Vernunft zu interpretieren, und wiederum auf
Transparenz der Vernunft: Die Sprache war in diesem Verständnis, nicht
anders als das Bild, bloße Station und zugleich Beschränkung des Gedankens,
wie es Gandhi in einer Rede vor einer Konferenz von Missionsgesellschaften
in London 1931 formulierte:

> I have found that the progress of truth is impeded by the spoken word which is the
> limitation of thought, for no man has been able to give the fullest expression in
> words to thought. The very nature of thought is limitless and boundless ... the
> uttered word is the limitation of thought.[105]

Dieser Haltung entspricht eine eigentümliche Mischung radikaler Konsequenz
– einerseits des Verwunderns über den vielen „Humbug" in der Religion,[106]
und andererseits des Beharrens auch auf befremdlichen Bestandsstücken der
Religion, wo sich eine Interpretationschance ergab. Ein Beispiel ist das pro-
noncierte Festhalten Gandhis an der hinduistischen Kuhverehrung, während
er sie gleichzeitig als Symbol der menschlichen Verantwortung für alles Leben-
dige, des Mitleids mit der Kreatur, generalisierte:

> The central fact of Hinduism however is cow-protection. Cow-protection to me is
> one of the most wonderful phenomena in human evolution. It takes the human
> being beyond its species. The cow to me means the entire sub-human world. Man
> through the cow is enjoined to realize his identity with all that lives ... The cow is a
> poem of pity. One reads pity in the gentle animal ... Protection of the cow means
> protection of the whole dumb creation of God ... The appeal of the lower order of
> creation is all the more forcible because it is speechless. Cow protection is the gift of
> Hinduism to the world.[107]

Die Unterminierung der herkömmlichen Dichotomie von heilig und profan
zeigt sich dagegen, wo er umgekehrt in neuen Zusammenhängen den Vor-
stellungskreis der religiösen Opferhandlung *(yajna)* beschwor.[108] Solche Einführung galt, wie auffallen muß, stets höchst praktischen, werktäglichen Aktivitäten: dem Handspinnen und dem Salzsieden – das eine als Arbeitsbeschaf-

---

[105] CW 48: 121, 125.
[106] Brief an Muriel Lester vom 6.12.1926, CW 32: 391.
[107] YI, 6.10.1921, CW 21: 248.
[108] „*Yajna* literally means worship; hence sacrifice; hence any sacrificial act or any act of
service. And in this sense every age may and should have its own particular *Yajna*"
(YI, 13.5.1926: 179, hier zitiert nach Bose 1948: 787, nicht in dieser Form in CW);
„A man who does no *yajna* for his food and clothing has no right to either ... He is
a thief who wears clothes without doing any spinning, in the same way that he who
consumes food without working for it is a thief. *Yajna* means an offering, a sacrifice
of the self, which is what physical labour is" („Five Great ‚Yajnas'", in Navajivan,
10.7.1921, CW 20: 343).

fung und zugleich Heiligung manueller Arbeit,[109] das andere als Ausdruck der Freiheit zum unreglementierten Gebrauch naturgegebener Lebensgüter (siehe § 19) – in beiden Fällen zeichenhafte Schritte sozialer Solidarisierung. Rein sozial, also ent-heiligend, begründete er auch seinen Asketenhabitus.[110]

Wenn gleichwohl dieser Asketenhabitus auch eine religiöse Geste war und das Erscheinungsbild des heiligen Mannes nicht ganz von ungefähr kam, wenn Gandhi sich trotz mancher Häresie hartnäckig als orthodoxen Hindu bezeichnete[111] und besonders in seinen Reden eine mythologisch durchsetzte Sprache pflegte, ist das kein Widerspruch. Bei alledem handelte es sich gewissermaßen um Volkssprache – so wie er eben auch für die indischen Volkssprachen gegenüber dem Kolonial-Englisch eintrat. Der Kommunikationsstil der „saintly language"[112] war in seinen Augen wie jede Sprache mit Beschränkungen des Gedankens erkauft und hatte daher nur vorläufigen Rang. Doch brauchte man solche beschränkten Ausdrucksformen nicht bilderstürmerisch zu verfemen, sondern konnte sie in Vorläufigkeit akzeptieren. Dies gilt auch für die Sprachen ganzer Religionen, die nicht auf eine einzige zu reduzieren waren;[113] die Ablehnung von Mission oder sogar freiwilligem Religionsimport ergab sich zwangsläufig.[114] Alle Religionen seien mehr oder weniger wahr, zugleich durch

---

[109] Hier sei nur summarisch auf die in Kher 1959, II: 245 ff. zusammengestellten Ausschnitte aus Gandhis unermüdlicher Predigt des Spinnrades *(charkha)* und des handgewebten Tuches *(khadi, khaddar)* verwiesen: beide Worte standen als Losungen für ein ganzes Programm, den beschäftigungslosen Massen vor allem auf dem Land Arbeit zu geben, sie vor der Abhängigkeit von zentralisierter Industrieproduktion zu bewahren und zu Arbeitsdisziplin wie Respekt vor körperlicher Arbeit zu erziehen.

[110] Der Übergang zu dem berühmten Lendentuch am 22.9.1921 war ein Schritt in der *Swadeshi*-Kampagne gegen das Tragen ausländischer Stoffe und sollte Solidarität mit den armen Schichten durch Beschränkung auf ein jedermann erschwingliches Minimum an Kleidung demonstrieren; vgl. Gandhis Erläuterung vom 22.9.1921, CW 21: 180 und vom 2.10.1921, CW 21: 225 ff.; 1931, bei seinem Aufenthalt in London, erklärte er seine Kleidung mit seiner Eigenschaft als Repräsentant der indischen Massen, z.B. CW 48: 72, 74, 79 f.

[111] Als *sanatani* Hindu; vgl. die Zusammenfassungen seines persönlichen Bekenntnisses in „Who is a ‚Sanatani' Hindu?" in Navajivan, 6.2.1921, CW 19: 327–332 und „Hinduism", in YI, 6.10.1921, CW 21: 245–250; auch bei T 2: 229 f. über sein Verhältnis zu anderen Religionen und den Vorwurf, ein heimlicher Christ zu sein.

[112] Zu den verschiedenen politischen Idiomen Indiens, „modern", „traditional" und „saintly" Morris-Jones 1964: 52 ff.

[113] „I do not share the belief that there can or will be on earth one religion. I am striving, therefore, to find a common factor and to induce mutual tolerance." YI, 31.7.1924, CW 24: 476.

[114] „The idea of converting people to one's faith by speech and writings, by appeal to reason and emotion and by suggesting that the faith of his forefathers is a bad faith, in my opinion, limits the possibilities of serving humanity" (CW 48: 121). Vgl. seine Antwort 1946 auf die Frage, welcher (ausländischen) Religion die Afrikaner folgen sollten, da Afrika eine eigene Religion nicht habe: „I had fairly extensive contact with Zulus and Bantus and I found that the Africans have a religion of their own, though they may not have reasoned it out for themselves. I am not referring to the

menschliche Vermittlung mehr oder weniger verfälscht.[115] Es komme deshalb
darauf an, in der eigenen Religion vollkommen zu werden, d.h. die Beschränktheit zu übersteigen, anstatt die eine Beschränktheit für die andere zu
tauschen.[116] Wenn man sich von einem solchen Tausch etwas verspreche, so
zeige das nur, wie Religiosität der Form der Religion verfalle; so könne Mission geradezu Blasphemie genannt werden.[117] Man sieht daran, daß die auf
fortwährende Relativierung der religiösen Konkretionen gerichtete Tendenz
durchaus als (tolerante) Entsprechung für ein Bilderverbot steht,[118] erweitert
auf die Sprache.[119] Sie geht jedoch von einem radikalen Geltenlassen der Individualität aus, denn „in Wirklichkeit gibt es so viele Religionen wie Menschen".[120]

Es ist konsequent, wenn Gandhi terminologische Unterscheidungen vermied und an dem einen Wort Religion zur Bezeichnung des Zusammenhangs
der Phänomene festhielt. Die Folge allerdings war Doppeldeutigkeit, ein zwei-
facher Wortsinn. Er findet sich mitunter offen kontrastiert, wie in folgendem
Satz: „There are many religions, but Religion is only one" (1946, T 7: 45) oder
„Religion, even as the soul, is both one and many" (1926, CW 32: 381). Nicht
immer ist der Doppelsinn so deutlich; doch läßt sich nur so verstehen, daß

---

rites, the ceremonies and the fetishes that are prevalent among African tribes, but
the religion of our Supreme God. You pray to that God. There are many religions,
but Religion is only one" (T 7: 45). Die Ablehnung der Mission erstreckte er im Unterschied zum indischen Nationalismus auch auf autochthone Missionen christlicher, hinduistischer oder mohammedanischer Observanz; vgl. zur Shuddhi-Bewegung des Arya-Samaj u.a. YI, 29.5.1924, CW 24: 148ff. Zur Shuddhi-Bewegung allgemein Lütt 1976, IV, 3.

[115] Häufig, z.B. „I believe that the great religions of the world are all more or less true
and that they have descended to us from God. Having come to us, however,
through human media, they have become adulterated" (CW 48: 121).

[116] Vgl. die Unterhaltung mit C. F. Andrews im Jahre 1936, T 4: 97ff.

[117] „A blasphemy against God and the self" (Rede vor christlichen Missionarinnen, am
6.6.1925, CW 27: 205).

[118] Gandhis relativierendes Geltenlassen von Bilderverehrung und religiösem Symbolismus etwa: „I do not disbelieve in idol-worship" (CW 21: 246), und erläuternd: „An
idol does not excite any feeling of veneration in me. But I think that idol-worship is
part of human nature. We hanker after symbolism ... I do not consider idol-worship
a sin" (ibid.: 249). Oder: „In my opinion we are all idolators; that in Hinduism we
have images of stone or metal inside temples makes to me no difference" (H,
11.2.1933, CW 53: 258).

[119] „Those who blindly worship even a book are idol-worshippers or idolators ... Superstition in every form is idolatry, that is, idol-worship which deserves to be condemned. Those who believe in any tradition as sacred are idol-worshippers of this
kind, and in respect to them I am an idol-breaker" (in „Both ‚Idolator' and ‚Icono-
clast'", Navajivan, 3.5.1925, CW 27: 20ff.). „God has a thousand, which means
countless names, or say rather that he has no name" („Praying to God" in Navajivan, 20.9.1925, CW 28: 207).

[120] Bericht von einer Unterredung (21.2.1946) über den Säkularstaat: „Religion was
purely a personal matter. There were in reality as many religions as minds" (T 7: 39).

Gandhi, für den Religion alle Lebensbereiche durchdringen, sich im Alltäglichen, im Sitzen, Essen, Benehmen und eben auch in der Politik äußern, ja die Welt beherrschen sollte,[121] im gleichen Atemzug für den Säkularstaat eintrat und den Religionsunterricht aus öffentlichen Schulen verbannen wollte.[122] Eine Staatsreligion sollte auch bei Religionsgleichheit der gesamten Bevölkerung ausgeschlossen sein. Man sieht hieran, daß er keineswegs die moderne Staatlichkeit und ihr neutralistisches Ethos zurücknehmen wollte, etwa um an Traditionen des Hindu-Königreiches anzuknüpfen. Anläßlich einer Proklamation des Maharaja von Travancore über die Öffnung aller Hindu-Tempel für „Unberührbare" gab er zu bedenken, daß sich ein derartiges „Wunder" in Britisch-Indien nicht wiederholen könne, da der moderne Staat keine religiöse Kompetenz habe und lediglich *permissive legislation* einführen könne.[123] Desgleichen dürfe der Staat nicht das religiöse Kuhschlachtungsverbot mit Gesetzeskraft ausstatten.[124] An der Trennung institutionalisierter Religion von den politischen Institutionen hielt Gandhi demnach mit Klarheit fest. Eine Vermengung beider lehnte er ab, auch wo er sie seinem Programm hätte nutzbar machen können, und bestand auf der Respektierung der (universalen) Religion als „personal matter".

Was der doppelsinnige Religionsbegriff erlaubte, war unter anderem sozusagen volkssprachlich bei der Einzelreligion anzusetzen, und die Aufhebung der Religionsfeindschaft als Religionspflicht abzuleiten. Diese Linie verfolgte

---

[121] „Religion has been reduced to a Saturday or a Sunday affair; it has to be lived every moment of one's life. Such religion, when it comes, will dominate the world" in H, 22.9.1946: 321 bzw. T 7: 223.

[122] Im April 1946 zu Zakir Hussain, wo er nicht einmal Zeit im staatlichen Stundenplan für außerstaatlichen Religionsunterricht einräumen will (T 7: 383).

[123] H, 4.6.1938: 135; das Bedürfnis nach *permissive legislation* entstand aus Entscheidungen der britisch-indischen Gerichte, wonach der Trustee eines Tempels zur Durchsetzung des traditionellen Zutrittsverbots gewohnheitsrechtlich verpflichtet sei (*Sankaralinga Nadan v. Raja Rajeswara Dorai*, P. C. 1908, 35 I. A. 176). Es wurden deshalb in den Gesetzgebungskörperschaften Britisch-Indiens und der Provinz Madras 1933 Gesetzesvorlagen eingebracht, die der ortsansässigen Hindubevölkerung die „lokale Option" verschaffen sollten, die Öffnung der Tempel für Unberührbare zu beschließen. Gandhi unterstützte diese Vorlagen in seiner Zeitschrift „Harijan", da hiermit kein staatlicher Zwang in Religionsangelegenheiten ausgeübt, sondern im Gegenteil staatliche Einmischung beseitigt werde; vgl. etwa „Agreeing to differ" H, 18.2.1933, CW 53: 333–336 und die beigefügte Korrespondenz mit Pandit Malaviya; Darstellung des Problems bei Smith 1963: 239ff.; eine kritische Darstellung vom Unberührbaren-Standpunkt bei Ambedkar 1946: 103ff.

[124] Brief an das Cow Protection Committee in Mysore, 11.1.1927, CW 32: 545. In diesem Punkt ist die Haltung des unabhängigen Indien trotz des offiziell betonten Säkularismus weniger gerade: gesetzliche Kuhschlachtungsverbote sind für zulässig erklärt worden. Auch soweit damit religiöser Brauch der Muslims und damit deren Grundrecht auf freie Religionsausübung tangiert wird; vgl. Art. 48 der Verfassung Indiens und die Entscheidung des Supreme Court in *Hanif Quareshi v. State of Bihar*, AIR 1958 SC 731.

Gandhi in der Khilafat-Propaganda und in seinen Äußerungen zur Hindu-Muslim-Einheit überhaupt;[125] diesem dialektischen Kniff, oder wenn man will, Machiavellismus, sind die erwähnten Mißverständnisse zu danken. Doch ist kein Zweifel erlaubt, daß Gandhi für das Verhältnis von Religion und Politik hartnäckig auf den Singular Religion abzielte, nämlich auf „that discipline of spiritual selfperfection *(sadhana)* through which we are able to know our own selves. This means we should adopt this discipline from wherever we may find it. It may be found in India, or Europe, or Arabia."[126]

Einen humanitären und zugleich individuell moralisierenden Ton aus solchen Sätzen herauszuhören, ist nicht abwegig, er ist keineswegs akzidentiell. „Through religion we are able to know our duties as human beings. Through religion we can recognize our true relationship with other living beings."[127] Zu missionieren und damit auf einer einzigen religiösen Sprache zu bestehen, „limits the possibilities of *serving humanity*" (CW 48: 121, Hervorhebung DC). Gandhi bewegte sich in seinem Rechnen mit einer religiösen anthropologischen Konstante auf Gedankenbahnen, die man durchaus als naturrechtlicher Moralität sich nähernd auffassen kann – mit der Vorsicht vor plattem Verständnis allerdings, die bei einem Geist seines Formats immer anzuraten ist. Jedenfalls hatte er keine Scheu, Religion und Moralität in eins zu setzen.[128] Unverkennbar spielen hier hinduistische Denktraditionen herein; namentlich ist zu beachten, daß das neuindische Wort für Religion *dharma* ist,[129] das auch Pflicht oder, im klassischen Verstand, das göttliche Weltgesetz bedeutet:

---

[125] „Hindus and Muslims are getting ready to fight each other. In the name of religion, they seem to have forgotten the *dharma* [= Religion, siehe Anm. 129] of national service" (aus dem Gujarati, Navajivan, 28.6.1925, CW 27: 305). Die gefährliche Nähe zu religions-nationalistischen Propagandatechniken zeigen Äußerungen wie diese: „Mahatmaji emphasized there was only one religion today for Hindus as well as Mussulmans and that was to get the Khilafat and the Punjab wrongs redressed and to save their country from slavery" (Rede in Allahabad nach Bericht der Amrita Bazar Patrika vom 13.5.1921, CW 20: 86).

[126] Aus dem Gedächtnis-Essay über Rajchandra, hier nach der Übersetzung aus dem Gujarati bei Hay 1970a: 21; die CW 2: 1ff., 11 gegebene Fassung differiert an der hier zitierten Stelle.

[127] Ibid.

[128] So immer wieder, z.B. im Vorwort zur Autobiographie: „The essence of religion is morality" (CW 39: 3); oder gegen ein Falschzitat („The Wrong Way"): „I could never say ‚I do not believe in morals', for with me, religion and morality are convertible terms" (H, 13.4.1934: 68); oder: „I still hold the view that I cannot conceive politics as divorced from religion. Indeed religion should pervade every one of our actions. Here religion does not mean sectarianism. It means a belief in ordered moral government of the universe" (H, 10.12.1945: 445).

[129] Zu *dharma* und dem im folgenden noch erwähnten Begriff *svadharma* unten § 17. Die Synonymität von *dharma* und Religion muß vor allem bei Texten in Rechnung gestellt werden, die aus ursprünglichen Gujarati-Fassungen übersetzt sind. Zum Beispiel Anm. 125, erstes Zitat, Anm. 128, erstes Zitat, oder die zu Anm. 126 und 127 im Haupttext wiedergegebenen Stellen aus dem Aufsatz über Rajchandra.

„ordered moral government of the universe".[130] Natürlich entspricht auch die dargestellte Relation allgemeiner und individueller Religion ganz dem *Dharma-Svadharma*-Schema, und zwar in neuhinduistischer, individualisierender Zuspitzung.[131]

Daneben aber findet sich eine aufklärerische Unbefangenheit, Besonderheiten der historischen Religionen vor den Richterstuhl eines humanitären, moralischen common sense zu ziehen. Gerade dem Hinduismus gegenüber, bei der Auslegung seiner heiligen Schriften, verfuhr Gandhi in dieser Beziehung resolut, durchaus unfundamentalistisch. Maßstab der Auslegung ist „reason and moral sense";[132] nichts was Vernunft, universeller Wahrheit und Moral widerspricht, kann als heilige Schrifttradition oder Offenbarung anerkannt werden[133] – man könnte sonst mit der eigenen Religion in Konflikt kommen.

Daraus folgt für den Extremfall einer nicht wegzuinterpretierenden Kollision, daß hypothetisch der Hinduismus insgesamt dem Gewissen und der Vernunft zu weichen hätte.[134] Nichts zeigt die Entfernung von romantischem Religionsnationalismus deutlicher als dieser Schritt, der sich mit typischen Äußerungen des europäischen Säkularismus naturrechtlicher Abstammung vergleichen läßt.[135]

---

[130] H, 10.12.1945: 445.

[131] „Hinduism tells everyone to worship God according to his own faith or dharma" („Hinduism", YI, 6.10.1921, CW 21: 245). Maulana Abul Kalam Azad scheint für den Islam (unter Gandhis Einfluß?) eine analoge Lehre der Unterscheidung von universalem Glauben an den einen Gott *(din)* und verschiedenartigen verrechtlichten Ausprägungen *(shariah)* entwickelt zu haben (in Tarjuman al-Qur'an 1931), vgl. Mujeeb 1967: 460ff.

[132] „I decline to be bound by any interpretation, however learned it may be, if it is repugnant to reason or moral sense" („Hinduism", CW 21: 246); „The shastras are not above reason. We can reject any shastras which reason cannot follow" („Who is a ‚Sanatani' Hindu?", Navajivan, 6.2.1921, CW 19: 328).

[133] „Maharajshri told me that, in the interpretation of *shastra*, reason had no scope. That itself pained me. In my view, that which reason cannot understand and which the heart does not accept can be no *shastra*, and I think that anyone who wants to follow *dharma* in its purity cannot but admit this principle. If we do not do this, we shall run the risk of violating our *dharma*", im Bericht über ein Gespräch mit Goswami Sri Gokulnathji Maharaj, Haupt der Vaishnavas in Bombay, über die Unberührbaren-Frage (Navajivan, 12.12.1920, CW 19: 97). Vgl. auch: „Nothing in the *shastras* which is manifestly contrary to universal truth and morals can stand. Nothing in the *shastras* which is capable of being reasoned can stand if it is in conflict with reason" (1935 in: T 4: 42).

[134] „In so far as I have been able to study Hinduism outside India, I have felt that it is no part of real Hinduism to have in its hold a mass of people whom I would call ‚Untouchables'. If it was proved to me that this is an essential part of Hinduism, I for one would declare myself an open rebel against Hinduism itself" (Ansprache in Mayavaram, 1.5.1915, CW 13: 69).

[135] Repräsentativ z.B. Lord Lansdowne als Vorsitzender des Legislative Council of India bei Verabschiedung des Age of Consent Act (Heraufsetzung des Mindest-Heiratsalters für Mädchen) 1891: „In all cases where demands preferred in the name of

Die gemeinsame Wahrheit der Religionen, von der alles schließlich abhängt, ist nun nichts anderes als die allen Menschen zugängliche gemeinsame Wahrheit selbst; in Gandhis ständig wiederholter Formel: Wahrheit ist Gott.[136] Dieser Satz bezeichnet, wenn man bei einem aller Esoterik und Geheimnistuerei so abgeneigten Mann sich das Paradox erlauben will, gewissermaßen das Freimaurergeheimnis Gandhis.[137] Seine Lehre entbehrt, bei aller Offenheit und penetranten Simplizität der Kernformel, tatsächlich nicht ganz des Charakters des Geheimnisvollen, schon wegen der in Heiligkeit quasi verhüllten Aussageweise. Die Einfachheit der Formel selbst ist vieldeutig. Ursprünglich hatte sie umgekehrt geheißen: Gott ist (die) Wahrheit (God is Truth). Nach eigenem Zeugnis nahm Gandhi die Umstellung vor, um auch das *religiöse* Verhältnis der Atheisten zur Wahrheit einschließen zu können und um zugleich der hinduistischen philosophischen Vorstellung Ausdruck zu geben, daß Gott allein wirklich sei.[138] Aber auch wenn „Gott" nur als Prädikat, oder wie es gelegentlich heißt, als „der vertrautere Name" der Wahrheit[139] genommen wird, kann „Wahrheit" offenbar von diesem Prädikat nicht ganz unbeeinflußt, nicht „einfach nur" Wahrheit im Sinne eines trivialen verifizierten Befundes sein. Soviel ist klar, daß mit dem Namen Gott – unabhängig von der mehrdeutig beantworteten Frage, wieweit Gott als Person verstanden wird – der Charakter des Le-

---

religion would lead to practices inconsistent with individual safety and the public peace, and condemned by every system of law and morality in the world, it is religion, and not morality, which must give way" (Proceedings 30: 146, hier zitiert nach Wolpert 1962: 60).

[136] Für die unzähligen Belege dieses Satzes seien hier als repräsentativ genannt: Autobiography, Introduction (CW 39: 1 ff.) im Zusammenhang; „The Absolute Truth, the Eternal Principle, that is God" (ibid.: 4); „My prayerful search gave me the revealing maxim ‚Truth is God', instead of the usual one ‚God is Truth'. That maxim enables me to see God face to face as it were" („To American Friends", H, 9.8.1942, NV I: 434); für eine frühere Phase und das allmähliche Vordringen zu dem Satz: „All *dharma* culminates in truth. Truth is God. There is no *dharma* which is above truth" („Truth and Khilafat", übers. aus dem Gujarati: Navajivan, 3.10.1920, CW 18: 318); vgl. auch Anm. 138 und Anm. 152, letztes Zitat.

[137] Zum „Geheimnis" der Freimaurer und seinem politischen Sinn: der dialektischen Aufhebung der Unterscheidung von Moral und Politik vgl. Contiades 1968: 140 ff., im Anschluß an Koselleck 1959. Vielleicht ist es nicht überflüssig, ausdrücklich zu bemerken, daß der Text eine strukturelle Analogie andeutet, nicht aber Gandhis Verhältnis zur organisierten Freimaurerbewegung betrifft; diese war für ihn synonym mit unnützer Geheimnistuerei. Zum Beispiel charakterisierte er das Vertuschen von Vergehen innerhalb der Staatsmaschinerie polemisch als „Political Freemasonry" (zum sogenannten Hunter-Report, YI, 9.6.1920, CW 17: 480).

[138] Ausführlich über den Sinn der Umkehrung in der Rede in Lausanne 8.12.1931, CW 48: 403 ff.; dort wird auf die etymologische Ableitung des Sanskrit-Wortes für Wahrheit von *Sat* (Seiendes) hingewiesen.

[139] „I embarked on the fast in the name of Truth whose familiar name is God" (Schriftliche Botschaft an die Gebetsversammlung nach Abbruch seines letzten Fastens, H, 25.1.1948, NV II: 352).

bendigen mit der Wahrheit verbunden werden soll: „Hence I have said that truth is God. This God is a Living Force. Our Life is of that Force."[140] Von Gott heißt es weiter, daß „Er oder Es" sei,[141] daß er sogar allein wirklich sei[142] – daß man aber auch annehmen müsse, daß er sowohl sei als auch nicht sei,[143] daß er schöpferisch sowohl als nicht-schöpferisch, persönlich als auch unpersönlich sei,[144] nämlich persönlich oder sogar verkörpert für solche, die seiner Berührung bedürfen, daß er Gewissen sei, aber auch der Atheismus des Atheisten, daß er einfach, ohne weitere Bestimmung, „sei" für diejenigen, die Glauben haben,[145] und so fort. Solche Formulierungen, denen viele ähnliche angereiht werden könnten, sollen als Versuche, Unbeschreibbares zu beschreiben, Undenkbares zu denken, verstanden werden.[146] Die Widersprüchlichkeit der Rede ist unvermeidbar, weil der Gegenstand sich entzieht, Wahrheit sich ins Offene verliert.

All das hat – bei einem so sehr auf Anwendung hin disziplinierten Geist – politische Relevanz. Denn wenn die Wahrheit weder definit offenbart noch aber verborgen, wenn sie zuletzt nicht festlegbar aber doch lebendig wirksam ist, dann kann man sich zwar nie mit herrscherlicher Sicherheit auf sie berufen, ebensowenig aber sie – etwa mit der flotten Wendung von der „Leerformel" – ignorieren. Es kommt dann entscheidend auf die rechte Annäherungsweise, auf das Verhältnis an, das man zu dieser Wahrheit einnimmt. Dies ist Religion oder Frömmigkeit, in Gandhis oben (Kap. 2) zitierten Worten die „Devotion to Truth". Die rechte Annäherungsweise, der rechte Zugang zur Wahrheit ist Gewaltlosigkeit.[147] Dieser noch zu erörternde Begriff *(non-violence, ahimsa)* ist bei Gandhi über seinen unmittelbaren Sinn hinaus, in dem er augenfällige Relevanz für kommunikative Wahrheitssuche hat, zum Postulat einer allgemeinen Haltung erweitert. Nicht nur soll der Austrag von Meinungsdifferenzen über Wahrheit nach dem Modell der gewaltfreien Diskussion von aller Verzerrung durch Gewalttätigkeit freigesetzt werden.[148] Gewaltlosigkeit verlangt in voller Konsequenz auch von der Einzelpersönlichkeit das Bemühen, den „eigenen"

---

[140] H. 20.7.1947 („Socialism", NV II: 266); „God, which is living Truth" (1936, T 4: 62).

[141] „Three Vital Questions", YI, 21.1.1926, CW 29: 412.

[142] Vgl. Anm. 138 und Autobiography, Introduction, CW 39: 4.

[143] „Discourses on the ,Gita'" (1926) CW 32: 196.

[144] Loc. cit. Anm. 141, unter Berufung auf die jainistische Lehre des Anekantavada („manyness of reality").

[145] „God and Congress", YI, 5.3.1925, CW 26: 222.

[146] „We are all thinking of the Unthinkable, describing the Indescribable, seeking to know the Unknown, and that is why our speech falters, is inadequate and even often contradictory" (YI, 21.1.1926, CW 29: 412).

[147] „Truth is my God. I can only search Him through non-violence and in no other way." Erklärung über den Austritt aus dem Indischen Nationalkongreß wegen Differenzen u.a. über die Frage der gewaltlosen Politik, 17.9.1934, T 3: 298.

[148] Zum Postulat gewalt- und zwangsfreier Diskussion als eines in jeder faktischen Diskussion über Wahrheitsfragen implizierten Ideals vgl. Habermas 1971: 134ff.

Willen vor der Wahrheit auszulöschen. Im umfassenden Sinne ist mit Gewaltlosigkeit ein Verhältnis gemeint, in dem Wahrheit unverfälscht zur Geltung
kommen kann, weil kein menschlicher Eigen-Sinn, kein Machttrieb der Person
sich vordrängt und ihr sozusagen ins Wort fällt.[149] So gesehen ergibt sich erst
als praktische Konsequenz für die menschliche Kommunikation der Verzicht,
beim Eintreten für die Wahrheit eigene Vorstellungen mit physischer Gewalt
gegen andere durchzusetzen. Da Wahrheit aber aus sich selbst heraus, „lebendig" wirkt, kann dann dieser Verzicht bedeuten, daß die Bahn für die eigene
Kraft der Wahrheit frei wird, etwa zur Auswirkung auf den Opponenten.
Hieraus ergibt sich Gandhis politische Methode des gewaltlosen „Festhaltens",
bzw. Durchsetzens der Wahrheit: *Satyagraha* (siehe Anm. 415).

Im Ausgang ist demnach Gewaltlosigkeit nur als Mittel angesetzt, um zur
Wahrheit zu finden.[150] Da das Ziel „Wahrheit" aber nie voll erreichbar ist, gewinnt für das Verhältnis Gewaltlosigkeit – Wahrheit in besonderem Maße diejenige Anschauung Gandhis Bedeutung, daß Zweck und Mittel austauschbare
Größen seien. Gewaltlosigkeit kann selbst als Gegenstand der religiösen Zuwendung an die Stelle der Wahrheit treten,[151] kann ebenso wie Wahrheit oder
zusammen mit Wahrheit der eigentliche Inhalt von Religion sein.[152] In diesem
Zusammenhang wird das Festhalten am Kuhtötungsverbot verständlicher; für
Gandhi war gerade dies nicht religiöse Folklore, sondern Zugang zum Kern

---

[149] In der Anm. 138 angeführten Rede in Lausanne: „If you would swim on the bosom
of the ocean of Truth, you must reduce yourself to a zero" (CW 48: 406); „The
world crushes the dust under its feet, but the seeker after truth should so humble
himself that even the dust could crush him. Only then, and not till then, will he have
a glimpse of truth" (Autobiography, Introduction, CW 39: 5); vgl. auch Schlußkapitel der Autobiographie, CW 39: 400 ff.

[150] „The only means for the realization of Truth is *Ahimsa*" (Autobiography, Schlußkapitel, CW 39: 401); „*Satyagraha* is search for Truth; and God is Truth. *Ahimsa* or
non-violence is the light that reveals that Truth to me" (Ansprache als Präsident des
Kongresses auf dem Parteitag in Belgaon, YI, 26.12.1924, CW 25: 489). „To me
religion means truth and *ahimsa* or rather truth alone, because truth includes *ahimsa*,
ahimsa being the necessary and indispensable means for its discovery" (YI, 6.12.
1928, CW 37: 254).

[151] „And when you want to find Truth as God, the only inevitable means is love, non-
violence – and since I believe that ultimately means and ends are convertible terms I
should not hesitate to say that God is love" (CW 48: 405). Die Umkehrung wird
besonders deutlich in einem Brief an den Vizekönig Mountbatten vom 8.5.1947
über Jinnahs Weigerung, anläßlich einer gemeinsamen Presseerklärung gegen Gewalttätigkeiten die Pakistan-Frage grundsätzlich zur Diskussion zu stellen: „Logically, for a believer in non-violence, nothing, *not even the existence of God* could be outside its scope" (Hervorhebung DC). (P 1956, II: 169).

[152] Neben der geläufigen Formel „Truth and Non-violence" sei hier als sprechender
Beleg die Formulierung eines Zweifels am Sinn einer Abhandlung über *Ahimsa* angeführt: „No man has ever been able to describe God fully. The same holds true of
ahimsa" (1946, T 7: 73). Vgl. auch: „There is only one fundamental truth which is
Truth itself, otherwise known as Non-violence" („Truth is one", YI, 21.4.1927, CW
33: 245, 247).

der Sache. In der Ausdehnung der religiösen *Ahimsa* auf die nicht-menschliche Kreatur bewies sich Religion als das gegenüber der Politik umfassendere Prinzip.[153]

Der durchgängigen Interpretation von „Religion" auf Gewaltlosigkeit hin bot im Hinduismus ein Phänomen wie die Kuhverehrung, dies „Geschenk des Hinduismus an die Welt", oder etwa der alte Spruch *„Ahimsa paramo dharma"* (Gewaltlosigkeit ist die höchste religiöse Pflicht, bzw. mit der erwähnten Bedeutungsweite von *dharma*, die höchste Religion) immerhin Ansatzpunkte.[154] Gandhi suchte nun dies Element mit teilweise gewagten Konstruktionen in allen historischen Hochreligionen auszumachen – auch wo Textüberlieferungen dem kraß entgegenzustehen schienen, wie beispielsweise die islamische Lehre vom Heiligen Krieg,[155] oder der Krieger-*Dharma* im Bhagavadgita.[156] Allein, die Texte – und hier zeigt sich seine modernistische Position in aller Schärfe – hatten nicht das letzte Wort. Interpretation und Auswahl des zu Interpretierenden waren zuletzt immer von der Entschlossenheit geleitet, das Verständnis der Religion als Gewaltlosigkeit für allein überzeugend und dem herangewachsenen Menschengeist entsprechend zu halten.[157] Als *Zukunfts*-Begriff der Reli-

---

[153] Auf die Frage, ob der Kongreß auf Vegetarismus verpflichtet sei: „The Congress is not a religious institution, it is a political institution. Its non-violence is limited to human beings" (H, 15.9.1940: 285).

[154] Vgl. etwa bei Gandhi: „Truth and non-violence are our goal. Non-violence is the supreme dharma" (Speech on Indian Civilization, 30.3.1918, CW 14: 299); „I believe that the essence of Hinduism is truth and non-violence" („Who is a ‚Sanatani' Hindu", Navajivan, 6.2.1921, CW 19: 328).

[155] Gandhi konnte sich hier auf theologische Wiederanknüpfungen an die Tradition des „geistigen" oder „größeren" *jihad* berufen, die den physischen Kampf nur als Spezialfall einer allgemeinen gesteigerten Anstrengung für das geistlich Gute versteht; vgl. dazu Tyan 1991; Maulana A. K. Azad in Asl Hilal 1913: *„Jihad* includes every endeavour which is made in the name of truth and freedom" (zitiert bei Mujeeb 1967: 458). Gandhi: „I have found a way by which you can fight while keeping your swords sheathed ... I do not claim to know the holy Koran, but your own Ulamas say that non-cooperation is a strong form of jehad" (19.7.1920 in Rawalpindi, CW 18: 64).

[156] Gandhis spiritualisierende Interpretation der Schlacht auf Kurukshetra als „conflict within the human body between opposing moral tendencies", in „Discourses on the ‚Gita'" 1926, CW 32: 94ff.; „To do one's duty means to fight and struggle" (CW 32: 180).

[157] Vgl. die Rede vor Studenten in Jaffna am 26.11.1927, CW 35: 325ff. Zu Islam, Christentum, Buddhismus, Hinduismus: „No doubt there are differences in degree, but the object of these religions is peace. I know the passages that can be quoted from the Koran to the contrary. But so is it possible to quote passages from the Vedas to the contrary. ... The fact is that we are all growing ... These two, Christianity and Islam, are after all religions of but yesterday. They are yet in the course of being interpreted. I reject the claim of maulvis to give a final interpretation to the message of Mahomed as I reject that of the Christian clergy to give a final interpretation to the message of Jesus. Both are being interpreted in the lives of those who are living these messages in silence and perfect self-dedication" („A Candid Critic", YI, 20.1.1927, CW 32: 586ff.). Ähnlich: „Thus though my views on ahimsa are a result

gion findet es sich gelegentlich ohne Umschweife den emotionalen oder gelehrten Traditionsbedenken entgegengestellt: „I do however suggest („Ich aber sage Euch ...") that non-violence is *the end* of all religions" (Hervorhebung DC).[158]

§7 Gandhis doppelter Begriff der Politik

Dies also war mit der Einbeziehung von Politik in die Religion gemeint: die Einführung des Prinzips gewaltloser Wahrheitsdurchsetzung in den politischen Bereich. Die volle Breite des Gedankens verdeutlicht sich, wenn entsprechend dem beschriebenen Doppelcharakter von „Religion" zwei Aspekte zunächst unterschieden werden:

(a) Zum einen setzte Gandhi mit der Betonung des Wahrheitselementes in der Politik eine Linie fort, die sein politischer Lehrer Gokhale unter der Devise „Spiritualisierung der Politik" begonnen hatte.[159]

Die Formel stammt aus Gokhales Gründungsmanifest der „Servants of India Society" von 1905.[160] In diesem Zusammenhang interpretiert, bezeichnet sie eine quasi-religiöse Hingabe an eine Sache der Politik, konkret an das, was Gokhale in der damaligen Situation als Sache indischer Politik ansah: Den Aufbau eines indischen Gemeinwesens von gesellschaftlicher zu staatlicher Reform hin. Die Bezeichnung des Programms als „Spiritualisierung" bezeugt zunächst einmal die Notwendigkeit auch für einen liberalen und eher agnostischen Politiker, seine Vorstellung von Staatsethos in religiösen Kategorien verständlich zu machen. Gandhi konnte sie innerhalb seiner abstrakten Religiosität wörtlich aufnehmen;[161] er übernahm damit den implizierten weiten Begriff

---

of my study of most of the faiths of the world, they are now no longer dependent upon the authority of these works. They are part of my life and if I suddenly discovered that the religious books read by me bore a different interpretation from the one I had learnt to give them, I should still hold the view of ahimsa as I am about to set forth here" usw. (Modern Review, Okt. 1916, CW 13: 294 f.).

[158] „Hindu-Muslim Tension: Its Cause and Cure", YI, 29.5.1924, CW 24: 136 ff., 140 (nach Erwähnung verschiedener religiöser Bedenken von Muslim- und Hinduseite gegen die Lehre von der Gewaltlosigkeit).

[159] Kher 1967/68, 1: III ff.

[160] „One essential condition of success in this work is that a sufficient number of our countrymen must now come forward to devote themselves to the cause in the spirit in which religious work is undertaken. Public life must be spiritualized" (Text bei Wolpert 1962: 159 f.).

[161] Zum Beispiel die Gedächtnisrede auf Gokhale 8.5.1915 mit der Auslegung, daß politisches und privates Leben zusammenhängen (CW 13: 78 f.); Brief an Narasinharao, 29.12.1920 (Navajivan, CW 19: 176 ff.). Auch später ist dieser Begriff einbezogen, z. B. „My politics are not divorced from morality, from spirituality, from religion" (Rede in der Guild House Church, London 23.9.1931, CW 48: 50 ff.).

von Politik als „any activity for the welfare of the people."[162] Wie Gokhale verknüpfte er den ganzen Bereich sozialreformerischer Tätigkeit, *social service*, mit der nationalistischen Politik. Die Begriffserweiterung faßte er auch als historischen Vorgang einer Ablösung der reinen Herrscher-Politik durch das soziale Interesse auf.[163] Real praktizierte er sie in dem für seinen politischen Stil kennzeichnenden Nebeneinander von Widerstandsaktion und sogenanntem konstruktiven Programm, mit gelegentlich verblüffenden taktischen Akzentverlagerungen auf die eine oder andere Seite.[164]

Daneben findet sich verwirrenderweise auch ein engerer Begriff von Politik im üblichen Sinn des Ringens um die Ausübung öffentlicher Macht, gebraucht von Gandhi meist, wenn er sich gegen diese Art der Politik abgrenzte: so in der Gegenüberstellung von *political programme* und *constructive programme* nach dem Abbruch der *Non-Cooperation*-Kampagne, als das *political programme* der *Swaraj*-Partei überlassen war;[165] desgleichen in der betonten Charakterisierung der *Unberührbaren*-Frage als „predominantly moral and religious", neben und ungeachtet ihrer politischen Bedeutung.[166] In diesen beiden Fällen handelte Gandhi unter Bedingungen auferlegter oder freiwillig übernommener Enthaltung von „politischer" Tätigkeit, nämlich während seiner politischen Inhaftierung bzw. bei seiner vorzeitigen Entlassung. Es war gewiß richtig, daß derartige Auflagen nur Politik im engeren Sinne betrafen.[167] Außerdem entsprach das Herunterspielen von politischen Fernzielen der Sozialreform auch den Anschauungen

---

[162] „Politics separated from religion stinks, religion detached from politics is meaningless. Politics means any activity for the welfare of the people" (Rede vor christlichen Missionarinnen in Darjeeling am 6.6.1925, CW 27: 204).

[163] Gegenüberstellung eines engeren und weiteren, von Gandhi befürworteten Politikbegriffes in der Rede auf der Gujarat Political Conference 3.11.1917, CW 14: 48ff.; Rede in der Guild House Church in London 1931: „But I found also that politics of the day are no longer a concern of Kings, but that they affect the lowest strata of society. And I found, through bitter experience that, if I wanted to do social service, I could not possibly leave politics alone" (CW 48: 50ff.).

[164] Markantestes Beispiel ist der plötzliche Übergang zu einer rein inner-hinduistischen Agitation für die „Unberührbaren"-Emanzipation noch während der Massen-Civil-Disobedience gegen die Kolonialherrschaft 1932 und möglicherweise zum Schaden dieses nationalen Aufstandes. Kritik vom „politischen" Standpunkt aus etwa bei Bose 1964: 245ff.; Nehru 1962: 370ff.

[165] Ansprache in Kalkutta 1.5.1925, CW 27: 4ff.; sonst gegenüber dieser Unterscheidung kritisch: H. 28.3.1936: 49, zitiert nach Kher 1967/68, 3: 158.

[166] Brief an den Secretary of State for India Sir Samuel Hoare vom 11.3.1932 mit der Androhung seines Protestfastens gegen eine Einführung getrennter Wählerschaften für „Unberührbare" (CW 49: 190ff.); über die Tempel-Öffnungs-Satyagraha YI, 14.1.1932, CW 48: 482.

[167] Im Falle der „Unberührbaren"-Kampagne waren ihm ausdrücklich für diesen „unpolitischen" Zweck Hafterleichterungen bewilligt und später seine vorzeitige Haftentlassung verfügt worden „In view of the nature and the objects of the fast which Mr. Gandhi is undertaking" (Communiqué der Regierung vom 8.5.1933, bei T 3: 203; dort 217 die spätere Selbstbeschränkungserklärung Gandhis).

Gandhis: der politische Sinn solcher Aktivitäten sollte und würde sich von selbst geltend machen;[168] ein zu direktes Anvisieren, politische Taktik und Nebenabsichten konnten den Erfolg sogar gefährden.[169] Verblüffend wirkt es dennoch, wenn er bei Gelegenheit sich ausdrücklich dagegen verwahrte, „Religion" mit „Politik" zu vermengen.[170] Gegenüber dergleichen – typischen – Schein-Inkonsistenzen ist aber festzuhalten, daß Gandhi für sich selbst niemals die Rolle eines Politikers im beschränkteren Sinne akzeptierte. Aus diesem Grunde hatte er beispielsweise Hemmungen, in eine „rein politische" Organisation wie die *Home Rule League* einzutreten.[171] Vollends seine Einbeziehung von „Politik" in „Religion" setzt seinen besonderen Politikbegriff ebenso voraus wie den besonderen Begriff der Religion.

Bei alldem handelte es sich – wie nicht verkannt werden darf – keineswegs um bloße terminologische Eigenwilligkeiten. Darüber sollte auch der gelegentlich sektiererische oder exzentrische Anschein eines Konzepts, das noch volkspädagogischen Fragen der Diät und öffentlichen Hygiene politische Relevanz beilegte,[172] sollte der Eindruck des reformerischen „Spinners" Gandhi nicht

---

[168] Kennzeichnend für die Motivverbindung die aus dem Gefängnis in Poona am 16.11.1932 gegebene Antwort auf eine Anfrage, ob er nicht mit der plötzlichen Herausstellung der „Unberührbaren"-Frage vom nationalen Unabhängigkeitskampf ablenke: „I cannot answer this question at length without trespassing upon the limits which, as a prisoner, I have accepted for conducting the anti-untouchability campaign. But this much I can say that those who know me at all should understand that I draw no hard and fast line of demarcation between political, social, religious and other questions. I have always held that they are inter-dependent and that the solution of one brings nearer the solution of the rest" (CW 52: 4).

[169] „Indeed I believe that, if we approached this question with a political motive, we should fail to serve the Harijans and we should damage Hinduism. That real removal of untouchability will have political consequences is true enough. A duty religiously performed carries with it many other important consequences" (Rede in Amaraoti zur „Unberührbaren"-Emanzipation am 16.11.1933, H, 1.12.1933: 4; der in CW 56: 238ff. wiedergegebene Text differiert). Das politische Motiv, das hier vorzugsweise ferngehalten werden soll, ist das religionspolitische Interesse der Hindus, durch Einbeziehung der „Unberührbaren" ihr Stimmgewicht gegenüber den getrennt wählenden Muslims zu vergrößern. Vgl. auch die Erklärung zum 50. Jahrestag der Kongreßgründung, 28.12.1935, zur Erläuterung seines Schweigens zur „Politik" und gleichzeitig der Beschäftigung mit Sozialreform: „One must forget the political goal in order to realize it. ... Many years' experience has convinced me that the activities that absorb my energies and attention are calculated to achieve the nation's freedom" (T 4: 44).

[170] Seine Reaktion auf den Vorschlag, in sein Protestschreiben an den englischen Premierminister Ramsay MacDonald nach Ankündigung des „Schiedsspruchs" über Separatwählerschaften der „Unberührbaren" weitere politische Beschwerdepunkte aufzunehmen: „I cannot put in other things at all, for that would be tantamount to mixing politics with religion."

[171] Brown 1974: 247; Gandhi, „Why I have joined the Home Rule League", Navajivan 2.5.1920, CW 17: 369.

[172] Vgl. die Anm. 169 als erstes zitierte Erklärung, in der Gandhi als Beispiele für seine scheinbar abwegigen Aktivitäten, die schließlich der Nation die Freiheit verschaffen

hinwegtäuschen.[173] Die Ausweitung der politischen Thematik war in der Situation Indiens eine politische Kernfrage, wenn man als Aufgabe nicht nur die Reaktion auf britische Verfassungsmanöver sah – das schrittweise Nachrücken in vorgeprägte Herrschaftspositionen je nach Gewährung –, sondern sich an der Notwendigkeit orientierte, das Land selbständig auf den von ihm geforderten Epochenschritt hinzuführen, und wenn man zugleich verhindern wollte, daß ein zu eng definiertes politisches Spiel zur Ablenkungsveranstaltung für eine käufliche Oberschicht werden könnte. Die Lebensfrage des Jahrhunderts konnte für Indien sehr wohl sein, ob es mit „Politik" – im Sinne des Spiels von „Realisten" um Position und Einfluß in einem statischen Rahmen – getan sein könne. Deshalb hat man es nicht mit „Mystik" zu tun, sondern mit einem durch „Religion" geschärften Wirklichkeitssinn, wenn Gandhi die Unberührbaren-Befreiung für weitaus höheren Ranges gegenüber der „politischen" Unabhängigkeit erklärte und eine politische Verfassung ohne Anpacken der Sozialprobleme als totes Holz betrachtete.[174] Die jüngeren Kongreß-„Linken", J. Nehru oder S. C. Bose, äußerten sich in durchaus ähnlichem Sinne.[175] Gandhis in seinen letzten Lebenstagen niedergeschriebener Plan, nach der Erlangung der politischen Unabhängigkeit den Nationalkongreß als „parlamentarische Maschine und Propaganda-Instrument" aufzulösen und in einen Sozialdienst zu überführen,[176] beleuchtet die Wichtigkeit, die er dem Ausgreifen über traditionelle Politikbegriffe hinaus beimaß. Von heute aus gesehen erscheint der Vorschlag als Kassandra-Warnung vor der neuen Bedrohung indischer

---

sollen, angibt: „That is why I take the keenest interest in discussing vitamins and leafy vegetables and unpolished rice. That is why it has become a matter of absorbing interest to me to find out how best to clean our latrines, how best to save our people from the heinous sin of fouling Mother Earth every morning."

[173] Gandhi schätzte diesen Eindruck realistisch ein und bezeichnete sich selbst gelegentlich als Spinner, z.B. in Beziehung auf einen Naturheilkundigen: „the moment I saw him I found that he was a crank like myself" (Autobiography, Part V, Chap. XXVIII, CW 39: 360).

[174] „It is an issue of transcendental value, far surpassing *swaraj* in terms of political constitutions, and I would say that such a constitution would be a dead weight if it was not backed by a moral basis, in the shape of the present hope engendered in the breasts of the down-trodden millions that that weight is going to be lifted from their shoulders" (Presse-Interview zum Protestfasten gegen die Wahlrechtsregelung für „Unberührbare" am 20.9.1932, CW 51: 116ff., 119).

[175] „The political struggle and the social struggle will have to be conducted simultaneously. The Party that will win political freedom for India will be also the Party that will win social and economic freedom for the masses" (Bose 1964: 298, gegen Gandhi gerichtet). Vgl. Nehru 1962, Chap. 52, 53 und die Kernthese „The real question before us in India is whether we are aiming at a new State or merely at a new administration" mit Gandhis Betrachtungen zum italienischen Unabhängigkeitskampf in „Hind Swaraj" CW 10: 40ff.

[176] Im sogenannten politischen Testament Gandhis, H, 15.2.1948: 3 und Kher 1967/68, 2: 25.

Freiheit durch eine einheimische Oligarchie, die Politik mit Pfründenverteilung verwechselte.

Religiöse Radikalität erhielt der von Gokhale übernommene weite Begriff von Politik dadurch, daß Gandhi ihn als Eintreten für „die Wahrheit" faßte und mit einer Pflicht der Wahrhaftigkeit und politischen Redlichkeit, praktisch auch einfach mit einem Stil politischer Seriosität verband.[177] Daß dies ein neuer Sinn von „Religion" im politischen Feld war und gewiß nicht das, woran die Religionsnationalisten in erster Linie dachten, zeigte sich sogleich beim ersten Hervortreten Gandhis innerhalb des Nationalkongresses in Amritsar 1919[178] an der Irritation eines Mannes wie Tilak. Tilak, der die *Khilafat*-Bewegung öffentlich unterstützte,[179] weil er überhaupt für eine gewünschte Volksagitation die Beimischung von Religion zur Politik als unerläßlich ansah,[180] der gleichwohl der *Khilafat*-Propaganda kritisch gegenüberstand, wofern sie „Theologie" in die Politik hereinbringe,[181] Tilak trat als „Realpolitiker" Gandhis Wahrhaftigkeitspostulat ausdrücklich entgegen: „My friend! Truth has no place in politics", und grundsätzlicher, auf Gandhis publizistische Erwiderung hin: „Politics is a game of worldly people and not of sadhus."[182]

(b) Gandhi aber meinte mit Religion theologisch ernstgenommene Religion, Wahrheit und Wahrhaftigkeit, und fügte, womit es wirklich ernst wurde, als zweites Element die Aktualisierung in der gewaltlosen Aktion hinzu, das, was

---

[177] Nehru berichtet über die Verblüffung, die Gandhi zunächst mit seinem Insistieren auf nüchtern formulierten, dafür aber hart zu verfechtenden Forderungen hervorrief – sehr im Gegensatz zu dem üblichen Stil rhetorischer Übertreibung, in dem die Verhandlungsmarge immer von vornherein eingerechnet war (Nehru 1962: 45). Vgl. die Telegramme an Shaukat Ali als Mitglied der Khilafat Deputation nach London (Jan. 1920): „Its (the deputation's) strength lies in its ability to appeal to reason and justice. It must therefore be moderate in presentation and firm in demand" (CW 16: 522).

[178] Auch nach eigener Einschätzung Gandhis der Beginn seiner aktiven Rolle in der Kongreßpolitik (Autobiography, Part V, Chap. XXXVII).

[179] Im Manifest der von ihm gegründeten Congress Democratic Party vom 18.4.1920, Text in Source Material II: 324 f.

[180] Im Bericht über eine Konferenz von Hindu-Nationalisten und Panislamisten in Delhi 1918: „Tilak spoke on the desirability of widespread agitation being carried on among the masses, and pointed out that the agitation would not succeed unless it was mixed up with religion ... It was stressed at the meeting that what appealed to the masses most was a movement *ostensibly* religious and spiritual" (Hervorhebung DC) in Gopal 1956: 407. Im gleichen Sinn eine Äußerung Tilaks zu Ansari aus dieser Zeit, berichtet bei Brown 1974: 198, Fn. 1, nach einem Central Intelligence-Bericht.

[181] In einer privaten Äußerung 1920: die Nationalbewegung solle von theologischen und ausländischen Fragen (gemeint ist die Khilafat-Frage) freigehalten werden: „Never seek to introduce theology into our politics" (Keer 1959: 425, nach Erinnerungen G. V. Ketkars).

[182] Der Austausch im Zusammenhang dargestellt bei Wolpert 1962: 291 f.; die Stellungnahmen Gandhis in „Young India" und eine Leserzuschrift Tilaks in CW 16: 484 und 490 f.

er als *sanction* bezeichnete.[183] Besonders das Element der Gewaltlosigkeit war es, was in seinen Augen dem politischen Handeln religiösen Charakter verlieh. Wenn er bestimmte Aktionen oder Kampagnen wie die Non-Cooperation-Kampagne von 1920 ff. als religiöse Bewegung bezeichnete, so bezog sich das vorwiegend auf ihren gewaltlosen Charakter.[184]

Es lag in der Natur der Sache, daß auch diese Seite von „Religion" zum Konflikt mit religionspolitischer Mentalität führte: sei es, daß der religiöse Nationalist Lajpat Rai in „übertriebener *Ahimsa*" geradezu eine „Vergiftung der Quellen nationaler Vitalität" sah[185] – die man doch durch den Rückgriff auf die eigene religiöse Vergangenheit aufzufrischen trachtete –, sei es, daß für die muslimischen Bundesgenossen der religiöse Charakter der *Non-Cooperation* primär in den *Khilafat*-Forderungen lag, weshalb das Vorkommen von Gewalttätigkeiten nicht als religiöser Grund für Gandhis Abbruch der Agitation erschien.[186]

Religiöse Gewaltlosigkeit stand in der angedeuteten Wechselbeziehung zu Wahrheit. Es ging nicht um die Gewaltlosigkeit passiver Hinnahme oder um gewaltlose Verschlagenheit – die politische Hinterlist der „Füchse" hätte Gandhi ebenso wie Machiavelli dem Bereich der Gewalt, dem „law of the brute" zugerechnet[187] – sondern um die aktiv konfrontierende Gewaltlosigkeit

---

[183] „I wish I could be drawn towards the policy of the liberals. I have many personal friends among them. But they have no sanction. I claim that I have an infallible sanction" (H, 9.4.1938: 72, „The Choice").

[184] Vgl. die Erwiderung an Tagore: „The nation has taken to the harmless (for it), natural and religious doctrine of non-cooperation in the place of the unnatural and irreligious doctrine of violence" („The Poet's Anxiety", YI, 1.6.1921, CW 20: 164); „Non-violence is not only an integral but the only sustaining part of non-cooperation … Non-violence at once makes it a religious movement and throws man on God as his only Rock and Refuge" (YI, 17.11.1921, CW 21: 445). Zur Civil-Disobedience-Kampagne 1930 die Rede auf dem „Salzmarsch" in Dabhan 15.3.1930: „Ours is a holy war. It is a non-violent struggle" (CW 43: 78 f.). Zur Rowlatt-Satyagraha z. B. die Rede in Nagapatam am 29.3.1919, CW 15: 164 f.

[185] Vgl. den polemischen Artikel Lala Lajpat Rais gegen Gandhi „,Ahimsa Paramo Dharmah' – A Truth or a Fad?" in „Modern Review" 1916, abgedruckt CW 13: 566 ff.; Gandhis Erwiderung ibid. 294 ff.

[186] Vgl. Mujeeb 1967: 435 f.

[187] Nach einer berühmten Stelle des „Principe" (Kap. 18) gibt es zwei Arten zu kämpfen: eine (im Einklang) mit den Gesetzen und eine mit der Gewalt (forza), die erstere dem Menschen, die zweite dem Tier eigentümlich; die des Tieres bzw. der Gewalt unterteilt sich wieder in die des Löwen und die des Fuchses. Der Fürst muß beide, Tier und Mensch, wohl zu brauchen wissen. Von dieser komplexen, doppelten Gegenüberstellung bleibt bei neueren Autoren gewöhnlich nur die Alternative von Fuchs und Löwe übrig, so vor allem bei Pareto, aber auch etwa bei Freund 1965: 704 ff. (Die Mittel der Politik sind List und Gewalt, aber die Gewalt ist die Größte unter ihnen). Für Gandhis Stellung vgl. die in Anm. 183 angeführte Erwiderung auf Lajpat Rai; oder: „Lying is the mother of violence" („War or Peace", YI, 20.5.1926, CW 30: 462).

des Ringens um Wahrheit. So kann es auch einmal heißen, Wahrhaftigkeit sei wichtiger als Friedfertigkeit – entsprechend der inneren Hierarchie des Religionsbegriffs.[188] Dies wird aber sogleich auch umgekehrt so begründet, daß Wahrhaftigkeit am Ende Gewaltlosigkeit impliziert.[189] Wahrheit kann ihre eigene Macht nur im Element der Gewaltlosigkeit entfalten.

Im einzelnen ist dies später, bei der Analyse von *Satyagraha* und Gewaltbegriff (§ 16), zu besprechen. Hier ist zunächst darauf aufmerksam zu machen, daß das neue Element der Gewaltlosigkeit insgesamt eine religiöse Transformation der Politik bewirken soll – auch insofern, als gerade das andere Element des Religionsbegriffes, Wahrheit, damit gesteigerte Bedeutung erhält; beide Seiten lassen sich weder theoretisch noch in der politischen Konsequenz wirklich trennen. Politische Macht insbesondere muß, wenn das spezifische Macht-*Mittel* der Gewalt ausfällt, auf eine unmittelbarere Weise mit „Wahrheit", d. h. mit der in der Politik verhandelten Sache, zu tun haben. Ob ein derartig modifizierter Begriff politischer Macht möglich und sinnvoll ist, soll an dieser Stelle vorerst dahingestellt bleiben. Die Akzentverschiebung kann vorläufig aber umgekehrt als kritische Erinnerung daran dienen, daß bei einer verbreiteten, vermeintlich realistischen Politikbetrachtung die Faszination der Machtmittel Zwang und Gewalt eine Neigung begünstigt, den Zusammenhang von Wahrheit (bzw. Verständigung) und Macht zu unterschätzen. Meist hängt dies mit einer Verkürzung des Zeithorizontes zusammen, die es zu ermöglichen scheint, Macht als unproblematisch gegebene, konstante Größe rein instrumental auf punktuelle Entscheidungssituationen zu beziehen und über der Aktualisierung von Machtüberlegenheit als Zwang oder Gewalt die machtbildenden Faktoren der Kommunikation aus den Augen zu verlieren: etwa politische Thematik, Generalisierbarkeit von Sache und Interesse (Wahrheit), Überzeugung, Bewährung (Erfolg).[190] Wenn eine solche Blickverengung im-

---

[188] YI, 20.5.1926, siehe vorige Anm. Dazu, zur Untouchability-Reformbewegung: „If this movement is essentially religious and has for its object the purification and protection of Hinduism, it can be carried on only by truth, the whole truth and nothing but the truth. Truth is the very foundation of religion" („Truth the only Way", H, 18.3.1933, CW 54: 66 f.).

[189] Die Stelle aus „War or Peace" heißt im Zusammenhang: „The way of peace is the way of truth. Truthfulness is even more important than peacefulness. Indeed, lying is the mother of violence. A truthful man cannot long remain violent. He will perceive in the course of his search that he has no need to be violent and he will further discover that so long as there is the slightest trace of violence in him, he will fail to find the truth he is searching" (CW 30: 462).

[190] Zu dem hier hervorgehobenen kommunikativen Element in der Macht vgl. die unter sich sehr verschiedenen Ausführungen einerseits bei Friedrich 1953: 22 ff., der einen substanziellen und einen relationellen Machtbegriff unterscheidet und auf die bestimmende Rolle des Zeitfaktors für die Analyse hinweist, andererseits bei Luhmann 1969: 162 ff., der die Gleichsetzung von Macht mit Übermacht im Konfliktsfall, die implizierte Machtsummenkonstanz im System kritisiert und auf weitere Bedingungen der Machtentstehung verweist, darunter, für unseren Zusammenhang re-

mer schon als Naivität anzusehen ist, so werden – jedenfalls bei Gandhi – allgemeine Entgegensetzungen von Wahrheit und Macht geradezu irreführend,
etwa die Frage nach der „balance within him of the *religious seeker after truth* for
himself and his country and the *politician out for power*".[191] Gandhi suchte Macht
in der Aktualisierung dessen, was er als „Wahrheit" für sich und sein Land zu
erfahren glaubte. Sein *politisches* Charisma lag gerade darin, daß er nicht einfach
den „politicians", einer Menschenklasse zweifelhafter Reputation, zuzurechnen war, sondern durch überzeugende Repräsentation einer Sache politische
Führung beanspruchte.[192] Man mag dies seinerseits als naiv vor allem in der
sprachlichen Darstellung, ja selbst als gerissene Selbstinszenierung ansehen
und wird dennoch nicht darum als um ein primäres politisches Faktum herum-
kommen, bei aller Nützlichkeit von historisch-politischen Detailanalysen, „wie
es eigentlich gemacht worden ist." Gewiß ist zu berücksichtigen, daß die Rolle
des charismatischen, über die Politik hinauswachsenden politischen Führers
auch eine zeitgeschichtlich bedingte Prägung mit bekanntermaßen dubiosen
Zügen ist. Gleichzeitig läßt sich gerade an der Figur Gandhi die tiefere, nüchterner Reflexion zugängliche Einsicht erneuern, daß – um mit einem in diesem
Zusammenhang bemerkenswerten Zeugen zu sprechen – „der Kern der politischen Idee die anspruchsvolle moralische Entscheidung" ist.[193]

§ 8 Gewalt im okzidentalen Begriff der Politik und ihre verantwortungsethische Rechtfertigung durch Max Weber

Moralisch, aber in welchem Sinne? Die Frage stellt sich, wenn sich nunmehr
aus der indischen Gemengelage vage assimilierter, teils equivoker und zuweilen
von denselben Akteuren in verschiedener Bedeutung gebrauchter Begriffe der

---

levant, Kooperationsbedürftigkeit, schließlich bei Arendt 1971: 45 ff.: Macht konstituiert durch Kohärenz einer Gruppe, Gewalt gekennzeichnet durch ihren instru-
mentalen Charakter.

[191] Brown 1974: XV. Die Verdienste dieser sorgfältigen und aufschlußreichen Arbeit
sollen nicht geschmälert werden, wenn andererseits hier gelegentlich gewisse Verkürzungen der Grundbegriffe als symptomatisch für eine Forschungsrichtung kritisiert werden. Vgl. etwa: „If politics in its wider sense is the aspiration to exercise
power in the community and the development of techniques to achieve this end"
(ibid.: 357). Eine derartige Definition von Politik als reinem Potential-Begriff unter
Absehen von jeder Motivation des Machtgebrauchs macht unbegreiflich, warum irgend jemand einem anderen zu Macht verhelfen wollen sollte – mit anderen Worten, gestattet allenfalls die Analyse von Kniffen in kleinen taktischen Dimensionen.

[192] Vgl. etwa die Art, wie Tagore auf dieses Charisma der „großen Seele", des „großen
Menschenführers" abhebt und ihn den Politikern, „die keine Ideale kennen und sich
nichts daraus machen, Unwahrheiten zu verbreiten", gegenüberstellt (Rede über
„Mahatma Gandhi", 2.10.1937, deutsch in Tagore 1961: 267 ff.).

[193] Schmitt 1934: 83 (Zur Staatsphilosophie der Gegenrevolution).

Gegensatz klar faßlich herausschält, in dem Gandhi zu den geläufigen neuzeitlichen Vorstellungen von Politik steht. Der okzidentale Begriff Politik[194] hat sich von einer – im Wortursprung kenntlichen – Gegenstandsbezeichnung (vergleiche etwa den Anfang der Politika des Aristoteles) weitgehend zur Bezeichnung eines Handlungsmodus hin entwickelt. Damit hängt einerseits der von mehreren Autoren glossierte ausufernde Gebrauch des Wortes in Verbindungen wie Kulturpolitik, Unternehmenspolitik, Devisenpolitik, Nachrichtenpolitik, Anschaffungspolitik (einer Bibliothek) und so weiter zusammen;[195] andererseits ist für den alten und weiterhin zentralen gegenständlichen Bereich des politischen Verbands ein besonderer Akzent auf die Extremphänomene spezifisch politischen Handelns gefallen: List und Gewalt – herkömmlicherweise so zusammengestellt als die charakteristischen Mittel planmäßiger, antagonistischer Interessenverfolgung.[196] Als spezifisch politisch erscheinen diese Mittel (hier macht sich die anfangs gestellte Frage bemerkbar), weil sie vorzugsweise in der Politik als gerechtfertigt galten. Mit der Monopolisierung rechtmäßigen Gewaltgebrauches beim Staat ist Gewalt an die vorderste Stelle des Interesses gerückt; während sie zum ausgezeichneten Problem des Politikbegriffes geworden ist, verlor List, als nicht solchermaßen monopolisiert und dem unpersönlichen Staatsgeist wesensfremd, an theoretischer Faszination.[197] Politik kann dann primär unter dem Aspekt eines Handlungskontextes gesehen werden, in dem Gewalt nicht Verbrechen ist;[198] politisch ist der Verband, der Gewalt brauchen darf, ohne damit – nach allgemeiner Überzeugung jedenfalls – einer Räuberbande vergleichbar zu werden.

---

[194] Sellin 1978. Für ein Teilstück wertvolle Hinweise in Sternberger 1974: 44 ff., 76 ff.

[195] Weber 1971: 505; Schmitt 1963: 30; Heller 1963: 204.

[196] Die Zusammenstellung wird gewöhnlich auf Machiavelli zurückgeführt (vgl. Freund 1965: 704). Oben (Anm. 187) wurde schon gesagt, daß bei Machiavelli die List nur Unterfall der Gewalt ist, nämlich desjenigen Verhaltens, in dem der Mensch dem Menschen als Tier, außerhalb der Gesetze, begegnet vgl. auch Aristoteles, Politika 1253 a.

[197] Dies, die mangelnde Monopolisierung beim Staat, und nicht, wie J. Freund annimmt, ihr intermittierender Charakter (Freund 1965: 743 ff.), macht die List zu einem weniger spezifischen, weniger begriffsbestimmenden Mittel der Politik als die Gewalt. Die Gewaltausübung trägt bei nüchterner Betrachtung nicht weniger intermittierenden, exzeptionellen Charakter als die List. Das Element des Listigen, Schlauen, Berechnenden stand zunächst im Verständnis des Politischen durchaus obenan, im Fürstenspiegel des Machiavelli ebenso wie etwa im „Arthasastra" des Kautilya. Für den Wortgebrauch mit zahlreichen Belegen bis in die Gegenwart Sternberger 1974: 76 ff. Vgl. noch den bei Koselleck 1959: 167 angeführten Satz aus dem 17. Jahrhundert: „Politica est ars quam regendi tam fallendi homines"; Montesquieu 1949 a : 110: „La politique, cette science de ruse et d'artifice"; oder, selbst im 19. Jahrhundert, Clausewitz 1933, I, 1: Nr. 26: „Nur insofern man unter Politik nicht eine allgemeine Einsicht, sondern den konventionellen Begriff einer der Gewalt abgewendeten, behutsamen, verschlagenen, auch unredlichen Klugheit versteht."

[198] Eben diesen Sinn hat die von Terroristen häufig vorgebrachte Berufung auf den politischen Charakter ihrer Gewalttaten.

Zu der scharfen Akzentuierung des Gewaltproblems hat aber nicht nur die Monopolisierung legitimer Gewalt beim Staat, sondern auch die Anstrengung der Theologie beigetragen, den anscheinend kategorisch gegensätzlichen Aussagen des Evangeliums eine Rechtfertigung politischen Gewaltgebrauches abzuringen. Für den modernen Staatsgedanken scheint die systematische Neuformulierung des Problems in Luthers Zwei-Reiche-Lehre, mit ihrer schroffen Herausarbeitung des Not- und Gewaltcharakters weltlicher Herrschaft im Zeichen der Sündigkeit des Menschen, eine schon atmosphärisch prägende Rolle gespielt zu haben. Die Paradoxie der Herleitung obrigkeitlicher Gewalt aus dem neutestamentlichen Liebesgebot bringt eine Tendenz mit sich, die krasseste Konsequenz des Herrschaftsrechts – Gewaltrecht gegen Leib und Leben – quasi als Test auf die Tragfähigkeit des Gedankens in den Vordergrund zu schieben; sprachlich verdichtet sich dies im Wort Gewalt selbst, dessen ältere Bedeutung einer rechtlichen Herrschaftsmacht *(potestas)*[199] eine merkliche Einfärbung durch die Bedeutungsvariante physische Gewalt(samkeit) erfährt. Die ständige Zusammenstellung von Gewalt *und* Obrigkeit, nach dem älteren Wort-Sinn pleonastisch, läßt den neuen Akzent hervortreten.

Sprechender noch ist die Ersetzung dieser Kombination bei der deutschen Wiedergabe von Röm. 13,1 in der Bibelübersetzung von 1522 („Jederman sey unterthan der Oberkeit und Gewalt, denn es ist keine Gewalt ohn' von Gott") durch die jetzt geläufige, präzisierende Wendung in der Fassung von 1545 („Jederman sey unterthan der Oberkeit, die Gewalt über ihn hat, denn es ist keine Oberkeit ohn' von Gott").[200] Damit wird, ohne Veranlassung durch den griechischen oder lateinischen Text (etwa: vorgesetzte Behörde, übergeordnete Instanz, zuständige Amtsgewalt) das Wort „Gewalt" betont für sich in einen quasi erläuternden Nebensatz gestellt so, daß neben dem normativen Verständnis als Herrschaftsbefugnis (*potestas* – so im Vulgatatext) die Vorstellung realer, physischer Gewalt aufkommen muß. Mißverständnisse nach Art des zynischen „Gehorche willig der Gewalt" (Faust II, 5, 11375) sind damit jedenfalls nahegerückt.[201]

Allgemein scheint im Lutherschen Sprachgebrauch ein Vordringen des Sinnes von *violentia* bei dem Wort Gewalt feststellbar zu sein: so ein Zurückweichen von „Gewalt" gegenüber „Macht", wo Vollmacht gemeint ist, andererseits ein Vordringen von „Gewalt" gegenüber Macht, Kraft, Stärke im

---

[199] Nach Fenske 1972 ist dies die ursprüngliche Bedeutung, neben der erst allmählich, aber in der Luther-Zeit schon gleichberechtigt, die Bedeutung „ungebundene (zerstörende) Gewalt", „Gewalttat" trat, die heute dominiert.

[200] Texte hier nach J. und W. Grimm, Deutsches Wörterbuch Bd. IV, 1. Abt. III. Teil, Leipzig 1898, Sp. 4948.

[201] Die Erklärung der Veränderung bei Scharffenorth 1964: 135 mit der Absicht Luthers, die Monopolisierung der Gewalt bei der Obrigkeit im Sinne des Fehdeverbotes klarzustellen, ist mir zweifelhaft (da ohnedies gegenüber einer gleichberechtigten Fehde-„Gewalt" ein Untertan-Sein kaum vorstellbar wäre); sie würde im übrigen ebenfalls den Akzent der physischen Gewalt betonen.

Zusammenhang von Gewalttätigkeit, so an den charakteristischen Stellen Matth. 11,12 („leidet das Himmelreich Gewalt, und die Gewalt tun, die reißen es zu sich") und Ps. 146, 7 („der Recht schafft denen so Gewalt leiden" – für lat. *iniuria*).[202]

Jedenfalls ist davon auszugehen, daß bei Luther das Wort „Gewalt" in den beiden erwähnten, fast gegensätzlichen Grundbedeutungen verwendet wird, oft in unmittelbarer Nachbarschaft; so für *potestas* (rechtliche Herrschaftsmacht) in Wendungen wie „die Gewalt trägt nicht vergeblich das Schwert";[203] „daß eine jegliche Gewalt soll und mag nur da handeln, da sie sehen, erkennen, richten, urteilen, wandeln und ändern kann";[204] für *violentia, vis* (Gewaltsamkeit, Gewalttätigkeit) etwa: „der Oberkeit abzudringen und mit Gewalt zu erzwingen",[205] „mit Recht und nicht mit Gewalt noch mit Streit",[206] „nicht Faustrecht sondern Kopfrecht, nicht Gewalt sondern Weisheit oder Vernunft muß regieren",[207] oder noch drastischer: „Der Esel will Schläge haben und der Pöbel will mit Gewalt regiert sein; das wußte Gott wohl, darum gab er der Obrigkeit nicht einen Fuchsschwanz, sondern ein Schwert in die Hand".[208]

Während im letzten Beispiel, offenbar wegen der Verwechslungsgefahr, „Oberkeit" und „Gewalt" auseinandergehalten werden, ist es vielfach gerade bemerkenswert, wie die beiden Bedeutungsvarianten nicht nur unbefangen nebeneinander gesetzt sind, sondern ineinander übergehen; gelegentlich ist nicht mehr entscheidbar, was gemeint ist.

Vgl. etwa (Hervorhebungen jeweils DC):

a) (Er hat abgesetzt die Gewaltigen von ihren Stühlen): „Denn dieweil die Welt steht, muß Oberkeit, Regiment, *Gewalt* und die Stühle bleiben. Aber daß sie derselben übel und wider Gott brauchen, Unrecht und *Gewalt* zu tun den Frommen ..., das leidet er nit lange".[209]

b) Eine treue Vermahnung zu allen Christen, sich zu hüten vor Aufruhr und Empörung, 1522: durch obrigkeitliches Verbot, nicht durch Volksaufstände soll der katholische Kult unterdrückt werden, „denn was durch *ordentliche Gewalt* geschieht, ist nit für Aufruhr zu halten".[210] Die Fürsten sollen „mit Worten verbieten und drob mit *Gewalt* halten".[211]

---

[202] Vgl. Grimm, Deutsches Wörterbuch loc. cit.: Sp. 4946–4950.
[203] Von weltlicher Obrigkeit, Cl. 2: 372 bzw. WA 11: 257, nach Röm. 13, 4. Zur Zitierweise vgl. Anm. 341.
[204] Cl. 2: 378 bzw. WA 11,: 263, vgl. auch die umfassende Definition in der Magnificat-Auslegung 1520/21, Cl. 2: 164 bzw. WA 7: 578.
[205] Ermahnung zum Frieden, Cl. 3: 61 bzw. WA 18: 319.
[206] Cl. 3: 66 bzw. WA 18: 329.
[207] Schulpredigt Cl. 4: 164 bzw. WA 30 II: 557.
[208] Sendbrief, Cl. 3: 86 bzw. WA 18: 394.
[209] Magnificatauslegung, Cl. 2: 174f. bzw. WA 7: 590.
[210] Cl. 2: 302 bzw. WA 8: 679.
[211] Cl. 2: 303 bzw. WA 8: 680.

c) Bei der systematischen Erörterung der Grenzen weltlicher Herrschaft in der Obrigkeitsschrift, im Anschluß an die oben zitierte Wendung, die „Gewalt" solle nur handeln, wo sie sehen, richten etc., ändern kann: „Darum es umsonst und unmöglich ist, jemand zu gebieten oder zu zwingen mit *Gewalt*, sonst oder so zu glauben. Es gehört ein ander Griff dazu. Die *Gewalt* tuts nicht. ... Wes untersteht sich die unsinnige weltliche *Gewalt*, solch heimlich, geistlich, verborgen Ding als der Glaub ist, zu richten und meistern? ... Es ist ein göttlich Werk im Geist, schweig denn, daß es *äußerliche Gewalt* sollt' erzwingen und schaffen."[212]

Was hier vor sich geht, ist eine Verschmelzung der Vorstellungen von Herrschaft und ihrem spezifischen Machtmittel unter dem Mantel der Homonymie, eine Betonung des Moments der physischen Durchsetzung im Herrschaftsbegriff.

In diesem Zusammenhang ist systematisch höchst aufschlußreich die Abkehr Luthers vom Gebrauch des Wortes „Gewalt" für geistliche Amtsgewalt im Sinne der älteren *duo-potestates*-Lehre;[213] aus Luthers Obrigkeitsschrift: „Was sind denn die Priester und Bischöfe? Antwort: Ihr Regiment ist nicht eine Oberkeit oder Gewalt sondern ein Dienst und Amt."[214]

Es ist hier also nicht die Frage, ob Amtsgewalt bei Luther letztlich als irrationale „Machtgewalt" begriffen ist, wie Hauser[215] interpretiert, oder immer als von Gott her geordnete Gewalt, wie dagegen Scharffenorth[216] einwendet – wenn dies überhaupt eine Alternative ist. Eine Formulierung wie die von Troeltsch: „Es ist die Verherrlichung der Gewalt um der Gewalt willen, die auf dem Boden der Sünde das Wesen des Rechts geworden ist"[217] (scil. bei Luther), ist natürlich eine alles Wesentliche vernebelnde Oberflächlichkeit; umgekehrt ist mir zweifelhaft, ob das Problem durch Duchrows berechtigte Hervorhebung der Rolle der Vernunft in Luthers Herrschaftsbegriff und durch den Hinweis erschöpfend geklärt ist, die Charakterisierung der obrigkeitlichen Funktionen durch physische Gewaltausübung betreffe hauptsächlich die Not- und Ausnahmesituation, wie in den Bauernkriegsschriften.[218]

Wie dem auch sei, hier interessiert nicht die Interpretation im subjektiven Horizont Luthers, sondern, wirkungsgeschichtlich, die Veränderung, die mit dem Begriff der Amtsgewalt vorgehen mußte, wenn in den Erörterungen der Aspekt der gewaltsamen Durchsetzung so sehr betont wurde. Dafür kommt es zunächst einmal auf den Eindruck an, den ein unbefangener Leser von einer zentralen Schrift wie „Von weltlicher Obrigkeit" mitnehmen muß. Er findet

---

[212] Cl. 2: 378 bzw. WA 11: 264.
[213] Dazu Duchrow 1970 a: 481 ff.
[214] Cl. 2: 385 bzw. WA 11: 271.
[215] Hauser 1949: 317 ff.
[216] Scharffenorth 1964: 73, Anm. 1.
[217] Troeltsch 1923: 532.
[218] Duchrow 1970 a: 495 ff.

dort einen häufigen, ambivalenten Gebrauch des Wortes „Gewalt" in Verbindung mit „Oberkeit", und weiter eine Neigung, Gewalt nicht nur durch das
biblisch ausgewiesene, immerhin bildkräftige „Schwert", sondern durch Rache,
Strafe, Soldaten, Büttel, Henker, Juristen (Strafrichter) und anderes verdächti-
ges Personal zu erläutern. Knapp und kraß zusammengefaßt ist die theologische Legitimierung (und Begrenzung) weltlicher Gewalt, wenn es von den Fürsten heißt: „es sind Gottes Stockmeister und Henker, und sein göttlicher Zorn
gebraucht ihr(er) zu strafen die Bösen und äußerlichen Frieden zu halten. ...
Es gefällt seinem göttlichen Willen, daß wir seine Henker gnädige Herren heißen, ihn(en) zu Füssen fallen und mit aller Demut untertan seien, sofern sie ihr
Handwerk nicht zu weit strecken, daß sie Hirten außer Henker werden wollen."[219]

Jene Atmosphäre einer Rechtfertigung des Bösen, einer Entscheidungssituation, in der das Seelenheil in Gefahr ist, und, entsprechend, der grimmigen
Entschiedenheit, gerade die härteste Konsequenz ins Auge zu fassen, ist unverkennbar noch präsent in einer (von Gandhi her gesehen) zeitgenössischen
und repräsentativen Auseinandersetzung mit dem Wesen der Politik: Max Webers Vortrag „Politik als Beruf", gehalten 1919, im Jahr der ersten nationalen
Widerstandskampagne Gandhis, und in offenbarer Unkenntnis dieser.

Weber entwickelt die Unterscheidung von Politik und Religion zu einer Antithese, einem unüberbrückbaren Gegensatz, der tief in dem rational nicht auf-
zulösenden „ewigen Kampf" der Werte gründet.[220] In der Sprache einer geradezu mythischen Bedrängnis wird die dem Einzelnen stets gestellte Entschei-
dungsfrage zwischen politischer und religiöser Ethik dahin formuliert, „welches *für ihn* der Gott und welches der Teufel ist."[221] Was konkret den Gegensatz bestimmt, sind die beiden Kardinalfragen seit alters: Wahrheitspflicht und,
nunmehr ganz im Vordergrund, Gewalt; an ihnen scheiden sich die Verhaltensorientierungen. Religiöses Verhalten – das heißt typisch das an einer
„akosmistischen Liebesethik" wie der des Evangeliums ausgerichtete Verhalten, unter der Maxime: „dem Übel nicht widerstehen *mit Gewalt*"[222] – ist dabei
nur als konsequent durchzuhaltendes Extrem diskutabel. Es erscheint Weber
förmlich verkörpert in der Gestalt des Heiligen – hier einmal nicht als idealer,
sondern als kompromißlos real postulierter Typus. Ihm tritt, durch Abgründe
getrennt, als Kontrastfigur nicht gerade der Teufel, aber als *Politiker* doch einer

---

[219] Cl 2: 382 bzw. WA 11: 269.

[220] Vgl. vor allem Weber 1971: 545 ff.; sowie zum ewigen Kampf der Werte Weber
1922: 545 ff. Zum folgenden außerdem die Abschnitte über den politischen Verband bzw. politische Gemeinschaften in Weber 1925, I, Kap. I, § 17 (S. 29 ff.); III,
Kap. II §§ 1 und 2 (S. 613 ff.), sowie die Behandlung des ganzen Fragenkreises in
Ferber 1970.

[221] Weber 1922: 546.

[222] Die beiden (von mir) hervorgehobenen Wörter sind von Weber, charakteristischerweise und offenbar unwillkürlich, der aus dem Gedächtnis zitierten Wendung Math.
5, 39 eingefügt (Weber 1971: 550). Die eigentliche Quelle ist Tolstoi.

gegenüber, der sich mit dämonischen Mächten einläßt. Denn „für die Politik ist das entscheidende Mittel: die Gewaltsamkeit".[223] Politisches Handeln im engeren Sinne, als das an der Leitung eines politischen Verbandes orientierte Handeln, partizipiert an der Bereitschaft zur physischen Gewalt, die, in Verbindung zum vorbehaltenen (Herrschafts-)Gebiet, als charakteristisches Mittel (im Sinne einer *ultima ratio*) den politischen Verband definiert. Die ethische Rechtfertigung des Gewaltgebrauches ergibt sich mit Hilfe einer schroffen Zweck-Mittel-Unterscheidung, und Gewalt vornehmlich – das immer nur und ausschließlich als Mittel zu Rechtfertigende – dient zur Entwicklung der Unterscheidung zweier Grundtypen ethischen Verhaltens: der berühmten Entgegensetzung von Gesinnungs- und Verantwortungsethik.

Webers Gedankengang wird hier als Vergleichsstück herausgestellt nicht nur, weil er fast hellseherisch genau auf den Weber unbekannten Antipoden Gandhi bezogen scheint. Mit dem Ansatz an der Relation von Zweck und Mittel des Handelns, der Rechtfertigung eines „Vorläufigen" als Mittel, wird die Erörterung des Politischen an einem zentralen Punkt aufgenommen, von dem aus das Phänomen systematisch besonders adäquat und unverkürzt in den Blick kommt. So läßt sich mit der Zweck-Mittel-Unterscheidung zunächst deutlich machen, daß Macht- und Gewalthäufung nicht Selbstzweck der Politik sind. „A perpetual and restless desire of Power after power" mag eine Grundkonstante menschlichen Verhaltens sein,[224] macht aber eben deswegen den Politiker im besonderen nicht aus, und zwar nicht einmal im Sinne eines Strebens nach *political* power, der bloßen „aspiration to exercise power in the community and the development of techniques to achieve this end".[225] Die eigentümliche Spannung des Politischen ergibt sich erst, wenn die Faszination am politischen Mittel, wenn Ehrgeiz, Machtstreben, aber auch die moralische Bedenklichkeit von Macht und Gewalt in Beziehung zum verfolgten Zweck gesetzt werden; zu dem, was trotz einzelner mißverständlicher Formulierungen gerade Max Weber, mit Leidenschaft seinerseits, als „Leidenschaft im Sinn von Sachlichkeit" für den Politiker fordert: Dienst an einer Sache und entsprechende Verantwortlichkeit.[226] Daß Weber dabei eine eingrenzende Festlegung dessen, was Sache der Politik (Zweck des Staates) sein kann, für ausgeschlossen und eine objektivierende Definition nur durch das spezifische Mittel der Gewalt für möglich erklärt, berechtigt keinesfalls, die mit der Kategorie des Mittels implizierte sachliche Zwecksetzung überhaupt zu ignorieren – und damit zugleich den eigentlich fundierenden Zusammenhang zu übersehen, in dem es

---

[223] Weber 1971: 522.

[224] Hobbes 1953: 49.

[225] Brown 1974: 357, vgl. Anm. 191.

[226] Weber 1971: 545/6; vgl. auch: „Kampf um eigene Macht und die aus dieser Macht folgende Eigenverantwortung für seine Sache ist das Lebenselement des Politikers" (Weber 1971: 335).

Weber um die Rechtfertigung weltlich autonomen politischen Handelns als *ethischen* Äquivalents zum religiösen Handeln geht.[227]

Die Zwecksetzung *in concreto* wird, entsprechend den verantwortungs-ethischen Prämissen Webers, der Entscheidung des Politikers über*antwortet*, der unter den Anspruch gestellt ist, „daß man für die (voraussehbaren) Folgen sei-nes Handelns aufzukommen hat". Trotz der voluntaristischen Fassung und, wie sich zeigen wird, entgegen dem Anschein eines fundamentalen Unter-schieds, entspricht dies Verhältnis ziemlich weitgehend dem, was bei Gandhi als „devotion to Truth" figuriert.

Gleichzeitig kann die Definition des politischen Handelns, wenn das Ele-ment Gewalt nur als Mittel eingeht, klar auf den politischen Herrschafts-verband und sein Durchsetzungsinteresse, zum Beispiel seine Gebietsbehaup-tung,[228] bezogen bleiben. Das heißt wiederum: Gewalt gehört zwar zur Politik, macht sie für sich genommen aber nicht aus, auch nicht im Sinne eines Grenz-falles oder ausschließlichen Kriteriums des Politischen. Damit werden die Schwierigkeiten der Position Carl Schmitts vermieden, der das Gewaltphäno-men als Aktualisierung einer persönlichen Elementarbeziehung auffaßt und so verabsolutiert.[229] Die Unterscheidung von Freund und Feind, die nach Schmitt die politische Gruppierung allererst schafft, soll sich ihrerseits aus potentieller Gewaltsamkeit ergeben, nämlich aus der realen Möglichkeit des Kampfes und der physischen Tötung im Kampf. Doch der Versuch, Gewalt und Kampf nur als Realisierung eines einfachen Grundphänomens von Feindschaft zu verste-hen, die als „seinsmäßige Negierung eines anderen Seins"[230] das eventuelle Töten schon einbegreift, muß, um zur Politik zu gelangen, den zunächst um-gangenen Begriff des politischen Verbands in Gestalt der Abhebung des öf-fentlichen Feindes vom privaten wieder einführen. Damit zeigt sich die Grup-pierung, die Ergebnis der Unterscheidung von Freund und Feind sein soll, als in der Unterscheidung begrifflich schon vorausgesetzt.[231] Eine zirkuläre

---

[227] Dies gegen eine verbreitete, meist verkürzende Kritik an Webers angeblicher Sinn-entleerung des Politikbegriffes, z.B. Heller 1963: 203 („trostlose Meinung") und mehr als vergröbert Hennis 1959: 19 ff. (Weber entwerfe von der Politik ein Bild „sinn- und wertloser Leere", S. 21). Daß es Weber in Wahrheit darum geht, den Begriff der Politik soweit zu generalisieren, daß politisches Handeln in seiner Auto-nomie und in dem von der Gewaltmöglichkeit geprägten Lebensernst zum Gegen-pol religiöser Weltbewältigung werden kann, hat Ferber 1970 herausgearbeitet; vgl. zuvor schon Strauss 1956: 46 ff., 72 f.; außerdem W. J. Mommsen 1974: 42 ff. und Nachwort 411 ff.; Schluchter 1971.

[228] Besonders klar in Wirtschaft und Gesellschaft: „Den politischen Verband kenn-zeichnet *neben* dem Umstand, daß die Gewaltsamkeit (mindestens auch) zur Garantie von ‚Ordnungen' angewendet wird, das Merkmal, daß er die Herrschaft seines Verwaltungsstabes und seiner Ordnungen für ein *Gebiet* in Anspruch nimmt *und* ge-waltsam garantiert" (Hervorhebungen im Original) (Weber 1925, I: 29).

[229] Schmitt 1963. Vgl. zum folgenden vor allem S. 26 ff. (Nr. 2–4).

[230] Ibid., S. 33.

[231] Die Verhältnisse würden durchsichtiger, wenn Schmitt klar ausspräche, was seinem

Begriffsbildung mag nun vielleicht im beschreibenden Aufweis eines Phänomens ihre Berechtigung haben. Hier indessen wird durch die Präzisierung des
Feindbegriffs aufgedeckt, daß der existenzielle Ansatz, der aus der Negierung
der einen Existenz durch die andere den äußersten (d.h. unüberbietbaren)
Intensitätsgrad einer Dissoziation ableitet und aus dem Vernichtungsrisiko die
herausgehobene, „maßgebende" Rolle der politischen Gruppierung folgern
will,[232] in Wahrheit beim politischen Verband brüchig wird. Denn das Sein des
Verbands ist mit dem Sein seiner Mitglieder nicht identisch. Die gerade von
Schmitt herausgearbeitete Zivilisierung bzw. „Hegung" des Krieges beruht wesentlich auf dem Vollzug dieser Unterscheidung[233] – wonach Krieg zur Überwindung (und möglicherweise Zerstörung) gegnerischer Staaten geführt wird,
und nicht zur Vernichtung der Bevölkerung als individueller Existenzen.[234]
Wenn deshalb der „Intensitätsgrad der Dissoziation" beim öffentlichen Feind

---

Gedankengang doch offenbar zugrunde liegen muß, daß „Freund" primär der
Gruppengenosse ist, mithin die Scheidung in Freund(e) und Feind(e) aus Individuen
politische Gruppierungen schafft. Nur so bestünde wenigstens die Chance einer anthropologischen Ableitung statt bloßer Setzung des Öffentlichen, Politischen. Statt
dessen ist ständig von einer außenpolitischen Freund-Feind-Unterscheidung die
Rede, die eine schon konstituierte Gruppe verbindlich für ihre Mitglieder trifft –
eine sekundäre Frage (z.B. Schmitt 1963: 30, 35, 51). Man ist versucht, an den
Einfluß einer Stelle bei Tönnies zu glauben, wonach das Gemeinwesen „wie das
Tier" sich nach außen kämpfend verhält, als Heer sich darstellt, und seine „verbün-
deten Aggregate" in der „Wahrnehmung von Freund und Feind von Beute und Gefahr, als führende sich ausbilden und ihre Impulse den übrigen mitteilen" (Tönnies
1912: 223).
   Systematisch gesehen, ist wenigstens eine Spekulation darüber angezeigt, warum
klare Aussagen zu der Frage vermieden werden, wer der ständig als Schatten eines
Feindes mitgenannte „Freund" eigentlich ist. Vermutungen liegen immerhin nahe.
So läßt sich wohl die terminologische Vermischung der privaten mit der öffentlichen Sphäre, die den blendenden Effekt der Schrift eigentlich ausmacht, noch eben
mit dem Wort „Feind" (für „Gegner"), kaum aber mit „Freund" (für „Gruppengenosse" etc.) durchhalten. Vor allem aber würde handgreiflich offenbar, daß das
Politische nicht allein aus einem Gegensatz seine Kraft ziehen kann, daß politische
Dissoziation von politischer Assoziation nicht zu trennen (Schmitt 1963: 27), d.h.
die Art der Assoziation aus sich heraus, nicht nur als Reflex der Dissoziation, zu
bestimmen ist.

[232] Ibid.: 39.
[233] Hierzu vor allem Schmitt 1950, III.
[234] Montesquieu, anläßlich der Polemik gegen die Herleitung der Sklaverei aus einem
angeblichen Tötungsrecht des Siegers im Kriege: „Car, de ce que la société serait
anéantie, il ne s'ensuivrait pas que les hommes qui la forment dussent aussi être
anéantis. La société est l'union des hommes, et non pas les hommes; le citoyen peut
périr, et l'homme rester" (Montesquieu 1949, X, Chap. III). M. Scheler feiert den
Krieg als Kulturerscheinung gerade deshalb, weil er nicht Kampf um physische Da-
seinserhaltung der Individuen, sondern „um ein Höheres als Dasein", nämlich
„Kampf um die Macht und die mit ihr fallende und stehende politische ‚Freiheit'"
sei – eine Beziehung zwischen kollektiven geistigen Willenseinheiten, bei der die
natürlichen Individuen nur als Organe fungierten (Scheler 1915: 11 ff.).

geringer sein kann als beim privaten, so wird eben dadurch der Kampf nicht, wie man erwarten müßte, ent-politisiert, sondern im Gegenteil ent-privatisiert und von persönlicher Gewalttat, Blutrache, Vendetta privater Gemeinschaften[235] zu einem politischen Vorgang, Krieg, allererst strukturiert.[236] Umgekehrt besteht das moralische Problem des Krieges in den allermeisten Fällen darin, daß das Leben der Individuen für Zwecke aufs Spiel gesetzt werden muß, die mit ihrem individuellen Lebensrecht nur indirekt oder gar nichts zu tun haben. Das heißt, um zu Max Weber zurückzukehren, daß das ethische Problem der Gewalt als politisches Mittel nicht „existentiell" unterlaufen, auf das Elementarfaktum individuellen Lebens (besser: auf das Lebensrecht des Individuums) reduziert werden kann.[237] Noch schlechter steht es mit der Anknüpfung an ein

---

[235] Die Blutrache einer Sippengemeinschaft, auch bei Weber 1925, II: 616 diskutiert, taucht bei Schmitt 1963: 48 flüchtig unter dem Gesichtspunkt einer Störung des politischen Einigungszustandes auf – allein es wäre wohl nicht angängig, die Sippe wegen der Blutrache-Eventualität als politische Gruppierung zu bezeichnen. Für ein unbefangenes Wortverständnis illustrativ der Aufruf des pakistanischen Paschtunenführers Wali Khan an seine Anhänger zum bewaffneten Kampf gegen die Zentralregierung und ihre Anhänger, nach dem Scheitern der konstitutionellen Opposition: „The political battle was over and now the battle of personal vendetta had started" (Rede in Peshawar 3.10.1973, berichtet in PLD 1976 SC 139).

[236] Über den politischen Zweck als Moderierung des den Krieg als Akt der Gewalt bestimmenden Gesetzes des Äußersten vgl. Clausewitz 1933, I, Kap. 1, Nr. 11 und 23. Vgl. den Wortgebrauch desselben Autors: „Daß der politische Gesichtspunkt mit dem Beginn des Krieges ganz aufhören sollte, würde nur denkbar sein, wenn die Kriege Kämpfe auf Leben und Tod aus bloßer Feindschaft wären; wie sie sind, sind sie, wie wir oben gezeigt haben, nichts als Äußerungen der Politik selbst" (Clausewitz 1933, VIII, Kap. 6). Den Widerspruch in C. Schmitts Aufstellungen zu Staatenkrieg einerseits, das Wesen der politischen Feindschaft andererseits, vermerkt auch Hofmann 1964: 210. In Schmitt 1963 ist im Vorwort S. 11–12 die Relativierung der Feindschaft durch völkerrechtliche Begrenzungen vermerkt und als Leistung der Souveränität bezeichnet – eben der Souveränität, die nach der Hauptschrift S. 39 durch die äußerste Intensität der Freund-Feind-Unterscheidung in ihrem wesentlichen Vorrang bedingt sein soll.

   Die Differenz zwischen Existenz des politischen Verbandes und Existenz des Individuums verrät sich in der Hauptschrift schattenhaft in Formulierungen, in denen etwa, vom Individuum her, der Feind (= der existenziell Andere) als Negation nicht der eigenen Existenz, sondern der eigenen *Art* Existenz (S. 27), „der eigenen Existenz*form*" (S. 50), oder als „in seine *Grenzen* zurückweisender Feind" (S. 37) charakterisiert wird. Eine Ausarbeitung dieser Andeutungen würde den systematischen Bruch in Erscheinung treten lassen.

[237] Damit scheitert auch der moralische Anspruch Carl Schmitts, verfängliche Idealisierungen und Rechtfertigungen des Krieges von einem ursprünglichen Befund her zu kritisieren, dessen Moralität der Diskussion entzogen wäre. Vgl.: „Es gibt keinen rationalen Zweck, keine noch so richtige Norm, kein noch so vorbildliches Programm, kein noch so schönes soziales Ideal, keine Legitimität oder Legalität, die es rechtfertigen könnte, daß Menschen sich gegenseitig dafür töten. Wenn eine solche physische Vernichtung menschlichen Lebens nicht aus der seinsmäßigen Behauptung der eigenen Existenzform gegenüber einer ebenso seinsmäßigen Verneinung dieser Form geschieht, so läßt sie sich eben nicht rechtfertigen" (Schmitt 1963:

Lebensrecht bzw. die „konkrete Existenz" (Hegel) des Verbands,[238] die zur Existenz der lebendigen Individuen allererst ins Verhältnis zu setzen wäre. In bezug auf soziale Verbindungen sind Leben und Tod Metaphern.[239]

Wenn also einerseits der moralischen Herausforderung durch das Phänomen Gewalt, wie es bei Max Weber als ausgezeichnetes Merkmal des Politischen erörtert wird, nicht dadurch auszuweichen ist, daß man es zur Elementargegebenheit deklariert, so andererseits schwerlich dadurch, daß man den Gewalt-Fall in seiner Bedeutung abwertet, ihn als „bloßen" Extremfall an den Rand des Gesichtskreises schiebt und dort tunlichst aus dem Auge verliert. Jedenfalls darf dies nicht der Umkehrschluß aus einer geistesgeschichtlichen Kritik sein, die in den Formulierungen Carl Schmitts ein von philosophischen Modeströmungen eingefärbtes Pathos der Ausnahme- und Grenzsituation feststellt[240] oder bei Max Weber eine zeitbedingt unentwickelte, „interventionistische" Auffassung der Politik, eine Überschätzung der Freiheit schöpferischer Entscheidung sieht.[241] Unabhängig von der Berechtigung solcher Beobachtungen,[242] der Kritik von Entstehungsbedingungen des Gedankens und von Über-

---

49 f.). Wenn J. Habermas glaubt, „‚politisch' in dem von Hobbes bis Carl Schmitt geklärten Sinn einer existenziellen Selbstbehauptung" verstehen zu dürfen (Habermas 1963: 249), so ist nur anzumerken, daß in Wahrheit nichts geklärt ist, jedenfalls das Entscheidende nicht. Wessen Existenz? Nach Hobbes hat der Soldat das Recht, im Krieg zur Rettung seines Lebens davonzulaufen, nach Carl Schmitt darf umgekehrt die politische Gemeinschaft von ihm im Interesse ihrer Existenzbehauptung Todesbereitschaft verlangen; vgl. Strauss 1932: 738; dort auch 744 ff. zu dem bei Schmitt zugrundeliegenden *moralischen* Pathos des Lebensernstes.

238 „Daß das Wohl eines Staates eine ganz andere Berechtigung hat als das Wohl des Einzelnen, und die sittliche Substanz, der Staat, ihr Dasein, d.i. ihr Recht unmittelbar in einer nicht abstrakten sondern in konkreter Existenz hat, und daß nur diese konkrete Existenz, nicht einer der vielen für moralische Gebote gehaltenen allgemeinen Gedanken, Prinzip ihres Handelns und Benehmens sein kann" (Hegel 1955 a, § 337). Leider ist die Begründung für diese summarische These – auch angesichts der zuvor erwähnten, in Kriegen sich äußernden „Reizbarkeit" der „sittlichen Substanzen" – im wesentlichen durch die Abkanzelung des Gegenstandpunkts, als auf „Seichtigkeit der Vorstellungen" von Staat und Moralität beruhend, ersetzt.

239 Vgl. hierzu die Ausführungen von Habermas und Luhmann über die Schwierigkeit, Identitätsgrenzen für den Fortbestand sich verändernder sozialer Systeme anzugeben, weil hier „das klar geschnittene empirische Problem des Todes fehlt, das in der Biologie als Kriterium für den Fortbestand dient" (Luhmann 1971: 150 ff.). Als praktische Illustration solcher Schwierigkeiten könnten die Meinungsverschiedenheiten über das Fortbestehen des deutschen Staates nach 1945 dienen.

240 Etwa Heller: „Einfluß der Lebensphilosophie" (Heller 1963: 206); oder Krockow 1958: passim; oder Sternberger: „Nur fand dieser Autor mehr Geschmack an der Ausnahme als an der Norm" (Sternberger 1961: 21).

241 Ferber 1970: 60 ff.

242 Sie liegt bei C. Schmitt auf der Hand, der sich selbst u.a. auf „eine Philosophie des konkreten Lebens" beruft, der die Ausnahme „interessanter" sei als der Normalfall, da in ihr „die Kraft des wirklichen Lebens die Kruste einer in Wiederholungen erstarrten Mechanik" durchbreche usw. (Schmitt 1934: 22). Aber auch M. Webers Äußerungen zu Politik und Gewalt stehen deutlich unter dem Eindruck und beson-

treibungen, unabhängig insbesondere von Geschmacksfragen bleibt das rationale Problem von Gewalt als letztem Mittel der Politik bestehen. Die Berücksichtigung dieses Grenzfalls ist für die Begriffsdefinition – anders vielleicht als
bei Wortgebrauchsanalysen mit unscharfen Rändern[243] – unumgänglich und
nicht mit einer Aussage über seine Häufigkeit oder einer Bewertung durchein-
anderzuwerfen. Sie ist aber auch real angebracht, wenn man den Ernst der Sache erfassen will. Argumente von der Art: der *größte Teil* der Politik bestehe in
dem Bemühen, diesen Ernstfall, den existenziellen Freund-Feind-Konflikt zu
vermeiden,[244] bringen außer einer Vervollständigung des Bildes nichts ein.
„Wer miede nicht, wenn er's umgehen kann, das Äußerste."[245] Eine konsequente Gegenposition ist so nicht zu gewinnen. Vor Verharmlosung muß aber
gerade heute gewarnt werden, wo in größtem Stil eine Steigerung der extremen
Gewaltmöglichkeit mit Verdrängung Hand in Hand geht: seit die Entwicklung
der Kriegstechnik zu einem wechselseitigen Pokern mit der Absurdität von
Weltuntergangswaffen geführt hat, besteht die Neigung, den Extremfall der
Gewalt schon durch seine Absurdität auch für real erledigt zu halten, zu vergessen, daß man hier für eine beherzte Wette auf die Rationalität politischer
Entscheidungen das Leben der Erdbevölkerung zum Pfand gesetzt hat. Angesichts dieser Konsequenz wäre der Ethik der politischen Gewalt mit gewiß
nicht weniger Recht zu sagen, was Max Weber, in einer psychologisch interes-
santen Verschiebung, gerade den Advokaten der Gewaltlosigkeit aufs Gewissen legte: mit der absoluten Ethik der Bergpredigt – und erst recht, möchte
man sagen, mit der Gewalt – ist es eine ernstere Sache als gemeinhin diejenigen
beherzigen, die damit rhetorisch hantieren: sie ist kein Fiaker, den man belie-
big halten lassen kann, um nach Befinden ein- oder auszusteigen.[246] Und vor
der trügerischen Hoffnung, mit fortschreitender Zivilisation das Extrem kriegerischer Gewalt durch ein Kalkül ersetzen zu können, hat mit Recht schon
Clausewitz gewarnt.[247]

---

deren Pathos der Weltkriegszeit und verraten, auch in wissenschaftlichem Zusammenhang, gelegentlich eine der wissenschaftlichen Distanziertheit bedrohliche Faszination am außer-alltäglichen Heroismus; siehe vornehmlich die von Ferber 1970:
67 ff. herangezogene „Zwischenbetrachtung" der religionssoziologischen Aufsätze
(Weber 1963, I: 536 ff., 548).

[243] Wittgenstein 1963, Nr. 68 ff. (S. 325 ff.).

[244] Heller 1963: 207; daß es so sein könne, nimmt natürlich auch C. Schmitt selbst an
(S. 33). Ebenso läuft Sternbergers Versuch, anstatt *Gewalt* als *Extremfall* nunmehr
Friede als *Norm* des Politischen darzustellen, im Grunde auf den Versuch hinaus,
statt eines schwarzen Zebras mit weißen Streifen lieber ein weißes Zebra mit
schwarzen Streifen zu sehen. Dafür läßt sich manches anführen; nur bleibt in dem
freundlicheren Bild doch als Beunruhigung die alte Frage, warum es denn Norm,
d. h. Aufgabe, d. h. doch wohl: Problem der Politik ist, Frieden zu schaffen, und vor
allem – darum geht es hier –, mit welchen Mitteln der Frieden herzustellen ist
(Sternberger 1961).

[245] Schiller: Wallensteins Tod, II, 2.

[246] Vgl. Max Weber, Politik als Beruf (Weber 1922: 550).

[247] Clausewitz 1973, I, Kap. 1, Nr. 3, wo über die Tendenz zum Äußersten gesprochen

Aber auch für die innenpolitische Alltäglichkeit, die etwa Ferber gegen Webers Verantwortungsheroismus ausspielen will, stellen sich derartige Fragen. Kann der Hinweis auf die Vermittlung politischen Handelns durch Institutionen, auf deren Leistung, die Handlungsführung zu übernehmen und eine Veränderung im Verhalten ohne ständigen Rekurs auf Gewalt und polizeiliche Durchsetzung zu bewirken, schließlich auf die Streuung und entsprechende Minimierung der individuellen Verantwortung im Zuge gesellschaftlicher Differenzierung – so daß der einzelne Politiker im Regelfall von Gewaltentscheidungen großen Stils entlastet bleibt: kann alles dies dazu berechtigen, die verschiedenen psychologischen Entlastungsmechanismen in den *Begriff der Politik* umzusetzen und ihn damit zu verharmlosen? Es mag durchaus bei Max Weber die Zurechnung individualistisch dramatisiert sein[248] – möglicherweise in seiner verkürzenden Diktion auch nur so erscheinen,[249] für die Frage der Gewalt in der Politik kommt es hierauf letztlich wenig an. Die unpersönliche, institutionell organisierte Gewalt stellt das Problem nur schärfer; die moralische Frage verschiebt sich allenfalls von der Figur des einzelnen Politikers auf das System politischer Interaktion im ganzen, von der evident aktualisierten auf eine intellektuell weiter ausgreifende Verantwortung.[250]

Die Diskussionen um die Verantwortung für legales Unrecht in einem modernen arbeitsteiligen Staat, etwa auch um die sogenannte „strukturelle Gewalt" – was immer man von diesem meines Erachtens nicht empfehlenswerten Begriff halten mag – haben die geforderte Anstrengung des systematischen Durchblicks deutlich werden lassen. Es tritt bei längerem Zusehen und übrigens handgreiflich bei jeder Störung zutage, daß die institutionell vermittelten und deshalb normalerweise von physischem Zwang freien Abläufe an jeder kritischen Stelle durch potentielle Gewaltanwendung gewährleistet werden. Jedenfalls ist ihr Zusammenspiel von der Allgegenwart nicht der Gewaltanwendung, sondern ihrer Möglichkeit als *Sanktion* garantiert; im selben Maße wie der Anwendungsfall institutionell vermittelt und auch zurückgedrängt

---

wird, die dem Kriege kraft seiner Verbindung von Gewalt, Intelligenzgebrauch und Emotionalität innewohnt: „Man sieht hieraus, wie unwahr man sein würde, wenn man den Krieg der Gebildeten auf einen großen Verstandesakt der Regierungen zurückführen und ihn sich immer mehr von aller Leidenschaft loslassend denken wollte, sodaß er zuletzt die physischen Massen der Streitkräfte nicht mehr wirklich brauchte, sondern nur ihre Verhältnisse – eine Art Algebra des Handelns" (S. 193).

[248] Ferber 1970: 85; S. 98 wird von der „Strukturblindheit" Max Webers, S. 102 von einem „Rückzug auf die Persönlichkeit" gesprochen, der seine soziologischen Grundbegriffe „politisch deformiere".

[249] Schluchter 1971: 15 bemerkt mit Recht, daß Weber, wenn er von der „Persönlichkeit" des Politikers spricht, zugleich das institutionalisierte Wertsystem Politik meine – auch wenn er die Bedeutung der Einzelhandlung für den gesellschaftlichen Zusammenhang überschätze (S. 50).

[250] Im Ergebnis so auch Ferber, der für die Gesellschaftsprozesse eine „Steuerung aus sozialen Grundentscheidungen" verlangt (Ferber 1970: 98).

wird, erhöht sich die Durchlässigkeit des Systems für seine Fernwirkungen. Gewaltsamkeit als systembestimmende Möglichkeit bleibt ein keineswegs erledigtes Hauptthema der Politik – und zwar sehr wohl auch als Möglichkeit polizeilicher Brachialgewalt, militärischen Waffengebrauchs und aller Risiken des Einsatzes einer nicht sicher kalkulierbaren menschlichen Wildheit.

§ 9 Die Aufhebung der Zweck-Mittel-Subordination bei Gandhi

Die zutiefst gewaltsame Natur des Staates steht für Gandhi unter dem Eindruck der Tolstoischen Schriften, wo der Gedanke in extensiver Polemik entwickelt ist,[251] als Selbstverständlichkeit fest. Er kann sich darauf mit zusammenfassender bündiger Formulierung etwa bei der Diskussion des Marxismus und seines Verstaatlichungsprogramms beziehen: „The state represents violence in a concentrated and organized form."[252] Anders als Tolstoi verweilt Gandhi aber nicht bei einer ins einzelne gehenden Kritik der Zweckmäßigkeit von Gewalt oder des Eigennutzes der Gewalthaber. Er knüpft vielmehr, eine solche Kritik voraussetzend, bei Beobachtungen gerade der Art an, wie sie von Ferber gegen Max Weber vorbringt: die organisatorische Stabilisierung und Ent-Persönlichung der Gewalt, die Vermittlung politischen Handelns durch Institutionen und die selbständige Rolle, die dabei die zunächst als Instrumente geschaffenen Einrichtungen übernehmen, indem sie Zielsetzung und Rahmen möglicher Politik verändern; von da aus gelangt er, in ganz andere Richtung generalisierend, zu einem seiner folgenreichsten Schlüsse: die Abhängigkeit der Ziele vom Modus der Verwirklichung zwingt zur grundsätzlichen Aufhebung der Unterscheidung von Mittel und Zweck. Die Zwecke sind von den angewandten Mitteln nicht zu lösen, weil diese sich im Ergebnis mitausprägen und deshalb vorweg schon in die Zweckbestimmung miteingehen. Sie können nicht gewissermaßen am Schluß aus der moralischen Rechnung wieder herausgestrichen werden. Für das Verhältnis braucht Gandhi gern Vergleiche organischer Wachstumsstadien, das Verhältnis von Samen und Pflanze, oder in noch zu erörterndem verwandtem Zusammenhang, von Pflanze zu Frucht.[253]

---

[251] Vgl. z.B.: „Gesetze sind Regeln, festgestellt von Menschen, die über ein organisiertes Vergewaltigungssystem verfügen, deren Nichterfüllung die Schuldigen Schlägen, Freiheitsentziehung und sogar dem Tode aussetzt … Die Möglichkeit, Gesetze aufzustellen, wird durch dasselbe gegeben, was die Erfüllung der Gesetze garantiert – durch ein organisiertes Vergewaltigungssystem" (Tolstoi 1911a: 81). Zum Verhältnis des staatlichen Gewaltsystems und seiner kirchlichen Rechtfertigung vgl. Tolstoi 1903; für die Polemik gegen staatliche Gewalt vor allem Abs. X. Beide Werke sind im Anhang von Gandhis „Hind Swaraj" (CW 10) unter, den sein Denken bestimmenden „Autoritäten" aufgeführt.

[252] Interview mit N. K. Bose, November 1934, CW 59: 318. Zur Frage der Verstaatlichung im Zusammenhang mit Gandhis Eigentumstheorie vgl. unten § 20.

[253] Frühe zusammenhängende Entwicklung des Gedankens in „Hind Swaraj", Chap. 16

Überlegungen dieser Art sind gewiß auch bei anderen schon aufgetaucht, wenngleich ohne systematische Konsequenz.[254] Sie werden gelegentlich bei einer ins Auge springenden Unverhältnismäßigkeit der Mittel thematisiert, weil das unverhältnismäßige Mittel oft die Neigung zum Selbstzweck verrät.[255] Eine bewußtere Diskussion hat sich an der Frage des Wachsens und der Verselbständigung der Technik entzündet.[256] Allein Gandhi geht einen grundsätzlichen Schritt weiter, auch über die von ihm selbst gebrauchten Vergleichsbilder hinaus. Im Grunde erscheint die Vorstellung des endgültigen Zustands überhaupt, des Resultats, in bezug auf die politische Realität und ihren ständigen Fortgang unangemessen. Gandhi könnte wie sein großer Gegner Jinnah sagen: „The last word is never spoken in politics."[257] Damit gewinnt das Ziel selbst eine zeitliche (Aus-)Dehnung und eine gewisse Flüssigkeit im Verhältnis zu der durch die Mittel bestimmten Vorgehensrichtung; auf sie, auf die Methode, kann sich das unmittelbare Interesse konzentrieren – dies aber auch darum, weil sich in ihr der Zielbereich mitkonstituiert. Mit der treffenden Formulierung Joan Bondurants: „Willingness to admit flexibility of ends is essential for those who believe that means are but ends in the making."[258]

(CW 10: 42ff.). Für die Parallele von Pflanze (Wurzel) und Frucht allgemein H, 28.9.1947: 340.

[254] Clausewitz, der mit größter Bestimmtheit den Krieg als Mittel definiert, räumt doch andererseits bezüglich des politischen Zwecks ein, er sei „kein despotischer Gesetzgeber; er muß sich der Natur des Mittels fügen und wird dadurch oft ganz verändert" (Clausewitz 1973, I, Kap. 1).

[255] Zum Thema gewaltsamer bzw. kriegerischer Rechtsdurchsetzung in diesem Zusammenhang bemerkenswerte Erörterungen schon bei Luther, der dabei auf die im Fehderecht u.a. mitwirkende Rauflust abhebt; vgl. Das Magnificat verdeutscht (1520/21), (Cl 2: 133ff., 166ff.): Recht, das nicht mit rechtlichen Mitteln verfolgt wird, verkehrt sich in Unrecht; aber auch rechtliche Mittel dürfen nicht ohne Rücksicht auf größeren Schaden eingesetzt werden, den sie anrichten: „David der sah vielmal durch die Finger, wo er nit kund strafen ohn der anderen Schaden. Also muss alle Oberkeit tun" (S. 169). Über die Wirkung bedenkenloser Rechtsverteidigung (Von Kaufshandlung und Wucher (1524), Cl 3: 1ff., 23): „Daher kommt es, daß Hader, Gezänk, Richter, Notarien, Offizialen und solch edlen Gesinds so viel sind als die Fliegen im Sommer" – m.a.W., der Durchsetzungsapparat entfaltet seine eigene Wirkung. Zum Ganzen Scharffenorth 1964: 73ff.; dort auch zum Zusammenhang mit der Abschaffung des Fehderechtes seit 1495.

[256] Für den Krieg ist angesichts seiner extremen technischen Steigerung fraglich geworden, ob er noch als Mittel zu irgendeinem politischen Zweck aufgefaßt werden kann. Eine typische zeitkritische Reflexion zur Verselbständigung der Mittel mit Bezug auf das Wirtschaftsleben bei M. Scheler: „Die weltverändernde Macht der materiellen Technik brachte die zwecksetzende Kraft des Mittels zu ungeahnter Erscheinung und drängte die mittelwählende Kraft des Zweckes aus der geistigen Sehweite des Zeitalters. Die Welt des Telos erschien so gleichsam auf den Kopf gestellt. ... Überall sahen wir die Sprengung großer Zwecksysteme durch die in ihnen selbst angehäuften Mittel" usw. (Scheler 1924, III, 2: 27).

[257] Rede in der Legislative Assembly Britisch-Indiens am 19.11.1940 (Jinnah 1960, I: 210).

[258] Bondurant 1965: 159. Zu einem scheinbar klaren politischen Ziel, der politischen

Es werden so einerseits die Ideen von Sieg und Niederlage relativiert, die Orientierung wird vom Aspekt des Abschlusses auf den der Eröffnung einer neuen Phase (mit der Wahrscheinlichkeit der Korrektur momentaner Übergewinne) verlegt.[259] Dies ist für die Beurteilung der politischen Methode Gandhis – etwa seines mehrfachen Abbrechens einer Kampagne vor einer klaren Entscheidung – von größter Bedeutung. Die Methode rechnet nicht – aus verständlichen propagandistischen Gründen wird diese Seite besonders häufig betont – mit der Kategorie der Niederlage (als schlüssiger Entscheidung), allerdings ebensowenig mit der des Sieges im Sinne eines Happy End.[260] Dergleichen gehört nach Gandhis Einschätzung ins Repertoire von Geschichte als aristokratischem Theater, wo Siege und Niederlagen dramatische Aktschlüsse abgeben[261] – während *Satyagraha* sich auf die unvermeidliche Fortsetzung einstellt, auf fortwährendes Hervorarbeiten des Richtigen, dessen Verläßlichkeit sich in Machtumwandlungen äußern soll.[262]

Unabhängigkeit, vgl. Gandhi: „Swaraj is nothing but the sincere effort to win it. The thing itself will seem to move further away from us the more we run after it" (Navajivan, 19.2.1922, CW 22: 423). Aber auch umgekehrt, vier Tage später: „Indeed, I claim that *India is substantially free today* (1922!), *she has found the way*, she is asserting herself" usw. (YI, 23.2.1922, CW 22: 463. Hervorhebung DC).

[259] Zu „Macht" vgl. oben im Text § 7. Daß ein solcher Blickwechsel auf Kontinuität hin, z.B. von Feindschaft und Spannungen über den Friedensschluß hinaus, die Auffassung des Krieges als eines bloßen Mittels ins Wanken bringen könnte, spürt man an der brüsken, dogmatischen Wendung, mit der Clausewitz die hier auftauchenden Überlegungen abschneidet: „Wie dem übrigens auch sei, *immer muß man* mit dem Frieden den Zweck als erreicht und das Geschäft des Krieges als beendigt ansehen" (Clausewitz 1973, I, Kap. 2. Hervorhebung DC).

[260] Vgl. zum Beispiel „There is no time limit for a satyagrahi nor is there a limit to his capacity of suffering. Hence there is no such thing as defeat in satyagraha. Their so-called defeat may be the dawn of victory. It may be the agony of birth" (YI, 19.2.1925, zur Vykom Satyagraha, CW 26: 159). Oder nach dem Abbruch der Non-Cooperation-Kampagne: „Civil disobedience may be suspended, but satyagraha is never suspended. It should be the very breath of our life" (Navajivan, 19.2.1922, CW 22: 429). Oder: „There is no room for defeat in a satyagraha struggle, whereas there is every possibility of one in an ordinary battle" (Navajivan, 26.2.1922, CW 22: 471). Oder: „Non-violence never promises immediate and tangible results. It is not a mango trick. Its failures are, therefore, all seeming" (H, 21.9.1934, CW 59: 42).

[261] Zur Kritik des Geschichtsverständnisses anläßlich der Frage, ob „soul-force" historisch nachweisbar sei: „History, as we know it, is a record of the wars of the world, and so there is a proverb among Englishmen that a nation which has no history, that is, no wars, is a happy nation. How Kings played, how they became enemies of one another, how they murdered one another, is found accurately recorded in history, and if this were all that happened in the world, it would have been ended long ago. Hundreds of nations live in peace. History does not and cannot take note of this fact. History is really a record of every interruption of the even working of the force of love or of the soul" („Hind Swaraj", CW 10, Chap. 17).

[262] Zum Beispiel 1945 in Bengalen, kritisch zum Ablauf des Aufstandes 1942: „A non-violent revolution is not a programme of ‚seizure of power', but it is a programme of transformation of relationships, ending in a peaceful transfer of power" (T 7: 29).

Andererseits führt ein realistischer, d.h. offener Zeithorizont vor Augen, daß die Mittel für endgültig, d.h. dauerhaft erstrebte Zwecke, die Tendenz zur eigenen Perpetuierung haben. Sie bedürfen selbst der dauerhaften Verfestigung, erhalten Eigenwert, werden Selbstzweck, so daß sich die Relation zum ursprünglichen Zweck geradezu umkehren kann.[263] Eindrucksvolle Belege liefern für das hier in Rede stehende Thema Gewalt die Theorien vom Machtzweck des Staates, vom moralischen oder kulturellen Wert des Krieges, besonders aber die auch in der Darstellung Max Webers auftauchende wunderbare Verwandlung, daß die Opferung des Lebens oder die Todesbereitschaft, die der politische Verband im Dienste seiner Zwecke vom Einzelnen verlangt, umgekehrt als Legitimierung und Heiligung des Verbands erscheinen kann.[264] Auf dieselbe Paradoxie zielt, von der entgegengesetzten Seite, der berühmte Satz aus Lessings „Freimaurergesprächen": „Was Blut kostet, ist gewiß kein Blut wert."[265] Gandhis Schluß ist, daß Mittel und Zweck vertauschbare Begriffe seien und daß es deshalb auf die Mittel endgültig, nicht nur vorläufig ankomme.[266]

Analog, nach Abbruch der Non-Cooperation-Kampagne 1922 gegen die Beurteilung der gewaltfreien Methode als eines bloßen Instruments zu einem nicht näher bedachten „Sieg": „Let there be no manner of doubt that swaraj established by non-violent means will be different in kind from the swaraj that can be established by armed rebellion" (YI, 2.3.1922, CW 22: 489); „It became clear to me that the workers were in no mood to do any serious work of construction ... They would not stop to think that even if they could defeat the Government by a childish display of rage, they could not conduct the Government of the country for a single day without serious and laborious organization and construction" (YI, 2.3.1922, CW 22: 501).

[263] Eine anthropologische Verallgemeinerung ist entwickelt in der Institutionenlehre A. Gehlens (Gehlen 1956, § 7 „Handeln als Selbstzweck"). Dort ist die Kategorie der Trennung von Motiv und Zweck eingeführt (S. 35), erstaunlicherweise ohne die Herkunft des Gedankens von Durkheim zu erwähnen (vgl. Durkheim 1970, Kap. 5, I). Siehe auch noch Gehlen 1956, § 43: 264 zur „Umkehr der Antriebsrichtung": „Damit ist zunächst einfach das unvermeidbare Umschlagen eines als Selbstzweck entwickelten Handelns zu einem *Mittel* gemeint, d.h. wir haben hier die Gegenseite des im 1. Teil untersuchten Vorganges, in dem das Mittelhandeln sich zum Selbstzweck überhöhte."

[264] Vgl. Weber 1925, III, Teil 1, Kap. 2 § 1 und besonders die schon in Anm. 242 erwähnte „Zwischenbetrachtung", wo von der Möglichkeit des Glaubens an einen Sinn des Soldatentodes, als Sterben „für" etwas die Rede ist: „Diese Leistung einer Einstellung des Todes in die Reihe der sinnvollen und geweihten Geschehnisse liegt letztlich allen Versuchen, die Eigenwürde des politischen Gewaltsamkeitsverbandes zu stützen, zugrunde" (Weber 1963, I: 548 f.).

[265] Lessing 1968, 5. Gespräch; angeblich eine Äußerung Benjamin Franklins, Lessing von G. Forster mitgeteilt, vgl. Contiades in: Lessing 1968: 108, Anm. 62.

[266] Zum Beispiel in charakteristischer Verbindung mit praktischen Fragen der Arbeit für *Swaraj* in der Präsidenten-Ansprache auf dem Belgaum Congress, 26.12.1924: „But the spinning-wheel, Hindu-Muslim unity and removal of untouchability are only means to an end. The end we do not know. For me it is enough to know the means. Means and end are convertible terms in my philosophy of life" (CW 25: 480).

Damit entfällt für ihn der Grund für Max Webers Unterscheidung von Ge-
sinnungs- und Verantwortungsethik, soweit mit ihr die Möglichkeit eröffnet
werden soll, bedenkliche Mittel durch die Verantwortung für das „End"-Er-
gebnis zu rechtfertigen. Konkret entfällt die Möglichkeit, List in der Form der
Lüge, aber auch schon des heimlichen Komplotts,[267] und erst recht Gewalt als
erlaubte Mittel der Politik in Dienst zu stellen. So begründet sich *a negativo*
nochmals die oben (§ 6) skizzierte Ableitung seiner politischen Methode. Der
Standpunkt ist aber *nicht*, wie nunmehr deutlich sein müßte, Gesinnungsethik
im Sinne verantwortungsfremder Heteronomie. Der Versuch Mühlmanns, die
Position Gandhis durch Zuweisung an eine der beiden Alternativen zu klären,
übergeht mithin das für Gandhi selbst wesentlichste Moment und muß notwendig scheitern – welches Scheitern denn auch in dem Ergebnis zum Ausdruck kommt, die (vorausgesetzte) *Antinomie* zwischen Gesinnungs- und Verantwortungsethik werde bei Gandhi nicht aufgehoben, sondern gewinne in
ihm konkrete menschliche Gestalt.[268] Ohne die Problematik bagatellisieren
und etwa ein auch nur im wesentlichen bruchlos moralisches Gelingen für
Gandhi implizieren zu wollen – ein solches Mißverständnis dürfte schon nach
dem oben zur Ambivalenz seiner politischen Rolle Gesagten ausscheiden –
müßte man doch im Sinne *seines* Gedankensystems eher formulieren: Aus verantwortungsethischen Überlegungen heraus darf man sich auf „Verantwortungsethik" auch als Politiker nicht einlassen. Die Forderung unvermittelter
Moralität gilt nicht erst für die Grenzsituation – wo auch Max Weber
„Gesinnungsethik" in der Erscheinungsform einer letzten subjektiven Konsistenz mit sich selbst für unverzichtbar hält[269] –, sondern sogleich und unablässig. Dann nämlich, wenn anzunehmen ist, daß für Teufelspakte aller Art, auch
die herkömmlichen politischen Teufelspakte mit List und Gewalt, der volle
Preis nicht erst in einem ungewissen Jenseits zu zahlen ist – wie uns das Volks-
märchen glauben macht –, sondern mit dem Handeln in eins, sogleich und unablässig.

---

[267] Vgl. seine Ausfälle gegen „The Sin of Secrecy" (Titel eines Aufsatzes in YI,
    22.12.1920, CW 12: 144) oder etwa in der Rede zur Quit-India-Resolution vor dem
    All-India Congress Committee 1942, wo nicht zufällig der Angriff auf Geheimbün-
    delei mit der Assoziation eines indischen Secret Service nach Erlangung der Unab-
    hängigkeit verknüpft wird (T 6: 163).

[268] Mühlmann 1950: 211ff., 218.

[269] Max Weber in lebensphilosophischer Diktion: „Während es unermeßlich erschüt-
    ternd ist, wenn ein *reifer* Mensch, – einerlei ob alt oder jung an Jahren – , der diese
    Verantwortung für die Folgen real und mit voller Seele empfindet und verantwor-
    tungsethisch handelt, an irgendeinem Punkte sagt: ‚Ich kann nicht anders, hier stehe
    ich.' Das ist etwas, was menschlich echt ist und ergreift. Denn diese Lage muß
    freilich für *jeden* von uns, der nicht innerlich tot ist, irgendwann eintreten *können*.
    Insofern sind Gesinnungsethik und Verantwortungsethik nicht absolute Gegensät-
    ze, sondern Ergänzungen, die zusammen erst den echten Menschen ausmachen, den
    der den ‚Beruf zur Politik' haben kann" (Weber 1971: 559).

§ 10 Zwischenbemerkung zur Vergleichbarkeit der Position Gandhis

Über die Berechtigung dieser Auffassung ist hier nicht zu entscheiden. Soviel dürfte aber klargeworden sein, daß Gandhis Überlegungen zur Politik in genauer Opposition zu zeitgenössischen Formulierungen der europäischen Tradition stehen und sich keineswegs in einer undurchsichtigen, dem Vergleich ausweichenden, allgemeinen Andersartigkeit des „Orientalischen" aufhalten.[270]

---

[270] Leider verfällt auch die eindringende und mit ungewöhnlicher Klarheit analysierende Studie von U. Matz da, wo sie auf das Phänomen Ghandi stößt, der konventionellen europäischen Abwehrstrategie (Matz 1975: 88 ff.). Gandhis Gewaltlosigkeit ebenso wie sein Wahrheitsbegriff werden „rein religiös" interpretiert und auf den Grund altindischer Religiosität, für den Europäer fern und unverbindlich, bezogen, dadurch im Ergebnis ihres transitiven Charakters beraubt und auf ein gewaltlos hinnehmendes Verhältnis zur Welt reduziert, wie es in vulgäreren Versionen als die Passivität des Hindu zur festen Vorstellung geworden ist; die von Gandhi geforderte Leidensbereitschaft vertauscht sich dabei in die von ihm stets und ausdrücklich abgelehnte Bereitschaft zu *erleiden* (ibid.: 90), und eben diese gewaltlose Passivität ist (angeblich nach Gandhi) die religiöse Wahrheit des Menschen; ihre Manifestation soll den andern vor die „einfache Alternative zwischen dem absolut Bösen und dem absolut Guten" bringen. Neben einem solchen Manichäismus hat die von Gandhi in Wirklichkeit verfochtene relative und hypothetische Wahrheit keinen Raum und muß seine politische Aktivität als Verfallsform erscheinen, die Übertragung seiner Methode in den Westen vollends als politisches Mißverständnis (ähnlich auch Kuhn 1970: 97 ff.).
An dieser Stelle ist selbstredend eine erschöpfende Erörterung der Konzeption von Matz nicht möglich, ebenso wie die hier vertretenen Unterschiede in der Auffassung Gandhis erst im weiteren Verlauf der Darstellung im einzelnen verdeutlicht werden können. In Kürze sei nur folgendes bemerkt: Eine gewisse Unterschätzung der Gandhischen Methoden in ihrer politischen Relevanz könnte bei Matz damit zusammenhängen, daß er von einer anscheinend gesicherteren Alternative her argumentiert: dem klassischen und vor-nominalistisch-christlichen Naturrecht. Dieses wird begriffen als Versuch, das Gewaltproblem zu minimieren, indem Gewalt auf die Aushilfsfunktion beschränkt wird, eine aus sich heraus gültige, gerechte Friedensordnung abzustützen, also reines Gewährleistungsmittel einer vor gewaltsamer Setzung gegebenen, ihrer nicht bedürftigen Ordnung zu sein (Matz 1975: 131 ff.). Gandhi scheint in dieser Perspektive klar, wenn auch in der Negation dem modernen Politikbegriff zugeordnet, dessen Fundierung in der Gewalt eindrucksvoll herausgearbeitet wird. Die moderne „Reduzierung der Politik" (H. Arendt) erscheint Matz als wahr nur in dem Sinn der genauen Entsprechung neuzeitlicher Welterfahrung, die ihrerseits das volle Wesen der Dinge verkürzt, mithin doch nur als im Sinne eines unvermeidbaren Scheins wirklich – eine durch vertiefte Einsicht zu durchdringende Art *Maya* (ibid.: 142, 163 ff.).
Daß das Gewaltproblem „ein spezifisch modernes Problem ist" (ibid.: 142), ist indessen so sicher nicht. Man mag es für einen nur empirischen Einwand halten, daß die Gewaltpraxis der Epoche, in der das klassische Naturrechtsverständnis dominierte, im höchsten Grade beunruhigend wirkt. Über das Zufällige hinaus zeigt sich deutlich gerade in den schlimmsten Perversionen etwa der Religionsverfolgung ein prinzipieller Zusammenhang zwischen dem absoluten Maß einer nicht *gesetzten*, jedoch *vorausgesetzten* Ordnung anspruchsvoller Gerechtigkeit und dem Gewaltsamkeitsgrad ihrer Durchsetzung gegen Unüberzeugte. Diese Dinge können nicht mehr

Das gleiche wird sich noch mehrfach, auch in Detailfragen, herausstellen. Zur Einführung erschien es von Wert, schon an der Grundposition Gandhis in den öffentlichen Dingen zu veranschaulichen, daß man es nicht mit Exotismen zu tun hat, aber auch nicht mit einem der häufigen Versuche, die Unheimlichkeit des Politischen durch bloße Verdünnung tolerabel zu machen, sondern um einen prinzipiell, klar und konsequent gegensätzlichen Entwurf. Der Gegensatz liegt genau an dem Punkt, wo sich der okzidentalen Tradition die Notwendigkeit einer Trennung von Politik und Religion aufdrängte: bei der Rolle der Gewalt (und List als ihrer Ergänzung) als Mittel der Politik; er ist aber nicht in einem Gegensatz von Orient und Okzident begründet.[271] Max Webers eindringlichen Variationen über die Unvereinbarkeit von Politik und religiöser „akosmistischer Menschenliebe" – das Reich der großen geschichtlichen Heiligen, „mochten sie aus Nazareth oder aus Assisi oder aus indischen Königsschlössern stammen, … war … ‚nicht von dieser Welt'; … wer das Heil seiner Seele und die Rettung anderer Seelen sucht, der sucht das nicht auf dem Wege der Politik, die ganz andere Aufgaben hat: solche, die nur mit Gewalt zu lösen sind"[272] – alldem entspricht als Gegenstück völlig des Inders Tilak schon oben zitierter Einwand gegen Gandhi: „Politics is a game of worldly people and not of sadhus."[273] Gandhi konnte versuchen, die gegensätzlichen Typen des Politikers und des Heiligen zu vereinen nicht, weil dies ein vorgeprägtes indisches Kulturmuster wäre, sondern weil er in der Sache Politik unter Verzicht auf Gewalt und Unwahrhaftigkeit für machbar hielt.[274] In seiner Antwort an Tilak

---

als rein faktische Akzidenzien behandelt werden, seitdem die moderne Reflexion die Frage der Verwirklichung, d.h. der Eigenbedeutung von Mittel und Methode gegenüber dem Zweck, als theoretisches Problem gestellt hat. Die Radikalisierung dieser Frage ist, wie dargelegt, für Gandhi bestimmend. Nur von hier aus ließe sich das Verhältnis zur klassischen Naturrechtslehre angemessen bestimmen.

[271] Auch wenn Gandhi sich gelegentlich zu derartigen Gegenüberstellungen hinreißen läßt, vgl. etwa: „One cannot in the same moment proceed towards both east and west. The path followed by the West is one of violence and atheism; *it looks like it for the present at any rate*. The path followed by the East, it has long been proved, is one of peace, dharma and of faith in God" (gegen Nachahmung des türkischen Vorbilds, Navajivan, 19.2.1922, CW 22: 427). Gandhis eigentliche Auffassung läßt sich an dem hier hervorgehobenen Satz ablesen. Er benutzt den als kulturkritische Mode verbreiteten Topos der Ost-West-Opposition, den er schon in „Hind Swaraj" durch die Gegenüberstellung alter und moderner Zivilisation ersetzt hat, in der die moderne als zeitweilige Entartung der universalen alten Zivilisation erscheint; vgl. seine Zusammenfassung im Brief an H. S. Polak vom 14.10.1909, CW 9: 477 ff., außerdem unten im Text § 17.

[272] Weber 1971: 557.

[273] Vgl. Anm. 182. Entsprechend in der Kontrastierung von „Heiligem" und „Helden" (Staatsmann) auch Scheler 1933, I: 149 ff. „Der homo religiosus, der Genius bleibe der Politik fern!" (ibid.: 218).

[274] Gandhi hielt dies, entgegen der eben angeführten Stelle aus M. Weber, für eine Form der Suche nach dem Seelenheil („realization of God"), die den Dienst an den andern, an der Nation und der Menschheit einschloß; vgl. die T 4: 88 (= H, 29.8. 1936: 226) wiedergegebene, bei Kantowsky 1972: 128 ff. näher erörterte Äußerung.

ist dies in einer höchst charakteristischen, modernisierenden Kombination der Traditionen ausgedrückt: Sanftmütigkeit *(gentleness)* ist das Gesetz auch dieser Welt, Religion besteht im Vorwärtsbringen der menschlichen Dinge[275] *(Purushartha)*, und dieses wiederum in dem Versuch, Heiliger *(sadhu)*, „das heißt Gentleman in jedem Sinn" zu werden.[276]

Bei alldem können Konsequenz und Rationalität des Standpunkts schwerlich bestritten werden, unter der Voraussetzung – dies ist die eigentliche Frage –, daß gewaltfreie Politik möglich ist, realisierbar und nicht nur in ihren logischen, sondern vor allem auch ihren praktischen Implikationen durchzuhalten. Diese Frage ist nicht Thema der folgenden Untersuchung, wenngleich einer ihre Horizonte. Sie muß hier offen stehen bleiben. Vermutlich ist sie in rein theoretischer Behandlung, ohne moralisch-praktische Entscheidungen, gar nicht abschließend zu klären, auch nicht auf der Basis des bis jetzt verfügbaren Erfahrungsmaterials pragmatisch zu beantworten. Gandhi erhob zeitlebens keinen anderen Anspruch als den, sich der als überzeugend antizipierten Antwort empirisch, durch das, was er „Experimente mit der Wahrheit"[277] nannte, zu nähern.

Die Stellungnahme zur Gewalt klärt auch Gandhis problematisches Verhältnis zu dem, was hier Religionspolitik genannt worden ist. Die Bedenklichkeit jener Verbindung in ihren verschiedenen Erscheinungsformen liegt allemal in der heterogenen Mischung von Gewalt (staatlichem Zwang) und Gewissensanspruch. Die Religion, von ihren äußerlich faßbaren Gestalten her gesehen, ist dabei Gegenstand oder Mittel der auf Gewalt eingerichteten Politik – oder umgekehrt: die politische Gewalt, als „weltlicher Arm", Instrument der Religion. Am Verhältnis dieser beiden sich wechselseitig als Instrument gebrauchenden Größen ist die von Gandhi betonte Wechselwirkung zwischen Zweck und Mittel schon oft kraß anschaulich geworden. Gandhis eigene Verbindung von Politik und Religion im Zeichen der Gewaltfreiheit erstrebt demgegenüber die unmittelbare Verschmelzung zu einem neuen Aggregatzustand beider. Wenn er dabei von Sanktion spricht,[278] ist nicht an ein schein-neutrales Mittel im Sinne eines für auswechselbare Zwecke verfügbaren Drohungsinstrumentariums gedacht, sondern an Aktualisierung und praktische Bewahrheitung des Richtigen in der gewaltlosen Aktion.

---

[275] Vgl. Statement to the Press 30.10.1934: *Politik* betrifft „advancement of humanity along all lines" (CW 59: 264).

[276] „With deference to the Lokamanya (Beiname Tilaks) I venture to say that it betrays mental laziness to think that the world is not for sadhus. The epitome of all religions is to promote *Purushartha* (human affairs), and *Purushartha* is nothing but a desperate attempt to become sadhu, i.e. to become gentleman in every sense of the term" (YI, 28.1.1920, CW 16: 491).

[277] So der bekannte Titel seiner Autobiographie.

[278] Vgl. Anm. 183.

Teil II

Religion und Politik in westlicher Sicht

Kapitel 3

Theorie des religiösen Handelns

§ 11 Die neuere Problematik im Westen: Öffentlichkeitsanspruch und politische Theologie

Es bleibt schließlich die Relevanz der von Gandhi eingenommenen Position auch an neueren Interpretationen wie Verwirrungen des Verhältnisses von Religion und Politik zu verdeutlichen, die besonders in der deutschen Diskussion der letzten Jahrzehnte eine Rolle gespielt haben.[279] Dies ist nicht, wie es zunächst erscheinen mag, ein entbehrlicher Umweg durch weiteres Detailgestrüpp. Die Arbeitshypothese, daß von Gandhi aus zur gegenwärtigen Staatstheorie noch etwas beizutragen ist, muß sich in der Vergewisserung des Problems und verschiedenartigen begrifflichen Ansätzen erproben. Auch läßt sich nur in der konkreten Erörterung hinsichtlich der allgemeinen, immer naheliegenden Bedenken ausmachen, ob eigentlich Gandhis einfache Intuition der Komplexität zeitgenössischer hochindustrialisierter Gesellschaften und ihrer entsprechend kompliziert redenden Literatur noch gewachsen sei oder gewissermaßen leerlaufe. Zugleich zwingt eine solche Erörterung, wie sich zeigen soll, zu vertiefter und präzisierter Fragestellung und führt auf diesem Wege näher an den Problemkern heran.

Bewegung und Verwirrung angesichts der scheinbar geklärten Abgrenzungen zwischen Religion und Politik ist mit dem Wiedererscheinen moderner ideologischer Staaten und der entsprechenden Ideologisierung der Politik entstanden; konkret in Deutschland seit dem Auftreten des nationalsozialistischen Weltanschauungsstaates und dem von ihm provozierten Kirchenkampf: Begriffliche Verwirrung zunächst in Gestalt der vagen Rhetorik vom sogenannten Öffentlichkeitsanspruch (bzw. Öffentlichkeitsauftrag) der Kirchen,[280] womit dem gewiß mißverständlichen Satz, Religion sei Privatsache, eine ebenso mißverständliche und mißdeutbare Parole entgegengesetzt wurde. Hier schien

---

[279] Zur Entwicklung des Problems in Deutschland darf allgemein auf die zusammenfassende Darstellung in Huber 1973 verwiesen werden, zur staatskirchenrechtlichen Diskussion ergänzend auf den Sammelband Quaritsch/Weber 1967.

[280] Wie bei W. Huber mit Recht ausgeführt, ist Öffentlichkeits*anspruch* der einer staatsrechtlichen Perspektive allein angemessene Begriff, Öffentlichkeits*auftrag* Ausdruck kirchlichen Selbstverständnisses – während kurioserweise der tatsächliche Wortgebrauch eher zur umgekehrten Verteilung neigt. Es ist aber daran festzuhalten, daß im Rahmen nicht-geistlicher Redeweise von einem „Auftrag" nicht gesprochen werden kann, wenn Auftraggeber und Auftragserteilung prinzipiell unbekannt sind (Huber 1973: 520).

– in Erwiderung staatlicher Grenzüberschreitungen – erneut mit unklarer
Reichweite eine wesenhafte, unvermittelte Zusammengehörigkeit von Religion
und Politik, eine Konvergenz zeitlichen und spirituellen Gemeinwohls[281] postuliert. Mit dem Erfolg der Parole ist der Eindruck der Korrektur einer anti-
quierten Bereichsunterscheidung entstanden – ein Eindruck, der in jüngster
Zeit mit fortschrittlich gemeinten Entwürfen einer neuen Art „politischer
Theologie"[282] und, über Deutschland hinaus, von „Theologie(n) der Revolution"[283] noch bekräftigt worden ist.

Die vorstehende umständliche Erörterung der Bedenklichkeit einer Vermischung von Religion und Politik und wiederum der Besonderheit der Auffassung Gandhis hierzu könnte als im Ausgangspunkt längst überholt erscheinen,

---

[281] Dies Begriffspaar nach Dabin 1964, Kap. II Nr. 68: 122.

[282] Vgl. Huber 1973: 473 ff. und die dort sowie in dem Literaturbericht von Schrey
1971: 346 ff. und 1972: 43 ff. angegebenen Arbeiten, namentlich Metz 1968; Peukert
1969 und Metz/Moltmann/Oelmüller 1970. Kritisch vor allem H. Maier 1969;
Maier 1970: 62 ff.; Matz 1973; Böckenförde 1973. Umstritten und bei den einzelnen
Autoren in sehr verschiedenem Grade geklärt ist das Verhältnis zu dem älteren Begriff politischer Theologie, wie ihn C. Schmitt in seinen unter diesem Titel 1922 ver-
öffentlichten Essays als Entsprechung zwischen den metaphysischen und staats-
theoretischen Grundbegriffen einer Epoche bestimmt hat („Das metaphysische
Bild, das sich ein bestimmtes Zeitalter von der Welt macht, hat dieselbe Struktur
wie das, was ihr als Form ihrer politischen Organisation ohne weiteres einleuchtet"
(Schmitt 1922: 59)); etwa gleichzeitig Kelsen 1922/23: 261–284. C. Schmitt hat das
Thema wieder aufgenommen in Politische Theologie II (Auseinandersetzung mit
der 1935 erschienenen Schrift von E. Peterson, Der Monotheismus als politisches
Problem), dazu noch Barion 1968; Kafka 1973; Kodalle 1973.
   Kern des Streits, von terminologischen Scharmützeln abgesehen, ist die Frage, ob
die politische Theologie neuerer Observanz dem gegen die ältere gerichteten Vorwurf einer „Immanentisierung des Göttlichen" dadurch entgehen kann, daß sie sich
an Begriffen wie Zukunft, Veränderung, Kritik orientiert. Einerseits wird in der Beziehung auf Zukunft anstatt auf gegenwärtig bestehende Ordnungen ein qualitativer
Unterschied gesehen (Sölle 1971: 74 gegen H. Maier), andererseits wird eben dies
bestritten und die Strukturidentität zwischen einer „konservativen" und einer „progressiven" politischen Theologie betont (Matz 1973: 12 gegen Sölle, aber ähnlich
Moltmann 1970: 18 ff., der auch gegenüber einer „Theologie der Veränderung" die
Notwendigkeit theologischer Distanz zur Welt unter dem Titel der Kreuzes-Theolo-
gie beachtet sehen will). Insgesamt scheint mir in dieser Kontroverse allzu voreilig
die ältere politische Theologie mit Konservativismus gleichgesetzt zu sein. Carl
Schmitts politischer Standort und seine Anknüpfung an Schriftsteller der Gegenrevolution verführen offensichtlich dazu, sich der strukturellen Allgemeinheit des
Problems assoziativ zu entledigen, beispielsweise die Hinweise Schmitts auf den revolutionären „Theologen des Anti-Theologischen" Bakunin (Schmitt 1970: 84 und
64 ff.) zu übersehen. Die Frage, wie weit auch der gewaltlose Anarchismus Tolstois
und Gandhis politische Theologie impliziert – und zwar eine extreme Variante der
von Carl Schmitt vermißten politischen Theologie des Liberalismus –, sei hier nur
aufgeworfen.

[283] Feil/Weth 1969; Rendtorff/Tödt 1968 (insbesondere auch zur Theologie R.
Shaulls); ferner teilweise die in der vorigen Anmerkung angegebenen Arbeiten, vgl.
für weitere Nachweise vor allem die Aufsätze von Schrey.

als eine mit den früheren Privatisierungstendenzen der Religion zusammenhängende, nicht länger haltbare oder relevante Fragestellung.

In Wahrheit ist es nicht ganz so weit. Die große Geste der Gegenbewegung
lebt, hier wie häufig, zum guten Teil von der Unbestimmtheit der Ausgangs-
begriffe, in der Scheinalternativen gedeihen und ein gedankliches Fortschreiten
vorspiegeln, während der eigentlich kritische Punkt um so leichter übergangen
werden kann. Um nur das Nötigste zur Begriffsverständigung, längst bekannt
wiewohl im Eifer der Auseinandersetzung ständig wieder verwischt, hier in
Erinnerung zu rufen und kurz zusammenzufassen:

Die Begriffe „privat" und „öffentlich" haben je nach dem gedachten Gegensatz verschiedene Bedeutung; daneben ist darauf zu achten, ob der den Gegensatz bestimmende Standpunkt der staatliche oder der religiöse ist. „Privat"
heißt einmal, in der ursprünglichen Bedeutung noch immer, nicht-amtlich im
Sinne von nicht-staatlich und bezieht insoweit den gesellschaftlichen Bereich
ein (Privatrecht, Privatschule und so weiter). Religion sei Privatsache, war ursprünglich einfach eine aggressive Umformulierung der Forderung nach Trennung der Kirche vom Staat.[284] Weitergehend und zunehmend mehr, im Gegen-
zug zum Wachsen eines gesellschaftlich freien, aber zugleich öffentlichen Bereiches, ist „Privatheit" Kennzeichnung der dem öffentlichen Leben abge-
wandten Zurückgezogenheit des Individuums geworden, seiner geschützten
Intimsphäre und anspruchsvoller: des Arkanums der Person.[285] Dieser Bedeu-

---

[284] Dies ergibt sich, nachdem die Formel schon im Gothaer Programm der Sozialistischen Arbeiterpartei Deutschlands (1875) für die alte Forderung einer Trennung
von Kirche und Staat (Eisenacher Programm 1869) eingesetzt worden war, mit
Deutlichkeit aus dem Erfurter Programm der Sozialdemokratischen Partei (1891):
dort findet sich die Erklärung der Religion zur Privatsache im Zusammenhang mit
der Abschaffung der öffentlichen Aufwendungen für die Kirchen, Weltlichkeit der
Schule und einer Auffassung der kirchlichen Gemeinschaften als „private" (d.h.
wohl: privatrechtliche) Vereinigungen, „welche ihre Angelegenheiten vollkommen
selbständig ordnen" (Texte bei Mommsen 1951: 99, 101, 105). Vgl. auch Anm. 297.
Ganz ebenso ist die Sache auf der Gegenseite aufgefaßt; in der päpstlichen Enzyklika „Libertas praestantissimum" (1888) charakterisiert *privatim* die dort abgelehnte
Position einer vom Staat getrennten Kirche. Auch die Enzyklika „Immortale Dei"
(1885) geht von einer erschöpfenden Dichotomie des Handelns in privates und öffentliches aus, wobei „öffentlich" mit der staatlichen Amtssphäre zusammenfällt.
Anders der Sprachgebrauch in der Erklärung des II. Vatikanums über die Religionsfreiheit, die mit einer Dreiteilung in Einzelne, gesellschaftliche Verbände, staatliche
Amtsgewalt rechnet und dementsprechend das *privatim publiceque profiteri* nicht mehr
eindeutig zuordnet (Texte bei Schnatz 1973: 180, 132, 420, 430).
Sehr anschaulich die Übergangsposition W. I. Lenins (Sozialismus und Religion,
1905, Werke 10, 70 ff.), mit einer doppelten Bedeutung von „privat": „Wir fordern,
daß die Religion dem Staate gegenüber Privatsache sei, können sie aber keinesfalls
unserer eigenen Partei gegenüber als Privatsache betrachten (ibid.: 71) … Wir fordern die völlige Trennung der Kirche vom Staat, um gegen den religiösen Nebel mit
rein geistigen, und nur geistigen Waffen, mit unserer Presse, unserem Wort zu
kämpfen" (ibid.: 73).

[285] Zur „Institutionalisierung einer publikumsbezogenen Privatheit" in der bürgerli-

tungsentwicklung korreliert eine zunehmende theologische Konzentration auf die individuelle Existenz als Ort des unmittelbaren Christseins, vornehmlich in der evangelischen Theologie vor dem Hintergrund der lutherischen Unterscheidung von Christenperson und Weltperson.[286] Religion als Privatsache, religiös aufgefaßt und bejaht, bedeutet dann schließlich im anspruchsvollen Sinne die der Innerlichkeit (Eigentlichkeit) des Individuums, abgehoben von seiner gesellschaftlichen Rolle, zugehörige Religionserfahrung.[287] In alltäglicherem Verständnis kann auch gemeint sein die nur in persönlichen Beziehungen geteilte, und hauptsächlich: die in der häuslichen und familiären Sphäre, abgeschirmt vom Andrang der „Welt", gepflegte Religion. Eine *rechtliche* Beschränkung der Religion auf diesen engsten, der Gewissensfreiheit noch zuzurechnenden Bereich (traditionell die Freiheit der *devotio domestica*)[288] bedeutet die Unterbindung jeder öffentlichen Wirksamkeit der Kirchen oder, soweit öffentliche Verkündigung erlaubt bleibt, deren Beschränkung auf die Thematik individueller Religiosität.[289]

Derartigen Einengungsversuchen ist − zunächst in defensiver Funktion − der kirchliche „Öffentlichkeitsanspruch" entgegengestellt worden,[290] und ent-

---

chen Familie als Heimstätte der Subjektivität vgl. Habermas 1968, § 6. In die Richtung des Intimen und Vertraulichen, Geheimen stärker der englische Wortgebrauch (*private parts* scil. des Körpers, *Privy Council, right of privacy* usw.). Für die Interpretation von Gandhis Äußerungen ist dies im Auge zu behalten.

[286] Hierzu und zu den ethischen, auf Max Webers Position zulaufenden Konsequenzen der lutherischen Theologie Troeltsch 1923: 486; zu anderen Autoren vgl. Duchrow/Huber/Rieth 1975; siehe § 15 und Anm. 372.

[287] So vor allem die an Kierkegaard und die Existenzphilosophie anknüpfenden theologischen Richtungen. Für eine unmittelbar auf den hier erörterten Zusammenhang bezogene Stellungnahme vgl. Schlette 1969.

[288] Vgl. die historische und systematische Ableitung der Gewissensfreiheit als Schutz der Geheimsphäre bei Scholler 1958; siehe auch das Luther-Zitat in Anm. 24 von der Freiheit, in den Kammern anzubeten.

[289] Als berühmten Fall einer Beschränkung kirchlicher Verkündigung vgl. den von 1871 bis 1953 geltenden sogenannten Kanzelparagraphen 130 a StGB, wonach ein Geistlicher sich strafbar machte, wenn er *öffentlich* vor einer Menschenmenge, oder in einer Kirche oder an einem anderen für religiöse Versammlungen bestimmten Ort Angelegenheiten des *Staats* in einer den *öffentlichen* Frieden gefährdenden Weise zum Gegenstand der Verkündigung machte.

[290] Gegen Bestrebungen unter dem nationalsozialistischen Regime, die Kirchen aus dem öffentlichen Leben zu verdrängen, vgl. Huber 1973: 550ff., auch zur Wortgeschichte. Dort ist auch der Unterschied zu früheren Vorstellungen von der öffentlichen Position der Kirchen, „Öffentlichkeitswillen" und dergleichen herausgearbeitet und damit ein dankenswerter Schritt zur Lichtung des hier herrschenden Nebels der Äquivokationen getan: der Öffentlichkeitsanspruch knüpft an die in der 2. These der Barmer Theologischen Erklärung von 1934 bezogene Position an, die die Verwerfung von Privatisierungstendenzen mit einer *Distanzierung* vom Staat verband. Gemeint war also *Selbständigkeit* des kirchlichen öffentlichen Wirkens. Neben der politischen Frontstellung bestand ein theologischer Gegensatz zu gängigen Interpretationen der Zwei-Reiche-Lehre Luthers, welche keineswegs nur Verinnerli-

sprechend später den innertheologischen Privatisierungstendenzen die „politische Theologie" als politische oder öffentliche Hermeneutik der christlichen Verkündigung.[291] „Öffentlich" bedeutet hier primär den Gegensatz zum Privaten als Intimsphäre und bezieht sich auf die staatsfreie gesellschaftliche Öffentlichkeit. Verteidigt wurde damit konkret die öffentliche Wirksamkeit der Kirchen in Gestalt gesellschaftlicher Diakonie, aber auch der politisch relevanten Predigtäußerung. Im gegenwärtigen Staat wäre *rechtlich* damit nur die Selbstverständlichkeit ausgesprochen, daß die dem Einzelnen und den Vereinigungen in den Grundrechten verbürgte Freiheit sozialer Partizipation auch in religiösem Zusammenhang in Anspruch genommen wird.[292]

Daß der „Öffentlichkeitsanspruch" gerade nach dem Fortfall der tyrannischen Bedrohung erst recht zur Entfaltung kam, liegt an den weitergehenden Möglichkeiten des Wortes „öffentlich", die es gestatten, die Kirchen in engere Verbindung zur staatlichen Sphäre zu bringen, d.h. erneut auf einer althergebrachten Nähe zum Staat zu bestehen.[293] Der Begriff „Öffentlichkeit" bezieht sich nicht nur, oder braucht sich nicht nur zu beziehen, auf die freie, gesellschaftliche Sphäre „der zum Publikum versammelten Privatleute".[294] Gerade wegen des Übersetzungszusammenhangs mit dem lateinischen *publicus* (von *populus*) und seinen romanischen und angelsächsischen Derivationen kann der Begriff „öffentlich" normativen Charakter annehmen im Sinne des am Gemeinwohl Orientierten, Verantwortlichen, Verbindlichen (zum Beispiel öffentliche Aufgabe);[295] es kann schließlich, über die Vermittlungsbegriffe der öffentlichen Ordnung und der öffentlichen Dinge das Staatliche selbst bezeichnen (*res publica*, öffentliches Amt, öffentliches Recht). „Öffentlichkeitsanspruch" bedeutet dann (und hat bedeutet) ein Wirken der Kirchen nicht nur

---

chung der Religion lehrten, sondern zugleich eine religiöse Gehorsamspflicht gegenüber den geltenden politischen Ordnungen als gottgesetzten „natürlichen Ordnungen" – und welche damit in der Konsequenz eine eminent öffentliche Funktion der Kirche vertraten, allerdings nicht in concreto, sondern in einer grundsätzlichen Vorweg-Heiligung des Staates (einschließlich seiner Führung) und der politischen „Eigengesetzlichkeiten", vgl. noch Duchrow/Huber 1976: 30 ff.

[291] Vgl. zum Beispiel den Untertitel des Buches von D. Sölle: Auseinandersetzung mit Rudolf Bultmann, und ebenda S. 75; diesen Teil des Programms von J. B. Metz akzeptiert auch H. Maier in seiner Kritik (Maier 1969: 70 f.), mit dem Vorschlag, hierfür den französischen Begriff der „théologie publique" zu gebrauchen.

[292] Smend 1968: 420 spricht von Mißverständnissen, die „den in unzweifelhafter Geltung stehenden ‚Öffentlichkeitsanspruch' der Kirche als die Freiheit nicht geheimer, nicht an den Kirchenraum gebundener Äußerungen auslegen" (als ob nicht ‚Jeder' – Bonner Grundgesetz Art. 5 – das Grundrecht öffentlicher Meinungsäußerung beanspruchen könnte).

[293] Zum folgenden besonders Smend 1968: 462 ff.; Habermas 1968; Krüger1964, § 26; Hölscher 1976.

[294] Habermas 1968: 38.

[295] In diesem Sinn will W. Huber den Begriff fassen: „Dasjenige ... was auf das gemeine Wohl und Interesse bezogen ist" (Huber 1973: 24).

„in der Öffentlichkeit, das heißt im Publikum", sondern „namens der Öffentlichkeit, das heißt der res publica",[296] also ihre Beteiligung an der Sphäre des
öffentlichen Rechts, die Mitausübung bzw. die Gleichstellung zur Ausübung
staatlicher Funktionen – mithin nicht mehr die Abwehr einer Diskriminierung,
sondern die Privilegierung vor dem Publikum der Privatleute.[297]

§ 12 Der Handlungsmodus als eigentlich unterscheidendes Prinzip

An solchen Bedeutungsverschiebungen zeigt sich, daß die Grenze zwischen
dem „Öffentlichen" und dem „Privaten" je nach Gesichtspunkt verschieden
verläuft. Nicht mehr kann, wie früher, die Grenze zwischen öffentlichem und
privatem Handeln einfach zusammengedacht werden mit der Linie zwischen
Gemeinwohlorientierung und Privatnützigkeit, und letztere nicht mehr mit der
Unterscheidung öffentlicher und privater Rechtsform.[298] Die alte Dichotomie
ist, kurz gesagt, unscharf geworden, weil man es nicht mehr mit zwei, sondern
mit drei Bereichen zu tun hat, weil in der Neuzeit gerade der dritte, der Mittelbereich zu größter Bedeutung gelangt ist, in dem privates Handeln, private

---

[296] Heckel 1952: 47. Daraus gefolgert die staatliche Anerkennung „daß die salus publica
nach dem Willen des in jenen Religionsgemeinschaften lebenden größten Teils des
Volkes eine salus publica christiana ist und unter der öffentlichen Mitverantwortung
der Kirchen steht" (ibid.: 48).

[297] Für die ältere Auffassung des öffentlichen Wesens der Kirche ist dies mit besonderer Prägnanz ausgesprochen bei Sohm 1975: 18 ff., wonach Kirche begrifflich öffentliche Korporation, d.h. eine solche ist, die im Unterschied von Privatkorpora-
tionen dem Staat nach Zwecksetzung und innerer Entwicklung von Rechts wegen
nicht gleichgültig sein darf, die um ihres Zweckes willen vom Staat durch *privilegie-
rende* Rechtssätze ethisch gleichwertig gesetzt ist (ibid.: 33 für eine Aufzählung der
Privilegien, die durchweg auf Beteiligung an der öffentlichen Gewalt bzw. „Zusage
des weltlichen Arms" hinauslaufen). Privilegierung durch den Staat korreliert mit
Beeinflussung durch den Staat (S. 39) und Trennung der Kirche vom Staat, d.h.,
ihre Verwandlung in eine Privatkorporation bedeutet juristisch die Vernichtung der
Kirche (im Rechtssinn; S. 43).
   Diese Aufstellungen beleuchten u.a. nochmals, was mit „Erklärung der Religion
zur Privatsache" damals gemeint war. Für den heutigen „Öffentlichkeitsanspruch"
demgegenüber charakteristisch, auch in der vorsichtigen Verschwommenheit der
Forderung, R. Smend: „Öffentlich ist das, was in die den modernen Staat rechtfertigende Fülle seines Sinnes, in das ‚im verantwortlichen Zusammenhang mit der Welt
stehende Leben' (Gogarten), und damit in den Bereich irgendwelchen bestimmenden oder doch billigenden Anteils des Volks an diesem Sinngehalt gehört, damit
auch von Rechts wegen einen bestimmten Geltungsanspruch hat. In dieser tieferen
Bedeutungsschicht erweisen sich staatliche Anerkennung des Öffentlichkeitsan-
spruchs der Kirche und öffentliche Korporationsqualität als durch das gleiche Kriterium zusammengehalten" (Smend 1968: 420f.).

[298] Vgl. die klassische Definition des Ulpian, D. 1. 1. 1. 2: „Publicum ius est, quod ad
statum rei Romanae spectat, privatum quod ad singulorum utilitatem: sunt enim
quaedam publice utilia, quaedam privatim."

Einrichtungen auch öffentlich sind[299] – während sich zugleich aus dem breiten Bereich des öffentlichen (im Sinne von: gemeinwohlbezogenen) Handelns ein besonders zentriertes Handlungssystem „Staat" scharf abgegrenzt hat. Die Beschränkung des verbindlich öffentlichen Handelns auf den Staat einerseits, das Vordringen des spezifisch privat(rechtlich)en Handelns andererseits in der Organisation sozialen Zusammenhangs haben jenen gewöhnlich als gesellschaftliche Öffentlichkeit bezeichneten Mittelbereich entstehen lassen.

Seine Bedeutung erklärt sich erst im Lichte einer weiteren Unterscheidung, die für das moderne Verständnis des Gemeinwesens als eines sozialen Systems geradezu konstituierend ist: die Unterscheidung von (subjektivem) Motiv und (objektiver) Funktion des Handelns, bzw. von Entstehungsursache und Funktion einer Institution.[300] Damit erst läßt sich im Begriff Öffentlichkeit die neblige, von der Verführung des Wortes und den Reminiszenzen alter, repräsentativer Öffentlichkeit[301] ausgehende Vermengung deskriptiv verstandener Offenheit als Gemein-Zugänglichkeit und normativen Prätentionen des Gemeinwohl-Bezuges durchdringen und auflösen. Was sich im öffentlichen Raum abspielt, *kann* auf das öffentliche Wohl gerichtetes, so motiviertes Handeln sein und *kann* damit im Ergebnis, nach einem gedachten objektiven Beurteilungsgesichtspunkt des Ganzen, eine Funktion des Gemeinwohls erfüllen – allein die Verbindung ist beide Male nur eine mögliche, keineswegs zwingend.

Entsprechend inkonklusiv, gerade weil freigestellt, sind Argumentationen von der Motivation, der selbstgestellten Aufgabe her für das (objektivierte) öffentliche Interesse. Daß beispielsweise eine Kirche oder „private" Religionsgesellschaft, öffentlich handelnd, ein „öffentliches" Wächter-„Amt" in Anspruch nimmt, heißt vom Gesichtspunkt des Gemeinwesens her nicht eo ipso, daß ihre Funktion öffentlich im Sinne der „den modernen Staat rechtfertigen-

---

[299] In diesem Sinne häufig im Englischen *public*, z.B. *public school* – eine Privatschule, *public company* – private Aktiengesellschaft (wegen der öffentlichen Zeichnungsmöglichkeit der Anteile), *public carrier* – Privatunternehmen des öffentlichen Beförderungswesens. Vgl. Hölscher 1976: 109: „‚Public' hieß das Gemeinwesen insofern, als es von Privatleuten getragen wurde, die es als ihren gemeinsamen Besitz betrachteten."

[300] Die bereits in Anm. 263 erwähnte Unterscheidung (in der Formulierung A. Gehlens: Trennung von Motiv und Zweck) wird hier im Anschluß an E. Durkheim eingeführt, der sie meines Wissens als erster in dieser Ausdrücklichkeit und methodischen Bewußtheit hervorgehoben hat (Durkheim 1973, Livre I, Chap. 1). Damit soll natürlich, wie auch der weitere Text zeigt, nicht übersehen sein, daß der Sache nach diese Unterscheidung schon länger, man kann sagen, seit den Anfängen der neuzeitlichen Sozialphilosophie, im Spiele ist. Der Begriff *Funktion* dient Durkheim gerade zur Ermöglichung der Unterscheidung, um nämlich soziale Vorgänge oder Einrichtungen als objektiv *zweckentsprechend* im Hinblick auf gegebene Bedürfnisse beurteilen zu können, ohne einerseits ein auf diese Zwecke direkt gerichtetes Handeln der Individuen annehmen zu müssen, oder aber andererseits auf die bloße Konstatierung von Wirkungen beschränkt zu sein.

[301] Im Sinne von Habermas 1968, § 2.

den Fülle *seines Sinnes*"[302] ist, daß es sich nicht ebenso um eine private Funktion (etwa unvermitteltes Ausleben privaten Gewissensdruckes *in* der Öffentlichkeit) handeln könnte. Entsprechend für die selbstreklamierten öffentlichen Aufgaben verschiedenster Interessenverbände. Was das Verhältnis Staat und Kirche angeht, darf nicht vergessen werden, daß der weltliche Gemeinwohlzweck der Politik mit dem geistlichen keineswegs von Haus aus konvergiert hat; vielmehr hat verschiedentlich, so bei kämpferischer Pluralität der Religionen oder Weltanschauungen und so gerade in der formativen Phase des Staates, die politische *ratio* geradezu in Abhebung von der geistlichen bestanden.

Umgekehrt ergibt sich hinsichtlich der Wahrnehmung öffentlicher Funktionen der praktisch sehr folgenreiche Gedanke, daß es in weiten Bereichen, vom Ganzen her gesehen, primär gar nicht auf die Übereinstimmung oder Nicht-Übereinstimmung von Handlungsmotiv und öffentlichem Interesse ankommt, sondern auf das Resultat der Funktionserfüllung. Die Grenze zwischen Privatnützigkeit und Gemeinnützigkeit des Verhaltens kann sogar prinzipiell unscharf bleiben. So ermöglicht die Unterscheidung Motiv/Funktion eine Freigabe des Bereiches gesellschaftlicher Öffentlichkeit als Indifferenzbereich der Motivation. Hier *kann* das öffentliche Interesse freiwillig übernommenes Motiv des Handelns sein, ebenso gut aber „unfreiwillig", als Resultat privatnützigen Verhaltens erreicht werden, so als ob, mit der bildkräftigen Formulierung des Adam Smith, eine unsichtbare Hand den Agierenden dahin führte, Zwecke zu befördern, die außerhalb seiner Absichten lagen.[303] Möglicherweise wird das Gemeinwohl auf diesem indirekten Wege sogar besonders wirksam gefördert, wie es in satirischer Zuspitzung die Formel von Mandevilles „Bienenfabel" ausdrückt: *private vices – public benefits.*[304] Die Anwendung, die Adam Smith von dieser Denkfigur in seiner nationalökonomischen Theorie gemacht hat, ist zu klassischem Ansehen gelangt. Allein das Prinzip hat weit über den ökonomischen Bereich hinausgehende Bedeutung.[305] Das systematische Reflektieren eines das individuelle Handlungsbewußtsein übersteigenden sozialen Sinns der Handlung, das Rechnen mit einer hinter dem Rücken des Handeln-

---

[302] Smend 1968: 420f. (Hervorhebung DC).

[303] „He is in this, as in many other cases, led by an invisible hand to promote an end which was no part of his intention. Nor is it always the worse for the society that it was no part of it. By pursuing his own interest he frequently promotes that of the society more effectually than when he really intends to promote it" (Smith 1937, Book IV, Chap. 2).

[304] Mandeville 1988.

[305] Die Mandevillesche Kontrastierung, verbunden mit dem auch bei A. Smith durchschimmernden providentiellen Element, findet sich in allgemeinerem Zusammenhang, wie ich der Arbeit von Hölscher 1976: 106 entnehme, in der Einleitung von Vicos Scienza Nuova (1744): „Che tal pubblica virtù non fu altro che un buon uso che la provedenza faceva di si gravi, laidi e fieri vizi privati, perchè si conservassero le città ne' tempi che le menti degli uomini, essendo particolarissime, non potevano naturalmente intendere ben comune." Zu den weiteren geistesgeschichtlichen Entwicklungslinien vgl. Hasbach 1890: 3ff.

den wirkenden eigengerichteten Kraft, die „List der Vernunft"[306] oder was immer anstelle der „Vernunft" gedacht werden mag, hat in neuerer Zeit durchgehend die Sozialtheorie bestimmt und vor allem dazu gedient, dem komplexen Verhältnis zwischen latenten Eigengesetzlichkeiten und ihrer Wirkung durch die sozial bewußten Vorgänge hindurch gerecht zu werden. Die funktionelle Interpretation kann dabei auch umgekehrt werden: Es können in den zur Schau gestellten *public benefits* ideologiekritisch die *private vices* aufgedeckt oder die allgemeinen Funktionen als Mittel zur Befriedigung privater Interessen begriffen werden[307] – beispielsweise die öffentliche Religionsausübung instrumentell als Außenstabilisierung des allein wesentlichen religiösen Erlebnisses. Führt man aber den Begriff eines spirituellen Gemeinwohls ein,[308] so kann das Privateste als Repräsentation der wahren öffentlichen Belange erscheinen und so weiter.

Gerade auf die Mehrdeutigkeit und auch Ambivalenz der in den Bereichszuweisungen (öffentlich – privat) gewöhnlich versteckten Funktionsbehauptungen kommt es hier an. Denn damit rückt die Aufgabe der sozialen Verifikation in den Vordergrund. Nicht nur die Zurechnung zu der einen oder anderen Seite ist ja ungewiß; Beurteilungsfrage ist ebenso die zunächst als objektiv angesetzte Größe der Zweckmäßigkeit für „das Ganze" und ihre Kriterien. Jenseits meßbarer Teildaten wie der Höhe des Sozialprodukts ist kein Maßstab für ein gedachtes objektives Integral von Wohlergehen eines Gemeinwesens erkennbar. Schon die bloße Identitäts-Erhaltung (das Überleben) als „Faktum" ist ein Definitionsproblem grundsätzlicher Art. Im übrigen wäre kaum objektiv auszumachen, auf welche Zeiträume man die Gemeinsamkeit von Gemeinwohl und Gemeinwesen zu beziehen hätte – dies letztere vielleicht das gewichtigste und in seiner Bedeutung eher wachsende Problem.[309]

---

[306] So die berühmte Wendung G. W. Hegels, Die Vernunft in der Geschichte (2. Entwurf: die philosophische Weltgeschichte, 1830, Teil B, b; S. 105), auf dessen in diesem Zusammenhang entworfene Gloriole der großen historischen Gestalt, die bei ihrem Einherschreiten manche unschuldige Blume zertreten müsse etc., ich mich im übrigen hier nicht einlassen will.

[307] Vgl. Hegels Darstellung der bürgerlichen Gesellschaft als System der Bedürfnisse: Die Individuen haben als *Privatpersonen* ihr eigenes Interesse zu ihrem Zwecke. Dieser ist durch das Allgemeine vermittelt, das ihnen somit als *Mittel erscheint* (Hegel 1955 b, 12, §§ 182 ff., 187).

[308] Vgl. Dabin 1964, auch Anm. 281 und Text. Als klassisches Beispiel siehe die Gemeinwohlbestimmung des Thomas von Aquin in „De regimine principum" I, 14. Dort wird mit dem alten Bild der Steuerung eines Schiffes (gubernatio), das nicht nur auf der Fahrt intakt gehalten, sondern an seinen Bestimmungsort gebracht werden muß, die Vorstellung eines jenseitigen, außerhalb des Menschen, seiner Gesellschaft und Lebenshaltung liegenden Gemeinwohlzieles eingeführt.

[309] Die Anwendung des Funktionsbegriffes auf das Gesellschaftsganze in Analogie zum Funktionieren eines biologischen Organismus ist auf den Einwand gestoßen, damit sei man in der Frage eines objektiven Kriteriums der Zweckmäßigkeit letztlich an die Lebensfähigkeit verwiesen; in bezug auf Gesellschaftssysteme sei aber die Abgrenzung von Überleben (Bestandserhaltung), Tod (Zerstörung) und bloßer Verän-

Die praktischen Unsicherheiten jedenfalls dürften es im Rahmen politisch sinnvoller Rede ausschließen, von Gemeinwohl, öffentlichem Interesse, öffentlichen Funktionen oder Aufgaben anders als in Beziehung auf Zwecksetzungen bestimmter Beurteiler zu sprechen. Andererseits bleibt der Unterschied zwischen subjektiver Zwecksetzung und Fremdbeurteilung einer Handlung unter dem Aspekt ihrer Zweckmäßigkeit für andere bestehen. So ergibt sich das Problem, ob nicht in bestimmten Zusammenhängen praktische Notwendigkeiten nahelegen, den Gesichtspunkt objektiver Zweckmäßigkeit durch künstliche Vereinheitlichung eines Standpunkts zur Geltung zu bringen, die ungewisse Objektivität durch ein Verfahren inter-subjektiver Vergewisserung zu ersetzen, das als Urteil eines sozialen Subjektes gilt. Es wird dann nicht abgewartet, ob eine zwanglos sich aufdrängende Objektivität die wünschenswerte soziale Verbindung herbeiführt, sondern vorgreifend die soziale Objektivierung als *verbindliche* Feststellung von Gemeinzwecken autorisiert.

Als Lösung dieses Problems kann der Staat aufgefaßt werden: als Konstruktion eines sozialen Standpunkts, eines Subjekts verbindlicher Beurteilung und Identifizierung des Gemeinwohls, d.h. notfalls auch der zwangsweisen Durchsetzung gegen Widerstrebende. Der Staat ist Gemeinwohlorganisation als Zwangsorganisation.[310] Er ist also zureichend nicht durch seine Finalität, seine Ausrichtung auf die öffentlichen Dinge und das Gemeinwohl bestimmt – dies nur als Rahmenbedingung seiner Legitimität, im einzelnen hier nicht zu erörtern – sondern fast umgekehrt: durch sein Mandat, Finalität als Ausrichtung auf ein Gemeinwohl unter Zwangsandrohung näher zu bestimmen.[311]

---

derung bisher nicht gelungen; vgl. z.B. Carlsson 1968. Der Ersatzbegriff des gesellschaftlichen Gleichgewichts (für Stabilität, Gesundheit – aber vielleicht auch Erstarrung?) bringt keine Lösung, sondern wirft noch das zusätzliche Problem auf, ob das „Ganze" der Gesellschaft synchronisch oder auch diachronisch verstanden werden muß. Vom Standpunkt eines „Konfliktmodells" gegen Gleichgewichtsmodelle vgl. Dahrendorf 1967 b: 263 ff. Zum Problem des zeitlichen Horizontes vgl. Luhmanns Begriff der Gesellschaft als des auch zeitlich umfassenden Sozialsystems (etwa: Moderne Systemtheorien als Form gesamtgesellschaftlicher Analyse, in Habermas/Luhmann 1971: 7 ff.). Schließlich wäre noch an den im sogenannten „Positivismusstreit" umkämpften Begriff der „gesellschaftlichen Totalität" zu erinnern; vgl. Adorno 1974. Alle diese Theoriefragen können im Hinblick auf die politische Relativierung des Standpunkts, die im Text entwickelt wird, beiseite bleiben.

[310] Zwangsordnung, sagt H. Kelsen (z.B. Kelsen 1966; Kelsen 1965: 24 und passim), der übrigens die Begriffe Ordnung und Organisation für gleichbedeutend hält (Kelsen 1966, § 38 D, S. 269). Das Wort Organisation ist hier gewählt, weil es gegenüber der Abgrenzung die Koordination von Leistungen besser ausdrückt, sowie die Eigentümlichkeit, daß diese Leistungen auch und gerade der soziale Zwang selbst sein können. Zwangsorganisation hat den Doppelsinn einer mittels Zwangs bewirkten und zugleich den Zwang bewirkenden Ordnung. Angesichts der Mehrzahl der beteiligten Akteure ist das kein logischer Zirkel.

[311] Besonders deutlich hervorgehoben bei Schmitt 1964: 24 (zur Staatslehre Pufendorffs); wegen ihrer Prägnanz sei die Stelle hier im Wortlaut angeführt – mit dem Vorbehalt, daß bei diesen und ähnlichen Paraphrasen über den Satz „auctoritas non

Hiermit begründet sich, was oben schon bei der Begriffsgeschichte von „Politik" bemerkt wurde und was nun erst die Position Gandhis im Spannungsfeld von Politik und Religion erschließt: die Verlagerung von Bereichsumschreibungen auf die Frage der Handlungsform. Der Wortstreit um Bereichszuweisungen, um öffentlichen oder privaten Sinn der Religion insbesondere, ist atavistisch. Er verdeckt die Einsicht, daß für die Fragen politischen Handelns die grundlegende Unterscheidung nicht mit solcher Abgrenzung von Sphären und den entsprechenden Funktionen, Aufgaben oder „Aufträgen" getroffen ist – diese überschneiden sich, erscheinen verschieden in je verschiedenen Interpretationshorizonten, und eben dies ist das politische Problem – sondern daß es auf die Handlungsmodalität ankommt. Das Augenmerk wird auf sie gelenkt durch die beschriebene Reflexion der Unterscheidbarkeit von Motiv und Funktion, bzw. subjektiver und objektiver Zweckmäßigkeit, und die damit einfließende Variabilität der Interpretation. Der Perspektivwechsel entspricht völlig der oben erörterten Akzentverlagerung vom Zweck auf das Mittel bei Ausdehnung des zeitlichen Verständnishorizonts. Die Handlungsmodalität tritt als die den veränderlichen Zweckprojektionen gegenüber invariante, unmittelbare Gegebenheit hervor; an dieser Stelle muß, vor der Aufdringlichkeit der Endzwecke, die maßgebende moralisch-politische Unterscheidung gesucht werden.

Sie stellt sich dar als Unterscheidung zweier Grundtypen sozialen Handelns, je nachdem, ob der Handelnde auf die Verdrängung eines andern Willens aus ist – nämlich durch Brechung (Gewalt), Überformung (Zwang) oder Umgehung (List) – oder ob er dem andern auf freiwillige Reaktion hin entspricht. Habermas hat, zur grundsätzlichen Abhebung von diesem letzteren kommunikativen Handlungsmodus, den Begriff des *strategischen* Handelns eingeführt, eines Handelns, für das der Gegenspieler nicht (kommunikativ) als alter ego figuriert, sondern (monologisch) als bloßes Objekt. Der Begriff ist etwas anders entwickelt, aus einer Unterscheidung wert- und interessegeleiteten Handelns, wobei Interessen als divergierende Wünsche der Einzelnen, Werte als intersubjektiv geteilt und anerkannt gedacht sind.[312] „Strategisches Handeln" als Dauereinstellung entspricht dem, was oben (§ 8) in einer ersten Charakterisie-

veritas facit legem" von der im folgenden entwickelten Auffassung aus auf Präzisierungen, insbesondere beim Begriff der Entscheidung, bestanden werden müßte: „Daß es für das öffentliche Interesse nicht auf ein inhaltliches öffentliches Interesse ankommt, sondern auf die Entscheidung darüber, was als öffentliches Interesse gelten soll, ist auch bei Pufendorff unter dem Einfluß von Hobbes deutlich ausgesprochen. Er weiß, daß natürlich alle nur das allgemeine Beste, nur das öffentliche Wohl, Recht und Gerechtigkeit zu vertreten behaupten, aber die Frage ist, wessen Entscheidung in letzter und maßgebender Instanz entscheidend ist. Nicht auf den Zweck kommt es an, sondern auf die Entscheidung über die Mittel zu diesem Zweck."

[312] J. Habermas bei Habermas/Luhmann 1971: 251 f.; vgl. auch Habermas 1973: 37; Habermas 1976: 146, 160, 261 f.

rung politischen Handelns als planmäßige antagonistische Interessensverfolgung bezeichnet worden ist. Allerdings ist bei Habermas zunächst einmal an die Situation des wirtschaftlichen Konkurrenzkampfs gedacht, und sogar noch an die rein zweckrational, auch bei Interessendivergenz und Konkurrenz sich einspielende gesellschaftliche *Kooperation,* und nicht wie hier, an Willens-*kollision.* Doch ist diese, soweit die Interaktion zur direkten persönlichen Konfrontation tendiert, logisch mitumfaßt, wie eben im Feldherrngeschäft (Strategie) schließlich auch die offene Feldschlacht einbegriffen ist – der Fall, wo der fremde Wille oder sogar physisch der fremde Mensch aus dem Wege geräumt, überwältigt oder umgewendet werden muß. Es liegt etwas an der Breite des Spektrums, deshalb ist der Begriff „strategisches Handeln" nützlich; und doch ist es der hier herausgestellte und unter dem Aspekt des Verdrängens eines entgegenstehenden Willens zusammengefaßte Teilbereich, der Gegenpol kommunikativen Handelns, dem im Zusammenhang „Politik" eine besondere Bedeutung zukommt.[313] Die Rechtfertigung von „Politik" im herkömmlichen Sinne gründet in der Zulassung dieser Handlungsmodalität (neben, selbstverständlich nicht anstelle, der kommunikativen; als des tierischen, mit Machiavellis Vergleichsbild, neben dem menschlichen Gesicht der Politik).[314]

Eine solche Unterscheidung ermöglicht erst die sinnvolle Frage nach einer politischen *Kompetenz,* einen individuellen *Entschluß* zur *Entscheidung* für andere, d.h. ohne Rücksicht auf ihren Willen, verbindlich zu machen. Die berühmte Frage, wer entscheiden solle *(quis iudicabit? quis interpretabitur?)* ist erst die *zweite* politische Frage. Sie setzt eine Antwort auf die Frage der Handlungsmodalität schon voraus: ob nämlich überhaupt judiziert bzw. verbindlich interpretiert werden soll; ob irgend jemand in das Recht eingesetzt werden soll, für andere zwingend zu entscheiden, und – in der Praxis höchst wesentlich – in welchen Lebenszusammenhängen „entschieden" werden soll und in welchen nicht – ob beispielsweise in Fragen der Religion. *„Judicare"* im einzig hier relevanten Sinn ist nicht die persönliche Beurteilung als kognitive oder volitive Gedanken-

---

[313] Wie der Text erkennen läßt, zweifle ich, ob der von Habermas als logisch strenge Alternative eingeführte, zunächst rein negativ definierte Begriff („Das strategische Handeln ist ein Grenzfall des Kommunikativen ... Interessen sind wieder monologisch gewordene Wünsche", Habermas/Luhmann 1971: 252) nicht Übergänge zum kommunikativen Handeln zuläßt. Einerseits vereinigt er nach Art einer Residualkategorie unter sich sehr verschiedenartige Ausprägungen der Interessenverfolgung, andererseits geht möglicherweise die strategische „zweckrationale Einflußnahme auf die Entscheidungen konkurrierender Gegenspieler" (Habermas 1976: 261) in die Kommunikation über. Mit psychologischer Mehrstimmigkeit ist zu rechnen. Damit hängt die für Gandhi zentrale Schwierigkeit zusammen, Zwang von Kommunikation abzugrenzen. Eine grundsätzliche Unterscheidung zwischen Überzeugen und Zwingen als Formen sozialer Einwirkung (also unterhalb der Gewaltgrenze) ist auch entwickelt bei Matz 1975: 78ff. Hierauf, und besonders auf die Unterscheidung von Zwang und Gewalt, wird noch zurückzukommen sein. An dieser Stelle besteht aber ein Bedürfnis, alle nicht-kommunikativen Einwirkungen zusammenzufassen.

[314] Vgl. Anm. 187.

operation, sondern die sozial verbindliche Entscheidung einer Instanz; diese ihrerseits muß als ein auf Erzwingung eingerichteter Interaktionszusammenhang allererst konstruiert sein, d.h. eingesetzt durch unvertretbare Entschließungen Einzelner.[315]

Damit läßt sich das politische Problem der Religion genauer fassen als Frage an die Religion, ob sie das Prinzip der je eigenen, unvertretbaren religiösen Entschließung, ihr kommunikatives, nicht-monologisches Wesen, dem Anspruch auf einen normativ verstandenen Öffentlichkeitscharakter nachordnen und damit in den Schattenbereich politischen Zwanges treten will. Die Frage, in welchem Sinne das Ergreifen öffentlicher Rollen zur Politik wird, beantwortet sich nach der erreichten oder angestrebten Einschaltung in den Prozeß der *verbindlichen* Gemeinwohlbestimmung. Denn der Bereich der öffentlichen Aufgaben und Gemeinwohlfunktionen ist, wie dargelegt, kein gänzlich offenes Feld mehr für jedermanns gleichrangigen Auftritt. Man begegnet hier einem sozial organisierten Subjekt der privilegierten Gemeinwohlbestimmung: dem als Staat zentralisierten System von Verfahren, Gemeinwohlanstrengungen verbindlich anzuordnen und sich über die Individualitäten hinwegzusetzen in allen Zusammenhängen, in denen Verbindlichkeit überhaupt hergestellt wer-

---

[315] Da Anlaß besteht, auf den Unterschied der Bedeutungen zu achten, soll hier der Gebrauch des Substantivs „Entscheidung", soweit angängig, vermieden werden, wo nur von persönlicher Entschließung, der Selbstbestimmung des Subjekts, dem Wählen einer seiner Möglichkeiten die Rede ist. Entscheidung im strengen Sinn soll eine für andere verbindliche Bestimmung bezeichnen, die Entscheidung einer Instanz. Fernzuhalten ist weiter die dritte Bedeutung von „Entscheidung" als objektives Resultat, Ausgang einer Krise (die Entscheidung, die „fällt"). Die Unklarheit hängt mit der das Subjekt verschweigenden passivischen Substantivbildung zusammen; in der Verbform unterscheidet auch die Umgangssprache, ob jemand *entscheidet*, jemand *sich entscheidet* oder „es" *sich entscheidet*. Klar benannt sind die drei Grundbedeutungen bei Koselleck: „Die Entscheidung, im Sinne eines endgültigen Ausschlags oder eines Urteilsspruches oder einer Beurteilung überhaupt" (Koselleck 1959, Anm. 155 zu S. 86).

Das Ineinander dieser drei von völliger Subjektivität bis zu völliger Objektivität reichenden Bedeutungen hat dem Wort seine suggestive Kraft gegeben – wenn man einmal absieht von assoziativen Beimengungen, dem Pathos einer fakten-setzenden Entschiedenheit oder eines eschatologisch gefärbten Entweder-Oder. Allein schon die Verbindung der drei Bedeutungen suggeriert den Anschein, als sei „Entscheidung" notwendige Station jeder Übersetzung von Allgemeinem ins Besondere, der notwendige kreative Schritt der Realisierung als Konkretisierung. Nur so kann sich eine Formulierung ergeben wie Carl Schmitts Satz „Die Rechtsordnung, wie jede Ordnung, beruht auf einer Entscheidung und nicht auf einer Norm" (Schmitt 1934: 16).

Im Sinne der hier hervorgehobenen Bedeutungsunterschiede beruht vielmehr jede Entscheidung auf einer Ordnung: sie zieht ihre entscheidende Kraft (Verbindlichkeit) aus der Einrichtung einer Kompetenz, d.h. auch der Normierung eines Spielraums zur näheren Bestimmung, die letztlich aus autorisierenden Willensakten hervorgeht, die nicht ihrerseits „Entscheidungen" sind. Besonders klar zu diesen Zusammenhängen Hart 1961: 132 ff.

den soll, rechtlich also: der *Kompetenz* der ausdrücklichen und allein verbindlichen Festsetzung festsetzungsbedürftiger Gemeinwohlzwecke als Vollmacht zur Durchsetzung gegen Widerstrebende.[316] An dieser Stelle entscheidet sich das Verhältnis von Politik und Religion. Soweit Politik bei aller Erweiterung, Komplizierung ihres Gegenstandes und der Steuerungstechniken letztlich durch staatliche Herrschaft, den Kampf um staatliche Herrschaft und die Eventualität von äußerem Zwang bis hin zur Gewalt charakterisiert bleibt, lautet die politische Gretchenfrage an die Religion – nicht: Öffentlichkeit, Weltbezug oder private Innerlichkeit, sondern: Wie hältst du's mit der Gewalt?

§ 13 Zur politischen Theologie

Die kardinale Bedeutung dieses Punkts ist, wie mir scheint, unabhängig von besonderen Prämissen Gandhis gegeben. Eher läßt sich sagen, daß dessen ausdrückliche Insistenz sie als eine allgemeine Bedingung unübersehbar gemacht hat. Es ist ja wohl unstreitig davon auszugehen, daß die Epoche der politischen Verbandsreligion, der Stammes-, Volks- und Reichsgottheiten, vergangen ist, und daß die Relevanz der einzelnen Religion sich heute nach dem Grad ihrer universalistischen Formulierbarkeit bemißt. Eine nur scheinbare Ausnahme macht die modernisierende Benutzung besonderer Religionstraditionen als nationalistischer Symbolismen in den verschiedenen Risorgimento-Bewegungen Asiens, deren indische Variante oben zur Sprache kam; bei diesem neuartigen Phänomen spielt die jeweilige Religion die Rolle eines Nationalität herstellenden Kommunikationsmediums, entzieht sich aber so wenig den epochalen universalistischen Anforderungen, daß sie vielmehr unter dem Aspekt universeller Gültigkeit mit anderen Religionen apologetisch oder aggressiv in einen Wettstreit tritt. Die Explosivität dieser Mischung und die Anstrengungen Gandhis, sich ihren Gefahren durch einen zweifachen, die Nationalreligion transzendierenden Religionsbegriff zu entwinden, sind schon erörtert worden.

Allgemein aber gilt, daß der kategorische Wahrheitsanspruch jeder universellen, zu einer Weltsicht theologisch entwickelten Religion bei einer Vermengung mit den gewaltbestimmten politischen Partikularisierungen die Gefahr einer Denaturierung nach beiden Seiten mit sich bringt. Für die Politik ist die Aussicht, Gewalt durch Verhältnis-Beziehung auf konkrete Zwecke zu begrenzen, mit der Einführung nicht-endlicher Zwecke bedroht, für die letztlich jedes Mittel recht sein muß. Für die Religion bedeutet es eine Gefährdung der

---

[316] Der Aspekt des staatlichen Monopols zur rechtsverbindlichen Definition ist bei Sohm in der Anm. 297 herangezogenen Schrift scharf herausgearbeitet: der Rechtsbegriff der Kirche ist ein anderer (nämlich vom Staat festgesetzt) als ihr eigener Lehrbegriff (Sohm 1975: 22); die Kirche ist ethisch gleich*berechtigt* mit dem Staat nur, insofern sie durch Rechtssätze als ethisch gleichberechtigt *gesetzt* (anerkannt) ist (ibid.: 32). Als Kontrast hierzu etwa die ebenfalls Anm. 297 zitierten Sätze Smends.

Universalität, der metaphysischen Weltverbindlichkeit ihres Anspruchs, wenn die Distanz zu politischen Besonderungen nicht gehalten werden kann. Wo Religion als solche sich offen mit Parteien potentiell gewaltsamer Auseinandersetzungen identifiziert, gibt sie das dem Universalitätsanspruch korrespondierende Prinzip der unvertretbar persönlichen Entschließung zugunsten „strategischen Handelns" auf. Wie sie solchermaßen das Menschenrecht mißachtet, kann sie auch für sich dem politischen Gegner gegenüber den Anspruch auf Religionsfreiheit nicht mehr halten, und mit dem Menschenrecht im Grunde nicht mehr den Menschheitssinn religiöser Wahrheit.

Dieser innere Grund des Trennungsprinzips ist unverändert gültig. Seine Durchführung begegnet freilich einer neuen Art von Schwierigkeiten, mit denen das Auftreten der neueren politischen Theologie zusammenhängt. Mit der oben (§ 6) erwähnten Profanierung der Religionen verliert die spezifisch religiöse Differenz im selben Maße, wie der gehegte Symbolbereich des Sakralen verlassen, wie die Religionsausübung auch in profaner Praxis als unausdrücklicher Darstellung religiösen Sinnes umfassender gesehen und der geistliche Zweck in der Verhüllung des weltlichen gesucht wird, ihre Stütze an einer einfach zu vollziehenden äußeren Trennung der Aktionsfelder.[317] Die einstige Emanzipation profaner Politik wird darin von der religiösen Säkularisierung wieder eingeholt. In diesem Prozeß löst sich auch die Fixierung auf religiöse Kompetenz bei Institutionen wie Kirchen, Tempeln, Priestertum mit ihren Traditionen zunehmend auf zugunsten einer der staatsfreien sozialen Öffentlichkeit verwandten Sphäre freier Religiosität. Für Indien und die Situation Gandhis gilt dies nicht minder als für die westliche Welt.[318] Während nun aber der Charakter des Religiösen eher im universalistischen, sinnstiftenden Transzendieren der „Welt" gesucht wird als in einzelnen Herausnahmen und sakraler „Extraterritorialität", während also einerseits religiöse Besonderheiten weltlichem Handeln weniger gegenständlich im Wege sind, kann andererseits überall, ohne sichere Begrenzung, religiöse Bedeutsamkeit sich zeigen, kann unver-

---

[317] Es ist dieser vom Selbstverständnis der Religion bestimmte, ausgeweitete Begriff von Religionsausübung bzw. Glaubenspraxis, den das Bundesverfassungsgericht – überraschenderweise – gerade für den Bereich der Glaubens- und Gewissens*freiheit* rezipiert hat; vgl. BverfG 32, 98ff. (106) vom 19.10.1971; 33, 23ff. (28) und vom 11.4.1972. Das Gericht will zur Glaubensfreiheit auch ein Recht des Einzelnen zählen, „sein gesamtes Verhalten an den Lehren seines Glaubens auszurichten und seiner inneren Glaubensüberzeugung gemäß zu handeln". Damit wäre die in einer langen Tradition gefestigte Beschränkung dieser *rechtlichen Freiheit* auf die beiden Äußerungsformen des Bekennens (Propagierens) und des Kultus aufgegeben.

[318] Vgl. aus dem christlichen Bereich die Tendenzen innerhalb Theologien „der Veränderung", Trennung von der Kirche als Weg zur Wiedergewinnung der Freiheit christlichen Handelns anzusehen, Bericht bei Rendtorff/Tödt 1968: 54ff.; für ein früheres Zeugnis dieser Art liegt es hier nahe, auf die Kirchenkritik Tolstois zu verweisen, wo die Kirche als solche, die Kirche, soweit sie Kirche ist, geradezu als Haupthindernis der Ausbreitung religiöser Wahrheit erscheint; vgl. etwa Tolstoi 1903, 6: 97ff.

sehens jede Sache als religiös exemplarisch aufgegriffen werden. Die Politik ist davor nie sicher; daß irgendeine politische Frage der religiösen Relevanz a priori entrückt wäre, läßt sich kaum mehr sagen.[319] Alles kann gewissermaßen *res mixta* sein – der weltliche Zusammenhang freilich, ob politisch im engeren Sinne oder sozial, ist das im Blickfeld politischer Konkurrenten (Gegner) allein Sichtbare.

Es kann dann, entsprechend dem exemplarischen Charakter der einzelnen religiösen „Sache", darauf ankommen, durch eine mindestens zeichenhafte Unterscheidung in der Methode die Inkommensurabilität des spirituellen Zusammenhangs äußerlich faßbar und anwesend zu machen.[320] Im erweiterten Rahmen hieße das für die Religion Abkopplung von Handlungssystemen politischen Zwanges, von Staats-Gewalt ebenso wie von Widerstands- oder allgemein Gegen-Gewalt. Denn angesichts des – berechtigten – Ideologieverdachts gegen jede offiziell firmierte Sinnbestimmung ist eine Unterscheidung im Bereich des unstreitig Realen, der gegenwärtigen Vorgehensweise, gewissermaßen als Pfand-Einsatz das allein Überzeugende. Anders bliebe der in profan-öffentliche Verantwortung sich vorwagenden Religion kaum erspart, entweder für eine besonders machiavellistische oder aber für eine mit dilettantischer Intransigenz aufgeheizte Spielart des Politischen zu gelten.

Die Distanzierung in der Methode beseitigt zugleich real den Grund der Explosivität einer Verwicklung von Religion und Politik. Sie ist also um so mehr angezeigt, je mehr die Aktionsgebiete äußerlich ununterscheidbar werden. In allem aber verbirgt sich der innere Sachverhalt, daß aus Gründen der Substanz die religiöse Unterscheidung von der Politik in der Handlungsform ihren innerweltlichen Ort hat, nicht in der Abzirkelung vorbehaltener Jurisdiktionsbereiche.

---

[319] Die bei Gelegenheit kirchlicher Stellungnahmen zu politischen Fragen, etwa bei Hirtenworten katholischer Bischöfe oder Denkschriften der EKD, regelmäßig neu aufbrechende Diskussion, ob die Kirchen sich zur „Tagespolitik" äußern dürften, trägt deutliche Züge des geistigen Nachhutgefechts. Feste Kompetenzschranken lassen sich hier von außen, vom politischen Standpunkt nicht angeben. Es ist rein geistliche Ermessens- bzw. Taktfrage, insoweit der innerreligiösen Kritik natürlich zugänglich, wie weit konkrete Lebensentscheidungen mit religiösem Gewicht belastet werden sollen; die „öffentliche Theologie" hat wohl darin recht, daß ein grundsätzlicher Unterschied zwischen Fragen des sozialen und des privaten Lebens in dieser Beziehung nicht besteht. Zu den Denkschriften der EKD insbesondere Huber 1973: 579 ff.

[320] Demgegenüber ist bei Carl Schmitt insbesondere für die Lage des deutschen Protestantismus nach dem Ersten Weltkrieg gefolgert, daß die liberale Trennung von geistlich und weltlich, von Religion und Politik durch die Erschütterung der Entscheidungsinstanzen Kirche und Staat aufgehoben worden sei, „weil es sich bei der Trennung von Staat und Kirche um die Zuständigkeiten von juristisch institutionalisierten Subjekten, nicht um eine sachlich verifizierbare Unterscheidbarkeit von Substanzen handelte" (Schmitt 1970: 18 f.).

Die Dimension dieser Frage und die Konsequenzen eines Sich-Einlassens mit der Gewalt als politischer Alternative zur Kommunikation scheinen mir weithin in der (neueren) politischen Theologie und insbesondere der Theologie der Revolution unterschätzt zu sein.[321] Deren relatives Verdienst liegt nicht in der fragwürdigen Ermutigung zu rückhaltlos politischer Parteinahme, sondern in der Aufdeckung latenter politischer Parteinahme auf seiten der traditionellen Theologie. Wenn die Legitimität einer bestimmten Staatsordnung oder des Staats überhaupt Gegenstand des politischen Streits ist, kann die theologische Rechtfertigung „der" Ordnung bzw. Obrigkeit Gefahr laufen, zur politischen Option für eine der streitenden Gewaltparteiungen zu werden, mithin nicht mehr als Rechtfertigung einer Ordnung des *Ganzen*, sondern der Un-Ordnung zu erscheinen, die in der Dienstbarmachung der Ordnungsgewalt durch eine bloße Streit*partei* besteht.

Es sind dies Situationen, in denen die neuzeitliche General-Legitimation der Staatsgewalt als Gegen-Gewalt im Blick auf ihre abstrakt postulierte Funktion der Unterdrückung lebensverletzender Privatgewalt aufgehoben scheint, entweder von selbst durch evidenten Mißbrauch in concreto oder durch Angriffe grundsätzlicher Herrschaftskritik. Dann erscheinen die Relationen von Zweck und Mittel geradezu verkehrt, staatliche Gewaltausübung nicht mehr als Dienerin des Rechtsfriedens, als minimierter Rest unvermeidlichen Übels quasi in verhüllter Gestalt, sondern umgekehrt staatliches Recht als Diener einer eigentlichen Gewalttätigkeit der Herrschaft,[322] der Rechtsfriede als Maske organisierter Lebensverletzung. Für die Stellung der Religion in solchem Legitimitätsstreit kommt es darauf an zu sehen, daß das Auftreten des Streits selbst, die Frage wieweit die Staatsordnung in Streit gezogen werden oder ihre Legitimität behaupten *kann*, von der *Wirkung* der Kritik bzw. der Verteidigung als politischem Faktum abhängt, nicht unmittelbar jedenfalls von ihrer Berechtigung oder theologischen Beurteilung; denn darin, daß die Beurteilung nicht beide Seiten überzeugt, besteht der Streit.

Mit dem aufkommenden Bewußtsein, daß das staatliche Recht selbst, auch in seiner Ordnungsfunktion als Gestalt des äußeren (irdischen), durch Rechtsgewalt erzwungenen Friedens, Sache des Zweifels, der politischen Parteiung

---

[321] Exemplarisch für eine verbreitete Bedenkenlosigkeit in diesem Punkt die Formulierungen Moltmanns (auch von Schrey 1972: 67 zustimmend zitiert): „Das Problem von Gewaltanwendung und Gewaltlosigkeit ist ein Scheinproblem. Es gibt nur die Frage nach berechtigter oder unberechtigter Gewaltanwendung und die Frage nach der Verhältnismäßigkeit der Mittel gegenüber den Zielen" (Moltmann 1969: 77). Es gibt, möchte man dazu sagen, neben der alten Frage, wer im konkreten Fall über Ziele, Verhältnismäßigkeit und Berechtigung entscheiden wird, die vielleicht noch bedenkenswertere Frage, wer und welcher Art Gesichtspunkte zu derartigen Entscheidungen und zu Einteilungen in Zwecke und Mittel autorisieren, bei denen notwendig auch Menschen unter die Mittel gerechnet werden.

[322] Für eine klare Explikation der Möglichkeit einer derartigen Legitimitätskrise vgl. Matz 1975, Abs. III und, von daher, seine Fragestellung S. 7 ff.

und des Streits sein kann, folglich das Problem politischer Gewalt nicht durch
die Verweisung an den obrigkeitlich geschaffenen Rechtsfrieden aus der theologischen Welt zu schaffen ist, kann sich für die Religion die Notwendigkeit
ergeben, nach allen Seiten hin, einschließlich der Seite der Ordnungsdurchset-
zung,[323] von den spezifischen Gewaltmitteln Abstand zu halten. Doch der Verwicklung in einen politischen Konflikt ist auch dann nicht sicher zu entgehen:
Auch die Absage an Gewalt ist selten situationsneutral, sie ist fast unweigerlich
jeweils der einen Gewaltpartei von Vorteil, der andren nachteilig. Es bleibt
dann die Aufgabe, fallweise die spezifische Distanz zu finden, immer aber den
Unterschied zu verdeutlichen zwischen der Hinnahme des Unvermeidlichen
oder aber seiner naiv-fröhlichen Bejahung. Die Religion *kann* jedenfalls das
Bestreben wahren, *für sich* mit Gewaltausübung nicht verwechselt, für ihre Legitimierung nicht verwendbar zu werden.[324] Sie kann vermeiden, selbst Gewalt
zu organisieren bzw. den weltlichen Arm (gleichviel ob den staatlichen oder

---

[323] Der Ausdruck Ordnungs-, nicht Rechtsdurchsetzung ist hier gewählt, um das Problem der Etablierung eines politischen Friedenszustandes nicht von vornherein mit
Fragen des individuellen Rechtszwanges im Normalbereich von straf- oder zivil-
rechtlichem Konfliktaustrag zu belasten. Für eine mögliche Distanzierung religiösen
Lebens auch von diesem Bereich vgl. immerhin 1. Kor., 6.

[324] Damit ist eine Haltung mindestens inhaltlicher Reserve, des Nicht-Billigens und
Nicht-Verurteilens gemeint, nicht etwa das, was U. Scheuner „den Weg der beglei-
tenden Rechtfertigung" unter Vermeidung eigener Teilnahme nennt (Scheuner
1973: 575). Zum Beispiel überzeugt es wenig, wenn bei grundsätzlicher Billigung
des Kriegswesens institutionelle Privilegien wie die Freistellung der Geistlichen vom
Wehrdienst in Anspruch genommen werden, vgl. § 11, I Nr. 1–3 Wehrpflichtgesetz.
Eine solche Lösung durch rein standesethische Differenzierung ist kein „Zeichen",
sondern eine Verschleierung des universalmenschlichen Problems. Zur Rolle der
Kirchen in der Militärseelsorge vgl. Huber 1973: 133 ff.
　　Beispiele für Formulierungsversuche zum Gewaltproblem im Sinne vorsichtiger
Distanznahme: Gollwitzer 1969. Hier wird eine Teilnahme der Christen an legaler
Gewaltausübung für unvermeidbar, gleichzeitig aber eine Verweigerung der Beteili-
gung an tötender Gewalt, vornehmlich aber kollektiver tötender Gewalt in Krieg
oder Revolution, als Zeichen (Erinnerung an den Notcharakter jeder Gewalt) für
sinnvoll gehalten.
　　Auch in der Thesenreihe der Kammer der EKD für öffentliche Verantwortung,
„Gewalt und Gewaltanwendung in der Gesellschaft" (1973), wird die besondere
Problematik der kollektiven Gewaltanwendung herausgestellt und versucht, die
sozialethische Beurteilung von der Frage zu lösen, ob „auf der einen Seite einer gesellschaftlichen Auseinandersetzung der Staat steht" (Nr. 5). Kollektive Gewalt wird
nur als ultima ratio in Betracht gezogen und auch hierbei auf die Unausweichlichkeit
der Verwicklung in die faktisch jeweils schon vor sich gehende Gewaltanwendung
abgehoben. Der christliche Aufruf zur Gewaltanwendung wird in jeder Lage ausgeschlossen (Nr. 11), für Widerstandsituationen gewaltfreien Aktionen der Vorzug gegeben (Nr. 8). Als typisch für die Bemühung zurückhaltender Formulierung nach
beiden Seiten mag hier der Satz stehen (Nr. 4): „Der Entschluß, sich gegen institutionalisierte Unterdrückung gewaltsam zur Wehr zu setzen, kann von einer christlichen Ethik, die ein Recht zur Notwehr und Nothilfe anerkennt, nicht von vornherein verurteilt werden."

einen revolutionären) für ihre Zwecke in Anspruch zu nehmen, direkt zur Gewaltanwendung aufzurufen oder die Gewalttätigen anzufeuern. Nicht nur antiquierte Ideen wie Kreuzzug oder *Jihad* wären in dieser Perspektive Fragwürdigkeiten, sondern jede Art von Staatsfrömmigkeit der Religion in der Heiligung etwa der Strafjustiz oder des Kriegswesens (religiöse Forderungen auf staatliche Bestrafung bestimmter Delikte, Segnen von Waffen, Gebete um Sieg und dergleichen mehr).

Dem staatlichen Prinzip der Nicht-Identifikation[325] spiegelbildlich wäre seitens der Religion ihr eigenes – theologisch von viel weiter her zu denkendes und das staatliche wechselseitig begründendes – Prinzip der Nicht-Identifikation mit der politischen Gewalt klarzustellen.[326] Wie der politische Verband gegenüber der Identifizierung religiöser Partikularinteressen mit dem Gemeinwohl durch „Öffentlichkeitsansprüche" ein eigenes Interpretationsrecht geltend machen muß, so besteht spiegelbildlich auf seiten der Religion eine alte Sorge jedenfalls christlicher Theologie, sich vom „Anspruch" politischer Verhältnisse auf theologische Beachtung, wie er in der politischen (öffentlichen) Theologie laut wird, nicht als verweltlichte „politische Religion" vereinnahmen zu lassen, das heißt nicht in der Ideologisierung partikulärer politischer Zustände der Vergangenheit, Gegenwart oder Zukunft verbraucht zu werden.[327] Das Prinzip der inneren Fremdheit zwischen Staat und Kirche (Religion) gehört nicht nur, wie Smend zu verstehen gibt, einer geschichtlich überholten liberalen Ordnung an.[328] Paradoxerweise hätte die Religion gerade mit fortschreitender Säkularisierung, das heißt De-Sakralisierung und Assimilation ans Weltliche, darauf zu achten, den (Herrschafts-)Dingen dieser Welt innerlich fremd zu sein *(isto peregrinus in saeculo)*[329] – wenn sie überhaupt etwas sein will.

---

[325] Krüger 1964, § 14, III.

[326] Bei W. Huber klar ausgesprochen für das Verhältnis des Evangeliums zu den „partikularen gesellschaftlichen Interessen" (Huber 1973: 200). Allein auch die säkulare politische Gewalt muß von der Religion her doch wohl als ein solches gesellschaftliches Teil-Interesse angesehen werden.

[327] Dies bekanntlich schon der Entstehungszusammenhang von Augustins „De civitate Dei"; vgl. Duchrow 1970 a: 247 ff.; Maier 1969: 68 f. Vom Standpunkt der neueren theologischen Versuche Moltmann 1970. Vgl. auch Scheuner 1973: 575. Klar zur Unterscheidung der Aspekte E. W. Böckenförde: „Gestattet die staatliche Rechtsordnung die Wahrnehmung eines politischen Mandats der Kirche, so begründet das noch nicht dessen innerkirchliche, theologische Legitimation, ebenso wie umgekehrt ein staatlich-rechtliches Verbot eines solchen Mandats dessen innerkirchliche Legitimation nicht aufzuheben vermag" (Böckenförde 1973: 208).

[328] Smend 1968: 414.

[329] Augustin, De civitate Dei, XV, 1.

Kapitel 4

Religiöses vs. politisches Handeln

§ 14 Die Besonderheit einer politischen Ethik als Pflicht zur Gewalt. „Verantwortung" bei Max Weber

Es ist im Vorangegangenen dargelegt worden, daß heute wie früher die Trennung der Institutionen von Kirche und Staat und verwandte Erscheinungen nur Ausdruck einer tieferen Notwendigkeit sind, die Materien Religion und Politik voneinander zu sondern, sie vor bestimmten gefährlichen Vermischungen zu bewahren. Als eigentlicher Grund ihrer notwendigen Unterscheidung zeichnet sich – seit alters, aber inzwischen deutlicher – die im Unterschied ihres Ziels angelegte Verschiedenheit ihrer spezifischen Handlungsmodi ab. Zugleich scheint nirgend so wie darin sich eine weltlich augenfällige und in diesem Sinne reale Unterscheidbarkeit festmachen zu lassen: dann nämlich, wenn es das alleinige Vorrecht der Politik bleibt, mit strategischem Kollisionshandeln (List, Zwang, Gewalt) im Interesse der Durchsetzung von Partikularität zu operieren, während andererseits Religion, als universalisierendes Interesse, sich grundsätzlich hiervon freihält. Nachdem bisher die Gefahren herausgestellt worden sind, die nach wie vor eine Verwischung des Unterschieds in der Weise einer Einmengung von Religion ins Geschäft der Gewalt mit sich bringt, ist nunmehr die Erörterung an einen Punkt gebracht, an dem sinnvoll die umgekehrte Frage gestellt werden kann, um die es hier eigentlich zu gehen hat: ob von der Seite der Politik her die Trennung ohne Schaden aufgehoben werden kann, indem Politik sich der Möglichkeit von „Gewalt" begibt. Damit kehrt die Betrachtung zu der eingangs gestellten Frage zurück, ob Gandhis besondere Mischung von Religion und Politik eine gefährliche Naivität oder ein Primitivismus, etwas okzidentalem Denken Nachvollziehbares oder ein inkommensurabel „orientalisches" Phänomen ist, oder um was es sich dabei handelt.

Durch die analysierte Reduktion auf die Handlungsmodalität präzisiert sich die Frage. Man erinnert sich, daß Gandhi den religiösen Charakter seiner politischen Aktionen gerade durch ihre Gewaltfreiheit bedingt sah und daß überhaupt, verallgemeinert, sein Versuch, Politik mit Religion zu verbinden, politisches Handeln als Teil des religiösen zu legitimieren, genau auf diesen Punkt zielt. Was kann es aber heißen, bei der Vermischung der Aktionsbereiche den einzig kenntlichen Unterschied, den der Handlungsformen, einzuebnen? Wird damit Politik als eigene Möglichkeit sozialen Handelns nicht aufgehoben bzw. ununterscheidbar mit Religion auf die rein kommunikativen Formen des Handelns verwiesen, vorzugsweise der Diskussion? Muß vor politischem Gemeinschaftshandeln die freie Zustimmung jedes in Betracht kommenden (Diskussions-)Partners erlangt werden, und bleibt als Alternative zu Palaver und Handlungsaufschub nur die ohnmächtige symbolische Einzelaktion bzw. die duldende Aufopferung? In Interpretationen westlicher Beobachter scheint sich gelegentlich, vielleicht im Gedanken an die Ausdrucksweise Tolstois,[330] eine solche Auffassung anzudeuten – obgleich Gandhis politische Existenz als Gesamtphänomen dem beredt widerspricht – folgerichtig wird dann seine politische Praxis als Abgleiten vom religiösen Ideal kritisiert.[331] Das war sicher die Meinung vieler britischer Kolonialbeamter, die den schwer kalkulierbaren Gegenspieler unbefangen als Heuchler ansahen.[332]

Was ist Politik, die auf ihr spezifisches Mittel, die Gewaltsamkeit, verzichtet? Eine solche Frage kann, im hier gegebenen Zusammenhang, nicht durch bloße Beschreibung erledigt werden, sondern muß uns nochmals an den Punkt führen, an dem der Gewaltgebrauch in der Politik, oder aber der Verzicht auf Gewalt, ethisch begründet wird. Denn wenn das praktische Resultat, Erfolg und Risiko, ein ausschlaggebendes Beurteilungselement spezifisch politischer Ethik ist – und hierauf legen gerade die neuzeitlichen Rechtfertigungstheorien, in der Unterscheidung von Motiv und Funktion und der „Verantwortungsethik", besonderes Gewicht –, dann ist die Konsistenz politischen Handelns keine ethisch neutrale Frage, der Verzicht auf das bedenkliche Mittel nicht einfach Sache der Großzügigkeit. Konsequente, Gewalt und List nicht scheuende Politik wird unter dem ethischen Maßstab des Erfolgs nicht nur als ein Recht, sondern als Pflicht in Betracht kommen müssen. Das Problem der Trennung von Religion und Politik stellt sich nach beiden Seiten mit gleichem ethischen Ernst. Der Verzicht auf Gewalt steht nicht als Zugeständnis an die Religion frei, sondern bedürfte nicht weniger der Rechtfertigung als die – politisch beherrschte – Gewalt.

So ist nun nochmals zuzusehen, ob sich die Position Gandhis mit „Verantwortungsethik", wie sie zunächst einmal in der Skizze Max Webers diskutierfähig vorliegt, in genauere Beziehung setzen, möglicherweise ihr Verhältnis und ihre eigentliche Bedeutung weiter aufhellen läßt.

Oben ist, von Gandhi her argumentierend, gegen die verantwortungsethische Rechtfertigung der Gewalt eingewendet worden, daß ihre Basis, die Un-

---

[330] Tolstoi formuliert sein sozialethisches Programm fast ausschließlich negativ: Nicht-Widerstehen dem Übel, Nicht-Teilnahme an der Tätigkeit der Regierungen, Steuerverweigerung, Nicht-Inanspruchnahme staatlichen Schutzes (vgl. Tolstoi 1911a: 109 f.); charakteristischerweise auch Nicht-Lügen, Befreiung von der Lüge (eher statt: die Wahrheit verbreiten), folglich Verzicht auf das Eigentum als auf eine Wahnidee (Tolstoi 1902, 2: 174 ff., 230 ff.). Über die eine wesentliche Ausnahme und das Verhältnis zu Gandhi vgl. § 17 und Anm. 478 ff.

[331] Für Arbeiten von Niveau, die dieses Mißverständnis enthalten, vgl. Anm. 270.

[332] Als prominenter Zeuge mag hier Lord Wavell stehen, dessen Tagebücher als Vizekönig von Bemerkungen der folgenden Art voll sind: „I have always held of Gandhi, that his professions of non-violence and saintliness are political weapons rather than natural attributes" (Wavell 1973: 342, Eintragung vom 28.8.1946).

terordnung und letztliche Unerheblichkeit der Mittel gegenüber „End"zwek-
ken, fragwürdig sei. Der Einwand träfe indessen, wie jetzt schon deutlich ist, in
Max Webers Sicht nur die eine Hälfte des Problems. Man wäre versucht zu sagen, daß das Recht zur Gewalt durchaus zweifelhaft sein und daß dennoch,
paradoxerweise, die Pflicht zur Gewalt, die moralische Zwangslage, überwälti-
gend werden könne. Unmißverständlich in diesem Sinne äußert sich Max Weber: „Du *sollst* dem Übel gewaltsam widerstehen, sonst ... bist du für seine
Überhandnahme *verantwortlich*."[333]

An dieser Stelle freilich wird es unumgänglich, aufzuklären, was eigentlich
mit „Verantwortung" gemeint ist. Die etwas kryptische Umschreibung, daß
man für die Folgen seines Handelns aufzukommen habe,[334] bedeutet mehr –
das läßt der Zusammenhang merken –, als daß die Handlung an ihren Auswirkungen, jenseits des bloßen Vollzugs, ethisch gemessen wird. Die Pointe der
Gegenüberstellung zur Gesinnungsethik liegt in der stillschweigenden Implikation, daß man auch für solche Konsequenzen „aufzukommen hat", die sich aus
beeinflußbaren Handlungen anderer Personen ergeben, verkürzt also: nicht
nur für *seine*, sondern auch für *fremde* Handlungen, jeweils nach dem Erfolg beurteilt. Die Übernahme von Verantwortung bedeutet, daß man auch für den
natürlichen Verantwortungsbereich anderer Handelnder einstehen will. Aus
solcher Verantwortung folgt die Pflicht, mit Urteil und Willen auch „für" andere (in des Wortes doppelbödiger Bedeutung) zu handeln, das heißt das eigene Urteil und den eigenen Willen an die Stelle des anderen zu setzen, gegebenenfalls diesen zu zwingen.

Die mit der Übernahme der Verantwortung für andere angemeldete Füh-
rungs-, ja Herrschaftsprätention, das gedankliche Beiseiteschieben des andern
ist in Webers Argumentation zwar unausdrücklich, aber doch deutlich gegenwärtig; es verrät sich in den Wendungen, wo mit Selbstverständlichkeit das
Problem in der Dummheit der anderen Menschen, den ethisch überwiegend
gemeinen Motiven einer Gefolgschaft, insgesamt „jenen durchschnittlichen
Defekten der Menschen" gesehen wird, mit denen der Politiker zu rechnen
hat.[335] Deshalb ist Verantwortungsethik die Ethik des Politikers, der Macht erstrebt,[336] nämlich Macht über andere Menschen. Und deshalb ist bei Weber
eine Erörterung der Legitimationsweisen vorausgegangen, nämlich der Kategorien, in denen der mit Verantwortung beanspruchte Beurteilungs*vorrang*
mindestens so vielen anderen plausibel gemacht wird, daß der Rest gezwungen
und Herrschaft etabliert werden kann.

Mit der Anordnung des Stoffs ist bei Weber erreicht, daß die Legitimationsfrage als soziologische Typisierung von Legitimationsmodi behandelt werden
kann, ehe die Berechtigung politischer Herrschaft überhaupt, unter dem

[333] Weber 1971: 550 f.
[334] Ibid. 552.
[335] Ibid. 552, 554, 556.
[336] Ibid. 507.

Schleier von „Verantwortung", zur Sprache kommt. Für eine ethische Begründung des Verantwortungs*anspruchs* genügt dies nicht. Wo eine solche erwartet werden müßte – und sei es nur als formaler Umriß möglicher, intersubjektiv ermächtigender Verantwortungsziele –, da verschleiert sich Webers Diktion in das Pathos des nur dem Schicksal, der Geschichte, dem eigenen Dämon oder Gott weiß wem „verantwortlichen" großen Mannes, desjenigen, der über seine letzten Gründe nicht mehr antworten müssen will.[337]

§ 15 Rückführung dieser Problemfassung auf Luther

Auf die Frage, was das mit „Verantwortung" gemeinte Beiseite-Setzen des Anderen, das Eintreten „für" den Anderen bis in die möglichen Konsequenzen von Entmündigung, Übermächtigung, Tötung eigentlich rechtfertigt, gibt eine ältere Konzeption Auskunft, eine Konzeption, deren Konturen deutlich durch die Gedankengänge Webers durchschimmern. Erst im Rekurs auf diesen älteren Entwurf erklären sich einige der Weberschen Schein-Selbstverständlichkeiten. Beispielsweise die unausdrückliche Annahme, daß als Folgen, für die der Handelnde „aufzukommen hat", nur innerweltliche Folgen in Betracht gezogen werden dürfen;[338] oder aber, weshalb der Gegen-Typus der „Gesinnungsethik" hier fast ausschließlich in Gestalt der pazifistischen Gewaltlosigkeitsethik vor Augen steht, der Ethik der radikal angewendeten Bergpredigt. Gewiß ergibt dies den klarsten Kontrast zur verantwortungsethischen Rechtfertigung der Gewalt. Aber daß es sehr wohl auch eine Gesinnungsethik des Hauens und Stechens geben kann, zum Beispiel in Gestalt eines kriegerischen Standesethos, war doch gerade Max Weber nicht unbekannt, der sich in eben diesem Vortrag anderwärts auf die *Kshatriya*-Ethik der Bhagavadgita beruft.[339] Und schließlich

---

[337] „Wie die Sache auszusehen hat, in deren Dienst der Politiker Macht erstrebt und Macht verwendet" (ibid. 547f.), wird nicht nur als in weiten Grenzen, wie natürlich, variabel, sondern als *Glaubenssache* hingestellt – eine subjektivistische Formel, die als Verweigerung weiterer ethischer Diskussion aufgefaßt werden muß.

[338] Man vergleiche die Bezugnahme auf die von Weber als „schön" bezeichnete Stelle bei Machiavelli, wo die Bürger gepriesen werden, denen die Größe der Vaterstadt höher stand als das Heil ihrer Seele (ibid. 558). Daß der Gegensatz von Verantwortungsethik und Gesinnungsethik in Wahrheit der Gegensatz diesseitiger und überweltlicher Ethik ist, wird bei Strauss 1956: 72f. herausgearbeitet. So im übrigen auch M. Weber selbst (Weber 1922: 514): „Das Reich jeder Gesinnungsethik ist nicht von dieser Welt."

[339] Ibid. 555. „Gesinnungsethik" hier im Sinne der Darlegungen von „Politik als Beruf" als Gegenbegriff zu Verantwortungsethik: Recht tun und die Folgen Gott anheimstellen. Mit genau dieser Formel wird in Weber 1963, II: 193 die Ethik der Bhagavadgita charakterisiert. Allerdings verwendet Weber in anderem Zusammenhang (Weber 1925, Kap. V, § 11) ebenso wie Troeltsch 1923: 441 den Begriff auch in anderer Opposition, nämlich um gegenüber einer äußerlichen Beobachtung von Einzelnormen die Ganzheit einer von innen her auf ein religiöses Heilsziel hin ausge-

die Selbstverständlichkeit eines metaphysischen Individualismus, der den Handelnden unmittelbar mit Gott (im Gewissen) oder mit der Gott repräsentierenden Idee im Weltdrama (als Forum der Verantwortung für „die Folgen") konfrontiert und der den Gedanken an Zuständigkeitsbescheidung, an eine innere Begrenzung der eigenen Rolle, an Verantwortungsteilung mit dem religiösen oder weltlichen Gemeinwesen nicht aufkommen läßt.[340]

Der Hintergrund, vor dem sich derartige Eigentümlichkeiten erhellen, ist die bereits mehrfach erwähnte Lehre Luthers von den zwei Reichen oder den zwei Regimenten Gottes.[341] Diese Lehre hat erstmals die weltliche Staatsgewalt als eigenständig im neuzeitlichen Sinn, als in ihrer begrenzten, vom geistlichen

---

richteten Lebensführung zu betonen. In diesem Gebrauch kann das Wort fast das Gegenteil des ersten bezeichnen, nämlich eine Ethik freier religiöser Verantwortung, wie das in der folgenden Anm. angeführte Zitat von Troeltsch zeigt. Man sieht an dieser Unsicherheit die Problematik und Unausgereiftheit der Weberschen Gegenüberstellung.

[340] Zur Verdeutlichung des Problems E. Troeltsch über Gesinnungsethik im Sinne der Lutherischen Rechtfertigungslehre: „Es gibt kein kirchliches, autoritatives Sittengesetz und keine Abnahme der Verantwortung durch die Kirche, sondern nur den Trieb des eigenen Gewissens. Es gibt keine einzelnen guten Werke, sondern nur eine entscheidende Ganzheit der Gesinnung" (Troeltsch 1923: 441). Dies wird S. 440 als „religiöser Individualismus" bezeichnet.

[341] Die umfangreiche Literatur zur Zwei-Reiche-Lehre kann hier nur sehr selektiv verwertet werden. Herangezogen wurden vor allem die umfassende traditionsgeschichtliche und systematische Studie Duchrow 1970b, sodann der Sammelband Schrey 1969, der Einblick in die theologische Diskussion gibt. Kurzer, instruktiver Überblick bei Huber 1973: 437ff. Zur Rechts- und Staatslehre Luthers im besonderen: Scharffenorth 1964; Heckel 1973; Wolf 1972. An älteren Arbeiten: Troeltsch 1923: 476ff.; Jordan 1968; Holl 1927.
Luthers Schriften werden zitiert nach der Kritischen Gesamtausgabe: D. Martin Luthers Werke. Weimar 1883ff. Briefwechsel. Weimar 1930f. (= Weimarer Ausgabe, WA) sowie der von O. Clemen herausgegebenen Werke in Auswahl. 6 Bde. 5. Aufl. Berlin 1959 (= Cl.) Von Luthers Schriften kommen hauptsächlich in Betracht: Auslegung deutsch des Vaterunser für die einfältigen Laien (1519), WA 2: 104; Das Magnificat verdeutschet und ausgelegt (1520/21), Cl. 2: 133ff. bzw. WA 7: 544ff.; Von weltlicher Obrigkeit, wie weit man ihr Gehorsam schuldig sei (1523), Cl. 2: 360ff., bzw. WA 11: 245; Ermahnung zum Frieden auf die zwölf Artikel der Bauernschaft in Schwaben (1525), Cl. 3: 47, bzw. WA 18: 291; Wider die räuberischen und mörderischen Rotten der Bauern (1525). Cl. 3: 69, bzw. WA 18: 357; Ein Sendbrief von dem harten Büchlein wider die Bauern (1525). Cl. 3: 75, bzw. WA 18: 384; Ob Kriegsleute auch in seligem Stande sein können (1526). Cl. 3: 317, bzw. WA 19: 623; Vom Kriege wider die Türken (1528). WA 30, II: 107; Wochenpredigten über Matth. 5–7 (1530/32). WA 32: 299.
Zur Zitierweise eine Bemerkung: Wie viele vornehmlich der älteren Autoren habe ich Luthers Texte in Schreibweise und Interpunktion, teilweise auch in der Flexion dem heutigen Deutsch angeglichen. Der Problematik jedes derartigen Eingriffs bin ich mir bewußt. Dennoch glaube ich in diesem besonderen Falle, wo dem Leser die verschiedensten Texte von nah und fern, Vergangenheit und Gegenwart in bunter Fülle zugemutet werden, berechtigt zu sein, akzidentielle Verständnishürden nach Kräften abzubauen.

Führungsamt unterschiedenen Funktion „unmittelbar zu Gott", theologisch begründet.[342] Ihre zusammengefaßte Darstellung in Luthers Obrigkeitsschrift enthält – was immer man von der späteren Entwicklung Luthers selbst und der Reformation, bis zur Unterordnung unter das landesfürstliche Kirchenregiment, denken mag – die wesentlichen Elemente des säkularistischen Staatsgedankens.[343] In der Funktionsbegrenzung der weltlichen Gewalt eher in die Zukunft weisend als die späteren, unter dem Schock der Religionskriege entworfenen absolutistischen Theorien, gibt sie einen bis heute relevanten und nachwirkenden Grundriß für die Lösung des Verhältnisses von Religion (universalistische Ethik) und Politik.[344] Sie kann diese Rolle spielen, weil auch sie

[342] Zum theologisch Neuartigen darin im Verhältnis zu Augustin und den mittelalterlichen Lehren Duchrow 1970 b: 505 ff., 511.

[343] Unbestreitbar ist im Ganzen wohl die Entwicklung Luthers von einer der Religionsfreiheit sehr günstigen, rein weltlichen Auffassung obrigkeitlicher Gewalt zu immer größerer Intoleranz im Zeichen der Einheitlichkeit einer christlichen Gesellschaft, bis hin zum Staatskirchentum. Vgl. darüber so verschiedene Autoren wie Troeltsch 1923: 468 ff., Lecler 1965, II: 231 ff.; Bornkamm 1961: 262 ff.
Ob diese Entwicklung im Grunde nur eine allmähliche Verdeutlichung erbringt, daß von Anfang an religiöse Freiheit ausschließlich für die eigene Sache gefordert wurde, die unbefangen mit der Wahrheit und dem Evangelium in-eins gesetzt wurde, oder ob darin ein Absinken von einem im ersten, kühnen Zugriff einmal erreichten Niveau liegt, kann dahingestellt bleiben. Denn es geht hier nicht um eine historische Würdigung der Gestalt Luthers, sondern um die systematische Interpretation seiner Gedanken in ihrem abstrakten, auch wirkungsgeschichtlichen Potential, so wie sie geäußert wurden. Hierfür ist es unerheblich, ob der historische Luther in praxi hinter den eigenen Formulierungen zurückblieb. Ebensowenig sehe ich mich umgekehrt gehindert, die systematische Tragfähigkeit der Gedanken auch im Lichte heutiger Fragestellungen zu untersuchen, ohne Rücksicht auf Bedenken, ob damit den Möglichkeiten Luthers in seiner Zeit Gerechtigkeit widerfährt. Es kommt hier nicht auf biographische Gerechtigkeit an, sondern auf die Richtigkeit von Gedanken.

[344] Hinter die These von Quaritsch, der Wirkung von Luthers Staatstheorie sei wegen der rein theologischen Herleitung eine konfessionelle Grenze gezogen gewesen (Quaritsch 1970: 303 f.), möchte ich vorläufig ein Fragezeichen setzen; hier bedürfte es eingehender rezeptionsgeschichtlicher Untersuchungen, bezogen auf die zentralen rechtssystematischen Probleme. Es geht dabei auch nicht um Übernahme im Sinne einer Schulbildung, sondern um die Tiefenwirkung einer neuentdeckten Struktur. Wenn sogar bei Staatstheoretikern, die eher der erastianischen Position zuzuordnen sind wie Bodin und Hobbes, auffällige strukturelle Parallelen erscheinen, kann man dies statt direktem literarischem Einfluß natürlich auch einer überall wirkenden Grundtendenz der Entwicklung zuschreiben; dann hätte man es jedenfalls bei Luther mit einem sehr frühen, konsequenten Ausdruck dieser Tendenz zu tun. Auch dies wäre Grund, neben der sehr viel direkteren Ableitung der Konzeption Max Webers, hier auf Luthers Entwurf als repräsentatives Zeugnis der Begründung modernen Staatsdenkens einzugehen.
Gerade die theologische Deduktion aber scheint mir die wesentliche, aufschließende Leistung für die neue Staatslehre zu sein. Damit erst war nach dem für damaliges Denken allein zureichenden, weil umfassenden Legitimationsprinzip ein Feld eröffnet, auf dem auch die von anderer, weltlicher Seite her andringenden Vorstel-

sich im Kern, sieht man durch ihre juridische Herrschafts- und Verbandsmeta-
phorik durch, als Unterscheidung zweier Grundmodalitäten des (christlichen)
Handelns in dieser Welt erweist.[345]

Das gestellte Problem ist, die Legitimität politischer Herrschaft – die in dem
berühmten 13. Kapitel des Römerbriefs offenbar vorausgesetzt ist[346] – gegenüber den anscheinend anarchischen Forderungen der Bergpredigt zu erweisen,
Feindesliebe insbesondere und Verzicht auf Widerstand gegen das Übel.[347] Luthers Interesse konzentriert sich dabei, und dies scheint historisch neu zu sein,
auf die als selbständiges Problem voll zu Bewußtsein gebrachte Ordnungs- und
Rechtsdurchsetzung, von der die Fragen inhaltlicher Gerechtigkeit einer Ordnung überschattet werden, mithin: auf das mit Intensität erfaßte Phänomen
politischer Gewaltsamkeit an sich, und entsprechend umgekehrt: des äußeren
Friedens als Unterdrückung der Gewalt.[348] Die Blickwendung vom Gerechtig-
keitsziel auf das Verfahren ist als Unterscheidung von Recht haben und Recht
durchsetzen ausdrücklich gemacht.[349] Dazwischen steht, als für unseren weiteren Zusammenhang wichtige, hier nur zu erwähnende, eigene Kategorie: das
Recht-Bekennen.[350] Das Gespür für das Eigengewicht des Durchsetzungsmodus
führt zu einer auch für heutige Ohren noch starken Betonung des Verhältnis-
mäßigkeitsprinzips.[351] Indessen, auch die verhältnismäßige Gewalt muß sich

---

lungen sich entfalten konnten. Auf „teuflische" Lehren allein, wie die Machiavellis,
ließ sich keine Legitimität gründen; man vergleiche den theologischen Aufwand,
den noch Hobbes im „Leviathan" zur Absicherung seines Systems für notwendig
hielt. Zur Einschätzung der Rolle Luthers ausführlich auch Figgis 1923: 55 ff., der
allerdings unter dem Eindruck der späteren Entwicklung die säkularisierenden Tendenzen in Luthers Staatslehre erheblich unterschätzt.

[345] „Verband" hier im Anschluß an Duchrow, der den Begriff *civitas* in der Augustinischen Urform der Lehre von zwei Reichen als „Herrschaftsverband" übersetzt
(Duchrow 1970b: 243 ff.). Mit dem Abstellen auf den Handlungsbegriff hoffe ich,
die meines Erachtens unfruchtbare theologische Kontroverse über den „institutionellen" oder „personalen" Sinn der Zwei-Reiche-Lehre zu unterlaufen (vgl. zu den
verschiedenen Positionen Duchrow 1970b: 523 ff.).

[346] Natürlich nicht nur dort; Luther stützt sich daneben auf andere, sehr häufig auch
auf alttestamentarische Texte, deren Verwendung gegenüber der Bergpredigt heute
wunderlich berührt.

[347] Matth. 5, 43 f. und 39.

[348] Der Zusammenhang mit der oben § 8 erörterten Entwicklung des Wortgebrauchs
liegt auf der Hand.

[349] „Denn es sind zwei Ding, Unrecht sein und Unrecht strafen, Jus et executio Juris,
iustitia et administratio iustitiae" (Ob Kriegsleute ... Cl. 3: 333 bzw. WA 19: 641);
„Es mag auch sein, daß etwan sie recht haben, aber damit wird's verderbt, daß sie
Recht nit rechtlich ausführen, mit Fürchten drinnen handeln, nit Gott vor die Augen bilden, meinen es sei genug, daß Recht sei, sollen und wollen aus eigener Gewalt fortfahren und das Spiel also hinaus machen, damit sie ihr Recht Unrecht machen, wenn es schon im Grund Recht wäre" (Das Magnificat verdeutschet und ausgelegt (1520/1) Cl. 2: 133 ff. bzw. WA 7: 544 ff., auf Cl. 2: 166 bzw. WA 7: 580).

[350] Darüber Scharffenorth 1964: 78 ff.; Duchrow 1970b: 546 ff. Vgl. auch Anm. 427.

[351] Vgl. die Belegstellen Anm. 255 und Anm. 399.

vor dem ausnahmelosen[352] Anspruch der Nächsten- und Feindesliebe rechtfertigen. Sie kann dies nur, indem sie sich als *im Grunde* dasselbe, als Nächstenliebe in anderer Gestalt ausweist, man kann vielleicht sagen: als verfremdete, verhüllte Nächstenliebe. Die Möglichkeit für den Christen, dem doch gesagt ist, er solle dem Übel nicht widerstehen, dann trotzdem an Rechtsdurchsetzung und politischer Organisation mitzuwirken und damit sich auf Verpflichtungen einzulassen, dem Übel sogar mit Gewalt zu widerstehen, auf daß es nicht überhandnehme – oder, in Luthers Ausdrucksweise, auf daß nicht durch den Versuch, die Welt nach dem Evangelium zu regieren, den wilden bösen Tieren die Bande und Ketten aufgelöst werden jedermann zu reißen und zu beißen[353] –, die Möglichkeit also, Nicht-Widerstehen und Widerstehen miteinander zu vereinbaren, wird in einer Unterscheidung der Handlungsorientierung gefunden:

> Denn mit dem einen siehst du auf dich und auf das Deine, mit dem anderen auf den Nächsten und auf das Seine. An dir und an dem Deinen hältst du dich nach dem Evangelio und leidest Unrecht als ein rechter Christ für dich. An dem andern und an dem Seinen hältst du dich nach der Liebe und leidest kein Unrecht für deinen Nächsten, welches das Evangelium nicht verbietet, ja gebietet am andern Ort.[354]

Im Hinblick auf das folgende ist es wichtig zu bemerken, daß hier die Unterscheidung zunächst einmal real genommen wird in dem Sinne, daß dem Einzelnen für sich selbst, in eigener Sache, ein wirklicher Rechtsverzicht zugemutet wird. Damit ist Abstand genommen von einer älteren, auf Augustin zurückgehenden Lehre: wonach die innere Bereitschaft zum Verzicht (*praeparatio cordis*) ausschlaggebend und dann genügend sein sollte, wenn das wahre Interesse des Gegenüberstehenden und also die Nächstenliebe ein äußerliches Beharren auf dem Recht, notfalls seine Durchsetzung gegen ihn zu gebieten schienen.[355] Luther zieht diese Möglichkeit nur mit größtem Mißtrauen in Betracht:

> Fragst du: Wie? möcht ich denn nicht für mich selbst und für meine Sache des Schwerts brauchen, der Meinung, das ich nicht damit das Meine suchte, sondern daß das Übel gestraft würde? Antwort: Solch Wunder ist nicht unmöglich, aber gar selt-

---

[352] Daß „Christus Wort jedermann gemein bleiben" müsse (Obrigkeit, Cl. 2: 364 bzw. WA 11: 249) und nicht in eine Laienethik und eine Ausnahme-Ethik für „religiöse Virtuosen" (M. Weber) zerlegt werden dürfe, ist ein Hauptbeweggrund für Luthers neuen Auslegungsversuch. Er wendet sich damit, wie er öfters mit Schärfe und unter Verwendung hier zu übergehender Epitheta für seine Gegner betont, gegen die mittelalterliche Auslegung, wonach die zwölf Hauptgebote der Bergpredigt bloße Ratschläge zur Vollkommenheit (sogenannte *consilia perfectionis* oder *consilia Evangelica*), also nicht durchgängig verbindlich seien. Vgl. die Vorreden zur Obrigkeitsschrift (Cl. 2: 361 bzw. WA 11: 245) und zur Herausgabe der Wochenpredigten über Matth. 5ff. (WA 32: 299ff.).

[353] Von weltlicher Obrigkeit, Cl. 2: 366 bzw. WA 11: 251.

[354] Ibid., Cl. 2: 370 bzw. WA 11: 255.

[355] Vgl. Duchrow 1970b: 283; Bornkamm 1969: 182f.

sam und (ge)fährlich. … Wo die Vernunft auch so tun will, sie wolle nicht das Ihre suchen, aber es wird im Grund falsch sein. Denn ohne Gnade ist's nicht möglich.[356]

Soweit es hingegen den Andern angeht, erscheint als tätige Form der Nächstenliebe auch die kämpferische Hilfe, ungefragt, gegen die von (andern) Menschen ausgehenden Beeinträchtigungen, erscheinen Rechtsdurchsetzung und notfalls gewaltsamer Schutz gegen Aggressionen nicht nur ohne weiteres als erlaubt, sondern als gefordert. Die wahren Umrisse einer über das bloße Freigestelltsein hinausgehenden Pflicht zur Verantwortung, Pflicht zur innerweltlichen Politik mit allen Konsequenzen, werden sichtbar. Denn mit der Unterscheidung nach der unumgänglichen Richtungsverschiedenheit der Orientierung, „auf sich selbst – auf den andern sehen" ergibt sich zugleich die Notwendigkeit äußerlich gegensätzlicher Verhaltensweisen wie die Möglichkeit, sie auf dasselbe Prinzip zurückzuführen: auf die Selbstentäußerung in Gottes- und Nächstenliebe.[357] Wenn das schützende Eingreifen für den Nächsten unter dem Gesichtspunkt einer erweiterten *Nothilfe*, repressiv wie präventiv, auch in gewaltsamer Form als tätige Nächstenliebe begriffen werden kann, ist es nur die andere Seite der einen unbedingten Liebesforderung, der auch das Verbot gewaltsamer Selbstverteidigung *(Notwehr)*[358] (im Eigeninteresse) entspringt. Die Pflicht, für sich selbst (im engeren Sinne christlich, nach Luther: als Angehöriger des Reiches Christi, „gesinnungsethisch") und ebenso die Pflicht, für den anderen (nach Luther: als Angehöriger des Reiches der Welt, „verantwortungsethisch") ohne Eigeninteresse zu handeln, sich dranzugeben, ist ein und dasselbe in zwei Richtungen (Modalitäten) wirkende göttliche Gebot. Damit wird die bei Max Weber verschwimmende Struktur möglicher Rechtfertigung von „Verantwortung" deutlich: das Auf-die-Folgen-Sehen muß sein Maß an den

---

[356] Von weltlicher Obrigkeit, Cl. 2: 376 bzw. WA 11: 261. Sehr viel schärfer fällt Luthers Stellungnahme in der Schrift „Von Kaufshandlung und Wucher" aus (1524, Cl. 3: 1 ff. bzw. WA 15: 293; WA 6: 36 ff). Dort nennt er die oben wiedergegebene Fassung der Lehre von der *praeparatio cordis* eine Verdrehung von Augustins Auslegung, verwirft ausdrücklich die Notwehr und hält insgesamt derlei Bemühungen um die Bergpredigt vor: „Also halten das Evangelium auch die Heiden … Es hilft keine Ausrede, es ist schlicht ein Gebot, dem wir schuldig sind zu folgen" (Cl. 3: 22 bzw. WA 6: 38f.).

[357] Duchrow 1970b: 542, 551f., F. Lau folgend unter Hinweis auf Luthers Kreuzestheologie; Bornkamm 1969: 193.

[358] Das Begriffspaar Nothilfe – Notwehr, mit dem der Gegensatz häufig gefaßt wird (z.B. bei Herzog 1975: 854 s.v. „Gewalt"), ist prägnant, aber zu eng, jedenfalls nach heutigem Sprachgebrauch. Luthers Gedankengang bezieht sich auf Selbsthilfe und Selbstverteidigung im umfassenden Sinn, auch unter nichtstaatlichen Bedingungen (Naturstand), die er Notwehr nennt, wenn sie notwendig, d.h. aufgedrungen ist, z.B. ein Verteidigungskrieg (Kriegsleute, Cl. 3: 338 bzw. WA 19: 648); entsprechend für die Nothilfe. Unter Bedingungen des staatlichen Gewaltmonopols sind aber Notwehr und Nothilfe nur noch die naturwüchsigen Residualrechte, die für den Fall verblieben sind, daß staatlicher Schutz zu spät käme; vgl. Conrad 1965: 104f. mit Nachweisen.

Folgen für den anderen nehmen, nicht etwa an der Übereinstimmung eines weltlos verstandenen Ich mit sich selbst, mit seinem eigenen Dämon und so weiter.

Mit diesen Erwägungen sieht Luther zugleich das Problem der politischen Gewalt im Grundsatz gelöst. Die weltliche Obrigkeit, als Funktion des Gemeinwesens aufgefaßt, ist die institutionalisierte, in Gestalt einer verläßlichen Organisation des Schutzes erscheinende Nächstenliebe. Sie ist in dieser äußeren, äußeren Gewaltmethoden zugänglichen Schutzfunktion legitimiert, wie übrigens auch begrenzt.[359] Legitimiert ist sie für den Christen nicht als bloße Konzession, als hinzunehmende Unvermeidlichkeit des Weltlaufs, sondern als Gottesdienst, an dem er, wo nötig, mit persönlichem Einsatz auch als „Henker, Büttel, Jurist" und dergleichen mehr teilzunehmen gehalten ist.[360] Die Pflicht der öffentlichen Gewalt zur Gewalt – bei Luther personalisiert: das Amt des Fürsten, „dem das Schwert über solche Buben befohlen ist" – wird als Verantwortung, als Einstehen-Müssen für die Folgen gefaßt: „Denn wo er kann, und straft nicht, es sei durch Mord oder Blutvergießen, so ist er schuldig an allem Mord und Übel, daß solche Buben begehen."[361]

An dieser älteren, dogmatisch durchsichtigeren Grundform der Weberschen Gegenüberstellung läßt sich erst eigentlich der Differenzpunkt der Position Gandhis bestimmen; mit dem Begriffspaar Gesinnungsethik – Verantwortungsethik allein ist, wie wir sahen,[362] diese Aufgabe kaum lösbar. Der Rekurs auf die theologischen Wurzeln liegt nicht so fern, wie es scheinen könnte. Gandhi, schon früh ein Bewunderer der Bergpredigt,[363] war jedenfalls für das, was er „Religion in die Politik hineinbringen"[364] nannte, über Tolstoi durch eine bestimmte Art unvermittelter Anwendung der Bergpredigt beeinflußt – eben die Art von Anwendung, deren kategorischem, religiösem Anspruch Max Weber mit der Alternative einer politischen Ethik entgegentritt,[365] und eben

---

[359] Die Begrenzung ausgeführt im 2. Teil der Obrigkeitsschrift „Wie weit sich weltlich Oberheit strecke", mit dem Prinzip: „Das weltlich Regiment hat Gesetz, die sich nicht weiter strecken denn über Leib und Gut und was äußerlich ist auf Erden. Denn über die Seele kann und will Gott niemand lassen regieren denn sich selbst alleine." (Cl. 2: 377 bzw. WA 11: 262).

[360] Anknüpfend an Röm. 13,4: Die Gewalt ist Gottes Dienerin (Cl. 2: 372 f. bzw. WA 11: 257 f.; Cl. 2: 375 bzw. WA 11: 260). Über die Pflicht des Einzelnen, sich in den verschiedensten, auch friedlichen Ämtern am Funktionieren der Obrigkeit zu beteiligen, vor allem in Eine Predigt, daß man Kinder zur Schulen halten solle (1530) (Cl. 4: 144 ff., 163 ff. bzw. WA 30 II: 556 ff.). Dazu Scharffenorth 1964: 138 ff.

[361] Wider die räuberischen und mörderischen Rotten der Bauern (Cl. 3: 72 bzw. WA 18: 360).

[362] Vgl. § 9.

[363] Autobiography, Part I, Chap. XX.

[364] Vgl. Anm. 44.

[365] Der eigentliche Gegenspieler ist für M. Weber natürlich Tolstoi. Er wird in „Politik als Beruf" zwar nicht namentlich genannt; in Wahrheit ist es dennoch allein der Respekt vor Tolstoi, der Weber zum Ernstnehmen der rigoristischen Position, über

die Art von Auslegung, der, unter anderen, Luther mit seiner Zwei-Reiche-Lehre einen Riegel vorschieben wollte.[366]

Gandhi jedoch übernimmt nicht nochmals, wie es ihm hier scheinbar zu-fällt, den alten Gegenpart „schwärmerischer" Simplizität. Er sucht nicht Politik durch Religion zu ersetzen, unbekümmert um die Folgen, sondern beide zu verbinden. Hinter den Komplexionsgrad von Luthers Unterscheidung und Verbindung der beiden Richtungstypen des Handelns geht er nicht zurück. Sein Versuch (wenn man sich einmal den Dialog mit der ihm sicher unbekannten Originalform der Doktrin vorstellen darf) hat damit zu tun, das innere zu-sammenhaltende Prinzip in dem komplexen Verhältnis durchgängig als leben-dige Kraft in Wirkung zu halten; es nicht zuzulassen, daß es zum Theorem abblaßt gegenüber der Drastik realer Zerreißungen und Verfremdungen, wie sie schon bei Luther, und erst recht in der späteren Entwicklung, unheimlich in Erscheinung treten.[367] Um zu sehen, wo sich die Wege trennen, muß man den Blick – vorerst unter dem Gesichtspunkt der inner-religiösen Konsistenz – auf die Transformation und Verhärtung richten, die Luthers Ansatz bei der Ausar-beitung erfährt. Zunächst ist der Kerngedanke in seiner ursprünglichen Ein-fachheit hingestellt worden, bewußt ohne Berücksichtigung der vielfältigen theologischen Voraussetzungen und Implikationen.[368] Gerade die Rückfüh-rung komplizierter sozialethischer Fragen auf die Einfachheit der Unterschei-dung *für sich – für andere* verleiht dem Entwurf die Evidenz eines kategorialen Fundes. Solche bestechende Einfachheit mag allerdings auch bedenklich ma-chen, ob die von Luther äußerst geradlinig gezogenen Konsequenzen von dem

---

geringschätzige Bemerkungen zum Nachkriegspazifismus hinaus, nötigt. Die bei Anm. 222 notierte Erweiterung „dem Übel nicht widerstehen *mit Gewalt*" geht auf Tolstoi zurück (vgl. dessen „Mein Glaube", 1884). Zur „systematischen" Rolle Tol-stois in Webers Denken siehe auch die in Anm. 416 wiedergegebene Stelle aus We-bers „Zwischen zwei Gesetzen". Weber plante ein Buch über Tolstoi, vgl. Marianne Weber 1950: 509.

[366] Luther bekämpft einerseits die Unterscheidung von *praecepta* und *consilia evangelica* (Anm. 352), auf der andern Seite mit gleicher Vehemenz die sozialrevolutionäre Be-rufung der sogenannten Schwärmer oder „Rottengeister" auf die Bergpredigt; siehe die in Anm. 352 angegebenen Belegstellen und Duchrow 1970 b: 536 ff.

[367] Als Beispiel solcher Verfremdung kann gerade Max Webers fast völliges – bis auf Grenzsituationen vgl. Anm. 269 – Auseinanderreißen der beiden Sphären genom-men werden. Dies entspricht einer Auslegung Luthers im Sinne der Anerkennung von „Eigengesetzlichkeiten" der verschiedenen Kulturgebiete, wie sie sich der Sa-che nach seit der zweiten Hälfte des 19. Jahrhunderts durchgesetzt hatte und von Männern wie R. Sohm, A. v. Harnack, F. Naumann, E. Troeltsch und W. Herrmann vertreten wurde; dazu Duchrow/Huber/Rieth 1975 und Duchrow/Huber 1976. Über die Herkunft des Wortes Eigengesetzlichkeit vgl. Conrad 1986.

[368] Etwa: das Verhältnis zu Luthers Rechtfertigungslehre, zur Unterscheidung von Ge-setz und Evangelium, zur Unterscheidung der Aspekte *coram Deo coram mundo*, zur Traditionsgeschichte und insbesondere der Lehre Augustins von den zwei *civitates*. Darüber neben der Untersuchung von Duchrow zusammenfassend H. Bornkamm 1969; beide mit ausführlichen Literaturnachweisen.

Grundgedanken getragen werden, und welche Zusatzannahmen unvermerkt ins Spiel kommen. Kritische Aufmerksamkeit wäre auch dann veranlaßt, wenn man nicht als Späterer den der Exposition der Lehre bald folgenden Sündenfall der Bauernkriegsschriften schon mit vor Augen hätte.[369]

Einmal liegt es auf der Hand, daß eine reale Unterscheidung Nothilfe – Notwehr, Schutz anderer – Selbstverteidigung in der auf Dauer gestellten sozialen Interaktion angesichts der naheliegenden gegenseitigen Spekulation auf die Nothilfe des jeweils anderen nicht lange aufrechterhalten werden kann.[370] Vollends deutlich wird die mit der Idee der Verläßlichkeit unweigerlich eintretende Veränderung, wenn man von dem einfachen Drei-Personen-Schema (Ego – Schutzbedürftiger – Angreifer) in die „große Welt" politischer Verbände übergeht. Dort bilden sich Strukturen schützender Gewalt als stehende Organisationen aus, bei denen dem an gemeinsamer Selbstbehauptung teilnahmepflichtigen Verbandsangehörigen die Unterscheidung zwischen Fremdverteidigung und Selbstverteidigung grundsätzlich genommen, ja selbst die Unterscheidung zwischen Angriff und Verteidigung sehr erschwert ist.[371] Für *andere* handeln heißt dann, sich dem *alle* betreffenden Schutzamt der öffentlichen Gewalt (Obrigkeit), oder verallgemeinert: der Welt und ihren Zwangsläufigkeiten, zur Verfügung stellen. Die Unterscheidung *für sich – für andere* geht in der umfassenden gesellschaftlichen Reziprozität sozusagen unter bzw. muß ins Individuum hineinverlegt werden. Sie verstetigt sich zum Nebeneinander zweier Rollen (nach Luthers Ausdrucksweise: Ämter, Masken, Personen) im menschlichen „Selbst": Christen-Person und Welt-Person.[372] Als Welt-Person kann der

---

[369] Die drei in Anm. 341 aufgeführten Schriften aus dem Jahr 1525. Zur Begründung vgl. Anm. 428.

[370] Man achte einmal auf Luthers Argumentationsweise in „Ein Sendbrief ...", wo er die scheinbare Unbarmherzigkeit obrigkeitlichen Strafens so rechtfertigt: „Wenn ich Weib und Kind, Haus und Gesind habe und Güter hätte, und ein Dieb oder Mörder überfiele mich, erwürget mich in meinem Hause, schändet mir Weib und Kind, nähme dazu, was ich hätte und er sollte dazu ungestraft bleiben, daß er's mehr tät, wo er wollte, sage mir: Welcher wäre hier der Barmherzigkeit am würdigsten und nötigsten? Ich oder der Dieb und Mörder? Ohne Zweifel mir wäre es am nötigsten, daß man sich mein erbarmt" (Cl. 3: 82 bzw. WA 18: 390).

[371] Vgl. dazu die Überlegung zur Gehorsamsverweigerung in einem ungerechten Krieg des Landesherrn, Kriegsleuteschrift Cl. 3: 345 f. bzw. WA 19: 656 f.; dort wird zwar nicht, wie Max Weber behauptet, die ethische Verantwortung für den Krieg dem einzelnen abgenommen und auf die Obrigkeit gewälzt (Weber 1971: 556), sondern im Gegenteil eine Verweigerung des Kriegsdienstes für den manifest ungerechten Krieg gefordert; aber bei Zweifeln ist angesichts der Schwierigkeit der Beurteilung dem Landesherrn Folge zu leisten, mit dem entwaffnenden Argument: „Denn Liebe glaubt alles und denkt nichts Arges." Dies ist natürlich der praktisch wichtige Fall. Vgl. auch Obrigkeitsschrift (Cl. 2: 391 bzw. WA 11: 277 f.).

[372] Vgl. Duchrow 1970 b: 540 f. Diese Stufe ist vor allem in den Wochenpredigten über Matth. 5–7 von 1530–32 erreicht. Der von Duchrow und auch von Heckel 1973: 256 gebrauchte Ausdruck „Christperson" kommt bei Luther, soweit ich sehe, nicht vor, und ist jedenfalls insoweit bedenklich, als er terminologische Prägung sugge-

Christ sich *selbst* (seiner „eigen person") in der Rolle des anderen gegenüber-
treten. Dies ist nichts weniger als die erst Jahrhunderte später systematisch entwickelte Einsicht, daß die Grenze zwischen Individualität und Gesellschaft
nicht zwischen dem einen Individuum und den vielen anderen verläuft, sondern innerhalb des Individuums selbst.[373] Es bedeutet aber auch, daß für die
Interaktion die verständigten, stabilen Zusammenhänge, in die die Welt-Person
gestellt ist, als umfassend generalisierbare Regel weithin die Oberhand gewinnen müssen gegenüber den höchst persönlichen, spontanen Handlungsmög-
lichkeiten des christlichen Selbst. So kann der Christ etwa, im Rahmen des „für
alle", vom Verbot eigennütziger Selbstverteidigung schließlich doch recht
gründlich entlastet werden.[374]

Trotzdem ist die Verschärfung nicht zu verstehen, die die ursprüngliche, anthropologische Unterscheidung weiterhin erfährt: bis hin zu einem Gegensatz
getrennter, mit verschiedenen Herrschaftsinstrumenten regierter Reiche, deren

---

riert. Luthers Sprachgebrauch ist auf eine unbekümmerte, zugleich das Ringen mit
der Neuheit der Sache verratende Weise unterminologisch, wechselhaft bis widersprüchlich. Er sagt etwa: „eines Christen und eine weltliche Person" (WA 32: 391)
oder: „ein Weltmann und ein Christen oder eine christliche und weltliche Person",
(ibid. 440) und im selben Atemzug: „Denn einen Christen heißt man weder Mann
noch Weib, jung noch alt, Herr, Knecht, Kaiser, Fürst, Bauer, Bürger ... usw., ...hat
keine Person noch Larven nicht." Dann wieder wird der Weltaspekt als Amt (auch:
Werk) von der Person unterschieden (ibid. vom Fürsten): „Die Person ist wohl ein
Christ, aber das Amt, oder Fürstentum, gehet sein Christentum nicht an." Dem entspricht die Gegenüberstellung „natürliche Person – Amtsperson" (ibid. 391), „meine
Person, die ein Christen heißt – meine Weltperson" (ibid. 441), auch „seine [deine]
eigene Person – eine andere Person" (ibid. 390, auch 316); die „natürliche Person"
wird einfach „Mensch" genannt (S. 391), aber es ist auch von zwei unterschiedlichen
Personen in einem Menschen die Rede (S. 316) und schließlich von zwei Ständen
oder Ämtern in einer Person (S. 440).
  Die von Holl 1917: 249 Anm. gegen die Benutzung der Matthäuspredigten erhobenen Einwände (weil es sich um nicht authentische, wenngleich mit einem Vorwort Luthers gedruckte Nachschriften handelt), können meines Erachtens angesichts
der Fülle, Gleichlinigkeit und inneren Logik der Belege für den hier interessieren-
den Punkt vernachlässigt werden. Das Gleiche gilt für die in Anm. 374 erörterte
Frage, für die Holl selbst S. 285 eine Entwicklung im geschilderten Sinn bei Luther
annimmt.

[373] Darüber Parsons 1967: 337f. zu E. Durkheim.

[374] Aus der ursprünglich klaren Verwerfung eigener Rechtsverteidigung (vgl. Anm. 356)
wird später ein bloßes Verbot gewalttätiger Eigenmacht, verbunden mit der Aufforderung, Rechtsschutz durch die Gerichte zu suchen; vgl. WA 32: 391, 392, 396. Dazu hatte es noch in der Obrigkeitsschrift 1523 geheißen: „Also soll ihm auch die
Gewalt entweder von ihr selbst oder durch anderer Anregung ohne sein eigen Klagen, Suchen und Anregen helfen und schützen. Wo sie das nicht tut, soll er sich
schinden und schänden lassen und keinem Übel widerstehen, wie Christus' Worte
lauten" (Cl. 2: 374 bzw. WA 11: 259). Radikaler noch in: Von Kaufshandlung und
Wucher: „Ja der Leidende sollt' bitten und wehren, daß man seine Sache nicht räch-
te, Wiederum die andern nicht ablassen, daß das Übel gestraft würde, so ginge es
freundlich, christlich und brüderlich zu" (Cl. 3: 24 bzw. WA 6: 39).

Herrscher nicht mehr leicht als derselbe erkennbar ist[375] – Luther trennt terminologisch das Reich Gottes, in dem Christus König ist, vom Reich der Welt, in
dem Gott sich in der Herrschaft durch die Obrigkeit und äußere Gewalt vertreten läßt,[376] gleichsam verhüllten Angesichts nur in Gestalt seiner unwider-
stehlichen Allmacht wirkt, so daß auch der *Amor Dei* seine Wahrheit in mancherlei Gestalten bis in die unbarmherzige Verfremdung des „Schwertes" ver-
hüllen muß[377] – trotzdem ist alles dies nicht zu verstehen, wenn man nicht hin-

---

[375] Das Verhältnis dieser Trennung zur Einheit der Herrschaft Gottes in den beiden
Reichen ist der Hauptgegenstand theologischer Auseinandersetzungen um die Zwei-
Reiche-Lehre, wie sie in diesem Jahrhundert aus Anlässen wie der Weltkriegstheo-
logie, der Stellung des Luthertums zum Dritten Reich, der Remilitarisierung und
atomaren Aufrüstung nach dem Zweiten Weltkrieg u. ä. m. entstanden sind. Selbstverständlich kann hierauf nicht im einzelnen eingegangen werden. Zur Betonung
der Trennung im Text nur soviel, daß Luther selbst zunächst einmal die Unterscheidung der Herrschaftsgestalten und das Verbot ihrer Vermischung mit den stärksten
Worten hervorhebt, und daß ganz offensichtlich Trinitätsprobleme und das Thema
des Deus absconditus mit im Spiele sind; F. Lau formuliert, daß der Dualismus auf
einen Kampf Gott wider Gott weise, in den der politisch handelnde Christ ver-
strickt ist (Lau 1969: 539). Daß jedenfalls Luther in den hier möglichen Vertau-
schungen und Vermengungen den Teufel selbst am Werk sah („Mit Eisen die Seelen, und mit Briefen den Leib regieren, daß weltliche Fürsten geistlich und geistliche
Fürsten weltlich regieren. Was hat der Teufel sonst zu schaffen auf Erden, denn daß
er mit seinem Volk also gaukele und Fassnachtspiel treibe?" Cl. 2: 384 bzw. WA 11:,
270), erklärt zum guten Teil die Vehemenz seiner Polemik gegen Papsttum und reli-
giös-soziale Revolution.
  Nachdem das Pendel mit einer Art theologischer Kapitulation vor den „Eigengesetzlichkeiten" der Welt sehr stark nach einer Seite hin ausgeschlagen war, hat
man heute gelegentlich schon den Eindruck, vor einer als Reaktion aufgekommenen
Neigung zu rein verbaler Harmonisierung auf der Hut sein und jedenfalls auf sauberer Trennung von Lutherexegese und etwa notwendiger Kritik bzw. Neuformulierung bestehen zu müssen. Mit verharmlosenden, ausweichenden Modevokabeln wie
„Zuordnung" der beiden Regimente (vgl. Kundgebung der Bischofskonferenz der
Vereinigten Ev.-Luth. Kirche Deutschlands über die politische Verantwortung der
Kirche vom 12.3.1952, zit. bei Wolf 1969: 142f.) wird man sich vor der Unheimlichkeit der Sache auf die Dauer nicht drücken können.
[376] Obrigkeitsschrift Cl. 2: 364 und 366 bzw. WA 11: 249 und 251. Zu „Stellvertretung
durch die Obrigkeit" in diesem Zusammenhang vgl. Großer Katechismus (1529)
zum Vierten Gebot, wonach Eltern an Gottes Statt, und wiederum Obrigkeit an Eltern Statt herrschen. E. Kinder, der die Gleichartigkeit von geistlicher und weltlicher Gewalt als „Stellvertretung der Wirklichkeit Gottes" herausarbeiten will, übersieht meines Erachtens, daß Luther seit der Obrigkeitsschrift keine geistliche „Gewalt" mehr anerkennt (Kinder 1959: 229). Zur Herrschaft Gottes durch äußerliche
Gewalt, „durch Mittel der Kreaturen" vgl. etwa Magnificat, Cl. 2: 171 bzw. WA 7:
585f.
[377] In diesem Zusammenhang die krassen Formulierungen, daß auch „Würgen und
Rauben ein Werk der Liebe" sein kann (Kriegsleuteschrift Cl. 3: 320 bzw. WA 19:
625); vgl. auch in der Obrigkeitsschrift: im gerechten Krieg ist es „christlich und ein
Werk der Liebe, die Feinde getrost würgen, rauben und brennen" usw. (Cl. 2: 391
bzw. WA 11: 391).

zunimmt, daß die traditionelle Vorstellung doch im Hintergrund steht: die
göttlich schon eingesetzte Ordnung der innerweltlichen Gerechtigkeit, durch
die sich Anteilnahme am Nächsten und Schutzpflicht vermitteln.[378] Diese Ordnung ist allen Menschen gemeinsam vorgegeben; Natur, Vernunft und Schrift
kommen hierin überein. Sie hat deshalb notwendig etwas dem christlichen, aus
der Welt „herausgezogenen" Selbst[379] Fremdes. Das Eintreten „für andere"
richtet sich primär auf die Aufrechterhaltung der irdischen Ordnung, nur
durch sie hindurch auf den Nächsten als Person, soweit nämlich seine Existenz
in ihr miterhalten werden soll. Die Beschränkung von „Verantwortung" auf
innerweltliche Konsequenzen erhält damit den geistlich zureichenden, theologischen Grund: der Mensch wird mit Gott bei der Erhaltung seiner geordneten
Schöpfung zusammenwirkend gedacht, und zwar bewußt zusammenwirkend
als Christ, sonst aber blind, durch Gottes Allmacht als *vis a tergo* bewegt.[380]

Mit dem Zwischenschieben einer welt-allgemeinen Ordnung von Gut und
Böse, die – darauf kommt es an – göttlich sanktioniert ist und zugleich im
Grundsatz bekannt, wird in scheinbarer Selbstverständlichkeit ein Gedanken-
schritt von allergrößter Konsequenz getan, ja von geradezu dämonischem Po-
tential.[381] Damit tritt die Tendenz ein, Nächstenliebe eher nach der abstrakten
Ordnung zu bestimmen, als daß Liebe ihrerseits zum konkret begegnenden
Nächsten der Ordnung das Maß gibt. Der Gedanke kommt nicht auf, daß Ord-
nung besser als Ziel der Bemühung begriffen wäre, in Kooperation mit andern
Menschen die Unterscheidung von Gut und Böse, ihre gemeinsame Bestimmung zu finden. In bewußter Kooperation sieht sich der Christ *statt* mit dem
Nächsten mit „Gott" (das heißt in Fremdbestimmung) bei der Bewahrung sei-
ner offenbaren Ordnung. So erhellt sich ein Umstand, der erstaunlich häufig in

---

[378] Duchrow 1970 b: 535 f. Die höchst umstrittene Frage von Luthers Naturrechtsauf-
fassung und der Rolle, die darin insbesondere der Dekalog spielt, kann hier im einzelnen unerörtert bleiben; vgl. einerseits Troeltsch 1923: 484 ff., 532 ff., andererseits
Holl 1917: 242 ff., Heckel 1973: 98 ff.

[379] „Da siehest du, wie Christus seine Worte nicht dahin deutet, daß er Moses' Gesetz
aufhebe, oder die weltliche Gewalt verbiete, sondern er zeucht die Seinen heraus,
daß sie für sich selbst der nicht brauchen" (Cl. 2: 375 bzw. WA 11: 260).

[380] Vgl. Duchrow 1970 b: 512 ff. und die dort besprochene Stelle aus „De servo arbitrio", Cl. 3: 253 bzw. WA 18: 754.

[381] Dämonie kann man es wohl nennen, wenn es vom weltlichen Reich einmal heißt, es
sei „nichts denn Göttlichs Zorns Diener über die Bösen und ein rechter Vorläufer
der Hölle und ewiges Todes" (Sendbrief von dem harten Büchlein wider die Bauern, Cl. 3: 81 bzw. WA 18: 389), ein andermal wieder wird gesagt: „Gott will der
Welt Regiment sein lassen ein Vorspiel der rechten Seligkeit und seines Himmels-
reichs gleich wie ein Gaukelspiel oder Larven" (WA 51: 241 hier nach P. Althaus
1969: S. 111). Das eine gilt den Bösen, das andere den Frommen, was nicht jeden so
beruhigen wird wie Althaus a.a.O. Mit anderen Worten, die irdische Scheidung in
Recht und Unrecht ist eine Analogie des ewigen Gerichts. Dies ist, wenn man an die
das irdische Regiment tatsächlich handhabenden Instanzen denkt, außerordentlich
gewagte politische Theologie (Über das „Grundmuster" der politischen Theologie
als *analogia entis* vgl. Huber 1973: 480).

neueren Darstellungen der Lehre, vielfach aber auch schon bei Luther selbst, im Schatten verbleibt: hinsichtlich der dritten Figur im Ausgangsschema, des Angreifers oder Rechtsbrechers, kann das „für andere" keinen unmittelbaren, persönlichen Sinn haben. Im Schützen des einen *gegen* den anderen muß es *für* diesen anderen (sofern überhaupt reflektiert wird, daß keiner außerhalb der Nächsten- und Feindesliebe stehen darf) bei so etwas wie der *praeparatio cordis* bleiben.[382]

Die Transformation des „für andere" in eine „für die allen verbindliche irdische Gerechtigkeit" verallgemeinert diese Konstellation und gibt jeder Weltperson ein Amt des Einstehens für das Richtige, unabhängig davon, ob ihr kraft Amtes konkrete Personen schutzbefohlen sind; sie beläßt nur die innere Haltung – die Reinheit des Herzens, sagt Luther – als den Modus, in dem die Unmittelbarkeit persönlicher Nächstenliebe, die eigene Person des Christen sich neben der Weltperson behauptet.[383]

---

[382] Luther bringt dies zur Sprache für den Fall des Strafrichters, „der mit Schmerzen ein Urteil fällt über den Schuldigen, und ihm leid ist der Tod, den das Recht über den selben dringt", dem aber das gottgewollte Amt verbietet, seiner Sanftmut nachzugeben (Von den Guten Werken, Zum 5. Gebot, Cl. 1: 289 bzw. WA 6: 267/8; Althaus 1969: 113); vgl. auch die bei G. Forck angeführte Predigtstelle (aus WA 10, III: 254), wo sogar die Bereitschaft des Richters zum Ausdruck kommt, anstelle des Übeltäters zu sterben, wenn diesem damit zu helfen wäre (Forck 1959: 419).

Allerdings fehlt dieser Ton sehr häufig, fast immer in den Auslassungen über kriegerische Verteidigung „des Nächsten"; hier herrscht ein Partikularismus in der Weltzuwendung vor, der die Spannung zwischen „Nächsten"- und Feindesliebe jedenfalls sprachlich nicht bewältigt. Dazu § 16 und besonders Anm. 458. Insgesamt ist es kein Zufall, obwohl nicht korrekt, wenn auch bedeutende Lutherinterpreten zu Formulierungen verleitet worden sind wie etwa K. Holl: „Luther heißt den Wehleidigen nicht an die denken, die etwa geköpft oder im Krieg niedergeschlagen werden, sondern an die andern, die eben dadurch geschützt werden" (Holl 1917, hier zitiert nach Duchrow/Huber 1976: 27).

Daneben sollen immerhin Zeugnisse des „besseren Luther" stehen bleiben wie: „Also wenn ein Christ in einen Krieg ziehet, oder sitzet und Recht spricht und strafet oder verklagt seinen Nächsten, das tut er nicht als ein Christ sondern als ein Krieger, Richter, Jurist etc., behält aber gleichwohl ein christlich Herz, der [sic] niemand begehret Böses zu tun, und wäre ihm leid, daß dem Nächsten sollt ein Leid geschehen", (WA 32: 393), oder kurz: „der Sachen feind und doch der Person hold" (WA 32: 365).

[383] Zum Ganzen zusammengefaßt: „Ein Christ soll keinem Übel widerstehen, wiederum eine Weltperson soll allem Übel widerstehen, so fern sein Amt geht; wie ein Hausvater nicht leiden soll, daß sich sein Gesind wieder ihn setze oder sich unternander schlage etc. Also auch soll ein Christ mit niemand rechten, sondern beide den Rock und Mantel lassen fahren, wenn mans ihm nimmt. Aber eine Weltperson soll sich [!] mit dem Rechten schützen und verteidigen, wo er kann wider Gewalt und Frevel. Summa in Christus Reich heißt es allerlei leiden, vergeben und Gutes für Böses vergelten. Wiederum in Kaisers Regiment soll man kein Unrecht leiden, sondern dem Bösen wehren und strafen, und das Recht helfen schützen und erhalten, darnach eines jeglichen Amt oder Stand fordert" (WA 32: 393f.). Zu „Reinheit des Herzens" etwa WA 32: 392. 14; 393. 23ff. (vgl. Anm. 382); 324. 26ff.

Die Chance dieser Haltung, sich im Weltamt real auszuwirken, liegt zunächst nur in einer inneren Anverwandlung der Funktion. Nächstenliebe ist das Aufgehen, frei von „persönlichem" Nebeninteresse, in der als Institution jeweils vorgezeichneten Gestalt des Dienstes für andere.[384] Darüber hinaus reguliert und wahrt sie allgemein den Zweckzusammenhang der „Werke" und Ämter, bewahrt vor dem Sich-Verrennen in selbstgenügsames Rechtspathos, kurz: sie wirkt als eine von vernünftiger Güte bestimmte Moderierung strikten Rechts. Juristisch benennbar ist dies in den Begriffen der Verhältnismäßigkeit und Billigkeit *(aequitas)*, beides Quellen möglichen Rechtsverzichts.[385]

Daneben muß man wohl doch mit einer (bei Luther nicht ausgeführten) Skala abnehmender Verfremdung von Ämtern, Berufen zu den mehr „persönlichen" Rollen in Haus und Familie und so weiter rechnen,[386] umgekehrt entsprechend mit zunehmenden Möglichkeiten der „eigenen" Person des Christen, die Schale der Weltperson im Einzelfall unversehens zu durchbrechen.[387] Sonst bliebe trotz allem für die Christenperson weithin nicht mehr als eine Mentalreservation bzw. die eschatologische Vertagung im Glauben an ein Endreich.

---

[384] Vgl. zu diesem und dem folgenden Duchrow 1970 b: 495 ff. und den dort angeführten Satz: „Omnes status huc tendunt ut aliis serviant" (nach WA 15: 625). Zur Amtsgesinnung etwa an den in der vorigen Anmerkung angegebenen Stellen, für den Fürsten im besonderen die puritanische Amtsethik im 3. Teil der Obrigkeitsschrift (Cl. 2: 387 f. bzw WA 11: 273). Luther selbst macht hierzu die skeptische Bemerkung, er begnüge sich, die Möglichkeit gezeigt zu haben, daß ein Fürst ein Christ sei, „wiewohl es seltsam und schwerlich zugeht".

[385] Über den Zusammenhang von Vernunft, Liebe, Billigkeit, Verhältnismäßigkeit vgl. etwa den Fürstenspiegel im 3. Teil der Obrigkeitschrift im Ganzen, ferner die Kriegsleuteschrift Cl. 3: 324f. bzw. WA 19: 631f.; die Schulpredigt Cl. 4: 164ff. bzw. WA 30 II: 557ff.; Duchrow 1970 b: 495 ff.; Scharffenorth 1964: 136 ff.; Holl 1917: 264ff. Die Option für die Billigkeit, die vornehmlich in der Hand des Fürsten als oberstes Regulativ des Rechts nach dem Maßstab „freier Vernunft und ungefangenen Verstandes" (Cl. 2: 392 bzw. WA 11: 278) wirken soll, steht in auffallender, kaum zufälliger Parallele zu den Vorstellungen bei Hobbes 1953, Chap. 26.

[386] Dies ergibt sich zwangsläufig daraus, daß Luther alle äußerlich faßbaren Unterscheidungen, unbekümmert um den Festigkeitsgrad der sozialen Typisierung, der Weltperson zurechnet, z.B. WA 32: 440 (Anm. 372), oder: „Mann, Weib, jung, alt, gelehrt, ungelehrt, edel, unedel, Fürst und Bauer, Herr und Knecht, großer oder kleiner Heiliger" (WA 32: 536), und nur am Gegensatz zur Gleichheit des christlichen Wesens interessiert ist: „Denn es ist nicht mehr denn ein Christenstand, wie nur einerlei natürlich Wesen ist aller Menschen" (WA 32: 537). Die Weltperson ist definiert als Partner sozialer Interaktion: „Siehe, so reden wir jetzt von einem Christen in relatione nicht als von einem Christen, sondern gebunden in diesem Leben an eine andere Person, so er unter oder über ihm oder auch neben ihm hat als Herren, Frauen, Weib, Kind, Nachbar" etc. (WA 32: 390), geht also wie die Rolle in das über, was uns das „Persönliche" heißt; es ist eine bekannte Begriffsschwierigkeit der Rollentheorie, ob es neben dem entfremdeten *homo sociologicus* noch ein eigentliches Individuum oder wieder nur die Rolle eines solchen „Mannes ohne Eigenschaften" gibt; vgl. die Kritik von F. H. Tenbruck an R. Dahrendorfs Abhandlung „Homo Sociologicus" (Tenbruck 1961: 1 ff.).

Die Rollenverfestigung als Anspruch der Welt an die Person wächst bis hin zum regulären öffentlichen Amt in dem Maße, wie das Handeln für andere in ein Handeln anstelle anderer übergeht, die Folgenzurechnung also außerhalb des Selbst fällt und die Person sich auch rechtlich nicht mehr selbst gehört. Hier öffnet sich der politische Bereich mit der Aufgabe, in Stellvertretung oder einer Art *negotiorum gestio* für ein Gemeininteresse zu handeln. Die Einheit dieses Handlungstyps ist vorläufig am besten mit dem Begriff der Repräsentation zu charakterisieren.[388] Luther nennt die ganz ihrer selbst entäußerte und durch den Bezug auf andere definierte Person die *persona publica* oder *gemeine Person* im Gegensatz zur privaten.[389] Das Wesen der Politik liegt, kurz gesagt, im repräsentativen Handeln oder im Handeln als öffentliche Person. Daraus ergibt sich klar die Trennung der Politik von der Religion und das Prinzip, nach dem Luther konsequenterweise ein entschiedener Verfechter der Religionsfreiheit auch für Andersgläubige hätte sein müssen: in der Frage des Seelenheils gilt keine Stellvertretung, sondern ausschließlich höchsteigenes Risiko. Hier endet die Verantwortung im politischen Sinn und damit die Relation von Schutz und Gehorsam.[390] Konsequenterweise wird das geistliche Amt nicht mehr als „Gewalt", *potestas*, aufgefaßt.[391]

[387] Mit solchen Durchbrüchen rechnet aber Luther, wenn er gegen die für die Weltperson ja relevante Lehre von der *praeparatio cordis* vorbringt: „sie beachten nicht, daß ständig Gelegenheiten kommen, diese Bereitschaft zum Tun zu erweitern" (Übersetzung und Zitat nach Bornkamm 1969: 183, dort auch der lateinische Text aus WA 1: 513).

Hier liegt meines Erachtens der berechtigte Kern der im übrigen falschen These, Luther beschränke die Bergpredigt auf die „Privatmoral".

[388] Ausführliche Erörterungen zum Repräsentationsbegriff verbieten sich an dieser Stelle; vgl. vorläufig die Übersicht über die sehr angewachsene Literatur bei Quaritsch 1970: 437 f. Es sei nur bemerkt, daß der Begriff, wie hier im Text eingeführt, offen ist für die beiden in der deutschen Staatslehre damit verbundenen Elemente der Vertretung (Verdrängung) einer Person durch eine andere, und der Vergegenwärtigung eines überindividuellen, geistigen Zusammenhangs.

[389] In der Kriegsleuteschrift: der Fürst ist einzelne Person in Relation zum Oberherrn (Kaiser oder Gott); „wenn er sich aber zu seinen Unterthanen kehret, als zu seinen Unterthanen, so ist er so viel Personen, als er Häupter unter sich und an sich hangen hat" (Cl. 3: 342 bzw. WA 19: 652). Vgl. auch (beim Vergleich von privatem Geiz und obrigkeitlicher Vorsorge) „Denn was ein Fürst sammlet, das sammlet er nicht für sich, sondern als eine gemeine Person, ja ein gemeiner Vater des ganzen Landes" (WA 32: 441). Zu *persona publica* und *privata* vgl. Duchrow 1970 b: 544 ff.

[390] „Ein Christ ist eine Person für sich selbst; er glaubt für sich selbst und sonst für niemand. Aber ein Herr und Fürst ist nicht eine Person für sich selbst, sondern für andre, daß er ihnen diene, das ist sie schütze und verteidige" (Kriegsleuteschrift, Cl. 3: 339 bzw. WA 19: 648). Oder: „Auch so liegt einem jeglichen seine eigene Gefahr daran, wie er glaubt, und muß für sich selbst sehen, daß er recht glaube. Denn so wenig als ein andrer für mich in die Hölle oder Himmel fahren kann, so wenig kann er auch für mich glauben oder nicht glauben, und so wenig er mir kann Himmel oder Hölle auf- oder zuschließen, so wenig kann er mich zum Glauben oder Unglauben treiben" (Obrigkeitsschrift, Cl. 2: 379 bzw. WA 11: 264).

[391] Obrigkeitsschrift, Cl. 2: 385 bzw. WA 11: 271.

Die öffentliche Person kann „kraft Amtes" in Feindschaft stehen zu anderen – wie sich jetzt sagen läßt – öffentlichen Feinden, die sie *als solche* hassen
darf.[392] Auch dies ist stimmig und in der Konsequenz vielleicht der Entwicklung eines regulären, von der Amtsqualität der Kontrahenten abhängigen, in
diesem Sinne gezähmten und humanisierten Kriegsbegriffs günstig. Hier allerdings nähern wir uns – im Rahmen einer Auslegung des Evangeliums von der
Feindesliebe – dem Paradox; „als sollten wir etwas wollen tun, das wir doch
nicht wollen tun, daß ja und nein sei ein Ding", wie Luther andernorts die Auslegung der *praeparatio cordis* charakterisiert.[393] Man hat das Paradox schon in
Augustins Lehre vom gerechten Krieg gesehen, deren Bedingungen eigentlich
nur die Heiligen erfüllen könnten:

> Si la guerre éclate, il faudra – et ce ne sera pas chose facile, et seuls les saints en
> seront pleinement capables – que le chrétien allie sans cesse le désir de vaincre au
> souci de ne pas se dénaturer … par la guerre, il faudra qu'il réalise ce paradoxe de
> garder l'amour en faisant les gestes de la haine.[394]

Solcher psychologischen Akrobatik gegenüber wird man mißtrauisch sein dürfen und sich im übrigen nicht wundern, daß in praxi weltlichere Vorstellungen
vom Krieg das Feld vollständig behauptet haben. Man wird es aber auch unter
dem religiösen Gesichtspunkt verständlich finden, wenn ein nüchterner Geist
unseres Zeitalters nach Wegen suchte, um innerhalb der praktischen Politik,
und zwar einer höchst kämpferischen Politik, „inmitten des um uns heulenden
Sturmes",[395] Raum für eine weniger mirakulöse, weniger übernatürliche Rolle
des „Heiligen" zu schaffen.

§ 16 Kritische Betrachtung aus der Perspektive Gandhis

Von Gandhi her gesehen verrät sich eine schwache Stelle in der hier angeführten Neuformulierung des Paradoxes durch einen unwillkürlichen Euphemis-
mus: Die physische, verletzende Gewalt gegen die Person im Kampf ist nicht
eine „geste de la haine". Sie ist im Gegenteil der Abbruch jeglicher Kommunikation, sei es der Geste oder der Wortsprache. Sie soll dem Anderen nichts si-

---

[392] „Denn seinen Feind hassen, gehört zu einer gemeinen Person und Amt von Gottes
wegen" (WA 32: 400). Der Begriff des öffentlichen Feindes steht hier nicht, ist aber
in der Sache impliziert. Vgl. auch die in Anm. 382 am Ende angeführte Stelle WA
32: 393.

[393] Von Kaufshandlung und Wucher (Cl. 3: 23 bzw. WA 6: 38).

[394] Für das Zitat (Thibon 1939: 63 f.) und die Zweifel am Augustinischen Begriff des
gerechten Krieges vgl. Schmitt 1950: 126; daselbst S. 27 in der Anmerkung zu einer
von dem katholischen Moraltheologen Ch. Journet eingeführten Unterscheidung,
wonach der Christ nicht „en tant que chrétien", sondern höchstens „en chrétien"
Krieg führen dürfe. Dies ist nicht viel anderes als die Lutherische Unterscheidung
von Christperson und Weltperson, die an dieser Stelle zum Sophismus wird.

[395] Gandhi, „Neither a Saint Nor a Politician", YI, 12.5.1920, CW 17: 405.

gnalisieren, sondern ihn „treffen", aus dem Weg schaffen, zerstören. Ähnliche Euphemismen fehlen auch bei Luther nicht: sei es die liebevolle (dem berechtigten Sinne nach ja nur symbolische) Züchtigung durch den Vater,[396] oder sogar die Amputation des kranken Gliedes durch den Arzt.[397] Das letztere Bild ist besonders beachtenswert: unversehens wird der Blick vom Objekt der Gewalt weg auf die Gesundheit des Ganzen gelenkt; der Gegner selbst, ein Mensch, wird dabei zum bloßen Körperteil, ein schädliches Ding, das zu beseitigen ist.

Richtet man die Aufmerksamkeit auf die zweite Person im ursprünglichen Modell, den zu schützenden „Nächsten", so bezeichnet auch hier der Einsatz physischer Gewalt eine qualitative Veränderung. Man kann sich nämlich fragen, ob nicht auch der zu Schützende unter dem Anspruch des Evangeliums auf Rechtsverzicht steht. Er erhält aber keine Gelegenheit, sich diese Frage vorzulegen, sich auch etwa an eine eigene, gewaltfreie Initiative zu wagen. Vielmehr wird er ungefragt zum Objekt gewalttätigen Schutzes gemacht. Er wird, möchte man sagen, seiner geistlichen Chance beraubt zugunsten seines leiblichen – und fremdbestimmten! – Wohles.

Was hier erst einmal als Sophismus erscheinen mag, zeigt seine höchst reale, nicht mehr zu bagatellisierende Bedeutung im gesellschaftlichen Verhältnis. Wir sahen schon, wie die wechselseitige Einstellung auf den andern als ein Schutzobjekt die Eventualität wirklichen Rechtsverzichts für alle gleichermaßen verdrängt. Dergestalt seiner Verantwortung für sich selbst als Christ enthoben, lernt der einzelne bald die als Folge des Schutzes eintretende Gehorsamspflicht kennen, und mit der Verselbständigung des Schutzapparates schützt ihn nichts mehr davor, in fremdes Unrecht und durch unübersehbare Sachgesetzlichkeiten heraufbeschworene Gefahr verwickelt zu werden.[398] Solche Auswirkungen mögen wenigstens als Indiz dafür genommen werden, daß mit dem Gewaltgebrauch ein neues, den ursprünglichen Hilfsgedanken modifizierendes Element eingeführt ist. Illusionen über diese Art von Eigengesetzlichkeit dürften sich in einem Zeitalter erübrigen, wo ganze Völker in der Furcht leben müssen, zum Objekt unerbetener oder doch unkontrollierbaren

---

[396] „Denn so siehest du an frommen Eltern, daß sie ihre Kinder nicht so strafen, daß sie ihnen wollen Leid oder Schaden tun, sondern daß dem Bösen gesteuert oder das Übel weg getan werde, *wie auch die Oberkeit zürnen und strafen muß*" (WA 32: 362). Ähnlich WA 32: 365. Vgl. zum Verdrängungscharakter solcher Rhetorik, was Erik H. Erikson über das tiefe Mißtrauen Luthers in den Liebescharakter väterlichen (und göttlichen) Strafens ausführt (Erikson 1975: 62 und 180).

[397] „Man muß im Kriegeamt nicht ansehen, wie es würget, brennet, schlegt, und fehet etc. Denn das tun die engen einfältigen Kinderaugen, die dem Arzt nicht weiter zusehen denn wie er die Hand abhauet oder das Bein absäget, sehen aber, oder merken nicht, daß um den ganzen Leib zu retten zu tun ist" (Kriegsleuteschrift, Cl. 3: 320 f. bzw. WA 19: 626).

[398] Zur Lage des Untertanen bei Zweifeln an der Rechtmäßigkeit eines von der Obrigkeit geführten Krieges vgl. Anm. 371.

Schutzes überlegener Mächte gemacht zu werden. Es war im Prinzip aber auch zu Luthers Zeit nicht anders.[399] Jedenfalls ist es die undurchsichtige Mischung von unerbetenem Schutz und daraus abgeleiteter Gehorsamspflicht, was Gandhi dazu bestimmte, gegen die Schiedsrichterrolle der Kolonialmacht in der Hindu-Muslim-Auseinandersetzung, gegen die aufgenötigte Sekurität des Kolonialstaats und für die offene Konfrontation Front zu machen.[400]

Damit scheint allerdings die Grundlage des Staats überhaupt von der Religion her angetastet. Eine wesentliche, wenn nicht die erste Legitimation des Staats ist seine Schutzfunktion, gerade in der Form unparteiischer Rechtsgewährung durch eine dem Streit fremde, *idealiter* neutrale Gewalt.[401] Tatsächlich hat Gandhi nicht nur in der konkreten politischen Konstellation der Religionsgruppenfrage die Beschützer- und Schiedsrichterrolle der Kolonialmacht als eigeninteressiert und die Nation entmündigend angegriffen; es finden sich bei ihm auch verallgemeinerte Formulierungen zur Relation von Schutz, Gehorsam und Friedensstiftung durch den übergeordneten „Dritten", in denen manchmal staatliche Rechtsprechung und das Recht selbst, in ihrer objektivierenden, notwendig verfremdenden Funktion als fragwürdig erscheinen, als Vehikel sozialer Zerklüftung. Bei derartigen Auslassungen ist es in besonderem Maße nötig, den jeweiligen Kontext mitzubeachten, der den polemischen Sinn eingrenzt – beispielsweise die Problematik des nach Indien verpflanzten, mit den einheimischen Traditionen nicht verschmolzenen Prozeßwesens.[402] Dage-

---

[399] Gerade auf diese Probleme und vor allem die Auswüchse des Fehdewesens beziehen sich Luthers schon mehrfach zitierte Ausführungen über die Wahrung der Verhältnismäßigkeit, etwa Magnificat (Cl. 2: 169 bzw. WA 7: 583/4); oder im Fürstenspiegel der Obrigkeitschrift: „Denn was haben soviel Weiber und Kinder verdient, daß sie Witwen und Waisen werden, auf daß Du Dich rächest an einem unnutzen Maul oder böser Hand, die dir Leid (ge)tan hat?" (Cl. 2: 391 bzw. WA 11: 276).

[400] Zum Beispiel „Hindu-Muslim Unity" YI, 16.6.1927, CW 34: 2ff.; für ein spätes Zeugnis etwa das Editorial „Antidote" in Harijan 1946, nach den Ausschreitungen in Kalkutta: „As it was, the third party had to intervene in order to still the mutual savagery. Neither the Muslims nor the Hindus concerned have gained by the intervention. Supposing that the Calcutta virus extends to the whole of India, and the British gunpowder keeps the two from stabbing one another, the British power or its substitute will be in possession of India for a long time to come" (hier nach T. 7: 197). Genau dies war die Kalkulation auf der anderen Seite, etwa konservativer britischer Politiker noch zur Zeit der Cripps-Mission; vgl. Moore 1973: 195–213; für ein früheres Zeugnis siehe Brief des Secretary of State Lord Birkenhead an den Vizekönig Lord Reading vom 4.12.1924 (Birkenhead 1965: 206).

[401] „And this puts men out of a state of Nature into that of a commonwealth, by setting up a judge on earth with authority to determine all the controversies and redress the injuries that may happen to any member of the commonwealth, which judge is the legislative or magistrates appointed by it. And wherever there are any number of men, however associated, that have no such decisive power to appeal to, there they are still in the state of Nature" (Locke, 1690, Second Treatise of Civil Government, § 89).

[402] Dazu „Hind Swaraj", CW 10, Chap. XI.

genzuhalten wären die Vorstellungen, die Gandhi für ein freies indisches Gemeinwesen, *Swaraj*, andeutet, und die weder Recht noch Gericht, noch selbst eine Art Polizei ausschließen.[403]

Gibt es aber wirklich nur die bei Luther vorausgesetzte Alternative von passivem Geschehenlassen des Unrechts und gewaltsamer Intervention mit allen bekannten Konsequenzen? Den Begriff Staat kann man, um nicht in verfrühte terminologische Erörterungen zu geraten, an dieser Stelle vorläufig beiseite lassen. Wichtig ist dagegen, klar zu sehen, daß Politik in dem oben aus Luthers Ansatz entwickelten Grundsinn für Gandhi als eigene Kategorie des Handelns bestehen bleibt, auch wenn er die Konsequenz gewaltsamer Rechtsverwirklichung in Zweifel zieht. Damit entfallen zwar die mit dem Mittel physischer Gewalt gegebenen Möglichkeiten einseitiger, unwiderstehlicher Durchsetzung und die an Gewaltandrohung geknüpften Formen äußersten Zwanges. Nicht aber, wie meist unwillkürlich unterstellt, daß jeder, aus Scheu dem Anderen zu nahe zu treten, nur noch „für sich" handeln solle, bzw. erst nach Diskussion und Überredung mit anderen je für sich Handelnden gemeinsam; dann schwände in der Tat jedes angebbare Charakteristikum von „Politik" dahin. Einem Zurückgehen auf das „für sich" steht indessen Gandhis Haltung, bei aller Respektierung des Andern im Ideal der Gewaltlosigkeit, von Grund auf entgegen. Zu der Bewegung des modernen Hinduismus in Richtung auf die Erschließung (oder auch: Wiedererschließung) des transitiven Elements in der religiösen Heilssuche hat gerade er im umfassendsten Sinne beigetragen. Daß das „für andere" erst den Weg zur Selbst-Realisierung weist, „that the good of the individual is contained in the good of all",[404] gehört zu den Grunderfahrungen, die seine praktische Prophetie oder, wie er sich ausgedrückt haben würde, sein Reformertum antrieben.[405] Die konsequente Umsetzung dieser

---

[403] „High courts, which we will have even under Rama-Rajiya" (H, 14.11.1936: 313). Vgl. § 18 bei Anm. 561. Polizei und Strafen auch in einem freien, durch gewaltlose Mittel geschaffenen Gemeinwesen, allerdings nicht die gegenwärtig üblichen Brutalitäten: YI, 2.3.1922, CW 22: 489. Später konkretisiert Gandhi Vorstellungen einer gewaltlosen Polizei oder Friedensbrigade, die bei Unruhen eingreifen soll: „My Idea of a Police Force", H, 1.9.1940: 265 (Kher 1967/68, I: 126); „Qualifications of a Peace Brigade", H, 18.6.1938 (Non-Violence I: 154). Die Armee kann zur nationalen Aufbau-Arbeit eingesetzt werden, H, 21.4.1946.

[404] Als eine der drei Maximen, in denen er Ruskins „Unto This Last" für sich zusammenfaßt, wobei er gerade diese als einzige der drei als schon vorher voll bewußt bezeichnet (Autobiography, Part IV, Chap. XVIII).

[405] Die Entwicklung solcher Vorstellungen im Neuhinduismus, insbesondere in Bengalen, und Gandhis Verhältnis hierzu, können hier nicht im einzelnen auseinandergelegt werden. Über Vivekananda vgl. in diesem Zusammenhang als erste Orientierung P 1965, Part I, Chap. IV: 79 ff., z. B. das dort mitgeteilte Diktum Vivekanandas aus seiner letzten Zeit: „He (scil. Gott) is present in all beings. They are all his multiple forms. There is no other God to seek. He alone serves God who serves all other beings" (ibid.: 96). Zu den verschiedenen Formen der methaphysischen Begründung vgl. Hacker 1961: 366–399. Die Hinwendung zu Nächstendienst und Dienst an der Allgemeinheit versucht

Maxime ins Praktische führt die Dimension der Politik und die ihr eigentümliche Ambivalenz ein: für andere *handeln* heißt handeln sowohl im Interesse der anderen als auch an ihrer Statt. Das Grundprinzip ist politischer und rechtlicher Applikation fähig, oft überraschend. Aus ihm ergibt sich beispielsweise die – unten zu erörternde – Treuhandtheorie des Eigentums, die das „Haben für andere" als dessen einzige, aber auch hinreichende Legitimation anerkennt.[406]

Es trägt, wie sich zeigen wird, das Konzept der Grundrechte überhaupt und formiert sich allgemein als soziale Idee in dem Wort *service* als Inbegriff aktiver Selbstentäußerung an die Welt.[407] Der Schritt, den Gandhi damit innerhalb des Hinduismus tat, entspricht genau der reformatorischen Überführung der mönchischen in die innerweltliche Askese.[408] Das „unser keiner lebt sich selber (zu

---

Kantowsky im Anschluß an die Studien von P. Spratt (Spratt 1966) und G. M. Carstairs (Carstairs 1961) als „im Grunde genommen ein Dienst des einzelnen an sich selbst", als eine der narzißtischen Persönlichkeit entsprechende ‚projektive Extroversion' zu verstehen (Kantowsky 1972: 130); die Leistung Gandhis wäre es danach, innerhalb des hinduistischen Wertsystems die klassische Daseinsinterpretation so umgewandelt zu haben, „daß hinduistisch-narzißtisches Streben nach Selbstverwirklichung und ein sozialbezogenes Leben im Dienst für andere sich nicht mehr widersprachen, sondern einander bedingten" (ibid.: 135).

Diese These bedürfte, wenn ich recht sehe, noch einer genaueren Fassung unter der Fragestellung, ob sie altruistisches Verhalten psychologisch erklären oder aber als verkappten Egoismus entlarven soll. Es kommt unter indischen Bedingungen entscheidend darauf an, was „im Grunde genommen" und was „Selbst" heißen soll; der Ausdruck „Narzißmus" und gewisse Übersetzungen von „self-realization" bei Kantowsky legen ein subjektivistisches Mißverständnis nahe. Oben im Text wurde der Ausdruck Selbst-Realisation beibehalten, um den Doppelsinn von „sich vergegenwärtigen" und „wirklich machen" des Selbst (das für Gandhi gewiß nicht das Ego ist, sondern Gott) zu bewahren. Vgl. etwa: „One can attain self-realization only, if one sheds this attachment to the ego" („Discourses on the ‚Gita'", CW 32: 106). Vgl. auch § 20.

[406] Vgl. § 20. Es war diese Entdeckung, die ihn „Religion" in der Jurisprudenz sehen ließ (Autobiography, Part IV, Chap. V; vgl. auch Anm. 17).

[407] „My creed is service of God and therefore of humanity" („The Law of Love", YI, 23.10.1924: 350, CW 25: 260). Auch soweit solche Formulierungen früher schon vorgekommen sein mögen, läßt sich wohl sagen, daß Gandhi mit einer bis dahin unerhörten Entschiedenheit der neuhinduistischen Betonung der Aktionsethik *(Karmayoga),* die auch in selbstgenügsamen Tat- oder Zerstörungskult münden konnte, die praktische Wendung auf die Personalität des anderen hin gegeben hat. In diesem Sinne oben im Text das Wort „transitiv". Gleichzeitig verband er die rein politische Aktionsphilosophie Tilaks mit der sozialen Diakonie, wie sie Vivekananda gepredigt hatte.

[408] Vgl. Max Weber 1963, I: 63ff., 84ff.; verallgemeinert in Weber 1925, Kap. V, § 11. Illustrieren läßt sich dies durch die Re-Definition, die Gandhi dem religiösen Typus des *Sannyasin,* des allen weltlichen Gütern entsagenden Asketen, angedeihen läßt: „Moreover, I do not for one moment grant that a *sannyasin* need be a recluse caring not for the world. A *sannyasin* is one who cares not for himself but cares all his time for others. He has renounced all selfishness. But he is full of selfless activity ever as God is full of sleepless and selfless activity. A *sannyasin,* therefore, to be true to his

eigen)" führt hier wie dort zu der keineswegs selbstverständlichen Konsequenz, „that he must live in order to serve his fellow creatures and through
them his maker".[409] Daß aber solcher uneigennützige, energisch tätige Dienst
am Nächsten keine politisch irrelevante Frömmelei sein wird, sondern eine
Tendenz hat, macht-trächtig zu werden, liegt auf der Hand und bedürfte kaum
eines Hinweises. Man erfährt es im übrigen ausdrücklich: „Immediately you
come to that (nämlich eine Haltung der Selbstentäußerung und des Besitzver-
zichtes) you can command anything. … You can command all the resources of
the world for service … if you surrender yourself body, soul and mind, and
give yourself up to the world, then I say: the treasures of the world are at your
feet, not for your enjoyment, but for the enjoyment of that service, only yours
for that service".[410] Damit zur Politik:

Gandhis „Neu"-Entdeckung in der Politik bestand im Genau-Nehmen dessen, was „Handeln für andere" bedeutet, und damit der systematischen Explo-
ration einer Möglichkeit zwischen strategischem Kollisionshandeln und „untä-
tiger" Kommunikation.[411] Die Aufgabe stellte sich in großer Dimension angesichts der Lage der indischen Nationalbewegung nach dem Ersten Weltkrieg,
markiert einerseits durch die Enttäuschung über den mangelnden Erfolg einer
Politik der Überredung in Argumentation und Bittschriften an die Adresse der
Kolonialmacht, andererseits durch die Fragwürdigkeit der terroristischen
Gewaltmethoden als elitärer Desperado-Politik, schließlich wenn man will,
durch die Aussichtslosigkeit einer bewaffneten Massenerhebung.[412]

Die Lösung bestand bekanntlich in einer Form sofortigen Handelns, das
den Appell an die Einsicht des andern dringend macht und nie aufgibt, ohne
doch jedermanns vorherige Zustimmung abzuwarten.[413] Dies ist Handeln *für*
andere – in ihrem Interesse, sofortig, stellvertretend; zugleich ein Handeln *ge-*

---

creed of renunciation must care for Swaraj, not for his own sake (he has it), but for
the sake of others" („A Correspondent's Dilemma", YI, 21.5.1925, CW 27: 138).

[409] H, 4.4.1936: 60.

[410] Rede über „Voluntary Poverty", London, Guild House Church, 23.9.1931, CW 48:
50 ff. (56).

[411] „I do not claim to have originated any new principle or doctrine. I have simply tried
in my own way to apply the eternal truths to our daily life and problems. … I have
nothing new to teach the world. Truth and non-violence are as old as the hills. All I
have done is to try experiments in both on as vast a scale as I could do" (1936 auf
der Konferenz der Gandhi Seva Sangh, T 4: 54).

[412] Zu den Alternativen vgl. schon „Hind Swaraj" (CW 10), vor allem Chap. 4, 15, 16,
20. Zum Verhältnis von moralischem Prinzip und Zweckmäßigkeit in der Politik
des gewaltfreien Aufstandes „On the Verge of it" YI, 21.5.1925, CW 27: 131 ff., 134.

[413] „He will know that it is an idle excuse to say that we shall do a thing when the
others also do it: that we should do what we know to be right, and that others will
do it when they see the way" („Hind Swaraj", CW 10, Chap. 20 (Conclusion) Nr.
19); (über die Art der Einführung sozialistischer Wirtschaftsorganisation): „I do not
believe in arm chair or armed socialism. I believe in action according to my belief
without waiting for wholesale conversion" (H, 1.9.1946: 285).

gen andere in der offen herausgeforderten Konfrontation. Das politische Element liegt in der präventiv, bis an die Grenze des Usurpatorischen in Anspruch genommenen Repräsentation. Durch den repräsentativen Vorgriff wird jeweils eine neue Situation geschaffen, auf die der andere, Freund oder Feind, reagieren muß.[414] Auch für den Feind wird Repräsentation in Anspruch genommen, einstweilig – d.h. dem andern wird die Entscheidung, ob er Freund oder Feind sein will, zugeschoben. Diesen offenen Handlungssinn würde physische Gewalt zerstören; daher bleibt sie prinzipiell ausgeschlossen.

Die Bewegungsenergie der Gewalt soll also nicht durch bloßes Stillhalten ersetzt werden; das in diesem Zusammenhang geforderte Leiden bzw. die Leidensbereitschaft – eine Quelle europäischer Mißverständnisse – ist nur Akzidens eines Handelns. Gandhis politische Botschaft ist nicht Gewaltlosigkeit, sondern gewaltlose Aktion; daher seine Bemühungen, alles Negative aus Begriff und Terminologie zu tilgen, die Ersetzung von *non-resistance* oder *passive resistance* durch *Satyagraha*.[415] Was gemeint und in seiner Praxis zur Erprobung gestellt worden ist, ist gerade jene Verbindung von universaler Brüderlichkeitsethik und praktischem Handeln, welche Max Weber wegen der Widersprüche zu den Eigengesetzlichkeiten der Lebensbereiche, wegen der Schuldverstrickung jedes Tathandelns in die „Weltherrschaft der Unbrüderlichkeit" für prinzipiell unmöglich erklären wollte.[416]

---

[414] „In opening up new choices and in confronting an opponent with the demand that he make a choice, the satyagrahi involves himself in acts of ‚ethical existence'" (Bondurant 1965: vii). Auf diesen Charakter des unmittelbar situationsverändernden Handelns beziehen sich Äußerungen Gandhis wie: „Satyagraha is not a threat, it is a fact" (in Bombay, 14.3.1919, CW 15: 135 als Antwort auf die Erklärung der indischen Kolonialregierung, sie werde einer Drohung mit passivem Widerstand nicht nachgeben).

[415] *Satyagraha* von skr. *Satya* – Wahrheit (das Seiende) und *agraha* – Festhalten, Festigkeit in, wörtlich Festhalten an der Wahrheit, Festigkeit in der Wahrheit. „Its root meaning is holding on to truth" (Gandhi vor der Hunter-Commission am 5.1.1920, CW 16: 368). Über den Hergang der bewußten Prägung dieses Worts als Verbesserung und Distanzierung von den zunächst gebrauchten englischen Ausdrücken *non-resistance* und *passive resistance* vgl. „Satyagraha in South Africa", Chap. 12; Autobiography, Part IV, Chap. XXVI. Von Gandhi sonst gebrauchte Synonyma zur Hervorhebung des aktiven Charakters sind *truth force* („Hind Swaraj", CW 10, Chap. 17) oder *soul force*, vermutlich als Übersetzung des in der bengalischen Swadeshi-Kampagne 1906 ff. gebrauchten *atma-sakti* (möglicherweise auf Tagore zurückgehend, Sarkar 1973: 52).

Zur Betonung des aktiven Prinzips vgl. die Abhebung gerade in diesem Punkt von einer passiv verstandenen jainistischen Nicht-Verletzungs-Ethik in „Jain Ahimsa" (CW 37: 381 ff.); oder zur Non-cooperation: „I therefore see equally clearly that the keeping up of non-co-operation without its active principle, non-violence, must do harm to the country. ... The root of non-co-operation is satyagraha, which is love" („The Law of Love", YI, 2.10.1924, CW 25: 258 ff.).

[416] Der Gedanke ist systematisch ausgeführt in der 1913 geschriebenen „Zwischebetrachtung" der religionssoziologischen Aufsätze (Weber 1963, I: 536 ff.) „Theorie der Stufen und Richtungen religiöser Weltablehnung", vgl. schon Anm. 242). In

Verzicht auf Gewalt heißt im Rahmen von *Satyagraha*, daß die Aktion in keinem Falle die Re-Aktion des anderen durch Zerstörung der Person oder Verhinderung ihrer Entschließung ausschalten darf. Und zwar gilt dies nach beiden Seiten: Das Eintreten für andere darf nicht zur Ausschaltung des Vertretenen, das Entgegentreten nicht zur Ausschaltung der gegnerischen Person getrieben werden. Weder darf dem einen die ungefragt gewährte Hilfe, Vertretung, Beschützung gegen seinen Willen aufgenötigt bleiben, noch darf dem andern die Entschließung zur Änderung seines Verhaltens abgeschnitten werden. Aber: die Anderen werden nicht gefragt, ob überhaupt etwas geschehen soll. Sie werden in eine Lage gebracht, in der sie sich entschließen *müssen* zu handeln, wenn sie ihren Willen zur Geltung bringen wollen. Sie geraten in Zugzwang. Dieses Vorgehen ist zwar im strengen Sinne harmlos, aber keineswegs wirkungslos. Es kann so wirkungsvoll sein, daß vielmehr ein echtes Problem entsteht, wo Zugzwang in Zwang, Erpressung, schließlich Gewalt übergeht. Hier die für Reinheit wie Effektivität der Methode richtige Grenze zu finden war das praktische Problem, um das sich Gandhi zeit seines Lebens in

---

besonders eindrücklicher Zusammenfassung findet sich die Grundanschauung in einer 1916 entstandenen Stellungnahme zu einer publizistischen Diskussion über den Pazifismus, „Zwischen Zwei Gesetzen" (Weber 1971: 142 ff.). Ich führe die wesentlichen Sätze im Wortlaut an, weil sie die Alternativposition mit besonderer Klarheit noch einmal zusammengefaßt präsentieren. Die hier unternommene Explikation der Position Gandhis soll ihrerseits die Alternative verdeutlichen, nicht aber die Problematik bagatellisieren. Niemand wird sich in diesen Fragen die Stellungnahme leicht machen können, der sich einerseits die Konsequenzen der Politik Gandhis im Guten wie im Bösen vergegenwärtigt, andererseits die verschiedenartigen Katastrophen der Eigengesetzlichkeiten und des fragmentierten Sachverstandes in diesem Jahrhundert im Blick behält. Weber schreibt: „Das Evangelium aber möge man aus diesen Erörterungen draußen lassen – *oder Ernst* machen. Und da gibt es nur die Konsequenz Tolstois, sonst nichts. Wer auch nur einen Pfennig Renten bezieht, die andere – direkt oder indirekt – zahlen müssen, wer irgendein Gebrauchsgut besitzt oder ein Verzehrgut verbraucht, an dem der Schweiß fremder, nicht eigener, Arbeit klebt, der speist seine Existenz aus dem Getriebe jenes liebeleeren und erbarmungsfremden ökonomischen Kampfes ums Dasein, den die bürgerliche Phraseologie als ‚friedliche Kulturarbeit' bezeichnet: eine andere Form des Kampfes des Menschen mit dem Menschen, bei der nicht Millionen, sondern Hunderte von Millionen jahraus, jahrein an Leib und Seele verkümmern, versinken oder doch ein Dasein führen, dem irgendein erkennbarer ‚Sinn' wahrhaftig unendlich fremder ist als dem Einstehen aller … für vom Schicksal verhängte geschichtliche Pflichten des eigenen Volkes. Die Stellung der Evangelien dazu ist in den entscheidenden Punkten von absoluter Eindeutigkeit. Sie stehen im Gegensatz nicht etwa gerade nur zum Krieg – den sie gar nicht besonders erwähnen –, sondern letztlich zu allen und jeden Gesetzlichkeiten der sozialen Welt, wenn diese eine Welt der diesseitigen ‚Kultur', also der Schönheit, Würde, Ehre und Größe der ‚Kreatur' sein will. Wer die Konsequenzen nicht zieht – und das hat Tolstoi selbst erst getan, als es ans Sterben ging – der möge wissen, daß er an die Gesetzlichkeiten der diesseitigen Welt gebunden ist, die auf unabsehbare Zeit die Möglichkeit und Unvermeidlichkeit des Machtkrieges einschließen, und daß er nur innerhalb dieser Gesetzlichkeiten der jeweiligen ‚Forderung des Tages' genügen kann" (Weber 1971: 144 f.).

immer neuen Situationsentscheidungen mühte. Man sieht leicht, daß angesichts fließender Übergänge in der Intensität der Willensbeeinflussung abstrakt-generelle Grenzen, wenn man einmal über den Fall unmittelbar körperlicher Verletzung hinausgeht, wie man muß, sehr schwer zu ziehen sind; so erklären sich manche Inkohärenzen oder divergierende Stellungnahmen Gandhis. Einzelheiten gehören zur Erörterung des Gewaltbegriffs; die Schwierigkeit ist sachgegeben und nicht vermeidbar. Hier kommt es zunächst auf das Prinzip an, daß der andere Mensch, Freund oder Feind, immer nur als Mit-Spieler behandelt werden darf. Politische Verantwortung gibt ein Recht zur Initiative, durch die eigene Aktion andere zwangsläufig in eine Stellungnahme (Mithandeln oder Gegenreaktion) zu verwickeln, bei Bereitschaft, zum eigenen Teil für die Folgen in einem sehr realen Sinne aufzukommen: bis hin zur Opferung des eigenen Lebens, wenn der Gegner zu einer Gewaltreaktion herausgefordert wird.

Man kann sich die Verhältnisse noch verdeutlichen, wenn man fragt, warum Luther nicht zu einer ähnlichen Respektierung der Person-Integrität gelangt ist und dementsprechend keine Grenze bei der physischen Gewalt zog. Die Frage ist nicht völlig unhistorisch, wie sie aufs erste anmutet, sie ist vielmehr so wenig abwegig, daß man sehr explizite Antwort bei Luther erhält.

Eine erste Begründung ist oben schon gestreift worden: die Integrität der Person kommt als eigenes Problem nicht in den Blick, weil das Handeln des Christen sich nicht unmittelbar auf die Person richtet, weder die des befreundeten noch die des gegnerischen Nächsten, sondern auf die umfassende gute Ordnung. Wenn im gewaltsamen Kampf um die Erhaltung dieser Ordnung Freund und Feind letztlich zu Mitteln für diesen Zweck gemacht werden – denn Gewalt ist das Mittel, das den Menschen selbst zum äußeren Mittel werden läßt –, so hat das für Luther nichts von vornherein Anstößiges. Die menschliche Person ist der Ordnung untergeordnet, weil diese von Gott eingesetzt ist und nach seinem ausschließlichen Willen erhalten wird. Die Rolle des Menschen und seine Mitwirkung kann in dieser Perspektive zu der eines bloßen Instrumentes zusammenschrumpfen.[417] Was schwerer wiegt: solche vollkommene Heteronomie verbleibt nicht in der Sphäre dogmatischer Setzung. Sie erlangt handfeste praktische Bedeutung in Verbindung mit der Schrift-Offenbarung, welche die göttliche Anordnung als in grundlegenden Instituten feststehend und bekannt erscheinen läßt.

Feststehend und bekannt ist vor allem die grundsätzliche Disposition von Oben und Unten, Herrschaft und Untertan-sein. Die der menschlichen Verfügung entzogene Vorfindlichkeit von Über- und Unterordnung wird mit dem

---

[417] „Darumb ehret auch Gott das Schwert also hoch, daß er's seine eigene Ordnung heißt und will nicht daß man sagen oder wähnen solle, Menschen habens erfunden oder eingesetzt. Denn die Hand, die solch Schwert führet und würget, ist auch alsdann nicht mehr Menschenhand, sondern Gottes Hand, und nicht der Mensch, sondern Gott hänget, rädert, enthauptet, würgt und krieget. Es sind alles seine Werke und seine Gerichte" (Kriegsleuteschrift, Cl. 3: 320 bzw. WA 19: 626).

Urbild des Vater-Kind-Verhältnisses begriffen und von da generalisiert.[418] Gehorsam ist die rechtsanthropologische Grundbefindlichkeit des Daseins, weil durch Herrschaft das Gesetz Gottes in der Welt erst Gestalt gewinnt.[419] In diesen Gedankengängen spielt, wohl unbestreitbar, Römer 13 eine schicksalhafte Rolle. Dieses Kapitel wird bei Luther dahin ausgelegt, daß Herrschaft sein soll, weil Herrschaft Ordnung, und Ordnung fundamentale Gerechtigkeit ist in der Ersetzung gewalttätiger Eigenmacht durch geordnetes (richterliches) Verfahren.[420] Das Problem der ungerechten Herrschaft kommt nur in Gestalt einer Möglichkeit persönlichen Mißbrauchs der in sich gerechten Ämterordnung zur Sprache. Die Denkmöglichkeit des ungerechten Systems wird durch Römer 13, verstanden als Generallegitimation der geltenden Rechtsordnung, abgeschirmt. Gegen den Mißbrauch des obersten Amts gibt es keine geregelte Abhilfe, sondern nur die persönliche Verantwortung des obersten Amtsträgers vor Gott, bzw. auch seine mögliche geschichtliche Haftung für die Folgen seines Tuns. Nicht anders als mit solchen Vorstellungen läßt sich erklärlich machen, warum der Grundgedanke der Nothilfe völlig auszusetzen scheint, wo es gilt, dem

---

[418] Kinder 1969: 221 ff. Vgl. vor allem Luthers Auslegungen des Vierten Gebots im „Sermon von den guten Werken" (1520, Cl. 1: 273 ff. bzw. WA 6: 250 ff.) und im großen Katechismus (1529, Cl. 4: 18 ff. bzw. WA 30, I: 147 ff.).

[419] „Denn es muss ein jeglicher regieret und untertan werden anderen Menschen. Derhalben wir sehen aber allhie, wie viel guter Werk in diesem Gebot gelehret werden, so all unser Leben darinnen andern Menschen unterworfen ist. Und daher kommt es, daß der Gehorsam so hoch gepreiset wird, und alle Tugend und gute Werke in ihm beschlossen werden" (Cl. 1: 275 bzw. WA 6: 252). In der Forderung der Bauern auf Aufhebung der Leibeigenschaft wittert Luther die grundsätzliche Aufhebung der Gehorsamsrelation und damit die verhängnisvolle Vermischung von geistlichem und weltlichem Reich: „Es will dieser Artikel alle Menschen gleich machen und aus dem geistlichen Reich Christs ein weltlich äußerlich Reich machen, welches unmöglich ist. Denn weltlich Reich kann nicht stehen, wo nicht Ungleichheit ist in Personen, das etliche frei sein, etliche gefangen, etliche Herren, etliche untertan etc." (Ermahnung zum Frieden, Cl. 3: 65 bzw. WA 18: 327).

[420] Vgl. die zahlreichen Äußerungen gegen das Faustrecht, gegen das sich zum Richter in eigener Sache Aufwerfen, vor allem in den Bauernkriegsschriften und der Schrift über die Kriegsleute. Zum ordentlichen Verfahren: „Denn was durch ordentliche Gewalt geschieht, ist nit für Aufruhr zu halten" (Cl. 2: 302 bzw. WA 8: 679); oder: „daß also die Gewalt mit Fug und rechter Ordnung … zur Strafe griffe" (Cl. 3: 24 bzw. WA 6: 39).

G. Scharffenorth hat überzeugend herausgearbeitet, daß Luther die Schriftstelle dem rechtspolitischen Anliegen der Zeit, der Abschaffung der Fehde, nutzbar macht (Scharffenorth 1964: 54 ff.). Die Nemesis eines solchen Verfahrens der topischen Verwendung allgemein formulierter Sätze für speziellere Zwecke ist allerdings die Verselbständigung der Argumentation gegenüber der Ausgangssituation. Man konnte ständisches Widerstandsrecht und Fehde mit vielen guten Gründen damals als überholt ansehen; die Befrachtung dieser Vernunftentscheidung mit einer zeitlosen, theologischen Argumentation hat sich aber als verhängnisvoller Ballast erwiesen. Sie scheint weder der Exegese von Röm. 13, noch der Entwicklung staatspolitischer Vernunft gut bekommen zu sein.

Nächsten gegen die Unterdrückung durch eine gewalttätige, ja verbrecherische Obrigkeit zu Hilfe zu kommen. In einer solchen Situation bestehen, überraschenderweise, die Forderungen der Bergpredigt in unvermittelter Radikalität: Nicht-Widerstehen dem Übel, die Rache dem Herrn überlassen.[421]

Man hat vielleicht die Freiheit, diesen Teil der Begründung als zeitbedingte Einseitigkeit und Verschleierung des wahren Problems anzusehen. Ohne Zweifel werden die Konturen deutlicher, die Fragen bedrängender, wenn man mit dem gesamten neuzeitlichen Erfahrungshintergrund die rechte Ordnung, ja auch nur das rechte Maß von Ordnung und Unordnung, als etwas jeweils erst zu Findendes und Herzustellendes ansieht, nicht als bloß zu Erhaltendes. In diesem Zusammenhang hat man sich zu vergegenwärtigen, daß Luther erst am Anfang der durch die Kirchenspaltung selbst in Gang gebrachten tieferen Reflexion über Legitimität steht, daß er noch nicht über den Begriff des *bellum iustum ab utraque parte*, des *iustus hostis* verfügt[422] und infolgedessen dazu neigt, jede gewaltsame Auseinandersetzung von der fehdemäßigen oder strafrechtlichen Unrechtsbekämpfung her aufzufassen:[423] Löst man den Gedanken vom Übergewicht des strafrechtlichen Modells, dem scheinbar unproblematischen Fall der manifesten Rechtsverletzung, und faßt man dementsprechend die in Bürgerkrieg, Revolution oder bei Staatenneubildung gegebene Kollision mehrerer Obrigkeitsprätendenten, einen Kampf verschiedenartiger Gerechtigkeiten und Ordnungsgewalten ins Auge, so kommt die volle Problematik in Sicht, die Luther mit der von heute her ideologisch erscheinenden Rollenverteilung von Obrigkeit und Aufruhr verdrängt. Dann läßt sich die Frage, wie weit das Handeln *für* den Nächsten *gegen* einen andern Nächsten gehen darf, nicht länger dadurch vermeiden, daß man sich auf die Seite einer gewissen, zweifelsenthobenen und darum jede Verteidigung rechtfertigenden Ordnung schlägt. Auch und gerade wenn man den neuzeitlichen Ansatz Luthers aufnimmt, irdische Gerechtigkeit zunächst einmal im äußeren Frieden, in der Unterdrückung der Gewalt durch die Gewalt zu sehen, wäre der Beunruhigung nicht auszuweichen, wie weit diese Austreibung des Teufels durch Beelzebub gehen darf.

---

[421] Ermahnung zum Frieden, Cl. 3: 47, 51 ff. (An die Bauernschaft = WA 18: 298). Der Gedankengang ist: Schon nach natürlichem Recht ist Widerstand gegen die Obrigkeit, d.h. sich Aufwerfen zum Richter in eigener Sache, verboten; erst recht aber gibt es kein christliches Recht zum Widerstand, denn „Kreuz, Kreuz ist der Christen Recht und kein anders" (Cl. 3: 56 bzw. WA 18: 310) – in der ganzen Argumentation fehlt der Gedanke der Nächstenhilfe vollständig. Vgl. auch: „Wenn sie sehen, daß die Oberkeit ihrer selbst Seelen Seligkeit so gering achtet, daß sie wütet und unrecht tut, was liegt dir denn dran, daß sie dir dein Gut, Leib, Weib und Kind [!] verderbet?" (Kriegsleuteschrift, Cl. 3: 328 ff. bzw. WA 19: 636 ff.).

[422] Über die Formalisierung des Begriffs des gerechten Krieges durch den Begriff des (ge)rechten Feindes Schmitt 1950: 123 ff.; kurz zusammengefaßt auch bei Kimminich 1970: 216 f.

[423] „Was ist Krieg anders denn Unrecht und Böses strafen?" (Kriegsleuteschrift, Cl. 3: 319 bzw. WA 19: 625). Zum Rechtsgrund bei der Fehde und zur Gleichsetzung von Fehdegegner und Rechtsbrecher Brunner 1939: 41 ff.

Mit anderen Worten, die religiöse Ableitung einer Pflicht zur Politik aus der Nächstenliebe wird möglicherweise unstimmig, wenn sie als Blanko-Ermächtigung ausgelegt wird, sich sogenannten Eigengesetzlichkeiten des politischen Mediums bis in alle technisch-logischen Konsequenzen zu überliefern;[424] unstimmig deshalb, weil Politik kein technisch neutrales Medium ist, sondern ihrem antagonistischen Prinzip nach von vornherein in Spannung zur Nächstenliebe steht. Wird sie fortwährend auf diesen Legitimationsgrund als ihr inneres Maß zurückbezogen, so ergibt sich als natürliche Folge der Gedanke einer Grenze. Auch wenn man davon ausgeht, daß sich die in die Weltperson (Maske oder Larve) des Christen verhüllte Nächstenliebe im Interesse aller bis zu einem gewissen Grade auf Gegensätze in der Welt einlassen muß, so wird es doch eine Grenze geben, wo sie sich dabei selbst verliert, wo die Maske nicht mehr die andere Gestalt der Nächstenliebe ist, sondern ihre Negation. Es liegt nahe, eine äußere Grenze dieser Art anzunehmen: die gewalttätige, von außen eindringende Zerstörung von Leib und Person des Nächsten.

Die Erörterung ist bis an diesen Punkt geführt worden wegen der Verdrängung des antagonistischen Moments in Luthers Rede vom Handeln *für* andere durch den Gedanken der gerechten Ordnung. Von Verdrängung kann man deshalb sprechen, weil mittels der Ordnungsvorstellung die Frage zwar verschleiert, in Wahrheit jedoch nicht entschieden wird. Der Satz „Widerstehet nicht dem Übel" setzt ja zunächst einmal ein Übel, ein als solches unbezweifeltes Übel voraus,[425] gilt also auch und gerade für den Fall des Angriffs auf eine feststehende normative Ordnung. Gelegentlich könnte zwar Luthers Redeweise von zwei nebeneinander bestehenden Reichen den Eindruck erwekken, als seien die Gebote der Bergpredigt überhaupt nur im geschlossenen System des Gottesreichs anwendbar, wo alle Menschen (christliche) Brüder werden und keiner dem Übel zu widerstehen braucht, weil keiner anders als recht handelt.[426] Es genügt wohl, diese Auslegungsvariante zu nennen, um sie als sicher nicht gemeint auszuschließen. Es besteht kein Anlaß, Luther eine derartige Verharmlosung zu unterstellen, bei der die Bergpredigt nur noch Chiffre für eine Art ethisches Schlaraffenland wäre, und von dementsprechender Relevanz.

---

[424] Vgl. Anm. 367.

[425] Anders L. Tolstoi, der das Gewaltverbot gerade aus der Unsicherheit über das Rechte ableitet: „Entweder man findet ein sicheres unbestreitbares Kriterium für das Übel oder man widerstrebt dem Übel nicht mit Gewalt" (Tolstoi 1903, 6: 78). Dieser Gedanke ist für Gandhis Auffassung der gewaltfreien Aktion als einer Methode des Experimentes mit der Wahrheit bestimmend.

[426] „Und wenn alle Welt rechte Christen (das ist) recht Gläubige wären, so wäre kein Fürst, König, Herr, Schwert noch Recht not oder nütze. Denn wozu sollts ihnen? Dieweil sie den heiligen Geist im Herzen haben, der sie lehret und macht, daß sie niemand Unrecht tun, jedermann lieben, von jedermann gerne und fröhlich Unrecht leiden, auch den Tod. Wo eitel Unrecht Leiden und eitel Recht Tun ist, da ist kein Zank, Hader, Gericht, Richter, Strafe, Recht noch Schwert not" (Obrigkeitsschrift, Cl. 2: 365 bzw. WA 11: 249 f.).

Wir sahen vielmehr, daß Luther den realen Konflikt ins Auge faßt und die eigens für den Pflichtenstreit von Ordnungsverteidigung und Rechtsverzicht entwickelte Lehre von der *praeparatio cordis* beiseite schiebt. Seine Lösung ist der reale Verzicht auf das subjektive Recht bei gleichzeitigem Bekräftigen dessen, was objektiv gilt, durch unbeirrtes Aussprechen, Recht bekennen auf jedes Risiko hin – im Grunde eine doppelte Opferbereitschaft ohne Abstrich an der Radikalität der Forderung.[427]

Es ist kaum zuviel gesagt, wenn man dies protestierende sprachliche Festhalten am Recht einen Ansatz zu *Satyagraha* nennt. Die hiermit zugleich aufgeworfene Frage, warum es beim Ansatz bleibt, läßt sich jetzt präzisieren: Welche Veränderung bewirkt das Hinzutreten der dritten Person im gedanklichen Modell, des angegriffenen Nächsten, in dessen Interesse das Recht aufrechterhalten werden muß? Was veranlaßt den Christen, für diesen einen anderen die Maske der Weltperson anzulegen und sich ohne Grenze zu verfremden bis hin zu einer Fratze, in der ihn niemand nach dem ursprünglichen Anspruch mehr erkennt[428] und in der er zugunsten von „Sachgesetzlichkeiten" und den aus

---

[427] Duchrow 1970 b: 546 f.; Scharffenorth 1964: 78 ff.; Luther in der Auslegung des Magnificat (1520/1) Cl. 2: 168 bzw. WA 7: 582 f. Hieraus wird später die Lehre vom aktiven verbalen Widerstand gegen die Obrigkeit entwickelt.

[428] Es ist dies das eigentlich Anstößige und auch Unheimliche der Bauernkriegsschriften, und es kann hier, damit man die aus der Perspektive der Gewaltlosigkeitsethik angestellten Erwägungen nicht für übersubtil und übersensibel hält, nicht übergangen werden. Wenn alles gesagt und berücksichtigt ist, was zum Verständnis von Luthers Stellungnahme vorgebracht werden muß: daß er Mißverständnis bzw. Mißbrauch seiner Lehre verhindern will; daß er die Wiedervermengung von geistlicher Forderung und äußerer Gewalt befürchtet; daß er kollektiven gewaltsamen Widerstand wegen der Gefährdung jeder Friedensordnung durch ein solches Recht ablehnt, und daß er im konkreten Fall eine Notstandssituation annimmt, in der der Bestand der Obrigkeit gefährdet und deshalb jeder zum Eingreifen verpflichtet ist (in diesem Sinne besonders Scharffenorth 1964: 125 ff., Duchrow 1970 b: 495) – dann bleiben dennoch Sätze wie der folgende beklemmend: „Der halsstarrigen, verstockten, verblendeten Bauern, die ihnen nichts sagen lassen, erbarme sich nur niemand, sondern haue, steche, schlage, würge, schlage drein als unter die tollen Hunde, wer da kann und wie er kann, und das alles, auf daß man sich derjenigen erbarme, die durch solche Bauern verderbt, verjagt und verführet werden" usw. (Sendbrief, Cl. 3: 84 bzw. WA 18: 392). Deutlicher als durch das Bild vom tollen Hund und die anschließende Begründung, daß es (nur) um die Rettung der Gerechten geht, kann man das Gebot der Feindesliebe nicht verleugnen. Die Tonart scheint nur zu erklären damit, daß man Dämonenglauben einrechnet. Offenbar sieht Luther buchstäblich den Teufel am Werk, der dabei ist, das Evangelium, d.h. die reformatorische Predigt, zu diskreditieren und verderben (Sendbrief, Cl. 3: 79, 89, 91 bzw. WA 18: 387, 397, 399). Vgl. schon „Eine treue Vermahnung zu allen Christen, sich zu hüten vor Aufruhr und Empörung" (1522, Cl. 2: 304 bzw. WA 8: 681). Hier hat man es nicht mehr mit dem menschlichen Feind allein zu tun, wie dies in der „Heerpredigt wider den Türken" (1529) ausgesprochen ist: „daß er keinen Zweifel haben soll, wer wider den Türken (so er Krieg anfängt) streitet, daß er wider Gottes Feind und Christus' Lästerer, ja wider den Teufel selbst streitet; also daß er sich nicht be-

Sachgesetzlichkeiten aufgewachsenen Mächten verdinglicht und entmündigt wird?

Die Antwort liegt auf der Hand, daß das Eintreten für das subjektive Recht des Nächsten eine Koinzidenz von Selbstentäußerung und Einsatz für das objektive Recht ermöglicht. Die dritte Person ist, bildlich gesprochen, der Anker, der gegen die eigennützige Drift in der gefährlichen, selbstbetrügerischen Berufung auf die abstrakte Ordnung sichert. Darin liegt etwas Richtiges, das festzuhalten ist. Die oben aufgeworfene Frage nach der Grenze muß dann aber erneut gestellt werden. Dann jedenfalls, wenn zugunsten des Nächsten Gewalt gebraucht werden muß, kann dieser nicht mithandeln, ohne sein Christsein in das alte Zwielicht zu bringen. In dieser Situation scheint es nur *einen* bewußt handelnden *cooperator Dei* zu geben, der in seltsamer Beziehungslosigkeit zum Christen-Selbst des Schutzbefohlenen seinen Entschluß faßt. Was bedingt diesen eigenartigen Monologismus oder, wie es oben bei Max Weber genannt wurde, diesen metaphysischen Individualismus des Gedankengangs?

Dem Einwand, warum dem Christen im anderen keine Chance gegeben, oder warum ihm christliche Reaktion nicht eigens zugemutet werde, setzt Luther die rhetorische Aufforderung entgegen: „Siehe zu, und gib die Welt zuvor voll *rechter* Christen."[429] Er erinnert also daran, daß es sich um religiöse Anforderungen handelt, die nicht jedermann verbindlich angesonnen werden können.[430] Nicht nur das: die wahren Christen sind selten,[431] auch in einem äußerlich christlichen Gemeinwesen, sie sind auch nicht äußerlich kenntlich, ebensowenig wie die wahre Kirche. „Abscondita est Ecclesia, latent sancti."[432] Die Vereinzelung macht es der Christenperson unmöglich, im Nächsten die Chri-

---

sorgen darf, ob er etwa einen Türken erwürgt, daß er unschuldig Blut vergieße" usw. (WA 30, II: 173). Da gilt dann: „Gottes Feind muss ich auch feind sein" (WA 32: 400) – ein Satz, über dessen Schriftgemäßheit hier nicht zu streiten ist.

[429] Obrigkeitsschrift, Cl. 2: 367 bzw. WA 11: 251. Hervorhebung DC.

[430] Christen sollen die weltliche Gewalt nicht für sich selbst brauchen, sondern den Ungläubigen lassen, „welchen sie doch auch mit solchem ihrem Recht dienen mögen, weil da Unchristen sind, und man niemand zum Christentum zwingen kann" (Obrigkeitsschrift, Cl. 2: 375 bzw. WA 11: 260).

[431] „Es sind wenig Christen auf Erden"; „die Christen wohnen (wie man spricht) fern von einander" (Obrigkeitsschrift, Cl. 2: 374 bzw. WA 11: 259); „So gehet Christus' Regiment nicht über alle Menschen, sondern allzeit ist der Christen am wenigsten und sind mitten unter den Unchristen" (ibid., Cl. 2: 367 bzw. WA 11: 251 f.) und, mit einer Lieblingswendung: „es ist ein seltsamer [= seltener] Vogel um einen Christen" (Ermahnung zum Frieden, Cl. 3: 57 bzw. WA 18: 310).

[432] De servo arbitrio (Cl. 3: 141 bzw. WA 18: 652). Drastischer noch: die wahren Christen sind Perlen, die der Heilige Geist nicht vor die Säue wirft. „Non est res tam vulgaris, Mi Erasme, Ecclesia Dei, quam est nomen hoc: ‚Ecclesia Dei', nec ita passim occursant sancti Dei; Margaritum et nobiles gemmae sunt, quas spiritus non proicit ante porcos, sed ... absconditas servat, ne impius videat gloriam Dei" (ibid., Cl. 3: 139 f. bzw. WA 18: 651). Zu dem hier nur anzudeutenden Zusammenhang der Lehre von der unsichtbaren Kirche siehe Duchrow 1970 b mit weiteren Literaturangaben.

stenperson vorauszusetzen und gar sich darauf zu verlassen. „Denn es nicht
möglich (!) ist, daß so großer Haufe allesamt rechte Christen seien und gute
Meinung haben."[433] Noch mehr: das eigene christliche Selbst ist nichts in diesem Sinne Verläßliches. Kein Mensch ist *von Natur* Christ oder fromm, er ist es
nur, insoweit in ihm wieder und wieder der Glaube als Herrschaft Gottes die
Sünde überwindet.[434] Deshalb kann eine verläßliche Ordnung nicht auf das eigentliche Christsein gegründet werden: es ist nicht sicher verfügbar. Statt dessen ist man auf das jedenfalls Vorauszusetzende angewiesen, auf das allen
Menschen Gemeinsame, ihre weltliche Natur und das entsprechende natürliche
Recht.[435] Gerade Liebe und Barmherzigkeit fordern dies Heruntergehen auf
das gemeinsame, man ist versucht, im doppelten Sinn zu sagen, das *gemeine*
Recht der Natur.

Eigenartig, vom Ausgangspunkt her gesehen, ist der ethische Akzent, der
somit auf das Sicherstellungsbedürfnis und auf das Sich-Halten am Gemeinsamen, Weltlichen fällt. Aus Nächstenliebe, oder besser: Schöpfungsliebe beteiligt sich der Christ am Unternehmen säkularer (nicht-christlicher) Herrschafts-
gewalt. Aus barmherziger Anerkennung der möglichen Bedürftigkeit anderer
(potentiell: Nicht-Christen) sieht er ab von dem ihn auszeichnenden, besonderen Gnadenstand und stellt sich *vorweg* sicherheitshalber auf das ein, was die gemeinsame, nichtchristliche Regel ist. Wo das Allgemeininteresse auf dem Spiel
steht, darf man es nicht darauf ankommen lassen, ob ein bestimmter Anderer
sich als Christ herausstellt. Man muß dann nicht auf die volle Gemeinsamkeit
menschlicher Existenz vor ihrem auch transzendenten Anspruch setzen, sondern auf sichere Gemeinsamkeit des jedenfalls vorhandenen, anthropologischen Minimums.[436] So bleibt es nicht bei der äußeren Unkenntlichkeit des
„wahren Christen". *Für* die Welt verstellt er sich geradezu. Aus *Caritas* heult er

---

[433] Einleitung zur Ermahnung zum Frieden, Cl. 3: 48 bzw. WA 18: 292.

[434] Obrigkeitsschrift, Cl 2: 365 bzw. WA 11: 250; Warnung an den Fürsten vor Vertrau-
en in seine Ratgeber: „Denn du darfst nicht denken, daß sich ein andrer dein und
deines Lands so hart annehme als du, er sei denn voll Geists und ein guter Christ.
Ein Natur-Mensch tuts nicht. Weil du denn nicht weißt, ob er ein Christ sei, *oder wie
lange ers bleibt*, so kannst du dich nicht auf ihn sicher verlassen" (ibid., Cl. 2: 389 bzw.
WA 11: 274; Hervorhebung DC). Zur Anthropologie und der Formel *simul iustus et
peccator* vgl. Duchrow 1970 b: 464 mit Nachweisen.

[435] Das *gemeine göttliche* und *natürliche Recht*, „das auch Heiden, Türken und Juden halten
müssen, soll anders Friede und Ordnung in der Welt bleiben" (Ermahnung zum
Frieden, Cl. 3: 55 bzw. WA 18: 307).

[436] Zum Beispiel soll man Kaiser und Fürsten, auch wo es um die Türkengefahr geht,
nicht auf ihr christliches, sondern ihr gewöhnliches Amtsethos ansprechen: „Gott
gebe, sie wären Christen für sich selbst oder nicht, wiewohl es fast gut wäre, daß sie
Christen wären. Aber weil des ungewiß ist und bleibt, ob sie Christen sind, gewiß
aber ist, daß sie Kaiser und Fürsten (das ist: daß sie ihre Untertanen zu schützen
von Gott Befehl haben und schuldig sind) *soll man das Ungewisse fahren lassen und des
Gewissen spielen*" (Vom Kriege wider die Türken, WA 30, II: 131, Hervorhebung
DC).

mit den Wölfen[437] (gegen die Wölfe). Ob dies alles zwingende Konsequenz ist, kann dahingestellt bleiben. Ein Argument wäre immerhin denkbar, wonach die Christen, falls wirklich in der von Luther vorausgesetzten Minderheit, unmittelbar christlich handeln könnten, ohne der weltlichen Ordnung gefährlich zu werden, mit wachsender Zahl aber einen gewaltlos transformierenden Einfluß auf „die Welt" geltend machen könnten. Das wahre Problem scheint nicht zu sein, ob einige wenige Heilige der Welt ein Idealgesetz aufzwingen sollen, sondern ob einige wenige Wolfsnaturen genügen, um allen das Wolfsgesetz aufzuerlegen. Solche Erwägungen mögen wiederum recht unhistorisch, situationsfremd wirken. Historisch gesehen erscheint Luther mit seiner Wendung vom Risiko prekärer Idealnormen zum jedenfalls Realisierbaren – bei Aufrechterhaltung des vollen theologischen Anspruchs – in interessanter struktureller Parallele zu seinem Zeitgenossen Machiavelli. Es ist die Grundstruktur, aus der sich der Legalitätsbegriff der rationalistischen Staatslehre ergab.[438]

Beide hier herausgearbeiteten Gründe für die Differenz Luthers zu Gandhi lassen sich recht gut aus einem systematischen Hauptgrund verstehen. Es ist der für Luther, aber nicht für Gandhi maßgebende Begriff der Offenbarung mit seiner Verbindung von inhaltlicher Gewißheit und persönlicher Ausnahmesituation des die Offenbarung Empfangenden.[439] Daß der Christ einerseits gewiß zu wissen glaubt, was er als Mitarbeiter Gottes zu tun und durchzusetzen habe, daß er andererseits in der Welt handeln muß, als sei er allein wahrer Christ, und daß er jedenfalls in kritischen Lagen nicht andere auf eine mögliche Wahrheit ihres Christseins hin herauszufordern, sondern aus Barmherzigkeit irdischen Frieden und irdisches Gemeinwohl sicherzustellen hat: das verleiht der Anteilnahme am Nächsten die eigentümlich unkommunikative Färbung.[440]

---

[437] Luthers eigene Ausdrucksweise, Predigt vom 27.2.1529 (WA 28: 329), hier nach Jordan 1968: 100.

[438] Zur „realistischen" Wendung Machiavellis und des modernen Naturrechts vgl. Strauss 1959: 41 ff.; vorher schon ein ähnlicher, allerdings nicht ausdrücklich unter diesem Gesichtspunkt präzisierter Vergleich Luthers mit Machiavelli bei Figgis 1923: 55 ff. Oberflächlich und im Gesichtspunkt verzeichnet scheint mir dagegen die Formel Troeltschs für den Vergleich: „Verherrlichung der Gewalt" – womit er sich verleiten läßt, eine verständliche Animosität gegen das zeitgenössische Lutheranertum und die Bismärckerei auf Luther zurückzuprojizieren (Troeltsch 1923: 536 f.).

[439] Vgl. De servo arbitrio, Cl. 3: 100 ff. bzw. WA 18: 606 ff., wo gegen des Erasmus Versuch, dunkle und klare Teile der Schriftoffenbarung zu unterscheiden, einerseits die völlige literarische oder inhaltliche Klarheit der Schrift (externa claritas) behauptet, andererseits ein inneres Verständnis ohne den heiligen Geist für unmöglich erklärt wird („Si de interna claritate dixeris, nullus homo unum iota in scripturis videt, nisi qui spiritum Dei habet").

[440] Nur als Weltperson ist der Christ anderen verbunden: „Also hat ein jeglicher Mensch auf Erden zwo Person: Eine für sich selbst, an niemand verbunden denn an Gott alleine. Darnach eine weltliche, damit er an ander Leut gebunden ist, wie wir denn in diesem Leben unternander sein müssen" (WA 32: 440).

Der Gedanke einer elitär religiösen Verantwortung für die andern als „Welt" macht zunächst nochmals deutlich, daß dem in Kategorien des *Karma* als egalitär transzendentaler Selbstverantwortung des Individuums denkenden Gandhi eine Unterscheidung von Gesinnungs- und Verantwortungsethik fremd sein mußte. Man könnte von seinem Standpunkt aus weiterhin fragen, ob Luther nicht auf einem Umweg zu einer Zweistufen-Ethik zurückgeführt wird, die der befehdeten Doktrin der *consilia evangelica* nicht so völlig unverwandt ist.[441] Die Kernfrage aber wäre – wenn man sich einmal für Gandhi der biblischen Sprache bedienen darf – ob nicht die Versuchung des Offenbarungsglaubens, das allemal implizierte „Eritis sicut Deus, scientes bonum et malum",[442] den Teufel ins Spiel bringt. Dem Feind als dem Bösen und Rechtsbrecher gegenüber scheint gelegentlich in Vergessenheit zu geraten, daß es sich um Menschen handelt – die in diesem Zusammenhang regelmäßig sich einstellenden Tiermetaphern sind verräterisch.[443] Dem *Schutzbefohlenen* gegenüber mischt sich eine versteckte Herablassung ein, die es bei dem, was für alle hinreichend ist, bewenden läßt. Die beiden Elemente finden sich in einem Vergleich Luthers klassisch vereinigt: „Was wäre das für eine törichte Mutter, die nicht wollte ihr Kind vor einem Hund oder Wolf schützen und retten, und darnach sagen, ein Christ sollt' sich nicht wehren?"[444] Dies, die Relation zu Wolf

---

Ein Zusammenhang mit der Rechtfertigungslehre Luthers ist wenigstens zu vermuten. Das Drama um die Erlösung rein durch Gnade im Glauben spielt nur zwischen dem vereinzelten Menschen und Gott. Das, was man bei dem Inder mehr oder weniger glücklich als Narzißmus klassifiziert hat (vgl. Anm. 405), das Wiederfinden des im „eigenen" Selbst anwesenden Gottes als im Anderen ebenso wirkend, das suchte Luther, auf der Flucht vor der Selbstvergötterung in verdienstlichen Werken, gerade auszuschließen, indem er die Priorität des Gott(-Christus)-Findens vor dem in die Welt Hinein-Wirken betonte. So ergibt sich nur die Alternative zwischen dem verkehrten zu Gott hin (= von der Welt weg) sich Abmühen und dem von Gott her (d.h. aus Glauben) auf die Welt hin Wirken. „Die" Welt, und in ihr der andere Mensch, wird dann Objekt des im Glauben seiner Vollmacht zum Handeln gewiß gewordenen *cooperator Dei.* Vgl. die Bemerkung, daß die protestantische Lehre von der grundlosen, aber stets nur partikulären Gnadenwahl auf einen Standpunkt der Unbrüderlichkeit hinausführe, bei Max Weber, „Zwischenbetrachtung" (Weber 1963, I: 546).

[441] Christi Wort muß in Wahrheit nicht, wie Luther betont, „jedermann gemein bleiben" (Cl. 2: 364 bzw. WA 11: 249), sondern nur den wahren Christen, d.h. denen, die es recht zu hören erleuchtet werden. Vgl. etwa Gandhis Bemerkung, das universelle Gesetz der Gewaltlosigkeit gelte genauso für den Räuber wie für den Heiligen. „The way may be more difficult for the robber than for the saint. The law is the ideal, no matter how much individuals fall short of the ideal" (H, 8.9.1940, NV I: 358).

[442] Genesis 3, 5.

[443] Vgl. die in § 14 angeführte Stelle aus der Obrigkeitsschrift; oder auch: „Darum ein ganzes Land oder die Welt sich unterwinden mit dem Evangelio zu regieren, das ist eben, als wenn ein Hirt in einen Stall zusammen tät Wölfe, Löwen, Adler, Schafe" usw. (Cl. 2: 367 bzw. WA 11: 252). Vgl. weiter Anm. 428.

[444] WA 32: 391.

einerseits, zu Kind andererseits ist jedenfalls kaum das politische Grundproblem – wenngleich man einräumen muß, daß sowohl der Wolf als auch der
unmündige Schützling noch große Karriere in der Metaphorik der Herrschafts-
legitimation gemacht haben. Die Nachwirkung jener Haltung fürsorglicher Ge-
ringschätzung lernten wir bereits als das Rechnen mit Dummheit und durchschnittlichen Defekten der anderen Menschen kennen, das dem Begriff „Verantwortung" bei Max Weber sein herrisches Gepräge gibt. „Verantwortung"
schafft für den aristokratischen Politiker eine Position persönlicher Herausge-
hobenheit, indem der höchste Gewissensanspruch sich mit der Annahme ver-
söhnen kann, daß „die auf menschliche Durchschnittsqualitäten, Kompromis-
se, List und Verwendung anderer, ethisch anstößiger Mittel und vor allem
Menschen ... abgestellte, eigentlich politische Tätigkeit zur Preisgabe ethisch-
rigoristischer Forderungen"[445] nötigt.

Man sieht jetzt, welche Konsequenzen Gandhis Begriffe von „Wahrheit"
haben, die mit einer vielleicht umständlich erscheinenden Ausführlichkeit oben
dargestellt worden sind. Die unterscheidenden Merkmale seiner Methode gehen unmittelbar darauf zurück, daß religiöse Wahrheit des Menschen identifiziert wird, zugleich aber, durch die enzyklopädischen Erfahrungen und auch
die Skepsis der Neuzeit hindurchgegangen,[446] sich immer nur als problematische (Wahrheit) ergibt; daß ethische „Wahrheit" auch von dem charismatisch
Begabten nicht als Offenbarung weiteroktroyiert werden darf, noch wiederum
in Gestalt eines Wertpluralismus zur individuellen Disposition gestellt ist, sondern daß sie als Ziel einer in sozialer Interaktion unablässig zu erarbeitenden
Annäherung als fragmentarisch im Experiment sich zu bewähren aufgefaßt
wird – eigentlich wohl aber als nicht ganz berechenbares substantielles Gegenüber, als der namenlose Mitspieler im politischen Kräftemessen. Aus Sätzen
wie „God is Truth" (I), „Truth comes not as truth but only as truth so-called"
(II),[447] „Every human being has some truth in him" (III)[448] ergeben sich die
Rahmenbedingungen eines politischen Handelns, das sich nie als autorisiert
betrachten kann, irgendeinen beteiligten anderen Menschen aus der Rolle des
Mitspielers zu werfen und zum bloßen physischen Objekt zu machen.

Der andere ist gleichwohl – und auch dies teilt Gandhi mit Luthers Ansatz –
nicht Selbstzweck im Sinne einer wahrheitsverachtenden Lebensvergötterung.
Auch er bleibt in der dienenden Funktion eines *cooperator Dei* bei der gemeinsamen Herausarbeitung der jeweiligen Wirklichkeitsform normativer Wahrheit.
Die Souveränität der Wahrheit (Satz I), die sich nie veräußern, das heißt nie in
die Gewalt eines ihrer Diener begeben kann, führt zum weitestmöglichen

---

[445] Weber 1925, Kap. V, § 11, S. 357.
[446] Vgl. die Schilderung von Gandhis vergleichenden Religionsstudien und seinen An-
wandlungen zum Atheismus etwa bei der ersten Lektüre der Manusmrti (Autobiography, Part I, Chap. X).
[447] Rede in Madras, 16.2.1916, CW 13: 236.
[448] Brief an Shankarlal Banker vom 16.6.1918, CW 14: 431.

Ausschluß partikulärer physischer Gewalt, als der notwendigen Bedingung
dafür, daß Wahrheit sich selbst durch die Personen hindurch zur Geltung bringen kann. Dies läßt Wahrheit mit Gewaltlosigkeit in der Erscheinung *fast* ver-
schmelzen (vgl. § 6) und ist jedenfalls der tiefere Grund dafür daß, anders als
bei Luther, Nächstenliebe durch (angemaßte) Wahrheit nie überspielt werden
kann.[449] Der andere wird als mitwirkungsverpflichtet auf Wahrheit hin in Anspruch genommen, das Handeln für ihn ist als Handeln für Wahrheit dialo-
gisch. Der Appell an seine Entschließung wendet sich zugleich an seine Einsicht (die Wahrheit in ihm – Satz III); er ist gerichtet auf wechselseitige Verifikation (Satz II) von Wahrheit, Gerechtigkeit und so weiter. In diesem Sinne
versucht das Handeln, stets „wertgeleitet" (nach der Terminologie von Habermas, vgl. § 12) zu bleiben, stets kommunikativ.

Die Fragen der Verantwortung des Akteurs für die Folgen werden damit,
wie schon oben (§ 9) ausgeführt, nicht geleugnet, wohl aber gegen „Verantwortungsethik" selbst gewendet. Die Verantwortung für das Ignorieren der Eigenbedeutung von Mitteln gegenüber Zwecken, die Gandhi nicht glaubt, übernehmen zu können, ist nämlich, wie jetzt deutlicher wird, an erster Stelle die Verantwortung für das gewalttätige Reduzieren von Menschen zu Mitteln. Damit
wird ein Prozeß in Gang gesetzt, der sich in unübersehbarer Weise verselbstän-
digt. Demgegenüber ergibt die beschriebene kommunikative Handlungsform
einen dialogischen Sinn von Verantwortung, der von der Realität sozialer Interaktion und auch dem Wortsinn weniger abstrahiert. Verantwortung wird mit
dem Handeln für das sozial Wahre in der Weise übernommen, daß mit dem eigenen Eintritt in das Risiko der Folgen zugleich dem Anderen zu seinem Teil
die Verantwortung dramatisch zugespielt wird – etwa die Verantwortung für
eine Gewaltaktion. Die Gemeinsamkeit der Verantwortung wird so herbeige-
führt, wenn man will, erzwungen. In diesem oben als repräsentativ bezeichneten Vorgriff-Charakter enthält das Handeln, wie man sieht, auch Elemente
strategischen Handelns – „zweckrationale Einflußnahme auf die Entscheidung
konkurrierender Gegenspieler" (siehe Anm. 313); so enthält ja auch der Dialog
monologische Elemente in den Einzelbeiträgen. Vom Standpunkt Gandhis aus
ergibt sich hier eine ursprüngliche Einheit des sozialen einschließlich des
sprachlichen Handelns, die Grundform, deren Momente sich dann als Gegensatz kommunikativen und strategischen Handelns, bis hin zum Gegensatz von
theoretischem Diskurs und physischem Kampf erst polarisieren.[450]

---

[449] „Logically, for a believer in non-violence, nothing, not even the existence of God
could be outside its scope" (Anm. 151). Vgl. damit die Überzeugung Luthers, daß
das Gebot der Feindesliebe nicht für Menschen gelte, die zugleich Feinde Gottes
sind (Anm. 428 am Ende).

[450] Vgl. die Auslassungen Gandhis im 17. Kapitel von „Hind Swaraj" (CW 10), wo *soul-
force* als das eigentliche welterhaltende Prinzip, Gewalt und „Geschichte" als Störun-
gen dargestellt werden.

Auf die Kategorien Luthers bezogen, läßt sich Gandhis abweichender Standpunkt etwa so zusammenfassen: Politik kann mit Religion übereingehen, sofern und solange sie als weltliches Handeln Handeln *für den anderen*, d.h. in verschiedenen Graden der Unmittelbarkeit: *für alle*, ist und innerhalb dieser Bestimmung den Grundstein des *„Zugunsten des Anderen"* auch in den Fällen durchhält, in denen *anstelle* des Anderen gehandelt wird. Der im prägnanten Sinne politisch, nämlich als Repräsentant *(persona publica)* Handelnde legitimiert sich aus der alle verpflichtenden, aber auch auf die kommunikative Einbeziehbarkeit aller angewiesenen, Sache des wahrscheinlich Richtigen. Der Antagonismus darf deshalb nur vorläufigen, experimentellen Charakter haben, den Charakter einer Herausforderung zur Partizipation. Anstelle des andern darf nur kraft vorhandener oder antizipierter Zustimmung, in der antagonistischen Beziehung mindestens: in Herausforderung der Duldung gehandelt werden. Repräsentation verfälscht sich in Usurpation, wenn irgendein anderer als Willenssubjekt definitiv ausgeschaltet oder ihm Stellvertretung gewaltsam oktroyiert wird. Es gibt kein „Reich Gottes mit der linken Hand" in dem Sinne, daß eine auf verborgene Weise göttliche Wahrheit von ihren selbstbeglaubigten Mandataren gewaltsam, in Vollmacht des Erhaltens und Zerstörens, durchgesetzt werden dürfte.

Das politische Potential des hier vorausgesetzten kommunikativen Handlungsbegriffs erweist sich – soviel kann man aus Gandhis Aktionen lernen – bei konsequenter Anwendung als wesentlich handfester, als man nach dem ersten Anschein vermuten würde; wie man überhaupt die Genialität Gandhis (wenn der problematische Ausdruck einmal erlaubt ist) in seiner Fähigkeit der überraschenden Anwendung gemeinhin für folgenlos gehaltener Theoreme erblicken kann. Das Handeln für andere konkretisierte sich ihm nicht nur als sofortiger Beginn des nationalen Aufbaus im „constructive programme", sondern als usurpatorische Einrichtung eines freien „parallel government" neben dem Kolonialstaat, notfalls illegal, d.h., ohne Gesetzesänderungen abzuwarten. Mit dem Repräsentationsgedanken machte er Ernst, als er auf der zweiten Londoner Round Table Conference für Verfassungsfragen Indiens 1931 nicht nur als autorisierter Repräsentant des Nationalkongresses erschien, sondern dort auch gegenüber den von der Kolonialregierung geladenen Notabeln für den Kongreß die alleinige Vertretung der überwältigenden Mehrheit des indischen Volkes in Anspruch nahm, „by right of service".[451] Das „für andere Handeln" als Schutz demonstrierte er in seiner bewegenden letzten Phase, während der Teilungswirren, als gewaltloses Sich-ins-Mittel-Legen gegen den massenhaften Tötungsrausch – mit einer Effektivität, die nach Meinung des damaligen Vizekönigs, eines Militärs, die der bewaffneten Sicherheitskräfte weit in den Schatten stellte.

---

[451] Rede vor der Plenarsitzung der Round Table Conference am 30.11.1931 in London, CW 48: 357.

Trotzdem ist Effektivität hier nicht das Thema, wie noch einmal wiederholt sei (vgl. § 10). Auch kann es nicht um die allgemeinste, auf ein Glaubensbekenntnis hinauslaufende Frage gehen, ob gewaltfreies Handeln in jedem Falle und unter allen Umständen Gewalt, auch im Sinne einer letzten politischen Aushilfe *(ultima „ratio")* überflüssig machen könne. Gandhi selbst betrachtete dies nur als Ziel schrittweiser, möglichster Annäherung, nach dem Bilde eines mathematischen Grenzübergangs. Er hatte Skrupel gerade in den für Luther paradigmatischen Fällen echter Kriminalität.[452] Was für die vorliegende Untersuchung interessiert, ist zunächst einmal die Konsistenz des Gedankens als Rahmenbedingung begrenzterer und erprobterer Anwendungen.

§ 17 Eigenart und transkulturelle Relevanz der Fragestellung Gandhis

Der auffälligsten Inkongruenz des Phänomens Gandhi zu den okzidentalen Staatsbegriffen nachgehend, ist die Untersuchung Schritt für Schritt tiefer in die Verhältnisbestimmung von Religion und Politik hineingeführt worden, wie sie sich für die Epoche herausstellt, in der wir leben. Für Gandhi zeichnen sich damit Umrisse eines einheitlichen Entwurfs von Politik, eines Gesamtkonzepts ab, in dessen Rahmen seine Auffassungen über Grundrechte und Grundpflichten im einzelnen zu sehen wären. Zugleich hatte die bisherige Erörterung

---

[452] Der Standpunkt des jungen Gandhi verdient immerhin mitgeteilt zu werden. In einem am 6.6.1908 in seiner südafrikanischen Zeitschrift „Indian Opinion" erschienenen Aufsatz über den Vorzug gewaltloser Resozialisierung von Verbrechern gegenüber gewaltsamer Selbstverteidigung schreibt er: „Till the criminal improves, he must be allowed to commit as many murders as he likes. He will give up when he wearies of killing. Clearly, this is at once a divine and a natural law" (CW 8: 280).
    Später, in einer Diskussion in London 1931, gibt er jedoch einen „want of courage" und eine gewisse Inkonsistenz darin zu, daß er es noch nicht über sich bringen könne, an die Erhaltung der Gesellschaft ohne Polizei zu glauben: „Whilst I can invite all States to do without police or army, I have not yet been able to bring myself to believe that you can preserve a society without police. If we would suffer thieves or robbers to go about in society, I can conceive a society without police. ... You can thus say that my toleration of police is a limitation of non-violence. Army is opposed to non-violence. In one case it is my want of courage, in the other it is my inability to convince my people to do without an army. I have not mustered sufficient strength to pit non-violence against thieves and scoundrels and cut-throats but I can ask people to pit non-violence against hordes of the army."
    Der echte Gandhi-Ton und seine eigene Art von Verhältnismäßigkeitsprinzip andererseits in „On the Verge of it": „I am not sure that it is right to put lunatics or criminals, dangerous or otherwise, in prisons, i.e., for punishment. Lunatics are not so put even now. And we are reaching a time when even criminals will be put under restraint for their ultimate reform, not for their punishment. But I would gladly join any society for the confinement, under proper safeguards for their comfort, of the Viceroy and every civilian, English or Indian, who are today consciously or unconsciously bleeding India" (YI, 21.5.1925, CW 27: 133). Vgl. auch Anm. 403.

exemplarischen Sinn. An einer wesentlichen Bestimmung des Problems „Staat" ergibt sich in Entsprechung oder Gegensatz eine genaue Beziehbarkeit, sofern man nur den Vergleich, wie es sich nahelegt, auf die grundlegenden Annahmen richtet. Für das Verhältnis Religion – Politik heißt das, daß man nicht nur die weltliche, sondern die religiöse Legitimation der Weltlichkeit des Staates aufsuchen muß, und zwar sinnvollerweise, der größeren Deutlichkeit halber, in ihrer geistigen Herkunft. In dem zentralen Punkt der Gewaltbegründung zeigt sich dann eine Antithese nicht emotional-diffuser Art, sondern systematisch faßbar und rational. Ähnliches wird noch mehrfach auch in Detailfragen zu beobachten sein. Die Erörterung sieht sich damit nochmals, nunmehr mit besserer sachlicher Zurüstung, zu der eingangs gestellten Frage zurückgetrieben: auf welcher gedanklichen Ebene begründet sich eine derartige Vergleichbarkeit von „Ost und West"?

Nochmals auf diese simple Form gebracht, soll die Frage zugleich an unsere anfängliche Warnung vor Pauschalvorstellungen und assoziativen Klischees erinnern, wie sie hier ins Spiel zu kommen pflegen. Um einen Schritt auf die gebotene Konkretion hin zu tun: „östlich" im Sinne einer traditionellen, klassisch indischen Lehre ist die Verschmelzung von Religion und Politik unter dem Zeichen der Gewaltlosigkeit nicht. Sie ist es so wenig, daß ein derartiges Konzept vielmehr in einem 1908 geschriebenen Artikel des Hindu-Nationalisten Aurobindo, damals journalistischer Wortführer des bengalischen Terrorismus, für gleichbedeutend mit der hinduistischen Todsünde des *varnasankara* erklärt werden konnte: der Vermischung der verschiedenen Kasten, d.h. der Verwirrung der sozialen Funktionsunterscheidungen und damit der Auflösung der Gesellschaftsordnung.[453] Solche Polemik richtete sich gegen das unter anderem von Tagore vertretene Programm des *pure swadeshi*, worunter die Verwerfung aggressiver Kampfmethoden zugunsten rein konstruktiver Entwicklung der nationalen Eigenständigkeit zu verstehen war – eine Vorwegnahme des späteren *constructive programme* Gandhis.[454] In Frontstellung gegen alle einseitige, utopische Friedlichkeit bedient sich Aurobindo einer Argumentation

---

[453] Ghose 1907: 80 ff., „The Morality of Boycott" (dieser letzte der für „Bande Mataram" geschriebenen Artikel wurde wegen des Verbots der Zeitschrift nicht mehr veröffentlicht, lag aber im Strafverfahren gegen Aurobindo 1908 als Beweisstück vor). „Hinduism recognizes human nature and makes no such impossible demand [nämlich: der Feindesliebe, die auch in schöner Schlichtheit als „impracticable" bezeichnet wird]. It sets one ideal for the saint, another for the man of action, a third for the trader, a fourth for the serf. To prescribe the same ideal for all is to bring about *varnasankara*, the confusion of duties, and destroy society and the race" (S. 82) und „Politics is the ideal of the *kshatriya*, and the morality of the *kshatriya* ought to govern our political actions. To impose in politics the Brahminical duty of saintly sufferance is to preach *varnasankara*" (S. 83). Zur ursprünglichen Bedeutung des hier sehr generalisiert und modernisiert ausgelegten Begriffes *varnasankara* vgl. Kane 1968, II: 59 ff.; Arthasastra 1.3.14; über die Höllenstrafe Bhagavadgita I, 41 ff.

[454] Dazu Sarkar 1973; siehe Ghose 1907: 25.

der prinzipiellen Trennung zwischen Politiker und Heiligen, die von Max Weber oder Scheler ebensogut wie von Tilak oder einem Lutheraner stammen
könnte, der die Verwechslung von Gesetz und Evangelium befürchtet. Er beruft sich aber insofern mit Recht auf die hinduistische Tradition, als deren Ge-
sellschaftsauffassung die Trennung von Priestertum (Klerikerstand) und Für-
sten- bzw. Ritterstand zugrunde lag.[455]

Die Unterscheidung der spirituellen von der kriegerisch-weltlichen Qualifikation und Leitungsfunktion *(brahman* und *kshatra)*, ihre weitere Systematisierung nach den unterschiedenen Handlungsorientierungen des metaphysischen
Rechts *(dharma)* und der innerweltlichen Wohlfahrt *(artha)*[456] und die soziale
Stabilisierung der Differenz durch Verteilung auf die beiden Stände der Brahmanen und Kshatriyas ist für den Aufbau der klassischen Hindugesellschaft
konstituierend. Sie schafft einen weltlichen Begriff des Königtums, aber zugleich eine überall, in der Staatsleitung wie der Rechtsordnung wirksame Spannung zwischen den beiden Prinzipien des regulativen Ratschlages (repräsen-
tiert von den Brahmanen und dem Brahmanismus) und des Befehls.[457] Die
Verwirklichungsform erhält gegenüber der normativen Systematisierung etwas
Kontingentes, Ermessensbestimmtes, Partikuläres, durchaus in unserem Sinne
Politisches.

Man kann diese Struktureigentümlichkeit auch als prekäre Balance und Aus-
gleichszwang innerhalb der führenden Schicht sehen, in der der rituelle Rang
und die weltliche Macht auf verschiedenen Skalen gemessen wurden und deshalb für die Gewährleistung der Vorherrschaft immer wieder praktisch ins
Verhältnis zu bringen waren.[458] Die geschichtliche Elastizität und ebenso die

---

[455] Zum folgenden vor allem Lingat 1973, Kap. III; Dumont 1966, Kap. III und der als
Appendix C abgedruckte frühere Aufsatz „La conception de la royauté dans l'Inde
ancienne"; Ghoshal 1959; zum Rajadharma vgl. Kane 1968, III: 1 ff. Eine gute Einführung gibt Basham 1954, Kap. IV.

[456] „Wohlfahrt" als herkömmlicher Ausdruck für den umfassenden Staatszweck wegen
der politischen Konnotationen von *artha*, das wörtlich Reichtum, Wohlergehen,
Nutzen heißt. Arthasastra 15, 1 bezieht *artha* auf das von Menschen bewohnte Land.

[457] Vgl. die Unterscheidung von *Counsel* und *Command* bei Hobbes 1953, Kap. 25. *Kshatra* ist die Macht einseitigen Befehls, der durchsetzbare Wille (Lingat 1973: 209 ff.) in
Opposition sowohl zu *dharma* (das alle verbindende universale Gesetz) als auch *brahman* (die Macht spirituellen Erfassens). „Spirituell" hier gebraucht zur Vermeidung
der Disjunktion von geistig und geistlich sowie um die abendländische Vorstellung
einer Konzentration aufs „Überweltliche" fernzuhalten. Die Brahmanen fungieren
vielmehr durchaus auch als Ratgeber im weltlichen Herrschaftsgeschäft, als Hofkaplan *(purohita,* der nach Arthasastra 1.9.9. auch in Politik erfahren sein soll) oder
im Ministerrat des Königs. Für ein rein brahmanisches ständiges Conseil mit admi-
nistrativen und jurisdiktionellen Funktionen siehe den *Mukti Mandap* des Königs
von Orissa. Analog ist *dharma*, das nach seinem Anspruch jeden betreffende Gesetz,
universal gültig, aber nicht positivrechtlich „in Kraft", als maßgeblich stets im Verhältnis zu denken zu der an bestimmten Orten jeweils geltenden, mit öffentlichem
Zwang sanktionierten Verwirklichungsform *(vyavahara, desacara, raja sasana)*.

[458] Dieser Gesichtspunkt besonders bei L. Dumont, der von der „solidarité des deux

Ausbreitungsfähigkeit des Systems hingen möglicherweise unmittelbar mit dieser stabilisierten Differenz zusammen. Sie hat sich zwar mangels einer zentralisierten religiösen Organisation nicht zu einem Institutionendualismus Kirche – Staat ausgebildet. Aus dem gleichen Grunde ist sie auch nicht auf den Gegensatz *sacerdotium – imperium* einzugrenzen, sondern bleibt in der geburtsständischen Dezentralisiertheit gewissermaßen diffus. Eben deshalb prägten sich andererseits die Verschiedenheiten als Handlungstypen funktionell deutlich aus. Sache und wahrscheinlich auch Beziehung der „Eigengesetzlichkeit" stammen aus dem klassischen indischen System und sind beispielsweise für den Krieger, dessen „Werk" *(karma)* es ist, zu kämpfen und zu töten, in einem frommen Text wie der Bhagavadgita dargelegt.[459] Die Grundfunktion des *Kshatriya*, vor allem in der Herrscherrolle, ist aber, Lebewesen zu schützen; daß heißt ähnlich wie bei Luther, die Ordnung unter ihnen aufrechtzuerhalten.[460] Herrschaft wird dabei ganz analog zur „Obrigkeit" Luthers gelegentlich als Quintessenz des Gesetzes selbst gesehen. Denn sie beendet den regellosen, natürlichen Kampf ums Dasein, hebt das „Gesetz der Fische"[461] auf und schafft damit dem wahren, menschlichen Gesetz erst Raum. Die herrscherliche Strafgewalt stellt sich unter einem massiven Gewaltsymbol dar, ähnlich dem „Schwert": als *danda* (Knüttel, Stab, auch: Szepter), der seinerseits wieder als Quintessenz von Herrschaft und Recht gepriesen werden kann.[462] *Dandaniti* (Strafrechtspflege, aber auch allgemeiner: Gewaltausübung) ist eine der geläufigen Bezeichnungen für Staatslehre.

premières classes" spricht (Dumont 1966: 94); so explizit Manu IX, 322. Vgl. aber auch schon Weber 1963, II: 141 f., der aus dem schwankenden Machtverhältnis zwischen Brahmanen und Kshatriyas die Anerkennung der „Eigengesetzlichkeit" politischer Gewalten durch die Brahmanen ableitet.

[459] Für die Kampfespflicht: Bhagavadgita II: 31 ff.: Es gibt für den Kshatriya kein größeres Gut als den pflichtgebotenen (gerechten) Kampf. Weitere zahlreiche Belege bei Kane 1968, III: 56 ff. Zur Herkunft des Wortes Eigengesetzlichkeit vgl. Conrad 1986.

[460] Zur allgemeinen Schutzpflicht des *kshatriya* beispielsweise Arthasastra 1.3.6; Gautamiya-Dharmasastra, Kap. 11; Manu Kap. VII und Kap. X, 80. Der Zusammenhang mit Aufrechterhaltung des *dharma* besonders konzis in Mahabharata, Shantiparva (Roy 1962, Bd. 8: 70): „A kshatriya is the protector of all persons with respect to their duties."

[461] *Mātsyanyāya*, d.h. das Naturgesetz, daß die großen Fische die kleinen fressen – geläufiger Topos der alten Schriften zur Bezeichnung des Naturstandes oder der Bestialität, die ohne *dharma* unter den Menschen herrschte; bei Gandhi mit der Wendung „law of the brute", etwa: „Non-violence is the law of our species as violence is the law of the brute" (The Doctrine of the Sword, YI, 11. 8. 1920, CW 19: 133). Über *Mātsyanyāya* vgl. Kane 1968, III: 21. Völlig entsprechend Luther: „Also ist des weltlichen Regiments Werk und Ehre, daß es aus wilden Tieren Menschen macht und Menschen erhält, daß sie nicht wilde Tiere werden" (Schulpredigt, Cl. 4: 163 bzw. WA 30, II: 555).

[462] „Punishment (skr. *danda*) rules all men; punishment alone protects them; punishment is watchful while they sleep; the wise know punishment to be justice (skr. *dharma*)" (Manu VII: 17 ff., insbesondere 18, hier nach Burnells Übersetzung).

Vor solchem Hintergrund wurde die Eigengesetzlichkeit politischen Erfolgsdenkens in der Arthasastra-Literatur mit skrupelloser Konsequenz entwickelt.[463] Offensichtlich fand man keinen Widerspruch in dem Nebeneinander eines für alle Menschen (alle Kasten) geltenden Gesetzes der Nichtverletzung von Lebewesen *(ahimsa)* und herrschaftlicher Gewaltausübung.[464] Dies versteht sich fast von selbst für die Aufrechterhaltung der Gesellschaftsordnung durch Straf- und Zwangsgewalt *(danda)*, gilt aber auch für die Lehre vom Krieg und überhaupt: vom rücksichtslosen Gebrauch aller Gewalt- und hinterlistigen Schädigungsmittel im Verhältnis zum politischen Gegner. Um einen naheliegenden Einwand vorwegzunehmen: es gibt diese politische Kunstlehre in gemeinsamer Tradition auch auf dem Boden des Jainismus, ohne daß wesentliche Modifikationen in der rein technischen, erfolgsorientierten Behandlung gerade des Gewaltproblems erkennbar wären – eine Merkwürdigkeit angesichts der bekannten, strengen Insistenz des Jainismus auf dem Verletzungsverbot als einem jedermann durchgängig verpflichtenden Prinzip.[465] In diesem Wesenszug gehört andererseits der Jainismus zu denjenigen Ausprä-

---

[463] Das berühmte Arthasastra des Kautilya verarbeitet eine ganze Reihe älterer, uns nicht erhaltener Werke. Soweit aus den Zitaten ersichtlich, neigten diese eher zu noch krasserer, naiver Betonung des amoralischen Elements; Kautilya scheint demgegenüber die Alternative des rechtschaffenen, gesetzmäßigen Handelns in ein komplexeres Zweckmäßigkeitskalkül einzubringen, darin wirklich dem Machiavelli vergleichbar (siehe Anm. 187). Einzelheiten bei Ghoshal 1959, Kap. V–VII. Max Weber belegt mit dem in Kautilyas Arthasastra und in der Bhagavadgita gezeichneten System funktionell spezialisierter Ethik den Gegentypus zur Universalethik Tolstois (Weber 1971: 542f.).

[464] Arthasastra 1.3.6 und 13; ebenso Manu X, 63 und 79 f.

[465] Das *Ahimsa*-Gebot gilt auch für Laien als Verbot der absichtlichen Verletzung von Lebewesen; der Asket muß versuchen, selbst die unabsichtliche Verletzung zu vermeiden; siehe etwa Glasenapp 1925: 202 ff. Die staatswissenschaftliche Literatur der Jainas ist bei Glasenapp 1925: 325–330 behandelt; vgl. weiter Ghoshal 1959, Kap. XXVIf.; Winternitz 1968, III: 527 ff. Das Nitivakyamrta von Somadeva Suri liegt in italienischer Übersetzung von O. Botte (Torino 1962) vor. Die Abhängigkeit insbesondere Somadevas von Kautilya ist oft bemerkt worden. Gelegentlich wird von jainistischer Seite Kautilya selbst als Jaina reklamiert, wie ja auch sein Kaiser Chandragupta Maurya einer Überlieferung zufolge als Jain-Asket geendet haben soll (Glasenapp 1925: 34, 326, 340). Jedenfalls finden sich im Nitivakyamrta die konventionellen Stücke der Arthalehre über Kriegswesen, Strafjustiz, gewaltsame Einzelaktionen in der Politik und die Pflichten des Herrschers zur Verteidigung eigenen und Eroberung fremden Territoriums trotz sentenziösen Rankenwerks im Kern in voller, für den heutigen Leser verblüffender Amoralität. Entgegen Winternitz und Glasenapp vermag ich es auch nicht als Ausdruck stärkerer Ethisierung anzusehen, wenn Hemachandra und Somadeva den Krieg besonders nachdrücklich auf die Rolle der *ultima ratio* beschränken, wegen des großen *Risikos* für das Leben des Herrschers (Somadeva XXX, 2) oder allgemeiner: „Zweifelhaft ist der Sieg im Kampf, unzweifelhaft der Verlust von Menschenleben" (Hemachandra, Lagvarhaniti, hier nach Winternitz 1968: 530f., Ghoshal 1959: 491). Ähnliche Überlegungen gibt es auch in der brahmanischen Tradition, vgl. beispielsweise Arthasastra 7.2.1 f.

gungen indischer Religiosität, bei denen man aus biographischen Gründen am ehesten die indischen Wurzeln von Gandhis Gewaltlosigkeitsethik zu suchen hätte; der Buddhismus scheidet als ursprünglich wirksame Tradition aus.[466] Nirgends aber ist im alten Indien eine vergleichbare, systematische Einführung der Gewaltlosigkeit als politisches Prinzip versucht worden – wenn auch, unter dem Einfluß von Buddhismus und Jainismus, von vereinzelten ethischen Großtaten frommer Herrscher berichtet wird, die jedenfalls die Anwendbarkeit des Prinzips über den Bereich der bloßen Tierverschonung hinaus zeigen.[467]

---

[466] Die jainistische Komponente in Gandhis geistigem Entwicklungsgang ist besonders bei Hay 1970a herausgearbeitet; ders. zusammenfassend in: Hay 1970b: 276ff. Über die dort behandelte Beziehung zu dem jungen jainistischen Mystiker Raychand(bhai) Mehta vgl. neben Autobiography, Part II, Chap. I Gandhis Gedächtnis-Essay vom 5.11.1926, CW 32: 1ff. (in Einzelheiten abweichend von der bei Hay gegebenen Übersetzung); P 1965: 273–281. Gandhi wurde auch von Indern, beispielsweise von Tilak, wegen seiner Betonung der Gewaltlosigkeit zunächst für einen Jaina gehalten: Tilak 1920 zu Ajgaonhar (nach Keer 1959).

Allerdings darf daneben die das Elternhaus prägende Vaishnava-Tradition nicht gering veranschlagt werden, deren *Bhakti*-Frömmigkeit für die positivere, der christlichen Nächstenliebe genäherte Färbung von Gandhis *ahimsa* vielleicht noch wichtiger gewesen ist; vgl. „To Vaishnavas", 5.12.1920, CW 19: 72ff. (zu einem Gedicht Narasinh Mehtas über den Vaishnava): „Here Narasinh, the best among the Vaishnavas, has given pride of place to non-violence. This means that a man who has no love in him is no Vaishnava" (ibid.: 73). Gerade bezüglich *ahimsa* hat Gandhi später seine Differenzen mit jainistischen Auffassungen hervorgehoben, während er sich beispielsweise immer zu der jainistischen Lehre des *anekantavada* (Nichteindeutigkeit) bekannte.

Den Buddhismus hat Gandhi erst literarisch, wahrscheinlich nicht vor seiner Lektüre von Sir Edwin Arnolds „Light of Asia" in London 1890/91 kennengelernt, vgl. Autobiography, Part I, Chap. XX; P 1965: 259f. Damit ist natürlich nichts gegen die möglicherweise erhebliche Bedeutung dieser späteren Einwirkung gesagt. Zu den indischen religiösen Einflüssen auf Gandhi im Zusammenhang auch Mühlmann 1950: 91ff.

[467] Der Eindruck, daß es bei *ahimsa* im Grunde nur um die Tierverschonung gehe, könnte sich gelegentlich aufdrängen; in diesem Sinne auch Basham 1971: 28ff.; so wenn man von der Bekehrung des Königs Kumarapala durch den Jainmönch Hemachandra hört, daß der König hierauf dem Fleischgenuß und der Jagd entsagt und in seinem Reich das Fleischessen, das Tieropfer und das Schlachten verboten habe (unter Entschädigungsregelung für die Metzger! – vgl. Glasenapp 1925: 50) – während es doch kriegerische Politik (siehe Anm. 465) und Todesstrafe, gerade für Übertretung des *Ahimsa*-Gebotes (Smith 1961: 79) verblieb; oder wenn Manu X, 83 auch in Notlagen dem *kshatriya* (dessen Normalbeschäftigung das Waffenhandwerk ist) und dem Brahmanen (dem das Waffenhandwerk für Notlagen zugestanden wird, Manu X, 81) vom Ackerbau abrät, weil er die Verletzung so vieler Lebewesen mit sich bringe.

Der Eindruck wäre jedoch oberflächlich, wie schon aus der Gegenmeinung zum letzten Punkt in der Baudhayana-Dharmashastra (III, 2, 4, 16ff.) deutlich wird, wo der Kshatriya-Beruf auch in der Notlage für den Brahmanen als „zu grausam" erachtet und ihm der Waffengebrauch nur zur persönlichen Notwehr und für bestimmte Nothilfefälle zugestanden wird (Verteidigung von Brahmanen, Kühen und

Im übrigen geht die Reflexion des Widerspruchs von *ahimsa* und politischem Gewaltgebrauch, soweit sie ausdrücklich oder aus Andeutungen erkennbar wird, in eine andere Richtung. In der Pflicht des *kshatriya*, die Lebenden zu *schützen* scheint man eine dem Tötungsverbot gleichwertige Gegen- und Ausnahmerechtfertigung der Gewalt gesehen zu haben – eine ethische Rationalisierung des politischen Phänomens, die dem okzidentalen Schema völlig entspricht.[468] Im Grunde aber wird des weiteren das Problem auf eine andere Ebene gehoben durch die Eigenbedeutung des königlichen Amtes, die den Ansatz gleichmäßiger Spezialisierung der Kastenpflichten sprengt und das *Rajadharma* mehr oder minder deutlich aus dem allgemeinen *kshatriyadharma* heraus-

---

Verhinderung des *varnasankara*). Zum ganzen Kane 1968, II: 122 ff. Diese Einschränkung läßt die größere Ausdehnung von *Ahimsa* und zugleich den systematischen Ort der Fragen rechtlicher Gewalt für die alten Schriftsteller erkennen; vgl. die folgende Erörterung im Text und in den Anm. 468–472. Es gibt aber auch unmittelbare Zeugnisse, wie die Inschrift des Satavahana-Königs Gautamiputra, der sich rühmt, auch Feinden nicht das Leben genommen zu haben (bei Ghoshal 1959: 295), Nachrichten vom Fehlen der Todesstrafe in den buddhistischen Königreichen Nordindiens im 6. Jahrhundert n. Chr. (Belege bei Weber 1963, II: 266 f.), allen voran natürlich die Edikte des Kaisers Ashoka (insbesondere das große Felsedikt Nr. 13 über die Reue nach dem siegreichen Kalinga-Krieg; vgl. daneben Felsedikt Nr. 4 und Säulenedikt Nr. 7, in denen die Nichtverletzung aller Lebewesen ausdrücklich als *ahimsa* neben der Nichttötung von Tieren genannt wird (hier nach der Ausgabe Sen 1956: 70 ff.).

Im übrigen fehlt es meines Wissens bisher an einer sorgfältigen, die systematische Bedeutung dieser sozialethischen Frage ernst nehmenden Untersuchung. Das liegt nicht nur an den Quellen. Zum Beispiel wäre ein Zeugnis wie die Inschrift des Sakakönigs Rudradaman, er habe getreu seinem Gelübde niemandes Leben genommen *außer in der Schlacht*, bedenkenswert genug. Aber die westliche Forschung scheint zu sehr mit Deutungen von Nahrungstabus, Vegetarismus und Opferritual präokkupiert, die indische verrät häufig eine Neigung, *ahimsa* neben dem Aufweis von Realismus und kriegerischer Virilität der Vorfahren herunterzuspielen. Die hier versuchte Zusammenstellung einiger Beobachtungen hat entsprechend vorläufigen Charakter.

[468] Diese Erklärung bei Kane 1968, V: 1420. Somadeva, Nitivakyamrta VI 34–42 kann hierfür angeführt werden (übersetzt auch bei Ghoshal 1959: 486, Winternitz 1968, III: 529): auch eine an sich sündhafte Handlung verliert diesen Charakter im großen Zusammenhang königlicher Pflicht. „Seelenruhe gegenüber Übeltätern ist der Schmuck von Asketen, nicht von Königen" usw. Die umfassendste Erörterung findet sich in dem Shantiparva genannten Abschnitt des Mahabharata (Buch XII, hier nach dem Referat bei Ghoshal 1959, Kap. 10 ff.; voller Text in englischer Prosa durch Roy, Bd. 8–10). Hier wird die volle ethische Antinomie zur Sprache gebracht (König Yudhishthira bei Roy 1962, Bd. 8: 83: „The practice of virtue and the discharge of kingly duties are always inconsistent with each other"), gleichwohl aber die Schutz- und Kampfespflicht des *kshatriya* begründet. Töten von Verbrechern (Angreifern) ist keine sündige Verletzung, nur mit Gewalt *(danda)* wird das Chaos auf Erden verhütet, der Tod im Kampf ist das Äquivalent der Weltentsagung durch den Asketen (bei Ghoshal 1959: 191, 234) – eine Rechtfertigung durch eine Art *theologia crucis* für den Herrscher.

hebt.[469] Umrißhaft zeichnet sich so das Konzept öffentlicher, d. h. repräsentativer Gesamtverantwortung ab: durch gewaltsamen Schutz *ermöglicht* der König erst die Entfaltung des Lebens in allen seinen legitimen Zielen.[470] Der also hervorgebrachte Gesamtvorgang kann ihm moralisch zugerechnet werden, sozusagen als einer *persona publica*.[471] Wo gegenüber solcher moralischen Geometrie gleichwohl das Empfinden für die Unaufhebbarkeit des Dilemmas durchbricht, geht es in die Äußerungsformen allgemeiner Weltabwendung ein. Dem Herrscher „persönlich", um seines individuellen Heilstrebens willen, bleibt nur, die ganze fragwürdige Sphäre – deren Existenz „für die Welt" gleichwohl nie revolutionär in Frage gestellt wird – wenigstens im Alter zugunsten eines Asketendaseins zu verlassen.[472]

---

[469] Diese terminologisch nicht durchgeführte Umbildung zeigt sich schon äußerlich deutlich an den immer mehr ausgeweiteten Abschnitten über die Pflichten des Königs *(rajadharma)* in den *dharmashastras*; vgl. die ausführliche Behandlung bei Kane 1968, III: 1–241. Der Sonderstatus drückt sich rituell in der Vorstellung aus, daß der König im Amt sich nie verunreinigt bzw. keiner Reinigung bedarf (Manu V: 93 f.). Hierher gehören weiter die Mythologeme über den göttlichen Ursprung des Königs (Manu VII: 3–13) oder Gleichsetzungen seiner Tätigkeit mit verschiedenen Götterfunktionen (Manu IX: 303 ff.), die wohl kaum an der grundsätzlich weltlichen Auffassung des Amtes, von der die Rede war, etwas ändern sollen. Die Ausübung der Herrscher- und insbesondere der Schutzfunktion hat die Heilsqualität einer Opferhandlung, und umgekehrt besteht die dem König vorgeschriebene Opferhandlung in der Erfüllung seiner Herrscherpflicht: Manu VIII: 306; Arthasastra 1.19.33; weiteres bei Kane 1968, III: 56 ff.

[470] Kane 1968, III: 3, 239 mit Belegen; Ghoshal 1959: 227 ff. Eben deshalb kann *rajadharma* als Inbegriff allen *dharmas* angesehen werden.

[471] Dies wird in den kuriosen Vorschriften ausgedrückt, die den König mit einer gewissen Quote (nämlich der normalen Steuerquote) am guten und schlechten Karma seiner Untertanen beteiligen (Manu VIII: 304, vgl. Ghoshal 1959: 166 f.); im Mahabharata wird sogar die Geschichte von einer Art Subjektionsvertrag erzählt, bei dem diese Quote ausgehandelt wird (XI: 67, bei Ghoshal 1959: 194). Näher unseren Vorstellungen von „öffentlicher Person" die häufigen Maximen, daß das Interesse eines Herrschers nicht im persönlichen Vorteil, sondern im Wohlergehen seiner Untertanen liegt (Arthasastra 1.19.34, weitere bei Kane 1968, III: 61 f.; Ghoshal 1959: 216).
  Nach allem ist die Auffassung Max Webers (vgl. Weber 1963, II: 318 Anm. 1, sinngemäß auch S. 144) nicht richtig, wonach die indische Tradition nicht die Gegenüberstellung privater und politischer Ethik, sondern allein die allgemeine Spezialisation des Dharma nach den verschiedenen Handlungssphären kenne, und der Eigengesetzlichkeit der Politik nur im Rahmen des allgemeinen kshatriya-dharma Rechnung getragen werde. Vielmehr ist es eindrucksvoll zu sehen, wie, bei Abwesenheit der Kategorie „Politik", sich das Wesen der Politik als Repräsentation innerhalb eines anders angelegten Schemas geltend macht.

[472] So der Rat an den König in Jinasenas Adipurana (bei Ghoshal 1959: 462 f.). Eine eindrucksvolle Darstellung dieses nicht auflösbaren ethischen Widerspruchs zwischen Königspflicht und Weltentsagung im Mahabharata, Shantiparva (referiert bei Ghoshal 1959: 253 f., Text übers. bei Roy 1962, 8: 11 ff.), wo der siegreiche König Yudhishtira am Ende des großen Krieges aus Gram über die begangenen Bluttaten beschließt, sich in ein Büßer- und Eremitendasein zurückzuziehen *(samnyasa)*, und

Die Ungewöhnlichkeit der „innerweltlich-asketischen" politischen Ethik Gandhis auch im indischen Kontext ist also zunächst einmal klar aufzufassen, ungeachtet aller ostentativ von ihm gesuchten Anknüpfung an einheimische Traditionselemente. Konservativer Widerstand gegen seine Verallgemeinerung der Gewaltlosigkeit und andere seiner religiösen Interpretationen sind schon gelegentlich erwähnt worden.[473] Im übrigen liefert jeder Jahrgang von „Young India" in den Besprechungen und Auseinandersetzungen mit Leserzuschriften hierfür reiches Material. Was allerdings Aurobindo als Anwalt einer rechtschaffen-traditionellen Unterscheidung von „heiligem" und profanem Handeln angeht, so wird man sich erinnern, daß er uns bereits als Prediger eines religiösen Nationalismus begegnet ist, als Wortführer jener Intellektuellen-Ideologie, welche Religion als Kultursymbol und Glorienschein der Vergangenheit einsetzte, um eine Re-Vitalisierung Indiens zu einer modernen Nation anzutreiben. Diese Art politischer Religion wird in eben den Aufsätzen in „Bande Mataram" gepredigt, die gegen Tagore den Vorwurf des *Varnasankara* wegen der Vermischung von Religion und Politik erheben. Das religiöse Hochstilisieren des Nationalismus – eine Mischung, die Aurobindo „political vedantism" nannte, die aber auch handfestere Identifikationen mit dem Volkskult der Muttergöttin Kali benutzte – war gewiß ebensowenig „echt indisch" wie der Begriff Nation selbst.[474] Es verriet nur allzu deutlich – wie die ganze, in kultiviertem Englisch an die anglisierte bengalische Oberschicht appellierende Publizistik – modernen, westlichen Einfluß, in diesem Falle den religiös gesteigerten, messianischen Nationalismus der benachteiligten Völker Europas.[475]

Offenbar ist es um die Jahrhundertwende nicht mehr leicht, dem unvermischten indischen Geist zu begegnen, und so drängt sich förmlich die umge-

---

wo das ganze bekannte, von seinen Kampfgenossen ihm vorgestellte Arsenal der Rechtfertigungsgründe von Herrschaft und Krieg gegen diesen Entschluß nichts ausrichtet.

[473] Vgl. etwa Tilak und Lajpat Rai in § 7.

[474] Siehe Anm. 37–39 und Text. Zum indischen Nationalismus als westlich inspirierte Intellektuellenbewegung vgl. Heimsath 1964: 135 ff., 309 ff.

[475] Zu diesem Phänomen Talmon 1960: besonders 256 ff. Hierher gehört vor allem der große Einfluß Mazzinis auf den frühen indischen Nationalismus, der uns bei Gandhi noch begegnen wird. Man konnte sich aber für die nationalistisch instrumentalisierte Religion auch auf englische Autorität berufen, wie die folgende, bemerkenswerte Passage aus Lajpat Rais Buch „The Arya Samaj" zeigt: „In his Expansion of England Sir John Seeley passes a rather adverse judgment on the ‚facile comprehensiveness of Hinduism' which, in his opinion, ‚has enfeebled it as a uniting principle and rendered it incapable of generating true national feeling'. In the opinion of Sir Herbert Risley ‚it may be admitted that the flame of patriotic enthusiasm will not readily arise from the cold grey ashes of philosophic compromise, and that before Hinduism can inspire an active sentiment of nationality, it will have to undergo a good deal of stiffening and consolidation' (The Peoples of India, by Sir Herbert Risley, 1904, p. 280.) ‚The Arya Samaj' he adds, ‚seems to be striking out a path which may lead in this direction, but the tangled jungle of Hinduism bristles with obstacles and the way is long.'" (Rai 1915: 115 f.).

kehrte Hypothese auf: Die konstatierte „Beziehbarkeit" der Position Gandhis auf europäisches Denken könnte damit zusammenhängen, daß es sich in Wirklichkeit, in der Tiefe um nichts als europäisches Denken handelt, das uns in oberflächlicher Hinduisierung entgegentritt: Gandhi als der verkappte Christ, als den ihn manch ein erboster Hindukonservativer in der Tat gesehen hat.

Die Behauptung ist für den ganzen Neu-Hinduismus in allgemeiner Form von P. Hacker vertreten worden, „daß die wesentlichen Anstöße und bewegenden Inhalte des neuhinduistischen Denkens immer vom Westen oder vom Christentum her kommen, … daß diese Anstöße und Inhalte dann in hastiger Improvisation an ererbte geistige Güter angeschlossen beziehungsweise mit ihnen identifiziert werden, wobei logische Unausgeglichenheit und selbst eine gewisse Verschleierung in Kauf genommen werden".[476] Es folgt unter anderem die ausdrückliche Exemplifizierung dieses „Gesetzes" an Gandhi, der „die Forderung der Gewaltlosigkeit … zuerst bei Leo Tolstoi entdeckte, ehe er sie an die traditionell indische Idee der *Ahimsa* anschloß".[477]

Der überragende Einfluß Tolstois auf Gandhi steht außerhalb jeden Zweifels und ist von Gandhi selbst immer wieder, auch in seiner späteren Zeit, hervorgehoben worden.[478] Der Einfluß beschränkte sich nicht auf die Ethik der Gewaltlosigkeit, sondern ist in umfassender Weise überall zu spüren, in der Gesellschaftskritik[479] und der Propagierung des Dorfes gegen die Stadt,[480] der für Gandhi nach eigenem Zeugnis zentralen Idee der *bread labour*,[481] der Heilsbedeutung des Dienens,[482] der Universalität der Religion,[483] aber auch in der Ästhetik oder einem Detail wie der Hochschätzung der öffentlichen Meinung als des wahren Mediums gesellschaftlicher Veränderung alternativ zur Ge-

---

[476] Hacker 1961: 398.

[477] Hacker 1961: 399.

[478] Er selbst nennt ausdrücklich u.a. folgende Schriften Tolstois als für ihn bestimmend (im Anhang zu „Hind Swaraj", CW 10: 65): The Kingdom of God Is Within You (dt. Das Reich Gottes ist inwendig in Euch); What is Art? (dt. Was ist Kunst?); The Slavery of Our Times (dt. Moderne Sklaven); How Shall We Escape? (dt. Wo ist der Ausweg?); The First Step (dt. Die erste Stufe); Letter to a Hindoo (dt. An einen Inder, bei Birukoff 1925: 50–68); sowie nach Autobiography, Part II, Chap. XXII: What to do? (dt. Was sollen wir denn tun?); The Gospels in Brief (englisch 1899, = Evangelienharmonie im Auszug und kurze Auslegung); Gandhis Briefwechsel mit Tolstoi in CW 9: 444 und 593; CW 10: 210, 306, 505, 512. Deutsch teilweise bei Birukoff 1925: 72 ff.

[479] Vgl. etwa die Eigentumskritik in „Was sollen wir denn tun?" (Tolstoi 1902, Kap. 39: 215 ff.), die Staatskritik in „Moderne Sklaven" (Tolstoi 1911a).

[480] Schon hervorgehoben in Gandhis Zusammenfassung der ihm wichtigsten Lehren Tolstois (IO, 2.9.1905, CW 5: 56 f.).

[481] Tolstoi 1902, Kap. 38.

[482] Hierzu, auch zu der oben erörterten Frage der Zweck-Mittel-Relation, Tolstoi: „Mit einer besonderen neuen Kraft habe ich begriffen, daß mein und aller Menschen Leben nur ein Dienen ist, daß es aber kein Ziel enthält" (Tolstoi 1911b: 8).

[483] Tolstoi spricht von den Verschiedenheiten der Religionen in ihren äußeren Formen – doch von der Einheit „der wahren Religion" (Tolstoi 1911c, Kap. XIV).

walt.[484] Alles dieses war frühzeitig offenkundig und durch Gandhis bekannten Briefwechsel mit Tolstoi noch akzentuiert. Man konnte Gandhi mit Grund für „nichts als" einen Tolstoianer halten. Diese Einschätzung hat wahrscheinlich in einem kritischen Augenblick auf tragische Weise Geschichte gemacht. Man kann heute annehmen, daß die folgenreiche, blutige Unterdrückung des ersten von Gandhi inaugurierten nationalen Protestes im Punjab 1919, vor allem das Massaker von Amritsar, keine der üblichen „Pannen" eines exzessiven Militäreinsatzes war, sondern der bewußte Versuch englischer Kolonialoffiziere, eine mit der russischen Revolution parallelisierte Bewegung in den Anfängen zu ersticken, deren „Tolstoiphase" man mit dem Auftreten Gandhis für gekommen hielt.[485]

Wie der Fall lehrt, ist die eigentliche Frage der Beeinflussung Gandhis durch Tolstoi nicht das von niemand bestrittene Faktum, sondern das Verständnis und die Bewertung des Zusammenhangs. Mit der geschichtsmorphologischen Spekulation der Kolonialbeamten stimmt dabei die stets zwiespältig gebliebene, von derselben Parallelisierung ausgehende Einschätzung durch den Marxismus sachlich durchaus überein. Von Gandhi selbst haben wir eine für die Wirkung Tolstois aufschlußreiche, bewertende Äußerung dahingehend, Tolstoi habe ihm seine Skepsis oder seinen Mangel an Zutrauen („lack of faith") hinsichtlich der Gewaltlosigkeit genommen.[486] Dies weist auf eine schon vorhandene, aber erst durch das übermächtige Beispiel gewissermaßen freigesetzte Disposition. Es ergibt sich hieraus eine zweite, der Übernahme-Theorie prinzipiell entgegengesetzte, ebenfalls von bedeutenden Sachkennern vertretene Interpretation.

Danach hätten die verschiedenartigen, von Gandhi aus dem Westen aufgenommenen Anregungen hauptsächlich die Funktion gehabt, vorhandene, aus

---

[484] Tolstoi 1903, Kap. 10.

[485] Hierzu das Material in dem bis vor kurzem geheimgehaltenen 6. Band des Untersuchungsberichts des sogenannten Hunter-Committee (India Disorders Enquiry Committee, Evidence, Vol. 6: Minutes of Evidence, Punjab Govt.), vor allem die bemerkenswerte, *in camera* gemachte Aussage des damals verantwortlichen Gouverneurs des Punjab über die zugrundeliegende Einschätzung der Lage: „If I may say so, Mr. Gandhi's doctrine, to my mind, is almost exactly on a parallel with Tolstoy's doctrine. Tolstoy's doctrine led in the long run to Bolshevism, and Mr. Gandhi's doctrine, if taken up in the same way will lead to the same results as in Russia. Tolstoy's doctrine was making headway when I was in Russia and I discussed it with many Russian intelligentsia [sic] who were rushing at it at the time as a means to curb the powers of the aristocracy. I said to them: you do not know what forces you are unchaining. Tolstoy's doctrine ended in the intelligentsia disappearing and the masses remaining masters of the situation. If Gandhi's doctrine is taken on here, the intelligentsia will disappear and Government will disappear with it" (15.1.1920, S. 46). Hierzu: Mitrokhin/Raikov 1974. Vgl. auch die Einschätzung Gandhis durch den damaligen Governor von Bombay, Lord Willingdon: „Honest, but a Bolshevik and for that reason very dangerous" (Brief an den Lt. Gov. der United Provinces, Sir Harcourt Butler, 5.6.1918, zitiert nach Brown 1974: XIII).

[486] Rede zum 100. Geburtstag Tolstois am 10.9.1928, CW 37: 262.

der eigenen Kultur stammende Prototypen von Ideen neu zu beleben und ihnen, gewissermaßen mit der Bekräftigung westlicher Kultursiegel, zum Durchbruch zu verhelfen. Die westlichen Einflüsse, nicht nur im Falle Tolstoi, wären im wesentlichen Geburtshelfer „autochthoner", indischer Gedanken. In einer etwas vergröberten Variante: vom Westen wird nur aufgenommen, was einer schon vorhandenen Eigenart entspricht oder sie zu bestätigen scheint.[487] Die anspruchsvollere Version einer solchen Interpretation hat A. L. Basham in einer eigenen Studie zu belegen versucht.[488] Er kann dabei in der Tat mit interessantem Material etwa zu Vorformen von *Satyagraha* in der indischen Geschichte aufwarten, politischen Massendemonstrationen *(prayopavesa)* in Form von öffentlichem Protestfasten oder *Hartals*, wie sie auch im Gujarat des 19. Jahrhunderts mehrfach vorgekommen waren und Gandhi nicht unbekannt sein konnten. Hierher gehört auch die häufig in diesem Zusammenhang herangezogene Institution des *dharna*, des Protestfastens des Gläubigers vor dem Hause des säumigen Schuldners. Gerade dies Beispiel mahnt allerdings zur Vorsicht, da Gandhi das *dharna* mehrfach vehement abgelehnt hat.[489] Man wird daraus entnehmen können, daß das kulturelle Muster, falls es, wie wahrscheinlich, als Anregung gedient hat, einer kritischen Sichtung und eventuell einer Transformation unterworfen worden ist.

Der entscheidende Punkt ist hier mit diesem letzten Gedankenschritt berührt, und zwar hinsichtlich beider Interpretationen. Man hat den Eindruck, daß es sich in beiden Fällen, vom Skopos der Betrachtung her gesehen, um Deutungs*muster* handelt, die einander spiegelbildlich äquivalent sind und bei denen beiderseits die Versuchung besteht, auf jeweils entsprechende Weise kurz vor dem konkreten Gegenstand halt zu machen. Die Diskussion könnte mit beachtlichen Gründen hüben und drüben und auch mit hübschen Detailerkenntnissen noch geraume Zeit fortgesetzt werden, ohne daß die jeweils vorausliegende Grund-Stellungnahme berührt würde. Denn man hat es hier, wie auf der Hand liegt, mit der Dialektik des Begriffs „Verstehen" zu tun, der ein Sich-Aneignen von etwas Fremdem bedeutet; folglich ist eine Verstehensbasis, ein Ansatzpunkt im Eigenen ebenso vorausgesetzt wie das Hinzutreten von et-

---

[487] „Die Bibel oder Tolstoi oder Ruskin können deshalb einen so laut [sic] bezeugten Eindruck auf ihn machen, weil er sich in ihnen in überraschender Weise selbst ‚bestätigt' zu finden meint. ... Nur die Bücher sprechen ihn lebhaft an, die seiner eigenen Lebenskonzeption nahe stehen, oder er bringt sie sich durch seine eigenen Deutungen näher" – wohl eine höfliche Formel für ein Mißverständnis (Wolff 1963: 41).

[488] In Basham 1971; dieser Aufsatz vertritt die autochthonistische Position übrigens in einer sehr abgewogenen, psychologisch nuancierten Weise: „We can find *partial prototypes for most* of his ideas in Indian tradition, but the stimulus for their reformulation along Gandhian lines came chiefly from the West" (ibid.: 22, Hervorhebung DC); wenn er von wahrscheinlich in der Kindheit und Jugend aufgenommenen Ideen spricht, die später durch die Berührung mit dem Westen erst fruchtbar gemacht wurden, so steht das nicht notwendig im Widerspruch zu seinen Bemerkungen in Basham 1954: 483, wo gerade der westliche Einfluß hervorgehoben wird.

[489] „Barbarity" (in „Sitting Dhurna", YI, 2.2.1921, CW 19: 313).

was Nicht-Gleichem, erst zu Bearbeitendem. Je nachdem, ob man die eine
oder die andere Seite zur „wesentlichen" macht, lassen sich in der einen oder
anderen Richtung interessante Ableitungen herausstellen, die alle auf eine geistige Vereinnahmung im Rahmen des schon Bekannten hinauslaufen. Die formale Äquivalenz besteht darin, daß, für sich genommen, jede der beiden Deu-
tungsmöglichkeiten als Ergebnis alles beim alten beläßt: Pseudochrist oder
Pseudohindu, ganz grob gesprochen, bleibt Hindu bzw. Christ. Das heißt,
wenn nicht mit der größten Entschiedenheit die Herleitungen als Präliminarien
behandelt werden, wird nur allzu leicht die Aufmerksamkeit von dem eigentlich Bemerkenswerten, der spezifischen Verarbeitung, abgelenkt. Es entsteht
die methodische Versuchung, gerade das Neue, Unerhörte zu übersehen, das
bei einem solchen Überspringen des Funkens zwischen zwei Welten in die
Welt tritt, bzw. für den Gelehrten noch verlockender: das Neue zum Mißverständnis zu erklären.

Wenn hier das Bild vielleicht in karikierender Verschärfung gezeichnet worden ist, um eine Gefahr deutlich zu machen, so bietet andererseits der Fall des
„Neo-Hinduisten" (bzw. „Hindu-Revivalist") Gandhi in besonderem Maße Anlaß zu derartiger Reflexion. Der Vollständigkeit halber wäre ja noch zu vermer-
ken, daß für die Verrechnung der Einflüsse auch der umgekehrten Frage indischer („östlicher") Einflüsse auf Gandhis westliche Vorbilder einige Beachtung
zu schenken ist: der Upanischaden-Lektüre H. Thoreaus etwa,[490] den vergleichenden Religionsstudien Tolstois und seiner viel früheren Schopenhauer-Lek-
türe, wiederum den indischen Studien Schopenhauers. Als (vorläufiger) Horizont dieser ins immer Fernere verlaufenden Linien sei die Denkmöglichkeit
buddhistischer Einflüsse auf die Bergpredigt wenigstens erwähnt, ebenso wie
die Möglichkeit einer Beeinflussung des späteren Vishnuismus durch das (indische!) Christentum.[491] Umgekehrt darf man an die Herkunft wie den Export

---

[490] Darüber P 1965: 240ff.; Chauhan 1974: 65–79. Vgl. zum Beispiel die Hinweise auf
Bhagavadgita und Veden in Thoreaus „Walden" Nr. 16a. E.: „The pure Walden
water is mingled with the sacred water of the Ganges." Der Essay „On the Duty of
Civil Disobedience" enthält eine Meditation über die Unerreichbarkeit des Ich von
physischer Gewalt, die sehr wohl indisch beeinflußt sein könnte (von Gandhi zitiert,
vgl. T 1: 100). Die verschiedentlich aufgestellte Behauptung, Gandhi habe Thoreau
erst nachträglich gelesen, als er 1909, wegen Civil Disobedience verurteilt, im Gefängnis saß (z.B. Chauhan 1974; Brown 1974: 7), ist nicht richtig; bereits 1907, kurz
nach dem tatsächlichen Beginn der ersten *Satyagraha*, veröffentlichte er Auszüge aus
Thoreau in „Indian Opinion" (IO, 7. und 14.9.1907, CW 7: 217f., 228ff.).

[491] Zu diesen Fragen R. Garbe, der anhand motivgeschichtlicher Einzelstudien die
Möglichkeit buddhistischer Einwirkungen schon in vorchristlicher Zeit grundsätzlich ableitet (Garbe 1914: 29, 60f.), im Widerspruch hierzu aber und ohne Begründung jede Beeinflussung hinsichtlich der vergleichbaren ethischen Postulate ausschließen will (ibid.: 10f.). Auf die von Kaiser Ashoka für das 3. vorchristliche Jahrhundert behauptete ethische Mission in Westasien (Felsedikt Nr. 13) ist nicht eingegangen – vielleicht weil Ashokas Urheberschaft erst 1915 identifiziert wurde. Zu
Vischnuismus und Christentum noch Lütt 1970: 86.

der Ursprünglichkeitsidee aus der europäischen Romantik erinnern.[492] Die Wendung zu den eigenen Ursprüngen, zu den Veden und Upanishaden in der Hinduismus-Renaissance des 19. Jahrhunderts, die neue Dignität des Ausdrucks in den eigenen Volkssprachen als eine gänzlich un-brahmanistische Art der Selbst-Werdung,[493] bei Gandhi die im Laufe seines Lebens wachsende Tendenz, indische Ursprünge oder jedenfalls indische Anknüpfungen als Äquivalente zu europäischen Ideen in den Vordergrund zu schieben, wären auf hintersinnige Art „Verwestlichungs"-Erscheinungen – oder jedenfalls *auch* dieses.

Schließlich muß das Ost-West-Schema selbst aus der Rolle eines selbstverständlichen Grundrisses der Interpretation, einer zeitlosen Kategorie herausverwiesen werden in die eines geschichtlichen Phänomens, das selbst der Erklärung bedürftig ist. Es handelt sich um einen Topos, dessen Funktion innerhalb einer bestimmten historischen Weltsituation inzwischen deutlicher zutage getreten ist. Insbesondere in Gestalt des Klischees westlicher Materialismus – östliche Spiritualität konnte er dem Gewissen des kolonialistischen Westens zur Entlastung dienen, indem er eine sentimentale Wertschätzung des Unterworfenen auf einem der „wirklich" wichtigen Realität entrückten Gebiet ermöglichte. Die Kompensationsfunktion für das Selbstwertgefühl des Ostens liegt auf der Hand; sie war um so wirkungsvoller, je spiritualisierter, undefinierbarer die Überlegenheit im Geistigen sich darstellte.[494] Gandhi hat sich von diesem verfänglichen Schematismus, ungeachtet der erwähnten, immer hartnäckigeren Indisierung seiner Terminologie und ungeachtet gelegentlicher Konzessionen an das gängige Ost-West-Vokabular, im Kern bemerkenswert frei gehalten; er hat seine Beeinflussung aus dem Westen immer freimütig anerkannt, auch auf Gebieten, wo der kompensierende mystische Anspruch „des Ostens" kaum ins Spiel zu bringen war, wie: „punctuality, reticence, public hygiene, independent thinking and exercise of judgement".[495] Das gelegentlich penetrante Anbringen indischer Äquivalente zu europäischen Ideen hat, genauer besehen, häufig auch einen sehr andern Sinn als den oberflächlich na-

---

[492] Vgl. zum Beispiel zum Einfluß der westeuropäischen Romantik auf die russischen Slawophilen Riasanovsky 1954: 10 ff., 32 ff. Die Vorliebe gerade der konservativen britischen Kolonialbeamten für das „echte", autochthone Indien sind bekannt; über den romantischen Ursprung dieser Richtung Stokes 1959: 8 ff.

[493] Über die normative Auffassung des Sanskrit als Idealsprache seit der brahmanistischen „Gegenreformation" oder Sanskritrenaissance und ihre spätere Übertragung auf das Englische Berger 1967: 26 ff.

[494] Zum ganzen Komplex und insbesondere der Herkunft der Idee von der Spiritualität „des" Ostens Hay 1970 b. Vgl. auch N. C. Chaudhuri: „The Hindu spirituality of which the West spoke was the creation of a Western spiritual necessity" (Chaudhuri 1974: 98).

[495] YI, 6.3.1930, CW 43: 15. Vgl. etwa auch die bereits erwähnte Liste westlicher „Autoritäten" im Anhang ausgerechnet von „Hind Swaraj". Entsprechend war der Eindruck auf zeitgenössische Beobachter: „He might rail against European civilization, but there was hardly any Indian leader who was more European in his methods and habits of work than Gandhi" (Jayakar 1958, I: 352).

tionalistischen: der indische Begriff wird säkularisiert, verwestlicht bzw. mo-dernisiert[496] – und auch darin ist die wahre Position eine andere als die hervor-gekehrte traditionalistische.

Denn zwar läßt sich sagen, daß Gandhi das Verhältnis der Kulturen primär unter geschichtlichem Aspekt anstelle des geographischen betrachtete, als ei-nen Gegensatz alter, gemeinsamer Menschheitskultur und einer modernen Sonderentwicklung des Okzidents.[497] Das Problem lag für ihn mithin gerade in der Übertragbarkeit und Kommensurabilität des Neuen. Jedoch kann auch dies nur als erste Näherung gelten. Seine Rolle war nur im oberflächlichen Sinne die dem Nationalisten in solcher Konstellation leicht zufallende des Traditio-nalisten. Was mit der Verschiebung auf die Zeitachse für gewöhnlich einherzu-gehen pflegt: eine um so ungehemmtere Befriedigung des Bedürfnisses nach Globalorientierung, nach weltanschaulicher Gesamtbewertung im Zeichen hi-storistischer Gegensatzpaare wie Tradition (Erhaltung–Erstarrung) – Moder-ne (Fortschritt–Verfall), hat er nach Kräften nicht etwa angegriffen, sondern mit einer eigentümlichen Mischung ironischer Naivität zu unterlaufen gesucht. Stets hat man sich den oben für den religiösen Zusammenhang erörterten An-spruch auf freien Vernunftgebrauch gegenüber der Tradition zu vergegenwär-tigen. Deshalb darf neben der demonstrativen Rückschrittlichkeit der Zivilisa-tionskritik in „Hind Swaraj" nicht ein so durchaus unkonservativer Satz über-sehen werden, wie: „To believe that what has not occurred in history will not occur at all is to argue disbelief in the dignity of man";[498] ebensowenig wie die neben der Verwerfung arbeitsparender Technologie oder zeitsparender Fort-bewegungsmittel für seine Umwelt wahrhaft umwälzende Insistenz auf Pünkt-lichkeit und genauer Zeiteinteilung.[499] Bei einiger Sachkenntnis und Unvorein-

---

[496] Als Beispiel die in der Tolstoi-Gedenkrede plötzlich auftretende Gleichsetzung der Idee des *bread labour* – also des Tolstoischen Gedankens, daß jeder mit eigener ma-nueller Arbeit seinen Lebensunterhalt selbst verdienen müsse – mit dem indischen religiösen Begriff des *yajna* (Opferhandlung): „The Gita says that he who eats without performing yajna is a thief and sinner. Tolstoy has said the same thing. ... Its simple meaning is that he has no right to eat who does not bend his body and work" (CW 37: 262).

[497] Dies der Standpunkt schon in „Hind Swaraj", besonders deutlich in Gandhis eige-ner Zusammenfassung für H. S. L. Polak: „1. There is no impassable barrier between East and West. 2. There is no such thing as western or European civili-zation, but there is a modern civilization which is purely material. 3. The people of Europe, before they were touched by modern civilization, had much in common with the people of the East; ... 4. East and West can really meet when the West has thrown overboard modern civilization, almost in its entirety. They can also seem-ingly meet when East has also adopted modern civilization, but that meeting would be an armed truce, even as it is between, say, Germany and England" (CW 9: 477; vgl. Anm. 271) und „When I use the term ‚Eastern' I mean ‚Universal'" (Presse-In-terview, London, 1.12.1931, CW 48: 370).

[498] „Hind Swaraj" (CW 10), Chap. 14.

[499] Bereits 1917 nimmt er sich heraus, eine dreiviertelstündige Verspätung Tilaks auf der Gujarat Political Conference zum Anlaß vom Bemerkungen über Unpünktlich-

genommenheit dürfte es ebenso schwerfallen, ihm den Stempel des Reaktionärs oder Progressiven aufzudrücken wie den des original-östlichen oder des verwestlichten Typs. Der Standpunkt ist im Grunde immer der einer Berufung unmittelbar auf die Sache, das was er jeweils als „Pflicht" (duty) bezeichnet – die Forderung des Tages. Das daraus abgeleitete unmittelbare Mandat vericht er gelegentlich streitbar gegen die Beurteilungsmaßstäbe der Epochengemäßheit, indem er das welthistorische Podest des Beurteilers ironisch unterminiert: „Sir Firoz is on safer ground when he accuses me of being out of date. For no one knows what or who is out of date. I confess my ignorance on the point."[500] So ist auch sein eigentliches Wort zur Ost-West-„Problematik" die Aufforderung, zur Sache selbst zu kommen; Ableitungen haben nur legitimierende oder verdolmetschende Funktion. „My opinions should be considered as they are, irrespective of whether they are derived from the West or the East."[501]

Die Sache selbst, um die es im Zusammenhang der Gewaltlosigkeit geht, das *non prius auditum* am Beitrage Gandhis, das in seinem eigenen Sinn erst einmal zu bemerken und zu verstehen ist, ist die Systematisierung der gewaltfreien Aktion als der religiös stimmigen Durchsetzungs- und *Kampfes*methode der Politik. Neu daran ist im Verhältnis zu den einzelnen Ansätzen im indischen sozialen Leben nicht nur die Verallgemeinerung, sondern auch die Verbindung mit dem Prinzip politischer Verantwortung für den anderen und des nicht eigen-interessierten Eintretens für Gerechtigkeit. Sofern diese Elemente aus

---

keit und die Verzögerung von *Swaraj* (hier doppelsinnig: Freiheit aber auch Selbstbeherrschung Indiens) zu machen (CW 14: 48). Aber Pünktlichkeit ist für ihn auch „a corollary of non-violence" und deshalb beim Training von Freiwilligen für gewaltlose Aktionen wichtig zu nehmen (zu Ghaffar Khan, H, 12.11.1938: 326). Im persönlichen Leben demonstriert er die puritanische Zeiteinteilung mittels einer altertümlichen englischen, betont „un-progressiven" Taschenuhr. Zur Einteilung des Tageslaufes etwa Bose 1953.

[500] Am 4.5.1945 in einer öffentlichen Auseinandersetzung mit Sir Firoz Khan Noon über die Repräsentativität der britisch-indischen Delegation auf der UN-Gründungskonferenz in San Francisco. Die Ironie ist erst aus der Situation voll verständlich: Sir Firoz, prominenter Gutsherr aus dem Punjab und führendes Mitglied der Muslim-Liga, damals *Defense Member* des vom Vizekönig ernannten *Executive Council*, und als solches Mitglied der indischen Delegation in San Francisco, hatte Gandhi in der öffentlich geführten Polemik u.a. wegen pro-japanischer Haltung im Kriege, wegen Bigotterie und Hindu-Orthodoxie angegriffen; gegen diese Vorwürfe setzt sich Gandhi energisch zur Wehr, um dem Gegner schließlich mit den zitierten Sätzen im letzten Punkt: der Zeitgemäßheit, das Feld zu überlassen.

[501] YI, 18.11.1926, CW 32: 43. Für *ahimsa,* insbesondere auf den in Indien erhobenen Vorwurf, Gandhis Anschauung in dieser Frage sei ein Import aus dem Westen: „I have nothing to be ashamed of if my views on ahimsa are the result of my Western education. ... I have learned much from the West and I should not be surprised to find that I had learnt something about ahimsa too from the West. I am not concerned what ideas of mine are the result of my foreign contacts. It is enough for me to know that my views on ahimsa have now become a part and parcel of my being."

Tolstois Interpretation der Nächstenliebe abgeleitet erscheinen, fehlt bei Tolstoi jedoch das aktive Element sozialer Auseinandersetzung, der politische Kampf.[502]

Die Forderungen Tolstois in bezug auf den gesellschaftlichen Zusammenhang sind sämtlich negativ: Nicht-Widerstehen dem (von anderen Menschen kommenden) Übel, Nicht-Teilnahme an jeder Form sozialer Gewaltausübung (Krieg, Staat, rechtliche Zwangsorganisation von Arbeit und Eigentumsschutz), Nicht-Zusammenarbeit mit der auf Gewalt basierenden sozialen Organisation (also auch Steuerverweigerung), Nicht-Lügen und so weiter.[503] Daneben ist kein Raum für Erwägungen über Repräsentation oder legitime Formen kämpferischer Auseinandersetzung. Kampf, eine Pflicht zum Kampf, kennt Tolstoi in einer einzigen Form: den Kampf jedes Einzelnen mit der Natur zur Erhaltung des Daseins.[504] Diese Hauptpflicht zum Handeln wird prinzipiell unpolitisch verstanden, ihr Sinn ist gerade der von jedem für sich zu erbringende faktische und moralische Nachweis der Existenzberechtigung.

Es ist kein Zufall, daß Max Weber, der bei seinen Überlegungen zur Ethik politischen Handelns stets Tolstoi als Gegenpol vor Augen hat, nie auf den Gedanken kommt, bei Tolstoi eine Alternativform politischen Handelns zu suchen.[505] Von seinen Begriffen her wäre es keineswegs ausgeschlossen gewesen, Erscheinungen wie passive Resistenz oder *Satyagraha* als Formen von *Kampf* zu erkennen. Denn wenn zum Beispiel Clausewitz den Kampf als „ein Abmessen der geistigen und körperlichen Kräfte mittels der letzteren" bestimmt hatte,[506] so abstrahierte Webers eigene Definition von dem Element notwendiger Beteiligung körperlicher Kräfte und sah als Kampf jede soziale Beziehung an, in der „das Handeln an der Absicht der Durchsetzung des eigenen Willens gegen Widerstand des oder der Partner orientiert ist".[507]

---

[502] Basham bemerkt den Unterschied der kämpferischen Satyagraha zur klassischen *Ahimsa*-Doktrin, nicht aber zu Tolstoi (Basham 1971: 31 ff.).

[503] Vgl. vor allem „Moderne Sklaven" (Tolstoi 1911 a: 109 ff.); „Was sollen wir denn tun?" (Tolstoi 1902, 4: 215).

[504] „Jenes ewige, über allem Zweifel stehende, in der Menschheit waltende Gesetz erfüllen, das von uns fordert, daß wir zur Erhaltung unseres Lebens, wie des Lebens unserer Mitmenschen, mit der Natur kämpfen" (Tolstoi 1902, 4: 215). Die Arbeitsteilung wird in diesem Punkt vehement abgelehnt (Kap. 31), die Erwähnung der Mitmenschen bedeutet also nicht die Stellvertretung erwachsener, arbeitsfähiger Menschen füreinander in dieser Pflicht des „bread labour", wie sie bei Gandhi heißt.

[505] Nicht von ungefähr stellt Gandhi selbst noch 1905, in der Anm. 480 erwähnten Zusammenfassung der ihm wichtigsten Lehren Tolstois, unter Nr. 4 den Satz auf: „It is sinful to wield political power, as it leads to many of the evils in the world."

[506] Clausewitz 1973: 269.

[507] Weber 1925, Kap. 1 und 8. Vgl. dazu „Über einige Kategorien der verstehenden Soziologie": „Der Kampf durchzieht ... potentiell alle Arten von Gemeinschaftshandeln überhaupt. ... Und die Mehrzahl aller ‚Kämpfe' schließt andererseits irgendein Maß von Vergesellschaftung oder Einverständnis ein. ... Der von jeglicher Art von Vergemeinschaftung mit dem Gegner ganz freie Kampf ist nur ein Grenzfall" (Weber 1922: 463 f.).

Eine vergleichbare Abstraktion – von den wesentlichen Unterschieden auch zu Webers Auffassung ist hier nicht zu handeln[508] – versetzte Gandhi in die Lage, den Kampfcharakter seiner Methode zu entwickeln, sich selbst als „einen Kämpfer zeitlebens" zu bezeichnen,[509] oder – das war im indischen Kontext angesichts der schon am Namen kenntlichen Herkunft aus der Händlerkaste eine Plaisanterie – als *kshatriya*;[510] es ging aber dabei nicht um die witzige Benennung. Die Sache Kampf und auch die alte Schutzpflicht des *kshatriya* waren Gandhi so wichtig, daß er mehrfach betont und programmatisch für Gewalt noch eher plädierte, wenn die Alternative Unterwerfung oder passives Geschehenlassen von Unrecht sein sollte.[511] Schließlich war es dann, wie sich herausstellte, wesentlich mehr als eine Plaisanterie, als er der britischen Herrschaft den „Kampf bis zum Ende" ansagte.[512]

Daß das System Tolstois die kämpferisch-politische Möglichkeit offenließ, konnte Weber nicht bemerken. Man sollte vielleicht sagen: niemand konnte es bemerken, der nicht gerade jenen selbständigen Schritt der Verschmelzung verschiedener Kulturtraditionen antizipierte, den Gandhi tat. Nichts zeigt deutlicher, wie müßig es ist, Gandhi auf Tolstoi „zurückführen" zu wollen. Die Verschiedenheiten sind eindrucksvoll sichtbar schon im Biographischen: Anders als bei Tolstoi sind die auslösenden Erlebnisse Gandhis politischer und sozialer Natur; von da führt eine gerade Linie zu seinem Tod durch politischen Mord innerhalb dramatischer politischer Auseinandersetzungen – während Tolstoi den traditionell vorgezeichneten Weg individueller, heiliger Weltflucht ging; buchstäblich auf diesem Wege raffte ihn eine Krankheit hinweg. Das Übersehen dieser Verschiedenheit, eben der Sache selbst, um die es Gandhi zu tun war, verleitete 1919 die britischen Kolonialbeamten im Punjab zu dem

---

[508] Sie betreffen das kognitive Element und die Nähe zur *Diskussion*, die in Webers Tafel soziologischer Grundbegriffe bemerkenswerterweise keinen eigenen Platz hat.

[509] Bei P 1956, II: 201, Äußerung vom Mai 1947, vgl. Anm. 553. Vgl. auch seinen Artikel in der „Golden Number" von „Indian Opinion", 1914 über die Chancen einer weiteren Satyagrahabewegung in Südafrika: „The people, having tasted once the *joy of struggle*, will fight now with even greater zeal" (CW 12: 509, Hervorhebung DC). „Peaceful war, that is … non-violence" (Navajivan, 21.11.1920, CW 19: 10).

[510] „I also have become a kshatriya giving up my Bania dharma" (Rede vor Merchants' Meeting, Kalkutta 26.1.1921, CW 19: 280); „Real freedom is impossible without the spirit of a true kshatriya" (Navajivan, 9.1.1930, CW 42: 381). Der Name Gandhi, von neuindisch Gandh – Geruch, Parfüm, bezeichnet einen Parfümhändler, also einen Angehörigen der Kaufmannskasten (Bania), die zur dritten Gruppe in der traditionellen vierteiligen Hierarchie, den Vaishyas rechnen.

[511] So in dem bekannten Aufsatz aus der Anfangszeit der Non-co-operation „The Doctrine of the Sword": „I do believe that, where there is only a choice between cowardice and violence, I would advise violence" usw. (YI, 11.8.1920, CW 18: 131); ähnlich in den zahlreichen Erörterungen privater Nothilfe-Situationen, vor allem der Schutzpflicht für angegriffene Frauen, z.B. H, 1.3.1942: 60.

[512] „Shaking the Manes", YI, 23.2.1922, CW 22: 457, einer der Aufsätze, für die Gandhi zu Gefängnisstrafe verurteilt wurde.

Fehlschluß, es nur mit den Vorzeichen einer künftigen Revolution zu tun zu haben anstatt schon mit der eigentlichen Revolution selbst; es brachte sie dazu, an der Chimäre eines kommenden indischen Lenin Maß zu nehmen anstatt an ihrem wahren Gegner, und so diesem mit falsch kalkulierter Brutalität in die Hand zu spielen.[513]

Die Auffassung von *Satyagraha* als einer Methode geregelten Kampfes hatte für die von Gandhi geführte politische Bewegung die subjektiv wichtige Bedeutung, die beiderseitigen Kontrahenten auf die gleiche Ebene zu stellen. Das von der Kolonialmacht oktroyierte *staatsrechtliche* Verhältnis, wie es etwa noch im untertänigen Petitionieren der Reformpolitiker anerkannt wurde, war damit verlassen. Ebenso war damit im Grunde die Zuweisung bestimmter Kulturrollen durch west-östliche Weltdeutung für irrelevant erklärt. Im Kampf steckt ein innerhalb der Rahmenbedingungen von Humanität naturwüchsiges Element. Der Andere wird zur Begegnung gezwungen, d.h. aus der Berufung auf institutionelle Zusammenhänge, positives Recht, kulturell legitimierte Unansprechbarkeit und dergleichen mehr herausgerissen und in der menschlichen Konfrontation vor die Sache selbst gebracht. In der kämpferischen Chance ist ein Anspruch naturrechtlicher Gleichheit mitermöglicht, nämlich in dem Zwang für den Gegner, sich nicht auf rechtlich oder kulturell vorentschiedene Überlegenheitspositionen zurückziehen zu können, sondern hier und jetzt in einem bestimmten Punkt seine Kräfte messen zu müssen. Gandhi betonte dabei, daß dies nicht nur, wie altbekannt, für den Kampf mit dem Schwert gilt, sondern ebenso für den Einsatz von „soul-force."[514] Soul-force, d.h. ein Zwang zur Konfrontation und also eine Art Kampf, war immer auch im Spiel, wenn Gandhi es als „Quintessenz von Religion" bezeichnete „to befriend the one who regards himself as your enemy."[515] Ein mit „Dear Friend" angeredeter Vizekönig konnte jedenfalls wissen, daß er herausgefordert war und sich nunmehr zu entschließen hatte, Freund oder Feind zu spielen, d.h. entweder dem Herausforderer entgegenzukommen oder eine Gegenposition zu suchen, bei der sich der *British Raj* nicht selbst kompromittierte.[516] Eine auf die Dauer für die Herrschaft tödliche Kompromittierung konnte im Verhältnis zu den

---

[513] Für die bewußt andere und erfolgreichere Taktik der Kolonialregierung während der großen Non-Cooperation-Kampagne von 1920–22 vgl. Low 1971.

[514] „The English do not regard us as their equals ... The sword makes men equal ... The other method is, instead of using physical force, to employ soul-force and win ascendancy over him. This ascendancy is accepted not out of fear but love, and so both become equals" („Khilafat", Navajivan, 21.3.1920, CW 17: 105).

[515] Gebetsansprache am 28.4.1946, bei T 7: 385.

[516] Vgl. den an den Vizekönig Lord Irwin gerichteten Brief vom 2.3.1930 (CW 43: 2) mit der Ankündigung der Übertretung des Salzgesetzes, als Eröffnung der Civil-Disobedience-Kampagne von 1930. Ein vergleichbarer Herausforderungsbrief an den Vizekönig Lord Reading vom 1.1.1922 (Ankündigung von „aggressive civil disobedience" in Bardoli, CW 22: 302) beginnt mit der Anrede „Sir" und ist unterzeichnet: „Your Excellency's faithful servant and friend, M. K. Gandhi".

Unterworfenen, noch Unterwürfigen, dadurch eintreten, daß man sich im Übermaß zu dem Aushilfsmittel nackter Gewaltanwendung drängen ließ,[517] im Verhältnis zum Herrschaftsapparat, daß man in einen peinlichen Gegensatz zum eigenkulturellen Herrschaftsethos geriet – etwa wie die Provinzregierung Bombay, die von dem Inder in die Lage gebracht wurde, eine auszugsweise Übersetzung von Platons „Apologie" und „Kriton" als aufrührerische Literatur verbieten zu müssen.[518]

Das Kämpferische und Legitimationsgefährliche für das Kolonialreich aber lag darin, daß auch ein Appell an die eigene Kulturtradition der herrschenden Macht nicht gewissermaßen von dem kulturell gelehrigen Schüler Gandhi erhoben wurde, sondern im Namen gleicher Humanität; daß hier ebenso unbefangen der „Soldier of Truth" und „Great Satyagrahi" Sokrates[519] herangezogen wie andererseits die Indisierung des Engländers als seine Chance der *Humanität* deklariert werden konnte.[520] Das war kein Glaube an „das Indische" als solches, ebensowenig wie Gandhi seine Hoffnung letztlich auf „britische Fairneß" und dergleichen mehr setzte, sondern auf die menschliche Natur.[521] „The

---

[517] Vgl. den in Anm. 513 zitierten Aufsatz von D. A. Low zu den dabei auftretenden Einschätzungs- und Taktikfragen für eine intelligente Politik, die auf der Überzeugung basierte, daß Indien mit „force, naked and undisguised" nicht zu beherrschen war.

[518] Gandhis Fassung erschien zuerst in „Indian Opinion" vom 4.4.1908, CW 8: 172 ff. unter dem Titel „Story of a Soldier of Truth"; verboten durch Notification Bombay Gazette vom 24.3.1910, da sie „matter declared to be seditious" enthalte. Der illegale Verkauf u.a. dieses Buches diente während der Rowlatt-Satyagraha 1919 als Gelegenheit zur *civil disobedience*.

[519] Indian Opinion, CW 8: 173.

[520] „Reader: It is impossible that Englishmen should ever become indianized. Editor: To say that is equivalent to saying that the English have no humanity in them" („Hind Swaraj", CW 10, Chap. XIV).

[521] Dies „letztlich" ist näher zu erläutern, da oberflächliches Lesen vieler Äußerungen Gandhis leicht zum gegenteiligen Schluß verführt. So ist es auch ein Standardargument gegen den universellen Anspruch Gandhischer Methoden geworden, es habe sich hier nur um eine historisch unwiederholbare, geniale (bis raffiniert unfaire) Taktik der Ausnutzung spezifisch englischer moralischer Sensibilität gehandelt. Daran ist soviel richtig, daß Gandhi im Ausgangspunkt das typisch koloniale Schicksal gebrochener, d.h. im Außenverhältnis exklusiv durch die Auseinandersetzung mit der Kolonialmacht bestimmter nationaler Identität teilt. Infolgedessen ist es natürlich, daß auch die Kampfesmethode zunächst einmal in Beziehung auf die Traditionen und die Geistesverfassung dieses spezifischen Gegenübers entwickelt ist. Aber ähnlich wie Gandhis Rebellion, was noch auszuführen sein wird (vgl. § 19), aus einer anfänglichen Mischung verletzten nationalen Würdegefühles und enttäuschter britischer Reichsgesinnung hinüberwuchs in die Dimension des allgemein-menschenrechtlichen Mandats zur Freiheit, löste sich auch seine Auffassung der neuentdeckten Kampfesmethode von der Ausrichtung auf die Eigenart des konkreten historischen Gegners. Für die verschiedenen Stufen dieser gedanklichen (nicht notwendig chronologischen) Entwicklung seien hier drei symptomatische Äußerungen nebeneinandergestellt:
a) Zu C. F. Andrews: „An Englishman never respects you till you stand up to him.

only lesson to be learned is that East and West are no more than names. Human beings are the same everywhere. ... There is no people to whom the moral life is a special mission."[522] Eben deshalb gilt ihm die Kampfesmethode von *Satyagraha* als universal anwendbar und wäre es beispielsweise Idolatrie, vom „Osten" auf diesem Gebiete besondere Heilstaten zu erwarten bzw. abzuwarten (CW 48, 397). Um die eingangs angeschlagene Trivial-Note Kiplings noch einmal anklingen zu lassen: auf eine etwas überraschende Weise sah sich die imperiale Herrschaftselite, die für den Osten „the white man's burden" tragen wollte, von dem *„kshatriya"* Gandhi an die eigentliche Moral der Ballade von Ost und West erinnert:

> But there is neither East, nor West, Border, nor Breed nor Birth,
> When two strong men stand face to face, though they come from the ends of the earth.

Der Zorn über die Anerkennung des unerwartet eigenartigen Kampfgegners spiegelt sich deutlich in dem oben zitierten Ausbruch Churchills über den aufrührerischen Fakir, der von gleich zu gleich mit dem Repräsentanten des Königs und Kaisers verhandelt.[523]

Es geht also im Falle von *Satyagraha* nicht nur darum, über traditionsgeschichtlichen Ableitungen nicht die Neuheit und Eigenart der Sache zu verfehlen. Für diese Sache selbst wird ein unmittelbarer und kategorischer Geltungsanspruch erhoben, der ein Urteil nicht über die Konsistenz mit indischen oder europäischen Traditionen, sondern über die Richtigkeit in einem universellen Sinn fordert, dem gegenüber also die Fragen der Ableitbarkeit in der ei-

---

Then he begins to like you. He is afraid of nothing physical; but he is mortally afraid of his own conscience if ever you appeal to it, and show him to be in the wrong. He does not like to be rebuked for wrong-doing at first; but he will think it over, and it will get hold of him and hurt him till he does something to put it right" (Andrews 1929: 249, hier zitiert nach Gopal 1957: 5, ohne Datumsangabe).

b) „There will be hardly anyone who has fought against the injustice of the British as I have done. But, behind all this fighting, deep down in me, there is my regard for this nation or, if one prefers, my unthinking love for it. I believe that no other people, excepting Indians, recognize soul-force as *quickly* as the British do. This is the basis on which I have conducted my many campaigns. Should I, however, be mistaken in my estimation, I would not have to repent for that reason since I do not depend, in any movements that I lead, on external circumstances but only on the purity of the cause and of the means employed. Truth has nothing to fear from time. It can afford to be patient. One who follows truth will see no danger at all in waiting" (Navajivan, 30.5.1920, CW 17: 468. Hervorhebung DC).

c) „My faith is not merely in the British people, but in human nature as such. Every human being has some truth in him. It is our duty to nurse this" (Brief an Shankerlal Banker vom 16.6.1918, CW 14: 431).

[522] IO, 25.4.1908, CW 8: 211. Im Gujarati-Original ist der Satz über die Menschengleichheit mit dem Gujarati-Sprichwort ausgedrückt: Der Krug ist überall aus Erde gemacht.

[523] Vgl. Anm. 6.

nen oder anderen Richtung, und selbst der Neuheit und Eigenart, letztlich irrelevant sind. Die Universalität des Geltungsanspruchs und zugleich die mit der Methode gewaltlos-politischer Wahrheitsdurchsetzung konkret praktizierte Forderung, jeweils unmittelbar „zur Sache zu kommen", bedingen, daß die Diskussion über *Satyagraha* nicht als über eine Besonderheit der indischen Dekolonisierungsgeschichte zu führen ist, sondern unter dem Aspekt einer quasi naturrechtlichen Infragestellung des Staates. Der Staat okzidentalen Typs ist durch sein monopolisiertes Gewaltrecht bestimmt, seine Rechtsordnung durch Positivität und die letztendliche Möglichkeit einer Gewaltsanktion. Beides läuft auf die einseitige Gestaltung und den partiellen Ausschluß der Möglichkeit hinaus, stets von neuem unmittelbar „zur Sache zu kommen", d.h. jede Sache in dialogischem Handeln wieder auf die Probe zu stellen, es bedeutet vielmehr in zahlreichen Situationen die Verweisung auf normative Vorentscheidungen als gültiges Faktum. Mit der prinzipiellen Anzweiflung von Gewaltform und Unilateralität der Herrschaft hingegen ist ein systembedrohendes Element eingeführt und der Staat insgesamt zur Diskussion gestellt. Die Auswirkungen eines dergestalt veränderten Begriffs auch des Rechts können nirgends bei den Gedanken Gandhis zu einzelnen Rechtsinstituten, etwa Grundrechten, unberücksichtigt bleiben. Insofern mußte diese allgemeine Voraussetzung vorab zur Sprache kommen.

Eine in praktischer Absicht geführte Diskussion über den Staat als Idealtypus[524] steht zwangsläufig im Horizont von so etwas wie der naturrechtlichen Fragestellung. Dies erscheint nur natürlich, wenn man sich vergegenwärtigt, daß der moderne Staat, und gerade auch sein Positivismus, naturrechtlich im Sinne des modernen Vernunftrechts begründet worden ist.[525] Dennoch soll von naturrechtlicher Perspektive, wegen der bekannten Schwierigkeiten des Naturrechtsbegriffes, hier zunächst nur im Sinne einer systematischen Universalität des Problems die Rede sein. Über faktische Gründe, die dies nahelegen, sogleich. Es wird also wenigstens als Arbeitshypothese die Möglichkeit vorausgesetzt, transkulturell unbefangen zur Sache zu argumentieren unter der Annahme, daß für die normative Richtigkeit (Zweckmäßigkeit, Gerechtigkeit) der Lösung sozialer Strukturprobleme die jeweiligen kulturellen Vorbedingungen

---

[524] Dieser Begriff hier im Sinne von Jellinek 1959: 30 ff. und Weber 1922: 146 ff., 190 ff. (zu „Staat": 200). Heller 1963: 59 ff. betont die Priorität Jellineks vor Weber, und polemisiert im übrigen gegen den Begriff in meines Erachtens unergiebiger Weise, wegen des erkenntnistheoretischen Hintergrunds, zu Gunsten des Gestaltbegriffs. Mir scheint noch immer der Begriff Idealtypus die unanfechtbarste Möglichkeit, den Singular „Staat" für die allgemeine Staatslehre zureichend zu begründen, wenn man Begriffsmetaphysik oder andererseits reinen Nominalismus vermeiden will.

[525] Die naturrechtliche Begründung des Rechtspositivismus ist vor allem das Werk von Hobbes. Hier ist nicht zur Haltbarkeit von dessen Extremposition Stellung genommen. Mir ist aber fraglich, ob die „rein wissenschaftliche" Begründung des Rechtspositivismus, etwa durch Kelsen, diesen naturrechtlichen Hintergrund wirklich beseitigen kann und nicht nur vordergründig die Fragestellung beschränkt.

nur die Rolle von Tatbestandselementen spielen. Die damit implizierte Bereitschaft, Begründungszusammenhänge verschiedenster Provenienz in einer
Sachdiskussion vergleichend zu prüfen, ist die Form, in der das Naturrechtsproblem heute theoretisch – aber auch politisch – auftritt.[526] Eine derartige
Annahme hat den bisherigen Erörterungen schon zugrunde gelegen.

Damit ist keine Aussage zur Existenz eines dogmatisch ausgeformten, für
alle Völker und Zeiten einheitlich geltenden Naturrechts beabsichtigt, viel weniger noch zur Art seiner Geltungskraft. Vielmehr läßt sich durchaus an das
gemeinhin akzeptierte Ergebnis historischer und kulturvergleichender Forschung anknüpfen, daß das eine universale Naturrecht jedenfalls nicht evident
ist.[527] Nur folgt daraus nicht die gegenteilige Annahme der Beliebigkeit dieses
Rechts. Die Annahme liegt viel näher, daß *wahrscheinlich nicht alles gleich richtig*
sein kann. Die Erfahrung spricht durchaus dafür, daß es für bestimmte Grund-
fragen sozialer Normierung zwar nicht nur eine, sondern gleichberechtigt zwei
oder mehrere systematisch annehmbare Lösungen geben mag, nicht aber unendlich viele und meist sogar sehr viel weniger als „viele". In diesem Sinne
wird in jeder praktischen Diskussion die Möglichkeit einer Einigung darüber
vorausgesetzt, was *in jedem Falle ausgeschlossen* sein soll, sozusagen also ein „ne-
gatives Naturrecht."

Welche Art überpositiver Beurteilungsmaßstäbe hierfür in Betracht kämen,
welche Art von Argumenten zählen sollen, braucht wiederum nicht vorab festgesetzt zu werden, sondern kann der Sachdiskussion überlassen bleiben. Die
Möglichkeit der Einigung läßt sich aber begreiflich machen, wenn man von der
formalen Bedingung ausgeht, daß alles Recht eine gewisse Minimal-Konsistenz
des Lebens gewährleisten muß. Eine Rechtsordnung ließe sich dann als Festlegung über den Ausschluß jedenfalls grober Inkonsistenzen zu intersubjektiv
akzeptierten Wertsetzungen verstehen; umgekehrt verdiente keine Ordnung
die normative Anerkennung als „Recht" im allerweitesten Sinne, die ihre Mitglieder zu groben Inkonsistenzen im Verhältnis zu den eigenen Grund-
bestimmungen der Ordnung nötigte; die gewissermaßen die Menschen nötigte,
sich selbst, wie sie nun einmal geprägt sind, allzu untreu zu werden. Damit

---

[526] Hierzu etwa Habermas 1976 b: 338 ff. mit weiteren Nachweisen.

[527] Hiermit ist auch eine vorläufige Distanznahme zu den einleitenden Bemerkungen
von L. Strauss beabsichtigt, welche die „völlige Belanglosigkeit" der historischen
und kulturanthropologischen Beobachtungen über die Veränderlichkeit der Rechtsprinzipien für die Frage des Naturrechts betonen (Strauss 1956: 10). Sicher ist es
richtig, daß alle derartigen Beobachtungen nur zur *quaestio facti* gehören und keinen
zwingenden Schluß auf die normative Beurteilung rechtfertigen. Richtig aber doch
nur in einem gänzlich abstrakten Sinn: praktisch kann nicht übersehen werden, daß
es sich hierbei um eine besondere Art von Faktum handelt, nämlich um die Anerkennung von Rechtsprinzipien als Norm durch jeweils eine Vielzahl von Menschen
und ihre erfahrungsmäßige Erhärtung im Sinne jedenfalls einer gewissen Bestands-
fähigkeit. Wenigstens Anzeichen einer Tendenz zum einzig Richtigen, wenn es dieses gibt, müßte man unter diesen Umständen erwarten.

würde verständlich, daß auch unter der Annahme einer – begrenzten – Variabilität grundlegender Wertsetzungen, insoweit also der normativen Unentscheidbarkeit von Wertpräferenzen, ein sehr großes Gebiet von Normierungen rationaler Diskussion erschlossen bleibt. Sehr viele normative Probleme lassen sich dann als Probleme logischer Analyse behandeln; die unauflösbaren Verschiedenheiten können jeweils bis zu den Punkten grundlegender Bewertungsentscheidungen zurückgeführt werden, bei denen man sich mit dem Einbruch des Faktischen in die normative Welt abfinden muß und auch – normativ gesehen – abfinden kann.[528] Auch unter der Annahme, daß eine vorausgesetzte Idee der Gerechtigkeit nicht nur *eine*, sondern eine begrenzte Zahl gleichberechtigter, verschiedenartiger Realisierungen als naturrechtlich richtig zuließe, wäre dann die rationale Diskussion zwischen verschiedenartigen Kultursituationen nicht ohne Aussicht.

Praktisch steht für den Ordnungstypus „Staat" eine derartige Diskussion längst auf der Tagesordnung, und zwar deshalb, weil das Modell Staat sich inzwischen fast über die gesamte Erdoberfläche verbreitet hat und dabei mit den verschiedensten Kulturtraditionen konfrontiert ist – während gleichzeitig problematisch geworden ist, ob die einst erfolgreiche Lösung zur Bewältigung der vitalsten Gegenwartsprobleme noch ausreicht. Die kritischen Fragen sind: ob das Konzept einer Pluralität territorial scharf begrenzter höchster Gewaltkonzentrationen angesichts der technischen Möglichkeiten von Gewaltkonflikten zwischen diesen Einheiten und angesichts der den durchschnittlichen Jurisdiktionsbereich räumlich übergreifenden ökologischen Aufgaben nicht lebensgefährliche Schwächen aufweist; ob der „blinde Fleck" der klassischen Staatslehre – Abschaffung des Naturzustandes nur im Binnenverhältnis, während es nach außen beim Naturzustand bzw. einem in seiner Geltung prekären Völkerrecht verblieb – weiterhin vernachlässigt werden kann. Andererseits: ob angesichts der technisch gesteigerten Beherrschungsintensität und angesichts weltweiter Mobilität und Kommunikation, d.h. eines faktischen weltbürgerlichen Solidaritätsbewußtseins, weiterhin die rechtliche Totalauslieferung des Individuums an die jeweilige Territorialjurisdiktion noch erträglich erscheint.

Beide Fragerichtungen weisen auf eine Relativierung des Staates gegenüber universellen Bestimmungen der *conditio humana*, auf eine auch völkerrechtliche Emanzipierung des Individuums in seinen natürlichen Lebensbedürfnissen. Vielleicht wäre treffender von einer Re-Emanzipierung des Individuums zu sprechen, die eine fortwährende Steigerung der Beschlagnahme durch Gewalt- und Machtorganisation von den Ausgangsprämissen her zu kompensieren hätte. Denn ein universelles, den Staat (d.h. den Staatenpluralismus) transzendierendes Interesse der Humanität, ein *bonum commune humanitatis*, ist in Wahrheit

---

[528] Die Unausweichlichkeit des Faktischen liegt im Erfordernis der Positivität der Rechtsordnung. Auch die äußerste bisher versuchte Reduktion dieses Elements auf die lediglich hypothetische Geltung einer Grundnorm (vgl. etwa Kelsen 1960: 206 ff.) vermag diese Faktizität nicht zu beseitigen, sondern nur umzuformulieren.

immer Komplementäridee der modernen, naturrechtlichen Legitimation des begrenzten Säkularstaates gewesen.[529] Diese Idee mußte impliziert sein, wenn anders es sich um naturrechtliche Legitimation handelte. Sie konnte aber aus praktischen Gründen lange in den Hintergrund geschoben werden und der Illusion einer „den Staat" gerade hinsichtlich der Legitimationsfrage als Singular abhandelnden, aus der Binnenperspektive argumentierenden Staatslehre Raum geben.[530] Wenn die universellen Probleme mehr und mehr aus dem bisherigen Dämmerlicht des Hintergrunds hervortreten und den Charakter drastischer, unübersehbarer und nicht mehr vertagbarer politischer Herausforderungen annehmen, so bedeutet das, daß der Staat als maßgebende und universale politische Entscheidungseinheit für die Bewältigung der gegenwärtigen politischen

---

[529] Hierzu Verdross 1963: 92ff. über die Grundlegung des Völkerrechts durch Vitoria und Suarez; Verdross 1977: 143ff., 157; Figgis 1923, Chap. VI: The Jesuits; Reibstein 1963, 279ff.

[530] Typisch für diese Betrachtungsweise der Abschnitt über die Rechtfertigung des Staates bei Jellinek 1959: 220ff., wo unbefangen die altehrwürdigen Argumente vorgetragen werden, daß „Der Staat" zur Verhinderung der Anarchie, gleichgesetzt mit der Denkfigur des *bellum omnium contra omnes*, notwendig sei und daß die Frage nach dem Grund des Staates mit der nach dem Grund des Rechts wesentlich zusammenfalle (S. 227) – dies alles, ohne daß auch nur ein Seitenblick auf die praktisch herrschende internationale Anarchie und das höchst reale, in seiner Gefährlichkeit ständig zunehmende *bellum omnium contra omnes* fiele. Dabei ist sich gerade Jellinek des anarchistischen Charakters des Völkerrechts klar bewußt, billigt diesen Zustand auch keineswegs, sondern sieht das Ziel seiner Überwindung (S. 375–379). Aber ein Rechtfertigungsproblem *de praesenti* scheint dies nicht zu sein. Nachdem einmal der Staat in der Binnenperspektive gerechtfertigt ist, werden überraschenderweise nach außen neben dem traditionell legitimierenden Schutzzweck auch andere, nicht-defensive, um nicht zu sagen räuberische Zwecke eingeräumt, die nach allgemeiner Überzeugung nicht zu verwerfen seien: ausdrücklich genannt sind Expansion und Kolonisation (S. 255f., im Absatz über Staatszwecke). Die Frage nach der *Rechtfertigung* solcher Erscheinungsweisen von Staat, die wohl kaum mit der Frage nach dem Grund des Rechts zusammenfallen dürfte, wird an dieser Stelle nicht mehr aufgeworfen.

Dieses Beispiel einer partikularistischen, das Außenverhältnis nicht voll reflektierenden Begründung stehe hier für eine ganze Literatur. Es handelt sich um ein außerordentlich verbreitetes Denkschema, dessen Verführungskraft uns auch oben bei Luther bereits begegnet ist. Über der Rechtfertigung menschlicher Verbindung und Gruppenbildung gerät die solche Verbindung untrennbar als Schatten begleitende Dissoziation nach außen außer Sicht; damit aber auch die Aufgabe, der Dissoziation Grenzen zu setzen, die ihrerseits wieder das legitime Maß der Assoziation begrenzen. Es ist das oben schon erwähnte Freimaurerproblem Lessings (vgl. §6 und Anm. 100). Ungemessene Innenbindung, unbedingter Gehorsam gegenüber der politischen Einheit bedeutet ebenso unbedingte Tötungs- und Vernichtungsbereitschaft nach außen. Carl Schmitts Herleitung des politischen Elements aus dieser Tötungsbereitschaft nach außen (vgl. §8) kehrt das Verhältnis nur um. Als neuerer Versuch einer die Singularität des Staates aufgebenden Betrachtungsweise sei hier wenigstens die „Allgemeine Staatslehre" von F. Ermacora genannt (Ermacora 1970, vgl. vor allem die §§5; 23; 134).

Lage problematisch geworden ist. Seine Legitimität lebt angesichts dieser Lage weitgehend nur noch von dem unbestimmten Gefühl, daß die Alternative des Weltstaates mit seiner Unentrinnbarkeit ein Alptraum werden könnte.

Das alles heißt nicht, daß nun der „Tod" des Staates proklamiert werden müßte.[531] Aber es bedeutet doch *prima facie* einen Hinweis auf die Grenzen seiner Funktionalität, eine Vermutung, daß der Staat nicht mehr die einzige oder auch nur zentrale Ordnungsvorstellung sein kann, mithin die Inkongruenz von Versuchen, ausgerechnet jetzt ausgerechnet dem Staat eine Blankovollmacht auf unbegrenzten Gehorsam im Interesse der notwendigen Lagebewältigung zuzusprechen.[532] Vielmehr ist die *ratio* des Staates im Verhältnis zu den Grenzen ihrer historischen Funktion neu zu durchdenken, und ebenso die dieser *ratio* gleichursprüngliche Idee außer- oder überstaatlicher Menschenrechte. Eine Reflexion auf die Grundbedingungen der überkommenen politischen Organisationsform erscheint vor allem angesichts der Frage angebracht, ob die Lösung der heutigen Probleme in Richtung einer Extrapolation der alten *ratio* auf den Weltstaat hin gesucht werden muß oder ob andere Wege sich finden lassen. Es ist dieser Zusammenhang einer im Weltmaßstab sich aufdrängenden, im beschriebenen Sinne naturrechtlichen Diskussion über Staat und Individuum, in dem die Ansichten eines profilierten Vertreters außereuropäischer Kultur zur Frage der Menschenrechte Aufmerksamkeit verdienen.

Ihrer näheren Erörterung wenden wir uns nunmehr zu. Dabei sollen allerdings die angedeuteten Aktualitätsbezüge nicht für die Fragestellung führend sein, sondern im Interesse der postulierten kritischen Sachlichkeit zunächst methodisch vergessen werden. Umgekehrt besteht nicht die Absicht, auf den in Einzelheiten aufdringlichen Aspekt einer vordergründigen Zeitgebundenheit oder Überholtheit jeweils einzugehen. Für die angestrebten Grundsatzüberlegungen und die dazu erforderliche Geduld empfiehlt sich als Devise die schon zitierte Bemerkung Gandhis: „No one knows what or who is out of date."

---

[531] Zu der mittlerweile schon etwas eingestaubten Mode solcher Tot-Erklärungen, die das Weiterleben der sich mit dem Gegenstand jeweils beschäftigenden Wissenschaften in keinem Fall beeinträchtigt haben, siehe Quaritsch 1970, Einleitung.

[532] Krüger 1964, § 35.

Teil III

Grundrechte und Grundpflichten

Kapitel 5

Das Recht auf Subsistenz

§ 18 Brief an die UNESCO

Im Jahre 1947 veranstaltete die UNESCO eine internationale Umfrage über das Problem einer zeitgemäßen Auffassung und Neuformulierung der universellen Menschenrechte als Vorarbeit zur geplanten Menschenrechts-Deklaration der Vereinten Nationen. Die Anfrage – in Form eines systematischen Fragebogens nebst erläuterndem Exposé[533] – ging auch an Gandhi als führenden Geist des neuen, seine Unabhängigkeit und eigene Rolle in der Welt beanspruchenden Indien.[534] Einen wesentlichen Beitrag durfte man von diesem Mann in mehr als einer Hinsicht erwarten. Gandhi war nicht irgendein Philosoph oder Literat, sondern bei aller höchst persönlichen und eigenartigen moralischen Autorität zugleich der Repräsentant der indischen Unabhängigkeitsbewegung. Als solcher war er 1931 in Europa aufgetreten (vgl. § 16). Obgleich aus dem indischen Nationalkongreß schon seit 1934 formell ausgeschieden, hatte er bestimmenden Einfluß nicht nur auf dessen allgemeine Zielsetzung und politischen Stil, sondern auch auf die Einzelentscheidungen behalten und sich vor der nachdrängenden jüngeren Generation als sein eigentlicher Führer im geistigen wie politischen Sinne behauptet.[535] Dieser von ihm geprägte

---

[533] Veröffentlicht nebst einer repräsentativen Auswahl der eingegangenen Antworten und einem einleitenden Essay von J. Maritain, in: Autour de la nouvelle déclaration universelle des droits de l'homme. Textes réunis par l'U.N.E.S.C.O., 1949; in englischer Sprache als: Human Rights. Comments and Interpretations. A Symposium edited by UNESCO, New York 1949.

[534] Dies ist – ohne daß an dieser Stelle eine Wertung im Verhältnis zu bedeutenden indischen Zeitgenossen Gandhis ausgesprochen werden soll – unverkennbar die Perspektive der Fragesteller. In den der Veröffentlichung beigegebenen Lebensskizzen der Teilnehmer des Symposiums, die durchweg detaillierte biographische Daten über bekleidete Ämter und Veröffentlichungen enthalten, findet sich zu Gandhi (ohne Vornamen) nur der lapidare Eintrag: „Mahatma Gandhi. The Father of Modern India."

[535] Für das die deutsche Soziologie und Staatslehre in den 1920er und 1930er Jahren beschäftigende Problem einer besonderen, von Herrschaft zu unterscheidenden Kategorie der „Führung", namentlich für die in Triepel 1938, §§ 2–5 herausgearbeiteten Begriffselemente des nicht-institutionalisierten und nicht voll legalisierbaren, auf Amt, Befehls- und Zwangsrechte verzichtenden, dennoch bestimmenden und autoritativen, bewußten Willenseinflusses auf ein Gesamtverhalten, hätte Gandhi ein geradezu klassisches Beispiel abgeben können, wären Phantasie und Interesse nicht von fragwürdigeren Erscheinungen so absorbiert gewesen. Eine der innerhalb

Nationalkongreß galt damals als die exemplarische Befreiungsbewegung in der Dritten Welt, so wie man auch den britischen Kolonialismus als den exemplarischen Kolonialismus und wiederum Indien als das Herzstück des britischen Kolonialreiches ansehen konnte.[536] Andererseits hatte gerade die indische Unabhängigkeitsbewegung sich schon seit langem mit der Forderung nach konstitutionell verbürgten Grundrechten für Indien in die Linie der neuzeitlichen westlichen Tradition gestellt, für die die Emanzipation des Menschen wesentlich im Zeichen von Menschen*rechten* stand. Schon in der aus Kongreßkreisen hervorgegangenen *Constitution of India Bill* (1895), später in der *Commonwealth of India Bill* (1925) und in dem gewöhnlich als Nehru-Report bezeichneten überparteilichen Verfassungsentwurf von 1928 waren Grundrechtstafeln enthalten. Die britische Reformgesetzgebung von 1919, welche den ersten Schritt zur Herstellung eines „responsible government" in Indien darstellen sollte, hatte der Kongreß im selben Jahr mit einer besonderen *Declaration of Rights* beantwortet.[537] Gandhi hatte diese Tradition aufgenommen, hatte selbst zusammen mit Jawaharlal Nehru die programmatische *Karachi Resolution of Fundamental Rights* für den Kongreß verfaßt und darin neuere sozial-revolutionäre Tendenzen mit dem liberal-konservativen Grundrechtskonzept zu verbinden gesucht.[538]

Diese grundrechtliche Komponente des nationalen Programms war keineswegs nur ein modisches Ornament. Sie war für eine in englischen Verfassungsbegriffen erzogene Führungsschicht alles andere als selbstverständlich und stand auch im Gegensatz zu den juristischen Vorstellungen und Vorurteilen der Kolonialherren. Es handelte sich um eine bewußte politische Option. Der Kolonial-Ideologie und deren pädagogisch-dilatorischem Programm einer allmählichen, rein technischen Machtübertragung an eine schrittweise das herrscherliche Vertrauen sich verdienende Elite[539] wurde hiermit die Proklamation

---

dieser wissenschaftlichen Literatur seltenen Ausnahmen, wo die Gandhische Massenbewegung erörtert wird, ist das schon 1926 erschienene Buch Geigers (vgl. Geiger 1926, S. 162 f.).

[536] Gandhi jedenfalls faßte die Rolle Indiens so auf; vgl. zur UNO-Konferenz in San Francisco 1945: „Freedom of India will demonstrate to all the exploited races of the earth that their freedom is very near" (H, 6.5.1945; hier nach T 7: 4).

[537] Zur englischen Reformpolitik vgl. die in Anm. 539 zitierte englische Regierungserklärung von 1917, als deren erster Ausführungsschritt sich der Government of India Act, 1919 (vom 23.12.1919, 9 und 10 Geo. 5, c. 101) verstand. Die „Declaration of Rights" des Amritsar-Kongresses bei Jayakar 1958, I: 313 f. Für die anderen Texte vgl. The Framing of India's Constitution, 1968, I. Der Nehru-Report, genannt nach Motilal Nehru, dem Vorsitzenden des mit der Ausarbeitung betrauten Komitees und Vater des späteren indischen Premierministers Jawaharlal Nehru.

[538] Text in CW 45: 370 ff., endgültige Fassung bei Gwyer/Appadorai: 248. Für die gemeinsame Urheberschaft Gandhis und Jawaharlal Nehrus vgl. Nehru 1962: 266 ff.

[539] Die britische Verfassungspolitik war in der Grundsatzerklärung des Staatssekretärs für Indien, E. S. Montagu, vom 20.8.1917 umrissen worden, welche fast wörtlich in die Präambel des Gesetzes von 1919 Eingang gefunden hatte: „The policy of His Majesty's Government ... is that of the increasing association of Indians in every

sofortiger umfassender, auch gesellschaftlicher Mündigkeit entgegengestellt. Insbesondere sahen die Nationalisten in einer auf dem Status gleichberechtigter Individualität aufbauenden Nationsbildung die Antwort auf die von britischer Seite wieder und wieder aufgeworfene Frage des Minoritätenschutzes, ein integrierendes Prinzip gegenüber der britischen Herrschaftstechnik, immer neue Minderheitengruppen durch Spezialgarantien abzusondern und damit zu verfestigen.[540] Was immer Verdienst oder Verhängnis dieser Politik gewesen sein mag,[541] jedenfalls ist in der schließlich errungenen republikanischen Verfassung Indiens der Grundrechtsteil, der sie vor allem von dem Muster des *Government of India Act* (1935) unterscheidet, nicht konventionelles Versatzstück, sondern ein wesentliches Element der politischen Konzeption.[542]

---

branch of the administration and the gradual development of self-governing institutions with a view to the progressive realization of responsible government in India as an integral part of the British Empire ... I would add that progress in this policy can only be achieved by successive stages. The British Government and the Government of India, on whom the responsibility lies for the welfare and advancement of the Indian peoples, must be the judges of the time and measure of each advance, and they must be guided by the co-operation received from those upon whom new opportunities of service will thus be conferred and by the extent to which it is found that confidence can be reposed in their sense of responsibility" (Text nach Gwyer/Appadorai I: xxviif.).

[540] Dieser Standpunkt ist z.B. dargelegt in Gandhis Rede vor dem Minorities Committee der Indian Round Table Conference in London, 13.11.1931: „I would like to repeat what I have said before, that while the Congress will always accept any solution that may be acceptable to the Hindus, the Muhammadans and the Sikhs, Congress will be no party to special reservation or special electorates for any other Minorities. The Congress will always endorse clauses or reservations as to fundamental rights and civil liberty." Gandhi trat mit dieser Rede einem gemeinsamen Forderungskatalog der Minoritätenvertreter auf der Konferenz entgegen, worin Grundrechtsgarantien mit institutionellen Absicherungen wie getrennten Wählerschaften verbunden waren. Texte dieses Vorschlags und der Rede Gandhis in Gwyer/Appadorai: 252ff.; vgl. auch CW 48: 293ff., 296.

[541] Zum Beispiel bildet die Verabschiedung des Nehru-Report durch eine Allparteienkonferenz in Kalkutta 1928 einen Markstein auch in der Vorgeschichte der indischen Teilung. Die Muslim-Liga verweigerte damals ihre Zustimmung zu dem Verfassungsplan und damit hauptsächlich zu dem Konzept, das Minoritätenproblem allein durch Individualgrundrecht lösen zu wollen.

[542] Es ist diese historische Bedeutung des Grundrechtsabschnittes, die u.a. den Supreme Court von Indien in der Entscheidung *Golak Nath v. State of Punjab* (1967) bewog, die Grundrechte für verfassungstranszendent und einer Verkürzung durch verfassungsänderndes Gesetz entzogen zu erklären (vgl. AIR 1967 SC 1643ff., 1657f. per Subba Rao, Ch. J.). Vom Grundrechtsteil abgesehen ist die indische Verfassung von 1950 maßgeblich bestimmt vom Government of India Act, 1935 (25 und 26 Geo. 5, c. 42) – und nicht zuletzt deswegen so lang und detailfreudig. Dieses Verfassungsgesetz enthielt entgegen den nationalistischen Forderungen nur zwei Bestimmungen von Grundrechtscharakter: Das Diskriminierungsverbot im öffentlichen Dienst und die Eigentumsgarantie, letztere offensichtlich auch im Interesse der englischen Vermögensanlagen in Indien (vgl. sec. 298, 299). Zur Gesetzgebungsgeschichte und typischen Begründung des grundrechtsfeindlichen englischen

Wäre der geschilderte Zusammenhang schon Grund genug gewesen, sich an einen Hauptvertreter dieser Politik in der Sache der Gegenwartsbedeutung von Menschenrechten zu wenden, so spielten bei der Anfrage an Gandhi, wie sich aus dem Exposé ablesen läßt, zugleich Erwartungen gänzlich anderer Art eine Rolle: Mit dem charismatischen, den Mythos Indien verkörpernden Politiker der Frömmigkeit sollte die Stimme Asiens und seiner vermuteten mystischen Geistigkeit zu Wort kommen.[543] Eine Möglichkeit mochte sich hier ergeben, neben den bekannten gegensätzlichen Auffassungen der liberalen und der sozialistischen Staatenwelt einen neuen, andersartigen Zugang zum Verständnis der Menschenrechte zu gewinnen.

Die Antwort Gandhis ist ein relativ kurzes Schreiben, hauptsächlich eine Art Entschuldigung, das Erbetene nicht leisten zu können, verbunden mit einem knappen Hinweis zur Sache. Der Brief mag hier, als Ausgangspunkt unserer Erörterungen, im Wortlaut Platz finden:[544]

Standpunkts vgl. Joint Committee on Indian Constitutional Reform, Vol. I (Report), London 1934: 215 ff. Ein späteres Zeugnis dieser Denkweise englischer Juristen ist die Kritik von Sir I. Jennings an der indischen Verfassung (Jennings 1953: 4 ff., 36 ff.). Zusammenfassend zur Entwicklung: Rao 1968: 170 ff.; Austin 1966: 52 ff.

[543] „Then a quite new formulation of human rights would be required to embody the views of a man like Mahatma Gandhi, or of those numerous Indian thinkers who believe in the social importance and individual value of meditation and mystical experience" (Human Rights 1950: 255). Das „or" in diesem Satz ist wohl kaum disjunktiv zu verstehen, wie der Zusammenhang und der beigefügte Titel Mahatma zeigen; vermutlich ist der Horizont der Fragestellung das durch Romain Rolland und sein Buch „Mahatma Gandhi" vermittelte Bild.

[544] Das vollständige Schreiben ist abgedruckt in Human Rights 1950: 18. In den CW hingegen findet sich nur der letzte Absatz zweimal an verschiedener Stelle (CW 8: 100 und CW 89: 346), an erstgenannter Stelle noch dazu unvollständig und unter der unbestimmten Überschrift „A Letter", beide Male aus Sekundärquellen ohne genaue Datierung – ersichtlich hat der ursprüngliche Text den Herausgebern nicht vorgelegen. Die Bedeutung des Dokuments scheint nicht erkannt worden zu sein. Hier wird der volle Wortlaut wiedergegeben, einmal, weil eine Herauslösung nur der drei Sätze zum Grundrechtsproblem diesen ein falsches Sentenzenpathos beilegen und den Gesamteindruck von unprätentiöser Schlichtheit und zugleich Überlegtheit entstellen würde; der in den Einleitungssätzen durchschimmernde praktische Ernst einer bedrängenden politischen Entscheidungssituation gehört mit zum Verständnis. Zum anderen ist der englische Wortlaut neben der gleichfalls verbreiteten französischen Fassung wichtig, die in verschiedenen relevanten Details ungenau ist und den charakteristischen *Pun* „Rights of Man and Woman" für „Rights of Man" nicht wiedergeben kann.

Bhangi Colony, New Delhi
May 25th, 1947

> Dear Dr. Julian Huxley,
> As I am constantly on the move, I never get my post in time. But for your
> letter to Pandit Nehru in which you referred to your letter to me, I might have
> missed your letter. But I see that you have given your addressees ample time
> to enable them to give their replies. I am writing this in a moving train. It will
> be typed tomorrow when I reach Delhi.
>
> I am afraid I can't give you anything approaching your minimum. That I have
> no time for the effort is true enough. But what is truer is that I am a poor
> reader of literature past or present much as I should like to read some of its
> gems. Living a stormy life since my early youth, I had no leisure to do the
> necessary reading.
>
> I learnt from my illiterate but wise mother that all rights to be deserved and
> preserved came from duty well done. Thus the very right to live accrues to us
> only when we do the duty of citizenship of the world. From this one funda-
> mental statement, perhaps it is easy enough to define the duties of Man and
> Woman and correlate every right to some corresponding duty to be first
> performed. Every other right can be shown to be a usurpation hardly worth
> fighting for.
>
> Yours sincerely,
> M. K. Gandhi
>
> Dr. Julian S. Huxley
> Direktor General UNESCO
> Paris

Diese Antwort berührt auf den ersten Blick durch eine eigentümliche Reserve.
Reserve liegt nicht nur in Gandhis ausweichendem Hinweis auf sein eher praktisches, der literarischen Bildung abgewendetes Leben; auch nicht nur in der
Art, wie er die eigentliche Intention der Anfrage auf neue, das moderne
Problembewußtsein spiegelnde Interpretationen, und erst recht die auf ihn
persönlich gerichtete Erwartung eines ganz besonders originellen Beitrags
überspielt, indem er lediglich eine Lehre weitergibt, die er von seiner Mutter
gelernt habe[545] – eine offenbar alte, einfache Wahrheit. Reserve liegt vor allem
in der Verweisung aller Spekulation an dieses einfache Prinzip, von dem aus
die Definition der Pflichten und Rechte „ziemlich leicht" sein dürfte – die Verwirklichung, das ist mit der Vorordnung der gut erfüllten Pflicht angedeutet,
vielleicht weniger einfach –, schließlich in der Verwerfung jedes die Verwirk-
lichungsstufe überspringenden Anspruchs als Usurpation. Daß es für eine solche, wie die Schlußwendung zu verstehen gibt, zu kämpfen nicht lohne, läßt
schattenhaft den hier offenbar zu fordernden Lebensernst als Test erschei-

---

[545] Zum Einfluß der Mutter in Gandhis Leben vgl. Autobiography, Part I, Chap. I;
Bose 1953: 152 ff.

nen.[546] Unwillkürlich drängt sich dem Leser dieser Sätze die Frage auf, was Gandhi von dem Unternehmen einer rein deklaratorischen Rechte-Verkündung eigentlich hält.[547]

Die Zurückhaltung wird um so deutlicher, wenn man sich die historische Situation vor Augen führt: Stand doch damals Indien kurz vor Erreichung seiner Unabhängigkeit, und damit auch die Unabhängigkeitsbewegung vor dem endlichen Sieg in einem Kampf, den sie als Kampf zur Durchsetzung der allgemeinen Menschenrechte für Indien verstanden hatte. Gandhi hatte die Menschenrechtsforderung in ihrem radikalen Charakter bekräftigt, etwa indem er für die nationale Selbstbestimmung die individualistische Parole des Hindu-Radikalen Tilak „Swaraj is my birthright" übernahm[548] oder indem er zu einem frühen Zeitpunkt, 1930, eine feierliche Unabhängigkeitserklärung des Nationalkongresses für Indien in Worten abfaßte, die von der amerikanischen Erklärung von 1776 inspiriert waren:

> We believe that it is the inalienable right of the Indian people, as of any other people, to have freedom and to enjoy the fruits of their toil and have the necessities of life, so that they may have full opportunities of growth. We believe also that if any government deprives a people of these rights and oppresses them, the people have a further right to alter it or to abolish it.[549]

War von diesem Mann in diesem Augenblick nicht etwas anderes zu erwarten als eine Warnung vor Rechte-Usurpationen? Wieso nicht, gerade aus der Vorstellung einer Protagonistenrolle Indiens heraus, eine unzweideutigere, klingendere Ermutigung der universellen menschlichen Freiheitsansprüche?

Über die anbrechende Freiheit Indiens schrieb Gandhi in jener Zeit, sie lasse ihn kalt.[550] Allerdings waren auch die Begleitumstände des politischen Er-

---

[546] Das hier verwendete Wort „fight" bedeutet wirklichen, aktuellen Kampf im Unterschied zu dem oft phrasenhaft ein angestrengtes Ringen dramatisierenden Wort „struggle".

[547] Früher hatte er einmal an H. G. Wells zu dessen „Rights of Man" geschrieben: „You will permit me to say that you are on the wrong track. I feel sure that I can draw up a better charter of rights than you have drawn up. But what good will it be? Who will become its guardian? If you mean propaganda or popular education, you have begun at the wrong end. I suggest the right way. Begin with a charter of Duties of Man, and I promise the rights will follow as spring follows winter. I write from experience" usw. (von Gandhi selbst zitiert in „Hyderabad", H, 13.10.1940: 320).

[548] Zum Beispiel in der Ansprache zur Gründung eines „Tilak Memorial Swaraj Fund" am 31.12.1920, CW 19: 188; in der Presidential Address auf dem Belgaum Congress, 26.12.1924 (CW 24: 465 und 489); in der Prayer Address in Bombay 1935, bei T 4: 29.

[549] Resolution des Congress Working Committee vom 26.1.1930 (Banerjee 1961, 3: 186, veröffentlicht auch in YI, 23.1.1930, CW 42: 427 f.).

[550] „Freedom has come but it leaves me cold", in einem Brief an Asaf Ali, Juli 1947 (P 1956, 2: 322). Äußerungen dieser Art sind zahlreich. Vgl. dann die Schilderungen des Verhaltens Gandhis am Unabhängigkeitstag selbst bei T 8: 80 ff., P 1956, 2: 370 ff., Bose 1953: 265 f.

folgs von einer Art, die eher schaudern machen und gegenüber allem Freiheits-pathos skeptisch stimmen konnten. Wenn Gandhi als seine nationale Aufgabe die Versöhnung von Hindus und Muslims im Zusammenhang der Selbst-befreiung Indiens angesehen hatte, dann war das, was sich nunmehr abspielte – die Freigabe durch die Kolonialmacht, verbunden mit der Zweiteilung Indiens unter blutigen Massenunruhen – in der Tat ebensosehr ein Scheitern wie ein Erfolg.[551] Es war vor allem auch die extreme, wenngleich längst erwartete He-rausforderung an die Kraft seiner Methoden.[552] Der Brief an die UNESCO wurde in der Zeit einer dramatischen Krise sowohl für das indische Schicksal als auch für die Lebensarbeit Gandhis geschrieben; die einleitenden Bemerkun-gen über fehlende Muße und sein bewegtes Leben sind keine rhetorische Flos-kel. Gandhi reiste nach Delhi zu der Sitzung des *Congress Working Committee*, in der über die Annahme des Teilungsplanes für Indien entschieden werden soll-te, der er sich ohne viel Hoffnung widersetzte.[553] Er kam aus Bihar, wo er in den Gebieten der Massenausschreitungen zwischen Hindus und Muslims für eine Befriedung zu wirken versucht hatte bzw., mit seinem Vorzugsausdruck, für eine Rückkehr zu „sanity".[554]

---

[551] 1934, bei seinem Austritt aus dem Kongreß hatte er Hindu-Muslim-Unity und Non-Violence als die zwei Dinge genannt, die Indien am dringendsten brauche (CW 59: 3 ff., 9); aus den zahllosen früheren Erklärungen zu diesem Punkt etwa noch die An-sprache zur Khilafat-Frage am 9.5.1919: „There are two things to which I am devot-ing my life – permanent unity between Hindus and Mahomedans, and satyagraha; to satyagraha probably more, for it covers a much wider field" (CW 15: 296). Vgl. dazu aber Anm. 552. Über die Bedeutung dieses Punktes für seine Beurteilung der Unab-hängigkeit siehe dann seine Ansprache in der Gebetsversammlung kurz vor dem Unabhängigkeitstag, mitgeteilt bei Pyarelal: „Gandiji remarked ... that the minor-ities contemplated the day with a heavy head." Auf Einwände gestehe er zu, „that political freedom was a necessary prelude to economic freedom or moral progress. But the Swaraj of their dreams was still far off ... the real day of rejoicing for them all would be when Hindus and Muslims would live as brothers" (P 1956, 2: 307).

[552] In der Autobiographie hatte er schon geschrieben: „My South African experiences had convinced me that it would be on the question of Hindu-Muslim unity that my *Ahimsa* would be put to its severest test, and that the question presented the widest field for my experiments in *Ahimsa*. The conviction is still there" (Autobiography, Part V, Chap. XXVI).

[553] Pyarelal berichtet die vor der Abreise nach Delhi geäußerten Worte: „The Congress has practically decided to accept partition. But I have been a fighter all my life. I am going to Delhi to fight a losing battle" (P 1956, 2: 201). Über die schwierige, ja un-durchsichtige politische Stellung Gandhis in dieser Zeit vgl. besonders Edwardes 1963: 165 ff.; Bose/Patwardhan 1967: 44 ff. Über die Lebensweise und enorme Ar-beitsleistung des damals achtundsiebzigjährigen Mannes im einzelnen Bose 1953: passim; P 1956, 2: 176 ff.; T 7: 279.

[554] Vgl. im allgemeinen das Interview mit Collier's Weekly, im Mai 1945 nach der deut-schen Kapitulation, mit dem Tenor, daß der Friede nicht aus der bloßen Erschöp-fung der Gewalt entstehen könne: „I am uttering God's truth when I say that unless there is a return to sanity, violent people will be swept off the face of the earth" (T 7: 5). Außerdem die in Anm. 93 zitierte Fallstudie von Dalton über seinen Einsatz

Und dennoch: war dies nicht die Freiheit, für die er einst ohne Zögern eine Million Leben hatte opfern wollen?[555] Hatte er nicht immer mit derartigen Ausbrüchen gerechnet und früher selbst erklärt, Chaos und ein Blutbad zwischen Hindus und Muslims seien der vergoldeten Sklaverei eines geminderten Dominionstatus (um den es damals praktisch ging) vorzuziehen?[556] Es ist schon erwähnt worden, daß er an der entschiedenen Verwerfung der Pazifikation durch Fremdherrschaft auch dann noch auf jedes Risiko hin festhielt, als das blutige Chaos der Teilungsphase sich bereits abzeichnete.[557] Vielmehr muß ihm die Teilung selbst als die eigentliche Katastrophe erschienen sein, die Indien noch um den letzten Sinn der Blutopfer und um einen Teil seiner Freiheit betrog, indem sie die kolonialstaatliche Heteronomie gewissermaßen als Erbschaft verewigte. Die künstliche Staatsverzweifachung, samt den von ihr neu geschaffenen und verschärften Minderheitenproblemen, schien noch einmal die Nation, die wahre, aus den Massen Indiens bestehende Nation, daran zu hindern, ohne oktroyierte herrschaftliche Sicherungen unvermittelt mit sich selbst und der eigenen Verantwortung *(swaraj)* konfrontiert zu werden.[558]

---

zur Wiederherstellung von „sanity" in der spannungsgeladenen Atmosphäre Kalkuttas während der Teilung.

[555] Dezember 1931 in Bombay: „I would not flinch from sacrificing even a million lives for India's Liberty" (T 3: 152). Vgl. die Fassung in CW 48: 448.

[556] Vgl. das Zitat CW 42: 388 in § 5.

[557] § 5, Anm. 91. Dazu neben vielen ähnlichen Äußerungen noch aus der Antwort auf eine Leserzuschrift: „He (i.e. Gandhi) only hoped that the British would, up to the last moment, resist the temptation to stay in India for the sake of giving India peace. He wished he could convince them that they never gave India the blessings of peace. It was, as Lord Halifax when he was Viceroy as Lord Irwin had said on a memorable occasion ,the peace of the grave'", H, 6.7.1947: 219, bzw. NV II: 259/60.

[558] Bei dieser Verbindung des Freiheitsproblems mit dem der Teilung ist naturgemäß die Frage der sogenannten Zwei-Nationen-Theorie Jinnahs involviert (über deren Funktion zusammenfassend, mit weiteren Literaturhinweisen, in meinem Aufsatz „Von der Teilung Indiens zur Teilung Pakistans"), aber, wie der Text andeutet, nicht ausschließlich: Gandhi sah im Hochspielen der religiösen Gegensätze ein – von der Kolonialmacht angeheiztes – ideologisches Interesse vornehmlich der Oberklassen, das von den realen Interessen (auch den religiösen) der eigentlich nationsbildenden Volksmassen wegführte. Nur in diesem Zusammenhang erklären sich Äußerungen, wie die in Bose/Patwardhan 1967: 51f. berichtete Unterhaltung 1947, in der zur Verhinderung der Teilung erwogen wird, den „transfer of power" durch eine gewaltlose Volksbewegung zur Erringung der „freedom of the masses" im ungeteilten Indien zu unterlaufen; auf den Einwand, dies könne religiöse Massenunruhen zwischen Hindus und Moslems auslösen, soll Gandhi geantwortet haben: „Isise dar gaye? Kitne log mare gaye hain, ek lakh, do lakh? Hindustan ki azadi ke liye do, char, das lakh nahi marange aur azadi a jayegi?" („Erschreckt Euch das? Wieviel haben schon ihr Leben gelassen, einhunderttausend, zweihunderttausend? Wenn für die Freiheit [beachte hier das *azadi*, statt des üblichen, Selbstdisziplin betonenden *swaraj*] nicht zwei, vier, zehn mal hunderttausend ihr Leben verlieren werden, wie soll die Freiheit dann kommen?" (Bose übersetzt charakteristischerweise abmildernd: wenn nicht ein paar hunderttausend ihr Leben opfern).

Jedenfalls muß man die Radikalität einer solchen Grundeinstellung und die vielen in der Unbedingtheit, ja Wildheit der Freiheitsforderung erschreckenden Äußerungen Gandhis neben der moralischen Strenge des UNESCO-Briefes sehen, um nicht diesen Revolutionär als Prediger pflichteifriger Untertanenergebenheit mißzuverstehen. Sie sollten auch im Blickfeld bleiben, wenn man andererseits feststellt, daß der Gedankenkreis eigentlicher Grund- oder natürlicher Freiheitsrechte bei Gandhi zeitlebens mit einer gewissen Beiläufigkeit behandelt ist.

Dabei kann man voraussetzen, daß ihm als ausgebildetem Juristen, der zudem in der politischen Praxis mit konstitutionell denkenden Juristen nicht nur auf der gegnerischen Seite, sondern auch unter den indischen Nationalisten ständig zu tun hatte, das juristische Vokabular der Freiheitsforderungen geläufig war. Er bedient sich dessen denn auch gelegentlich, aber auf eine Weise, die Zweifel weckt, ob solche Äußerungen für ihn selbst, aber auch für die heutige Betrachtung mehr als konventionelle Bedeutung haben. Diese Art von Selbstverständlichkeit ohne sonderliches Interesse im einzelnen spricht zum Beispiel aus seinem Ansinnen an die indischen Fürsten, als Brückenschlag zu dem Repräsentativsystem der britisch-indischen Provinzen innerhalb der geplanten Föderation, in ihren Staaten Elemente einer Repräsentativverfassung und „no matter what they are, but some fundamental rights as the common property of all India" zuzugestehen.[559] „Civil liberty", oder „full civil liberty", taucht auch später als Grundforderung an die Fürsten, sowie etwa an die portugiesische Kolonialregierung in Goa,[560] häufiger auf. Damit ist im allgemeinen die Sicherstellung der gesetzmäßigen Freiheit, die Einschränkung von Exekutiv-Willkür und die Unabhängigkeit der Justiz gemeint, wie die in diesem Zusammenhang regelmäßig auftretende Begleitforderung nach einer Reorganisation der Rechtspflege, oder gar der Eröffnung einer Appellationsmöglichkeit an die britisch-indischen High Courts zeigt.[561] Gelegentlich wirkt die Beiläufigkeit des Argumentierens mit Grundrechten befremdlich, so wenn er bei einer Diskussion mit Sozialisten der Erläuterung seines Konzepts einer Treuhänderstellung der Privilegierten für die benachteiligten Glieder der Gesellschaft die Bemerkung hinzufügt, dies sei auch in der Erklärung der Menschenrechte impliziert.[562] Gemeint ist damit wohl die französische Erklärung von 1789; wahr-

---

[559] Ansprache auf der Round Table Conference in London am 30.11.1931 (CW 48: 366).

[560] „To the Princes", H, 15.7.1939: 200; ähnlich H, 13.8.1940: 195; für Goa: T 7: 142. Vgl. auch in Anm. 540: „fundamental rights and civil liberty". Anschließend an die erste „Machtübernahme" von Kongreßministerien nach den Provinzwahlen 1937 erläutert Gandhi „civil liberty" als Freiheit im Rahmen der Gesetze (soweit diese nicht als spezifischer Bestandteil kolonialer Repression anfechtbar sind), H, 23.10. 1937: 308.

[561] In „To the Princes", vgl. vorige Anm. und Anm. 403; die Forderung ist bemerkenswert wegen der sonstigen Kritik Gandhis am englischen Prozeßwesen.

[562] „And that is what is implied in the Declaration of Fundamental Rights too." YI,

scheinlicher noch, daß Gandhi nicht so sehr an die Erklärung, als an die Trias Freiheit, Gleichheit und namentlich Brüderlichkeit denkt, jenes „noble motto", das er in ähnlichem Zusammenhang einmal als „heritage not for the French only but for all mankind" bezeichnet.[563]

Daneben finden sich die traditionellen Topoi der Berufung auf verletztes Menschenrecht als Begründung für Widerstandsaktionen. In diesem Sinne ist von „India's natural right to freedom" die Rede[564] oder, in dem Gelöbnis, das die Teilnehmer an der sogenannten *Rowlatt Satyagraha* abzulegen hatten, von „the principle of liberty and justice and ... the elementary rights of individuals".[565] Wenn dann der Widerstand selbst – Steuerverweigerung oder allgemeiner *civil disobedience* – natürliche Rechte des Volkes „und außerdem" Alternativen zu Gewalttat und bewaffnetem Aufstand genannt werden,[566] so scheinen lediglich bestimmte politische Aktionen durch rhetorische Zitation gängiger Legitimationsformeln abgesichert, ohne daß die immerhin ungewöhnliche Anwendung begründet würde.

26.11.1931: 368 nach Kher 1959, 1: 85; vgl. CW 48: 242 mit leicht verändertem Wortlaut.

[563] „To the Princes", wo der Gedanke der *trusteeship* verwendet wird, um eine mögliche Rolle der Fürsten in einem zukünftigen Indien zu skizzieren. (H, 2.8.1942: 249).

[564] „The All-India Congress Committee cannot submit to a policy which is a denial of India's natural right to freedom, which suppresses the free expression of public opinion, and which would lead to the degradation of her people and to their continual enslavement." Resolution des All-India Congress Committee vom 15.9.1940 (von Gandhi verfaßt, T 5: 319).

[565] Agitation und Civil Disobedience gegen die sogenannte Rowlatt Bills, vgl. Anm. 10. Der volle Text des „Rowlatt Satyagraha Pledge" vom 24.2.1919 lautet: „Being conscientiously of opinion that the Bills known as the Indian Criminal Law (Amendment) Bill Nr. 1 of 1919 and the Criminal Law (Emergency Powers) Bill Nr. 2 of 1919 are unjust, subversive of the principle of liberty and justice, and destructive of the elementary rights of individuals on which the safety of the community as a whole and the State itself is based, we solemnly affirm that, in the event of these Bills becoming law and until they are withdrawn, we shall refuse civilly to obey these laws and such other laws as a Committee to be hereafter appointed may think fit and we further affirm that in this struggle we will faithfully follow truth and refrain from violence to life, person or property" (CW 15: 101).

[566] Telegramm an den Vizekönig Lord Willingdon nach Gandhis Rückkehr aus London, 1.1.1932, in dem die angesonnene Distanzierung von einer Steuer- und Pachtverweigerungsbewegung in den United Provinces abgelehnt und für den Fall der Fortdauer von Repressionsmaßnahmen die Wiederaufnahme von *civil disobedience* durch den Kongreß angekündigt wird: „I regard the withholding of payment of taxes as an inalienable ancient and natural right of a people who have exhausted all other means of seeking freedom from an unbearable economic burden. ... I believe that civil disobedience is not only the natural right of people especially when they have no effective voice in their own government, but that it also is an effective substitute for violence or armed rebellion" (CW 48: 472ff.).

§ 19 Waffengesetz und Salzsteuer

Das persönliche Interesse Gandhis scheint häufig gerade darauf gerichtet, von den bekannten Rechtsformeln weg auf eine praktische Pointe zu kommen. Zum Teil äußert sich in dieser Weise seine allgemeine Korrelierung von Recht und Pflicht, d.h. die Blickwendung von der abstrakten Rechtszuständigkeit auf die Ausübung des Rechts. So versieht er Tilaks bereits mehrfach erwähnte Sentenz „Swaraj is my birthright" mit dem überraschenden Zusatz: „and you cannot have it without *khaddar*".[567] Denn: „Freedom is nothing if it is not all-round self-help."[568] Damit wird zugleich die außenpolitische, allzuleicht in nationalistische Phrase abgleitende Unabhängigkeitsforderung mit betont individueller Unabhängigkeit verknüpft. „In a natural state perhaps we would expect everyone to be his own master, viz. to be his own labourer."[569] Hier wird auf die Beseitigung der Abhängigkeit nicht nur des Dienenden, sondern ebenso des Herren vom Diener abgehoben. In anderer Richtung äußert sich das Bedürfnis nach Konkretheit, wenn eine versteckte Unschärfe im abstrakten Rechtsbegriff deutlich gemacht wird, zum Beispiel wenn Gandhi die Doppelsinnigkeit des Ausdrucks „(Rights of) Man" im UNESCO-Brief durch „Man and Woman" ersetzt. Oder er weist auf übersehene Rahmenbedingungen des Rechts hin; so heißt es zur Erläuterung des Tilakschen Spruchs zum Beispiel auch: „*Swaraj* has no meaning for the poor unless they have enough to eat."[570] Eine derartige Tendenz prägt die Karachi-Resolution von 1931 in ihrer Verknüpfung von klassischen Freiheitsrechten und Grundsätzen der ökonomischen Reform; wie Details zeigen, kann sie keineswegs nur dem Beitrag Jawaharlal Nehrus zugeschrieben werden. Während derartige Konglomerate in jener Zeit wohl als normale moderne Fortentwicklung des Grundrechtsgedankens gelten konnten – erst später haben die Gesichtspunkte juristischer Technik wieder zu einer Trennung von Grundrechten und Programmsätzen geführt, beispielsweise in der irischen und dann der indischen Verfassung[571] –, so

---

[567] T 2: 251 (1927). Bei Tilak hatte die Fortsetzung gelautet: „and I must have it". Zu *khaddar (khadi)* vgl. Anm. 109. Ausführlicher erläutert ist dieser Zusatz: „If we are demanding swaraj for the sake of the poorest of the poor and the lowest of the low, for the sake of victims of famines and for all those who live by begging, if we wish to banish hunger from the country, then we shall find that we cannot do without hand-spun Khadi, for by no other means can we provide the homes of such people with the necessaries of life." Navajivan, 12.2.1922 (CW 22: 382). Ähnlich in der Erwiderung auf Tagores Kritik an der Khadi-Agitation: „Swaraj has no meaning for the millions if they do not know how to employ their enforced idleness." In „The Great Sentinel", YI 13.10.1921 bzw. CW 21: 289.

[568] „If I were Minister", H, 1.9.1946: 288.

[569] Rede über die „Rights and Duties of Labour", Madras, 15.8.1920, CW 18: 164.

[570] Rede in Ratnagiri (dem Geburtsort Tilaks) am 1.3.1927, CW 33: 133. Vgl. die Formulierung in Anm. 567.

[571] Schon die spätere revidierte Kongreßfassung von 1931 (bei Gwyer/Appadorai I: 248 ff.) setzt stärker als der Entwurf (CW 45: 370) Abschnitte über „Fundamental

berührt doch die Selbstverständlichkeit eigenartig, mit der Gandhi in seinen
Erläuterungen Sätze der verschiedensten Art auf dieselbe Ebene zieht:[572] So
hebt er einerseits die Rechtsgarantie für Kultur und Sprache der Minderheiten
hervor,[573] nicht ohne Hinweis auf ein funktionales Äquivalent mit der Aufforderung, das Urdu – die eine Minderheitensprache, auf die es ankam – zu erler-
nen, andererseits im gleichen Atemzug Programmsätze wie die Reduktion aller
Gehälter im öffentlichen Dienst auf höchstens 500 Rupien oder die Unterbindung des Zinswuchers. Offenbar steht derartiges für ihn im Horizont der
praktischen Annäherung an ein menschenrechtliches Ideal. Dies wird verständlicher, wenn man die faktischen Gegebenheiten berücksichtigt. Mit der
Herunterdotierung des Civil Service wird das Ziel verfolgt, ein sehr elitäres
Herrschafts-Kader, gern als „steel frame" des britisch-indischen Kolonial-
reichs apostrophiert, in einen der politischen Freiheit weniger inkongruenten,
echten öffentlichen *Dienst* zu verwandeln; Gandhi vergißt nicht hinzuzufügen,
daß auch der Vizekönig auf ein Monatsgehalt von 500 Rupien gesetzt werden
solle. Die Frage der Wucherzinsen muß im Zusammenhang mit der im ländli-
chen Indien (noch heute) verbreiteten Schaffung unfreier Arbeitsverhältnisse
durch wucherische, praktisch nicht tilgbare Darlehen gesehen werden.

Am verblüffendsten ist die Methode einer aktualisierenden Verhüllung der
Freiheitsidee in dem ein Jahr zuvor verkündeten 11-Punkte-Programm, mit
dem Gandhi fünf Tage nach der oben zitierten Unabhängigkeitserklärung des
Nationalkongresses 1930, scheinbar uneingedenk der gerade gebrauchten
naturrechtlichen Diktion, als „Substanz der Unabhängigkeit" vor dem Vizekönig folgende Forderungen aufstellt[574]:

1. Verbot alkoholischer Getränke
2. Abwertung der Rupie auf 1 Shilling 4 Pence
3. Herabsetzung der Landabgaben um 50 %
4. Abschaffung der Salzsteuer
5. Kürzung der Ausgaben für die Armee um 50 %

Rights and Duties", über „Labour", „Taxation and Expenditure", „Economic and
Social Programme" voneinander ab. Die rechtstechnische Scheidung der „Directive
Principles of State Policy" vom Grundrechtskapitel in der indischen Verfassung von
1950 ist, nach dem Vorbild der irischen Verfassung, u.a. von den ungünstigen Erfahrungen bestimmt, die mit dem zweiten Hauptteil der Weimarer Reichsverfassung
und seiner Mischung von justiziablen Grundrechten und Programmsätzen gemacht
worden waren; siehe Rao 1968: 312ff.

[572] In seiner Rede bei Einbringung der Resolution am 31.3.1931, CW 45: 372. Danach
hat die Resolution im übrigen lehrhaft-propagandistischen Sinn und wendet sich
weniger an Verfassungsjuristen und aktive Politiker als an die breiten, illiteraten
Massen, denen sie die Umrisse von „swaraj or Ramrajiya" zeigen soll. Als Vorläufer
in dieser Richtung nennt Gandhi in diesem Zusammenhang die weiter im Text be-
handelten 11 Punkte von 1930.

[573] Zur zentralen Bedeutung der Minderheitengarantien vgl. Anm. 540 und 541.

[574] CW 42: 434.

6. Gehaltskürzung von 50 % im höheren Verwaltungsdienst
7. Schutzzoll auf importierte Textilien
8. Verabschiedung eines Gesetzes zur Reservierung der Küstenschiffahrt für indische Schiffe
9. Entlassung politischer Häftlinge und Abschaffung von Hochverrats- und Präventivhaftgesetzen
10. Abschaffung der Geheimpolizei
11. Lizenzierung von Feuerwaffen zur Selbstverteidigung

Gewiß ein bunter Strauß von Forderungen. Ihre Bedeutung schillert zwischen der Geltendmachung von Interessen, wie sie ein hypothetisch schon unabhängiges Indien im Rahmen einer von Kolonialbedingungen freien Politik verfolgen müßte, und spezifisch auf Herstellung (Stärkung) der nationalen Unabhängigkeit oder individuellen Selbstverantwortlichkeit zielenden Ansprüchen. Eine Untersuchung im einzelnen auf die Relevanz all dieser Forderungen für ein menschenrechtlich verstandenes Programm nationaler Freiheit oder aber auf eine sonstige Motiviertheit, zum Beispiel durch Interessen der indischen Geschäftswelt, würde ungebührlich ins historische Detail führen und kann hier unterbleiben.[575] Statt dessen seien nur zwei Punkte herausgegriffen, die zu näherer Betrachtung Anlaß geben.

Zunächst, einigermaßen überraschend, die Wichtigkeit, die in Punkt 11 dem privaten Besitz von Schußwaffen zur Selbstverteidigung beigemessen wird. Überraschend nicht, weil etwa der praktische Sinn der Forderung zweifelhaft wäre; ihre Bedeutsamkeit für die Fähigkeit auch zu nationaler Selbstbestimmung, zu Landesverteidigung und bewaffnetem Aufstand liegt auf der Hand. Überraschend auch nicht, weil etwa jeder Bezug zu den Menschenrechten fehlte. Allerdings ist dieser Bezug dem heutigen kontinentaleuropäischen Bewußtsein so ferngerückt, daß eine kurze historische Erinnerung am Platze ist. Zumindest im angelsächsischen Rechtskreis besteht eine alte Tradition des Grundrechts auf privaten Waffenbesitz, belegt von der englischen *Bill of Rights* über verschiedene nordamerikanische Staatenverfassungen bis hin zur Unionsverfassung.[576] Dieses Recht steht eigentümlich zwischen dem individuellen

---

[575] Erörterung bei Rothermund 1965: 139; Moore 1974: 167; Brown 1977: 92 f.; Gandhi selbst in „A New Orientation", YI, 12.3.1930, CW 43: 57 ff., und im Brief an den Vizekönig Irwin vom 2.3.1930, ibid. 2 ff.

[576] Bill of Rights vom 16.12.1689 (1 W. & M., 2nd sess., c. 2) Nr. 7, anschließend an das in Nr. 6 statuierte Verbot, in Friedenszeiten ohne parlamentarische Zustimmung ein stehendes Heer zu unterhalten. Für die USA: Rechte-Erklärungen von Pennsylvania (1776) Art. XIII; North Carolina (1776) Art. XVII; Vermont (1777) Art. XV; Massachusetts (1780) Art. XVII, sowie das 2. Amendment zur Bundesverfassung; von den Vorarbeiten ist die von Virginia vorgeschlagene Bill of Rights Art. 17 für die Interpretation wichtig (bei Dumbauld 1957: 185). Zum historischen Zusammenhang Perry/Cooper 1958: 230 ff.; ein Überblick über die Entwicklung auch für das Verhältnis von Bundesverfassung zu einzelstaatlichen Verfassungen bei Santee 1976/77: 423–444.

Naturrecht auf Selbstverteidigung (Notwehr) und dem Volksrecht auf Widerstand gegen Unterdrückung. Vom Standpunkt des neuzeitlichen Exekutivstaa-
tes mit seiner organisierten Gewaltkonzentration gehört es in eine vor- oder
frühstaatliche Gesellschaftsformation. In systematischem Zusammenhang damit steht die ständische oder frühdemokratische Ablehnung des stehenden
Heeres. Das Problem hat sich vornehmlich auf dem Kontinent in den Gedanken der allgemeinen Wehrpflicht und des Volksheeres aufgelöst.[577] Daß sich
hier ein Individualgrundrecht nicht ausgebildet hat, hängt wohl wesentlich mit
einer Entscheidung der französischen Nationalversammlung von 1789 zusammen, aus Opportunitätsgründen ein solches Recht nicht in die Erklärung der
Menschen- und Bürgerrechte aufzunehmen. Der Vorgang erschien damals dem
Antragsteller, Graf Mirabeau, als so gravierend, daß er gerade damit seinen
Antrag auf eine Verschiebung der Erklärung der Rechte auf einen geeigneteren
Zeitpunkt begründete – weil es sich hier um eine der wesentlichsten Garantien
politischer und staatsbürgerlicher Freiheit handele, die durch keine andere Institution ersetzbar sei.[578] Das aus einem solchen Votum noch unmittelbar spre-
chende wache Mißtrauen gegen das stehende Heer in der Hand der Staatsleitung und die darin liegende „einseitige Bewaffnung nur eines Teils der Bür-
gerschaft"[579] hat auch später seine Berechtigung nur dort und nur in dem

---

[577] Vgl. immerhin noch das Verbot des stehenden Bundesheeres zugleich mit der faktischen Volksbewaffnung in der Schweizer Bundesverfassung von 1874, Art. 13 und
18 Abs. 3. Bereits in den amerikanischen Erklärungen ist das Waffenrecht nur noch
zum Teil ausdrücklich auch auf die private Selbstverteidigung bezogen, und im übrigen auf dem Wege, in dem Milizrecht des Volkes aufzugehen. Einschränkend in diesem Sinne hat der US Supreme Court in diesem Jahrhundert das 2. Amendment der
Bundesverfassung interpretiert: *US v. Miller*, 307 US 174 (1939); kritisch Dumbauld
1957: 60 ff. Unabhängig davon, ob diese Auslegung für das 2. Amendment zutrifft,
ist damit jedenfalls im historischen Verlauf eine Verengung eingetreten, wie die älteren Texte deutlich ergeben. Vgl. zur englischen Bill of Rights: „The fifth and last
auxiliary right of the subject … is that of having arms for their defence, suitable to
their condition and degree, and such as are allowed by law. Which is … indeed a
public allowance, under due restrictions, of the natural right of resistance and self-
preservation, when the sanctions of society and laws are found insufficient to
restrain the violence of oppression" (Blackstone, I: 143/4).

[578] „J'avais proposé à mes collègues du comité de rédiger l'article ainsi: ,Tout citoyen a
le droit d'avoir chez lui des armes, et de s'en servir, soit pour la défense commune,
soit pour sa propre défense, contre toute aggression illégale qui mettrait en péril la
vie, les membres, ou la liberté d'un ou de plusieurs citoyens.' Mes collègues sont
convenus tous que le droit déclaré dans cet article est évident de sa nature, et l'un
des principaux garants de la liberté politique et civile; que nulle autre institution ne
le peut suppléer; qu'il est impossible d'imaginer une aristocratie plus terrible que
celle qui s'établirait dans un état, par cela seul qu'une partie des citoyens serait
armée et que l'autre ne le serait pas; que tous les raisonnements contraires sont de
futiles sophismes démentis par les faits, puisque aucun pays n'est plus paisible et
n'offre une meilleure police que ceux où la nation est armée" (Sitzung vom 18. August 1789, Archives Parlementaires VIII : 455).

[579] Mirabeau loc. cit. Ebenso die einleitende Begründung des Waffenrechts in der eng-

Maße verlieren können, als es gelang, die bewaffnete Macht über Verfassungs-
kontrollen realiter zur Sache der Gesamtheit zu machen.[580] Das Problem ist in
der Gegenwart durch die Rolle der Berufsarmeen in vielen Entwicklungslän-
dern wieder drastisch vor Augen geführt worden.

In der kolonialen Situation Indiens war die Armee ohnedies Instrument der
Fremdbestimmung des Staates durch die ausländische Macht. Diese entschied
über die Würdigkeit der indisch-britischen Untertanen zum Waffendienst souverän und diskriminierend, indem sie ganze Bevölkerungsklassen und Regio-
nen als „non-martial races" oder als politisch unzuverlässig disqualifizierte.[581]
Außerdem war die allgemeine Entwaffnung der unterworfenen Bevölkerung
durch einen *Arms Act* von 1878 sichergestellt, der unter Androhung von Kri-
minalstrafen den privaten Waffenbesitz lizenzpflichtig machte, der aber nur
auf die indischen Untertanen angewendet wurde, während die in Indien sich
aufhaltenden Europäer und überhaupt Weiße ausgenommen blieben.[582] Dieser
Rechtszustand und die offenbar restriktive Lizenzierungspraxis hatten reale
Unzuträglichkeiten vornehmlich für die Landbevölkerung beim Selbstschutz
gegen wilde Tiere zur Folge, aber auch gegenüber Räuberbanden und gewiß
auch in Konfliktsituationen mit bewaffneten Europäern, etwa Pflanzern. Es
waren aber primär der Ehrenpunkt und der Gesichtspunkt einer nationalen
Demoralisierung, weswegen die Diskriminierung angegriffen wurde. Die Libe-
ralisierung und gleichmäßige Anwendung des Waffengesetzes auf alle Einwoh-
ner, wo nicht seine Aufhebung, war deshalb eine alte und regelmäßig wieder-
holte Forderung der Nationalisten aller Richtungen.[583] Die *Declaration of Rights*
des Kongresses von Amritsar 1919 und die Grundrechtstafel des *Nehru-Report*
von 1928 enthielten das Individualrecht auf privaten Waffenbesitz.[584]

Überraschend allerdings kann man es wohl finden, daß ausgerechnet Gandhi diese Forderung nunmehr aufgriff und sie zu den Essentialia der Unabhängigkeitsforderung zählte. Er hatte jedoch schon früher diese scheinbar inkon-
sistente Position eingenommen und während des Ersten Weltkriegs, 1918, eine
Werbe-Kampagne zur Rekrutierung von Kriegsfreiwilligen für die britisch-in-
dische Armee unternommen.[585] Die Begründung ist in mehr als einer Hinsicht

---

lischen Bill of Rights, der König habe den Verfassungssturz betrieben: „6. By
causing several good subjects, being protestants, to be disarmed, at the same time
when papists were both armed and employed, contrary to law."

[580] Allgemein zu diesen Fragen Hintze 1962, 1: 52ff.

[581] Zu dieser Politik Cohen 1971: 45ff. Ebenda S. 99 zu den Auswirkungen der langjäh-
rigen Kategorisierung Bengalens als „non-martial" auf die Psychologie eines Nationalisten wie S. C. Bose.

[582] Indian Arms Act, 11/1878 vom 15. März, sec. 27. Dieses Gesetz löste einen Indian
Arms Act 31/1860 ab, wonach unlizensierter Waffenbesitz nur in bestimmten,
„disarmed" Provinzen unter Strafe gestellt war.

[583] Wiedergabe verschiedener Resolutionen des Indian National Congress mit diesem
Ziel, seit 1887, bei Sharma 1962, 1: 62ff.

[584] 1919: Nr. 3 (Jayakar 1958, 1: 313); 1928: Fundamental Right xviii.

[585] Nach der Teilnahme an einer War Conference beim Vizekönig im April 1918; vgl.

von Interesse. Zunächst vertrat Gandhi damals aus einer Haltung grundsätzlicher Reichstreue heraus gegenüber anderen Nationalisten den Standpunkt, der Bitte des Vizekönigs um einen verstärkten Kriegsbeitrag Indiens müsse bedingungslos, ohne Handel um Gegenleistungen und Modalitäten, entsprochen werden. Gerade durch bedingungslos geleistete Hilfe werde Indien sich als achtungswürdiger Partner im Empire darstellen. Im übrigen könne es dadurch eine Fähigkeit zur Selbstverteidigung beweisen oder auch sich erwerben, die es zwangsläufig unmöglich machen werde, ihm künftig die Gleichberechtigung zu verweigern.[586] Man sieht hier deutlich die Anwendung der allgemeinen Reflexion über das Verhältnis von Pflichterfüllung und Recht und auch die heikle Grenzposition zwischen Loyalität und Aufruhr. Eigentümlich bleibt trotzdem, daß der Prediger der Gewaltlosigkeit auf Waffenfähigkeit und Waffenrecht

---

die Darstellung Autobiography, Part V, Chap. XXVII. Beginn der Kampagne in Bihar mit Rede in Patna am 25.5.1918 (CW 14: 305); in Gujarat mit Rede in Nadiad am 21.6.1918 (CW 14: 435). Die Rekrutenwerbung stieß in der Bevölkerung auf Ablehnung und wurde ein Fehlschlag. Physische Erschöpfung – und man darf annehmen, auch die psychische Belastung durch die Paradoxie seines Programms – führten zu einem regelrechten Zusammenbruch Gandhis; T 1: 230 f.; für eine psychologisch eindringende Behandlung dieser Episode s. Erikson 1970: 367 ff.; bei J. M. Brown bleibt der biographische Zusammenhang, der vor allem zwischen Gandhis Krankheit, ihrer Ursache und dem ersten Aufruf zum Widerstand (Rowlatt-Satyagraha) im folgenden Jahr besteht, eigentümlich verdeckt (Brown 1974: 147 ff. (151)).

[586] Zur Haltung der anderen indischen Nationalisten vgl. Jayakar 1958, 1: 190 ff.; Brown 1974: 148; Gandhis eigener Bericht CW 14: 352. Bedingungen sollten feste Versprechungen für Verfassungsreformen nach dem Kriege und Gleichbehandlung der Inder innerhalb der Armee, insbesondere vollberechtigte Zulassung zu Offiziersstellen sein. Gandhis abweichende Ansicht ist z.B. in seinem Brief an den Vizekönig vom 29.4.1918 begründet (CW 14: 377); drastisch im Brief an Annie Besant vom 4.7.1918: „If we supplied recruits, we should dictate terms. But if we wait for the terms, the war may close, India may remain without a real military training and we should be face to face with a military dictatorship" (CW 14: 469).

Zur inhaltlichen Begründung seiner Rekrutierungsbemühungen im übrigen seine verschiedenen Reden und Werbungsflugblätter (abgedruckt CW 14: 405 ff.). Zum Beispiel: „We want the rights of Englishmen, and we aspire to be as much partners in the Empire as the Dominions overseas … To bring about such a state of things we should have the ability to defend ourselves, that is, the ability to bear arms and to use them. As long as we have to look to Englishmen for our defence, as long as we are not free from the fear of the military, so long we cannot be regarded as equal partners with Englishmen. … The strength we employ in defending the Empire now can secure those rights. Rights won by making an opportunity of the Empire's weakness are likely to be lost when the Empire regains its strength. We shall not succeed in becoming partners in the Empire by trying to embarrass it. Embarrassing it in its hour of crises will not help us to secure the rights which we must win by serving it" (Flugblatt 1 vom 22.6.1918, CW 14: 440). Und aus der Ansprache in Ras am 26.6.1918: „A national army could be thus created instead of a mercenary one. … Some argue that we would be deprived of arms after the war. Now, there is no power on earth that would, against our will, deprive us of arms after we have once been trained" (CW 14: 454).

Wert legte und sich dabei zu Äußerungen verstieg wie dieser: „Among the many misdeeds of the British rule in India, history will look upon the Act depriving a whole nation of arms as the blackest."[587] Es änderte sich damit nichts daran, daß er für sich selbst Waffengebrauch wie alle Gewalt in jedem Zusammenhang ablehnte.[588] Früher, in Südafrika, hatte er seinen Loyalitätsauffassungen im Zulu-Aufstand wie im Burenkrieg jeweils mit Aufstellung und Führung einer freiwilligen Sanitäts-Einheit praktischen Ausdruck gegeben. Später stellte er klar, daß im Rahmen einer *Satyagraha* auch das bloß demonstrative Übertreten des Waffengesetzes, „gewaltlos" illegales Waffentragen, als Akt zivilen Ungehorsams widersinnig sei; eine derartige, auch vom Kongreß unterstützte *Satyagraha* in Nagpur kritisierte er öffentlich als eine der „vielen in diesem Lande vor sich gehenden Verrücktheiten". In diesem Zusammenhang betonte er, daß das Recht auf Waffenbesitz der gesetzlichen Kontrolle bedürfe und daß nur ein ungerechtes Waffengesetz Angriffsziel sein könne.[589] Stets aber hielt er fest, daß der Weg zur Gewaltlosigkeit über Selbstachtung und Furchtlosigkeit führt, über eine durchaus kriegerisch aufgefaßte Tapferkeit, die notfalls im gewaltsamen Kampf zu erwerben und zu erhärten ist. Es geht dabei um die Sicherung des aktiven Charakters und des Wahrheitsbezuges in der gewaltlosen Methode: ihre Eignung als „Waffe" im Konfliktaustrag kann sie nur haben, wenn sie nicht mit Passivität, Feigheit oder einer allgemeinen Defizit-Haltung zu verwechseln ist. „My creed of non-violence is an extremely active force. It has no room for cowardice or even weakness. There is hope for a violent man to be some day non-violent, but there is none for a coward. I have therefore said more than once in these pages that if we do not know how to defend ourselves, our women and our places of worship by the force of suffering, i. e., non-violence, we must if we are men, *be at least* able to defend all these by fighting."[590] Im Rahmen des Selbstverteidigungsrechts wird das Recht

---

[587] Autobiography, Part V, Chap. XXVII. Wiederholt 1927: CW 34: 171.

[588] Diesen seinen Standpunkt hat Gandhi schon ein Jahr zuvor, ohne die durch die Rekrutenwerbung bedingte Akzentverlagerung, klar dargestellt: „I am entirely opposed to fighting with arms. I have no faith in the thing. Possession of arms for our or others' defence will serve no useful purpose; nor have we the requisite strength. I believe that, in place of the strength of a Kshatriya pitted against an armed opponent, soul-force will prove far more potent." Es wird dann ausgeführt, daß auch im gewaltlosen Kampf der Gegner konfrontiert werden muß, daß man ihm nicht davonlaufen darf. „Those who have no faith in the principle which is dear to me and which I embrace may certainly take up arms. It is for this reason that I welcome the right of enlisting as volunteers which has been granted to us. I shall advise the people in this hall to join up" (Rede in Surat am 26.2.1917, CW 13: 350). Vgl. auch die Rede in Karachi am 2.3.1917, ibid.: 353.

[589] Briefe an B. F. Bharucha, Juli 1927, CW 34: 86 und 132; „Limitations of Satyagraha", YI, 14.7.1927, CW 35: 54 („The Neill Statue and Non-Violence").

[590] „Hindu-Muslim Unity", YI, 16.6.1927 (CW 34: 3f. Hervorhebung DC). Der Standpunkt ist in den berühmten, unter dem Titel „Doctrine of the Sword" erschienenen Aufsätzen zusammenhängend entwickelt (YI, 11.8.1920, CW 18: 131 ff., deutsche

auf Waffenbesitz deshalb gefordert, weil es das Recht auf Waffen- und Gewalt*verzicht* mitkonstituiert. „He alone can practice *ahimsa* [non-violence], who
knows how to kill, i.e. knows what *himsa* is."[591]

Als Zweites verdient die in Nr. 4 des 11-Punkte-Katalogs geforderte Abschaffung der Salzsteuer unsere Aufmerksamkeit. Unauffällig in der tages-
politischen Umrahmung, aber an eben dem Punkt, wo Gandhi bald die offene
Rebellion praktizieren sollte,[592] ist hier der Gedanke elementarer Menschenrechte anwesend. In der Auflehnung gegen die Salzsteuer macht sich die Vorstellung eines natürlichen Lebensrechts geltend, das eine staatliche, „künstliche" Beeinträchtigung der einfachsten Existenzbedürfnisse verbietet. Gandhi
hat früher schon, in den Tagen loyaler Reichsgesinnung, die Besteuerung von
Salz als barbarisch, als der britischen Regierung unwürdig kritisiert, sie dann
später, innerhalb der allgemeinen Verdammung des Kolonialstaates, als typisches Beispiel für dessen ausbeuterisches Finanzierungssystem besonders angegriffen.[593] Nunmehr, wo sie zum Kampfthema der *Civil Disobedience* gemacht

---

Übersetzung und Analyse bei Mühlmann 1950: 151 ff.; Navajivan, 15.8.1920, CW
18: 155). Vgl. im übrigen § 7, Abs. (b).

[591] Aus der oben (Anm. 586) zitierten Ansprache in Ras am 26.6.1918 (CW 14: 454).
Ähnlich im Brief an Hanumantrao vom 17.7.1918: „It is clear that he who has lost
the power to kill cannot practice non-killing. *Ahimsa* is renunciation of the highest
type. A weak and an effeminate nation cannot perform this grand act of renunciation, even as a mouse cannot be properly said to renounce the power of killing a rat.
It may look terrible but it is true that we must, by a well-sustained, conscious effort,
regain this power, and then, if we can only do so, deliver the world from its travail
of *himsa* by a continuous abdication of power" (CW 14: 485).
Instruktiv für die dialektische Auffassung von *Ahimsa* und die daraus folgende,
schon oben (§ 16 am Ende) erwähnte Idee ihrer schrittweisen Verwirklichung im
Wege eines Transformationsprozesses sind die beiden an C. F. Andrews gerichteten
Briefe vom 6.7.1918 (CW 14: 474) und vom 23.6.1918 (CW 14: 444): „I think it will
be clear to you that I shall best spread the gospel of *ahimsa*, or *satyagraha* by asking
the *himsak* (militant) men to work out their *himsa* in the least offensive manner, and
may succeed, in the very act, in making them realize the better worth of *ahimsa*."

[592] Die 11 Punkte als „Epitome der Unabhängigkeit" waren das taktische Vorspiel, stilisiert als letztes Friedensangebot, zu der vom Kongreß 1929 in Lahore beschlosse-
nen großen Aufstandsbewegung von 1930; die von Gandhi zu leitende *Civil disobedience* wurde von ihm durch den berühmten Fußmarsch zum Meeresstrand bei Dandi (Gujarat) und die dortige demonstrative Übertretung des Salzgesetzes eröffnet.

[593] IO, 8.7.1905, CW 5: 8; ähnlich 101. Vgl. den bereits 1891 in London geschriebenen
Artikel „Indian Vegetarians": die ärmsten Schichten in Indien „live on bread and
salt, a heavily taxed article" (CW 1: 25). In der Lebensskizze von Lord Curzon erscheint unter seinen Verdiensten neben dem Eintreten für die Rechte der Inder in
Südafrika nur die Herabsetzung der Salzsteuer als erwähnenswert (IO, 26.8.1905,
CW 5: 47).
Charakteristisch verändert ist der Ton in „Hind Swaraj". Lord Curzon wird ironisch der Dank dafür ausgesprochen, daß er durch die Teilung Bengalens „the real
awakening" in Indien bewirkt habe. „This does not mean that the other injustices
done to India are less glaring than that done by the Partition. The salt-tax is not a
small injustice" („Hind Swaraj", CW 10, Chap. 2). 1922 wird das Verdammungs-

wird, geschieht es unter naturrechtlichem Vorzeichen: die Salzsteuer ist ein „crime against humanity". „You may as well tax air and water and expect India to live."[594] Der Angriff richtet sich gegen das Element der indirekten Besteuerung, die den Armen überproportional gerade in seiner täglichen Nahrung, den Bauern zudem noch wegen des Salzbedarfs für die Tierhaltung trifft.[595]

Die naturrechtliche Evidenz ist zweifach gegeben. Einmal in der Sphäre elementarer Natürlichkeit, in der Auflehnung gegen eine staatliche Beschlagnahme der freien Naturgüter. Hierbei ist zu berücksichtigen, daß das Salzgesetz nicht nur die Besteuerung, sondern ein staatliches Monopol auf die Gewinnung von Salz festsetzte.[596] Im natürlichen Zustand verwendbares oder leicht zu reinigendes Salz war in weiten Gebieten Indiens, namentlich an der Westküste, unmittelbar zugänglich. Durch das Staatsmonopol wurde es dem einfachen Mann, wie Gandhi sich ausdrückte, zunächst einmal „gestohlen", um dann mit einer Abgabe belegt zu werden, die praktisch mit „herzloser Unparteilichkeit" gleichermaßen von „Mann, Weib, Kind und Haustieren ohne Rücksicht auf Alter oder Gesundheitszustand" erhoben wurde.[597] Das Mono-

---

urteil über das Kolonialsystem und seine „bloodsucking salt tax" ausgesprochen („The Death Dance", YI, 9.3.1922, CW 23: 54); zum historischen Anlaß siehe Anm. 600.

[594] Die Äußerung findet sich in dieser Form nur in der Kompilation Kabadi 1932: 377 bei der Wiedergabe der schon in Anm. 562 erwähnten Unterhaltung mit einer Gruppe von Sozialisten in London 1932. Ähnliche Äußerungen, vor allem die Zusammenstellung mit dem Recht auf freien Gebrauch von Luft und Wasser, sind aber häufig: z.B.: „Next to air and water, salt is perhaps the greatest necessity of life. It is the only condiment of the poor. Cattle cannot live without salt" („The Salt Tax", in YI, 27.2.1930, CW 42: 499). Ebenso im Interview mit H. N. Brailsford am 13.10. 1931 (CW 48: 133, nach Manchester Guardian).

Man wird hier an eine der frühesten Formulierungen unveräußerlicher Naturrechte des Individuums erinnert, nämlich an Hobbes' Leviathan I, 15: „So it is necessary for man's life, to retaine some (scil. Rights of Nature); as right to governe their own bodies; enjoy aire, water, motion, waies to go from place to place and all things else without which a man cannot live, or not live well."

[595] Hierzu besonders die kurze Replik „Salt and Cancer", in der Gandhi sich mit eigenartigen Apologien der Salzsteuer wegen angeblicher Gesundheitsschädlichkeit übermäßigen Salzgenusses auseinandersetzt (YI, 27.2.1930, CW 42: 498). Die Pikanterie liegt in Gandhis eigenen Experimenten mit salzloser Diät seit etwa 1913; vgl. Autobiography Part IV, Chap. XXIX; Brief an Kulkarni vom 24.1.1918 (CW 14: 170). Gandhi betont mit Recht die Unerheblichkeit solcher Fragen für die aus fiskalischen Gründen auferlegte Einschränkung des Salzverbrauchs.

[596] Indian Salt Act, 12/1882 vom 10. März. Sec. 6 und 7, vgl. auch sec. 3: „,Manufacture of salt' includes ... excavation or removal of natural saline deposits or efflorescence"; in der Bombay Presidency galt ein (mir im Wortlaut nicht zugänglicher) Bombay Salt Act, 2/1890; Exzerpte in CW 43: 453f. Die Anstößigkeit gerade des Monopols betont in dem in Anm. 594 zitierten Interview mit H. N. Brailsford.

[597] „The Salt Tax" (Anm. 594), CW 42: 501; Schreiben Gandhis an Irwin vom 2.3. und 4.5.1930 (CW 43: 4 und 391). Gandhi beruft sich im übrigen darauf, daß das Salzmonopol ursprünglich im Interesse des Imports englischen Salzes eingeführt worden sei und daß damit einheimische Salzherstellungsgewerbe unterdrückt worden

pol erst ermöglichte die gewaltlose Gesetzesübertretung durch eigenmächtiges Salzsammeln oder -sieden; unter Berufung auf die Rechte aller Kreatur schien Gandhi dabei, wie gesagt worden ist, die Mächte der Natur auf seine Seite zu ziehen.[598] Die Sinnfälligkeit des Anspruchs und die unpersönliche Gleichmäßigkeit der Belastung eigneten sich außerdem für eine Agitation, die eine Aufreizung innerkultureller Antagonismen, vor allem natürlich der religiösen Parteiinteressen, vermeiden sollte. Weniger auf die unterschiedslose Betroffenheit von Mensch und Tier kam es in Wahrheit wohl an, als auf die von Muslim und Hindu.[599]

Zweitens aber hat der Protest gegen die Salzsteuer auch im Sinne transkultureller Verständlichkeit naturrechtlichen Charakter: Seit den Tagen der Französischen Revolution ist in Europa diese Steuer Symbol einer unsozialen, illegitimen Beschneidung des unmittelbaren Lebensbedarfs. Das Aufgreifen dieses Themas bedeutet also den Versuch, für den unter den Augen der indischen und der internationalen Öffentlichkeit zu führenden Kampf[600] die Illegitimität

---

seien. Die spätere Beibehaltung hatte fiskalische Gründe. Die Steuer erbrachte um 1930 zwischen 60 und 70 Mio. Rupien, etwas über 8% der indischen Steuereinnahmen. Sie war erst 1923 auf das Doppelte erhöht worden. Die Maßnahme konnte gegen die Ablehnung der Legislative Assembly nur durch Gebrauch der vizeköniglichen Ausnahmekompetenzen durchgesetzt werden – ein Vorgang, der nicht recht zu der verbreiteten Behauptung von der fiskalischen Unerheblichkeit der Steuer passen will; vgl. im einzelnen Brown 1977: 94f.; Gopal 1957: 56ff.; Moore 1974: 168f.

[598] Gopal 1957: 57. Es verdient nochmals hervorgehoben zu werden, daß Gandhi gerade diese bewußt weltlich stilisierte Demonstrationsform als *yajna* (religiöse Operhandlung) bezeichnete, z.B. in seiner Rede in Dandi am 5.4.1930, CW 43: 182; vgl. § 6.

[599] Nach J. M. Brown war dies für Gandhi sogar der ausschlaggebende Punkt bei der Planung und Agitation (Brown 1977: 95). Gandhi selbst zu diesem Aspekt etwa in seiner Rede in Broach, 26.3.1930: „Who can help liking this poor man's battle? The cruel tax is no respecter of persons. It is therefore as much the interest of the Mussalman as of the Hindu to secure its abolition" (CW 43: 127).
Und noch spezifischer: „Such a tax is forbidden in Islam. Salt is a necessity for all. The majority of Hindus and Muslims are poor people and the burden of the tax falls on them" (in Rander, 1.5.1930, CW 43: 373). Hierzu die Äußerung von Maulana Siddique Ahmad, Generalsekretär der Jamiat-i-Ulama-i-Islam und Nizam-i-Islam Parteien in Ostpakistan, „that the tax collected by the Government from the salt produced on cottage industry basis was illegal in the eyes of the Holy Quran and Sunnah" (nach „Dawn" vom 29.3.1970: 7). Vgl. Anm. 608.

[600] Für die indische Öffentlichkeit vgl. den Hinweis von J. M. Brown auf die politische Peinlichkeit des Vorgangs von 1923 (Brown 1977: 95). Gandhi hatte die Frage mit einem ungewöhnlich pathetischen Artikel noch während der Non-Cooperation-Agitation kommentiert („The Death Dance", Anm. 593). Aus jener Zeit stammen auch erste Anregungen in der indischen Publizistik, die Salzsteuer zum Ausgangspunkt einer Bewegung zivilen Ungehorsams zu machen („Kesari", 17.4.1923, zitiert bei Rothermund 1965: 140).
Der Appell an die internationale, besonders die amerikanische Öffentlichkeit war ein wesentliches taktisches Element der späteren Aktionen Gandhis, ebenso wie

der Kolonialregierung zu demonstrieren – an einem exemplarischen Detail; die damals und seither oft angestellten apologetischen Berechnungen über die – angebliche – Geringfügigkeit der tatsächlichen Belastung durch diese Steuer verfehlen deshalb den wesentlichen Punkt.[601]

---

zuvor die Resonanz der Protestaktion in Südafrika beim Publikum des indischen Mutterlands und die entsprechende Rückwirkung auf die Kolonialregierung. Für die Salzsatyagraha ist die berechnete Wirkung auf die internationale Presse, und deshalb die Wichtigkeit eines universal einleuchtenden Themas, sehr deutlich. G. Sharp beispielsweise kann seine Darstellung weitgehend auf zeitgenössische Korrespondentenberichte der New York Times und der Chicago Daily News stützen (Sharp 1960: 51 ff.). Gandhi gibt am 5.4.1930 in Dandi ein Interview für Associated Press, in dem er sich ausdrücklich darauf bezieht, daß „the British Government, powerful though it is, is sensitive to world opinion" (CW 43: 179); vgl. auch seine „Message to America" vom 5.4.1930 (ibid.: 180).

Dieser Aspekt ist wohl, trotz des etwas penetranten kolonialen Konversationstons, bei R. Bernays richtig beurteilt (Bernays 1931: 87 ff.). In nuce: Im Kampf zwischen dem britischen Weltreich und dem Kongreß 1930 hätten beide Seiten „looked with strained eyes to the tribunal of a third party. It was public opinion in the United States that really counted" (ibid.).

[601] Gandhi selbst hat diesen Gesichtspunkt hervorgehoben, als er 1946 die frisch vereidigten ersten Kongreß-Minister der Interimsregierung auf die moralische Verpflichtung hinwies, nunmehr die alten Gelübde hinsichtlich der Salzsteuer einzulösen: „It was not the quantum of taxation but the fact of salt being free or not that made all the difference to the poor" H, 8.9.1946: 307 (Pyarelals Weekly Letter).

Das Schicksal der Salzsteuer sei hier noch kurz angemerkt: die Agitation von 1930 hatte nicht die Aufhebung erreichen können, sondern nur eine Steuerbefreiung für lokale Produktion zum Eigenverbrauch in engen Grenzen (Gandhi-Irwin Agreement vom 4.3.1930, Nr. 20, CW 45: 432 ff.). 1947 wurde dann unter der Interimsregierung, im Rahmen der Budgetreform durch den der Muslimliga angehörenden Finanzminister Liaqat Ali Khan, die Salzsteuer abgeschafft (Finance Act, 20/ 1947 vom 31. März, sec. 2), allerdings eine minimale Restgebühr (cess) zur Deckung der Kosten der staatlichen Salzverwaltung beibehalten (Notification des Finance Department – Revenue Division Nr. 3 vom 29.3.1947, aufgrund sec. 37 des konsolidierten Central Excises and Salt Act, 1/1944); das Privileg für lokale Eigenproduktion wurde erweitert (Press Note, 23.4.1947); vgl. den zustimmenden Leitartikel von J. C. Kumarappa in H, 27.4.1947: 124. Dieser Zustand wurde gesetzlich fixiert durch den Salt Cess Act, 49/1953 vom 26. Dezember, der das Kostendeckungsprinzip in der Präambel und in sec. 4 ausdrücklich niederlegte. Vgl. den Überblick über die Entwicklung durch den Produktionsminister K. C. Reddy in der Rajiya Sabha 23.12.1953 bei Einbringung der Bill (Debates 5, 1953, II: 3426 ff.). Danach hatte das neue System zu Produktionssteigerungen geführt, die Indien 1952 erstmals seit hundert Jahren von Salzimporten unabhängig machten – ebenso allerdings zur Ausnutzung des Privilegs der Eigenproduktion durch Geschäftsinteressen.

Den Vorschlag dagegen, ein Verbot der Salzsteuer in die Verfassung aufzunehmen (art. 253 I des Entwurfs), der früheren Vorstellungen Gandhis entsprochen hätte (vgl. Round Table Conference 20.10.1931, CW 48: 192) lehnte die Constituent Assembly ab; insbesondere Nehru hatte gegen eine solche Bestimmung geltend gemacht, der Gesetzgeber müsse zur Regelung technischer Fragen freie Hand behalten (vgl. Rao 1968: 663 und 676 f.; Constituent Assembly Debates 9: 240 f.).

Hinter all dem steht der allgemeinere Gedanke der „eingeborenen Rechte des Menschen auf diejenigen Güter …, die für die Erfüllung des menschlichen Daseins wesentlich sind",[602] oder klarer, singularisch gefaßt, das gleiche Recht jedes Menschen auf die „necessaries of life".[603] Auch für diesen Gedanken sind europäische Wurzeln leicht aufweisbar, im englischen Recht,[604] in der modernen Naturrechtsphilosophie[605] und in den Prinzipien der Französischen Revolution.[606] Als primäre Forderung der Humanität drängt sich zudem die Sicherung menschenwürdiger Subsistenz gegenwärtig gerade in den Ländern mit großer Armut auf – da, wo die Gewährleistung noch ein wirkliches Problem ist. Der Gedanke eines solchen Grundrechts ist deshalb heute weit verbreitet, er hat zum Beispiel in die Menschenrechtsdeklaration der Vereinten Nationen Eingang gefunden.[607] Häufig herrscht das Bestreben, ihn in den Traditionen der verschiedensten Rechtssysteme nachzuweisen, als in deren Sozialbestimmungen aller Art schon vorausgesetzt. Demgegenüber muß die Besonderheit einer Formulierung als *Recht* des Einzelnen, im Unterschied zu bloßen Appellen an die Caritas der anderen oder an die Sozialpolitik des Gemeinwesens gesehen werden. Es verdient Beachtung, wenn der Gedanke in diesem spezifisch

---

[602] „Friede ist die stabile Ordnung einer Zivilisation, die auf Wahrheit gegründet ist, und in der die eingeborenen Rechte der Menschen auf diejenigen Güter anerkannt werden, die für die Erfüllung des menschlichen Daseins wesentlich sind." (1931 in London zu dem Pazifisten W. Wellock, nach Wellock 1963: 158 – mir leider nur zugänglich in der deutschen Übersetzung bei Ebert 1969: 90.)

[603] „Every man has an equal right to the necessaries of life even as birds and beasts have" (YI, 26.3.1931, CW 45: 339). Schon im Entwurf der „Declaration of Independence" (26.1.1930) hatte Gandhi formuliert: „We believe that it is the inalienable right of the Indian people as of any other people, to have freedom and to enjoy the fruits of their toil and have the *necessities of life*, so that they may have full opportunities of growth" (CW 42: 384).

[604] „The law not only regards life and member, and protects every man in the enjoyment of them, but also furnishes him with every thing necessary for their support. For there is no man so indigent or wretched, but he may demand a supply sufficient for all the necessities of life from the more opulent part of the community" (Blackstone I, Chap. 1: 131).

[605] Vgl. Hobbes in Anm. 594; auch John Locke: „Men, being once born, have a right to their preservation, and consequently to meat and drink and such other things as Nature affords for their subsistence" (Locke 1690, II. Treatise on Civil Government, Chap. V, § 25).

[606] Das Prinzip der *fraternité* als Pflicht des Gemeinwesens zur Lebenserhaltung seiner schwächsten Mitglieder hat in zahlreichen Entwürfen zur Rechteerklärung von 1789 Ausdruck gefunden (z.B. Target, Projet, Archives Parlamentaires 8, 288, Art. 6), in der Verfassung von 1791 aber erst im Hauptteil, Titel I; dagegen in der *déclaration* der Verfassung von 1793, art. 21: „Les secours publics sont une dette sacrée. La société doit la subsistance aux citoyens malheureux, soit en leur procurant du travail, soit en assurant les moyens d'exister à ceux qui sont hors d'état de travailler."

[607] Art. 22 und 25. Verwässert, durch Einbettung in ein Optimalprogramm, im UN International Covenant on Economic, Social and Cultural Rights vom 19.12.1966, Art. 9–13.

modernen Sinn von dem Hindu Gandhi vertreten wird.[608] Das *Recht* auf Subsistenz impliziert eine systematische Anschauung von der Verantwortung bzw. dem Zweck einer geordneten Gesellschaft. Historisch gehört es in den Zusammenhang der individualistischen Naturrechtsphilosophie und des von ihr postulierten Rechts auf Lebenserhaltung. Tatsächlich drückt Gandhi schon zu einem frühen Zeitpunkt diesen Zusammenhang mit der klassischen Formel des Lebensrechts aus: „Every human being has a right to live and, therefore, to find the wherewithall to feed himself and where necessary to clothe and house himself."[609] Anscheinend ist man hier nahe an der ursprünglichen Grundrechtsidee eines elementaren Existenzrechts nicht-deformierter Menschennatur. Weil dieses Recht jedem menschlichen Lebewesen in gleicher Weise zukommt, folgt umgekehrt aus dem Gerechtigkeitsprinzip der Gleichheit das Postulat materieller, nicht nur rechtsformaler Gleichheit in der Garantie der lebensnotwendigen Grundbedingungen. Dies gibt eine erste Erklärung für die zunächst überraschende Behauptung, der reale Sinn ökonomischer Gleichheit liege in der Sicherung des lebensnotwendigen Bedarfs für jeden; gelegentlich wird dies auch als Prinzip einer billigen (equitable) – im Gegensatz zur gleichen – Güterverteilung bezeichnet.[610] Daraus können im einzelnen Anwendungen folgen wie: der Staat, der nicht jedem Arbeiter einen Minimallohn ver-

---

[608] Daß die islamische Tradition das Subsistenzrecht und damit die Möglichkeit des Sozialstaats enthalte, der Hinduismus beides ausschließe, war die Begründung, mit der Iqbal in einem historisch wichtigen Brief an Jinnah seine Idee eines separaten Muslim-Staates in Nordwest-Indien wieder ins Spiel brachte (geschrieben am 28.5.1937, nach den Wahlen von 1936/37, deren Ergebnisse die grundsätzliche Reorientierung der Muslim-Liga auslösten): „After a long and careful study of the Islamic Law I have come to the conclusion that if this system of Law is properly understood and applied, at least the right to subsistence is secured to everybody. But the enforcement and development of the Shariat of Islam is impossible in this country without a free Muslim State or States. ... The insertion of Jawaharlal's socialism into the body politic of Hinduism is likely to cause much bloodshed among the Hindus themselves ... It is clear to my mind that if Hinduism accepts social democracy it must necessarily cease to be Hinduism. For Islam the acceptance of social democracy in some suitable form and consistent with the legal principles of Islam is not a revolution but a return to the original purity of Islam. The modern problems therefore are far more easy to solve for the Muslims than for the Hindus" (zit. hier nach Pakistan Historical Society, 1963, 2: 533/4).

[609] Rede in der Muir College Economic Society, Allahabad, 22.12.1916, CW 13: 310ff.

[610] „The real implication of equal distribution is that each man shall have the wherewithal to supply all his natural needs and no more" (H, 25.8.1940: 260). „Economic equality must never be supposed to mean possession of an equal amount of worldly goods by everyone. It does mean, however, that everyone will have a proper house to live in, sufficient and balanced food to eat, and sufficient Khadi with which to cover himself" (H, 18.8.1940: 252). Vgl. auch H, 31.3.1946: 63; alles auch in Kher 1959, I: 145ff. Außerdem: „My ideal is equal distribution but so far as I can see, it is not to be realized. I therefore work for equitable distribution" (YI, 17.3.-1927, CW 33: 167).

schaffe, sei Anarchie, und ihm müsse (ziviler) Widerstand geleistet werden,[611] oder: zur Sicherstellung freier Erhältlichkeit der unmittelbaren Bedarfsgüter müßten die entsprechenden Produktionsmittel unter der Kontrolle der Massen bleiben.[612] Die allgemeine Konsequenz ist die Verwerfung des Utilitätsprinzips in der Sozial- und Wirtschaftspolitik, weil es sich über das Lebensrecht jedes Einzelnen zugunsten einer gesamtgesellschaftlichen Wohlfahrtsmaximierung hinwegsetzt.[613] Nimmt man die vielen Äußerungen über die unerläßliche Fähigkeit zur Selbstverteidigung hinzu,[614] so erscheinen die beiden hier abgehandelten Forderungen, das Recht auf Waffenbesitz und das Recht auf unbesteuertes Salz zum Eigenverbrauch, als exemplarische Fälle der Sicherung notwendiger Bedingungen des Lebensrechts – als Erhaltungsrecht in der Ernährung und in der Abwehr gewaltsamer Angriffe.

§ 20 Das Recht auf Leben und Eigentum: Grundbestimmungen

Aber gibt es wirklich das unbedingte Lebensrecht? Auffällig ist schon, daß davon häufig nur die Rede ist, um einen Vorrang vor dem Lebensrecht der nicht-menschlichen Kreatur auszuschließen.[615] Auch erinnert man sich, daß im UNESCO-Brief die Priorität der Pflicht gerade am Lebensrecht exemplifiziert wird: „Thus the very right to live accrues to us only when we do the duty of citizenship of the world." Es ist dies kein vereinzeltes Ad-hoc-Räsonnement. Die Idee liegt vielmehr der von Gandhi zeitlebens, im Anschluß an Tolstoi und

---

[611] H, 9.6.1946: 170 (Kher 1959, III: 75).

[612] „Under Swaraj", YI, 15.11.1928, CW 37: 411 f.

[613] Dieser menschenrechtliche Grundeinwand gegen den Utilitarismus, in jüngerer Zeit entwickelt in Rawls' Theory of Justice (Rawls 1973) ist besonders für die Wirtschaftspolitik von Gandhi aus Ruskins „Unto This Last" übernommen und positiv gewendet als wirtschaftsethisches Programm des *Sarvodaya* (Wohlfahrt für alle) formuliert worden; vgl. die auszugsweise Paraphrase von Ruskin in IO, 16.5.1908, CW 8: 239 ff., vgl. Anm. 15.

[614] Vgl. außer den in Anm. 590 angegebenen Äußerungen: „Every Indian, be it Hindu or any other, must learn the art of protecting himself. It is the condition of real democracy. The State has a duty. But no State can protect those, who will not share with it the duty of protecting themselves" (am 10.2.1940, NV I: 276). Ähnlich „My Advice to Noakhali Hindus", H, 2.3.1940, NV I: 276–278; „Satyagraha in Face of Hooliganism", H, 17.3.1946, NV II: 58 f.

[615] „A man like me wedded to non-violence would say, rats and fleas have as much right to live as I, and there is no reason why I should not exterminate myself rather than that I exterminate them. But I cannot reach that pitch of non-violence in this life-time" (H, 8.6.1935: 133). „But I do believe that all God's creatures have *the* right to live as much as we have" („Right to Live", H, 9.1.1937: 382. Der von mir hervorgehobene bestimmte Artikel deutet auf den Zusammenhang mit dem Rechtsbegriff). Gegen forcierte Lebensverlängerung durch die westliche Medizin: „I do not want that excessive desire of living that western medicine seems to encourage in man even at the cost of tenderness for subhuman life" (H, 3.7.1937: 165).

auch an Ruskin progagierten Lehre von *bread labour* zugrunde, wonach das Recht, zu essen und zu leben, nur durch körperliche Arbeit für den Nahrungs-erwerb verdient wird.[616] Diese Idee figuriert zentral in den Ashram-Gründun-gen Gandhis[617] oder etwa in seinem Khadi-Programm.

Auch wenn von Selbstverteidigung gesprochen wird, scheint es eigentlich stets um die alten *Kshatriya*-Pflichten des Schutzes Nahestehender oder allge-mein Hilfsbedürftiger zu gehen, hinsichtlich des „Selbst" um die Verteidigung von Unabhängigkeit und Selbst*achtung*, nicht aber: des eigenen Lebens.[618] Im Gegenteil ist das, was mit dem kriegerischen Mut gelernt werden soll, nicht das Töten, sondern das Sterben im Kampf, wird die Bereitschaft, das eigene Leben zu opfern, geradezu als Kampfmittel propagiert.[619] Die Anwendung, die Gan-

---

[616] „It is only when a man has done body labour for the sake of service that he or she has a right to live", YI, 20.9.1928: 320. Für Tolstoi vgl. Anm. 481; die Ableitung aus Ruskin stand für Gandhi subjektiv fest, vgl. die Schilderung in Autobiography, Part IV, Chap. XVIII, und die dritte dort aus „Unto This Last" gezogene Konsequenz: „That a life of labour, i.e. the life of the tiller of the soil and the handicraftsman is the life worth living"; außerdem in Kher 1959, I: 93. Ibid. 92 ff. allgemein über „bread labour".

In YI, 13.8.1925, CW 28: 59 f. wird aus solchen Vorstellungen in echt puritani-schem Stil die Ablehnung des Almosengebens gefolgert: „Little did my friends know that my friendship for the paupers of India has made me hard-hearted enough to contemplate their utter starvation with equanimity in preference to their utter reduction to beggary. My ahimsa would not tolerate the idea of giving a free meal to a healthy person who has not worked for it in some honest way" (ibid.: 60).

[617] Zur Gründung des Phoenix-Settlement 1904 unmittelbar unter dem Eindruck der Lektüre von „Unto This Last" vgl. Autobiography, Part IV, Chap. XIX; vgl. Phoe-nix Trust Deed CW 11: 320 ff., insbesondere die in Nr. 5 genannten „objects and purposes" der Siedler: (1) „So far as possible to order their lives so as to be able ultimately to earn their living by handicraft or agriculture carried on without the aid so far as possible of machinery"...; (3) „To follow and promote the ideals set forth by their lives and works."

Zum Satyagraha-Ashram bei Ahmedabad vgl. den Satzungsentwurf von Mai 1915: „Manual Work. The Controllers believe that body labour is a duty imposed by na-ture upon mankind. Such labour is the only means by which man may sustain him-self; his mental and spiritual powers should be used for the common good only" (CW 13: 91 ff., 94). Dazu „History of the Satyagraha Ashram", 1932, CW 50: 188 ff., 214 „Bread Labour".

[618] Vgl. im einzelnen bei den Anm. 614 und 586 angegebenen Belegen, etwa „Satya-graha in Face of Hooliganism" (Anm. 614); H, 15.9.1946: 312 („What to Do?"). Als bemerkenswertes Zeugnis aus Gandhis früheren Jahren der schon in Anm. 452 zi-tierte Artikel aus Indian Opinion vom 6.6.1908, CW 8: 280. Unter der Prämisse: „A people that aspires to the privileges of freedom must have the strength to defend itself", wird darin als gesellschaftliche Abwehr gegen Kriminelle vorzugsweise die gewaltlose Resozialisierung empfohlen, unter Einrechnung der Möglichkeit, daß etwa ein Mörder noch eine Zeitlang Morde begeht, „bis er des Tötens überdrüssig wird".

[619] Vgl. die in den Briefen an C. F. Andrews vom 6.7.1918 (CW 14: 477) und an Hanu-mantrao vom 17.7.1918 (ibid.: 485) gegebenen Erklärungen zur Rekrutierungskam-pagne; ebenso die Rede in Ahmedabad vom 13.1.1930: „The strength to kill is not

dhi selbst mit seinen Fasten-zum-Tode von dieser „letzten Waffe im Arsenal" des gewaltlosen Kämpfers[620] gemacht hat, ist bekannt. Aber nicht nur für den Kämpfer, sondern für alle Berufe als gesellschaftliche Funktionen übernimmt Gandhi Ruskins Forderung des restlosen Selbsteinsatzes bis letztlich zur Todesbereitschaft mit der wörtlich angeführten Maxime: „The man who does not know when to die does not know how to live."[621] Bei dieser Grundhaltung, bei dem Nachdruck, mit dem Gandhi Freiheit geradezu als Ablegen der Todesfurcht definiert[622] – man denke auch an die mehrfach erwähnte Selbstverständlichkeit, mit der er bereit ist, Opfer an Menschenleben für die Befreiung Indiens einzurechnen –, wird man nicht gut annehmen können, daß er in der Art westlicher Naturrechtsphilosophen das Recht oder sogar die Pflicht individueller Selbsterhaltung zum Grunddatum seiner Soziallehre macht.[623] Es besteht gerade nicht der klassische okzidentale Zusammenklang von *Life, Liberty, Property*. Die Konkretisierung des Lebensrechts im Naturrecht der Selbstverteidigung (bzw. unter staatlichen Bedingungen im Notwehrrecht) erscheint nur in Gestalt einer Ehrenpflicht als Vorbedingung der Freiheit. So sehr drängt sich dieser Aspekt vor, daß auch für den reflexweisen Schutz von Leib und Leben durch das Gewaltsamkeitsverbot gelegentlich die Begründung aus dem Lebenswillen des Anderen verworfen wird: gerade einer solchen Begründung eigne die Tendenz zur Gewaltsamkeit.[624]

---

essential for selfdefence; one ought to have the strength to die. ... And history is replete with instances of men who by dying with courage and compassion on their lips converted the hearts of their violent opponents" (CW 42: 394ff., dort 397/398); ebenfalls H, 13.7.1940: 200 (Kher 1967/68, III: 98, „A Cry in the Wilderness").

[620] H, 21.12.1947, in NV II: 303.

[621] Gandhis Epitome „Sarvodaya" IV (IO, 6.6.1908, CW 8: 282 = Ruskin, Unto This Last I § 22: 40).

[622] „That nation is great which rests its head upon death as its pillow. Those who defy death are free from all fear" („Hind Swaraj", Chap. 17, CW 10: 51); „Swaraj is the abandonment of the fear of death" (YI, 13.10.1921, CW 20: 403); die Unterhaltung Subhas Chandra Boses mit Angehörigen der früheren Indian National Army, H, 9.6. 1946, in NV II: 37ff.

[623] Etwa Locke, siehe Anm. 605; vgl. dazu: „Everyone as he is bound to preserve himself" (Locke 1690, II, Treatise, Chap. V, § 6). Oder: „The Right of Nature ... is the Liberty each man hath, to use his own power ... for the preservation of his own Nature; that is to say, of his own Life" (Hobbes 1953, 1: 14). Dementsprechend gilt Hobbes das Ausreißen des Soldaten vor dem Feind als rechtmäßiges, natürliches Verhalten: „to avoyd battell is not Injustice but Cowardise" (Hobbes 1953, 2: 21) Vgl. damit die Vehemenz, mit der Gandhi sich gerade gegen *cowardice* als Grund der Unfreiheit und als verkappte Gewalttätigkeit wendet.

[624] Zum Beispiel auf die folgende Begründung des jainistischen Verletzungsverbotes in einer Leserzuschrift: „It is impossible for anyone deliberately to renounce the will to live ... Therefore the taking of life cannot in any circumstances be morally justified" schreibt Gandhi: „It is my firm conviction that the principle of clinging to life in all circumstances betrays cowardice and is the cause of much of the *himsa* that goes on around us and blind adherence to this principle is bound to increase instead of reducing *himsa*" („Jain Ahimsa", YI, 25.10.1928, CW 37: 381ff., 384).

Vollends *property*: ein Recht auf Genuß und Besitz des Eigensten, des eigenen Lebens und Körpers, scheint aus dem Verletzungsverbot so wenig zu entspringen, daß vielmehr umgekehrt das Element des Besitzes den eigenen Körper verdächtig macht.[625] Denn der Besitzinstinkt produziert – als Ausschließung anderer – Gewaltsamkeit.[626] Oder geradezu: Besitz ist Verbrechen.[627]

Bei solchen etwas spekulativ, „unpraktisch" oder auch pastoral klingenden Formulierungen kommt es zunächst einmal darauf an, im Grundsätzlichen klar zu erfassen, welch tiefgehender Unterschied zu Denktraditionen der okzidentalen älteren (wenn man so sagen darf) Neuzeit sich hier auftut. Der Zusammenhang mit den Anzweifelungen des Lebensrechts muß stets beachtet werden, wenn man Gandhis Negierung von Eigentum *und Besitzrecht*[628] mit europäischen Theorien über das Eigentum vergleicht. Und zwar gilt dies für den

---

Was gemeint ist, wird vielleicht aus folgender Prämisse einer neueren englischen Arbeit zum Verhältnis von Notwehrrecht und Lebensrecht deutlicher: „If a Legal system is to uphold the right to life, there must be a liberty to use force for the purpose of self-defence." Der Aufsatz untersucht anschließend die gerade im englischen Recht früh ausgebildeten Prinzipien, die dem aggressiven Potential des Notwehrrechtes entgegenwirken: *reasonableness* der Verteidigung und *duty to retreat* bzw. *to demonstrate willingness to avoid conflict* (Ashworth 1975: 282–307).

[625] Das Ideal der Besitzlosigkeit ist nicht erreichbar, denn „the body too is a possession, and so long as it is there, it calls for other possessions in its train" (H., 10.10.1948: 271, Kher 1959, I: 168). „He alone does not feel the body to be a burden who hopes for nothing, whose mind is ever steady and who has completely given up the desire for possessions … The body, too, is a kind of property which we possess. We should so use it that we would not mind its perishing today rather than tomorrow" („Discourses on the ‚Gita'", 2.6.1926, CW 32: 209). Vgl. auch das Interview mit N. K. Bose, November 1934 (CW 59: 316 ff.), besonders die in Anm. 667 angeführten Sätze.

[626] „Possession of a body like every other possession necessitates some violence, be it ever so little." YI, 15.3.1928 (CW 36: 109).

[627] „And I said to myself: possession seems to me to be a crime; I can only possess certain things when I know that the others, who also want to possess similar things, are able to do so. But we know … that such a thing is an impossibility. Therefore, the only thing that can be possessed by all is non-possession not to have anything whatsoever. In other words, a willing surrender." Rede in Guildhouse Church über „Voluntary Poverty", 23.9.1930, CW 48: 50 ff., 51.

Vorsichtiger noch in der Autobiographie bei Erörterung des Ideals der *Aparigraha* (Besitzlosigkeit oder Besitzverzicht): „How was one to divest oneself of all possessions? Was not the body itself possession enough?" (Autobiography, Part IV, Chap. V). Letzteres entspricht einigermaßen dem Standpunkt Tolstois, der alle Zugehörigkeitsvorstellungen in bezug auf Sachen für Aberglauben erklärt: „Mein wahres Eigentum wird stets nur mein Körper sein, denn nur dieser wird sich mir immer unterwerfen müssen und ist an mein Bewußtsein gebunden" (Tolstoi 1902, 4; 215 ff., 232).

[628] In diesem Zusammenhang wird *possession* im Sinne von Eigenbesitz und synonym mit *property* gebraucht; vgl. zum Beispiel die in Anm. 625 angeführte Erläuterung zur Bhagavadhita oder das Interview mit N. K. Bose (ibid.). In anderem Zusammenhang erscheint, wie unten ausgeführt, *possession* als Gegensatz zu *ownership*.

Vergleich mit europäischer Eigentums*kritik* nicht weniger als mit den Begründungen des Eigentums. Erst dann läßt sich angemessen das Verhältnis zu argumentativ ähnlich klingenden Sätzen bestimmen wie Proudhons „La propriété c'est le vol" oder Rousseaus bekannter Tirade gegen die erste Aneignung des Bodens als usurpatorischen Gründungsakt der Gesellschaft.[629] Solche Argumentationen sind von der Antithese *Privat*eigentum – gemeinschaftliches Anrecht her gedacht. Sie kritisieren das Eigentum mit Blick auf das Gesamtsystem, indem sie das mit dem Eigentum zugleich hervorgebrachte Nicht-Eigentum (das Eigentum anderer) ins Auge fassen, und propagieren deshalb irgendeine Form von nicht-privilegiertem Besitzrecht (Gemeinbesitz, gesellschaftliches Eigentum oder gleiches Okkupations- und Gebrauchsrecht aller).[630] Der Angriff richtet sich primär gegen die Ungleichheit der Verteilung, die durch Sanktionierung der Exklusivbeschlagnahme in der abstrakten, nicht funktionell begrenzten Eigentumsform entsteht; gegen die Ungleichheit nicht nur als Ungerechtigkeit, sondern als Freiheitsbedrohung: weil sie politische oder wirtschaftliche Bedrückung nach sich zieht. Rousseau zum Beispiel charakterisiert zusammenfassend die Gründung der Gesellschaft als Zerstörung der Freiheit durch die Fixierung des Gesetzes von „Eigentum und Ungleichheit".[631] Proudhon nennt das Eigentum „Mutter der Tyrannei"[632] und sieht gegenüber dem legitimen Besitz das Unwesen des Eigentums darin, daß es vom Eigentümer mit Hilfe der Arbeit eines abhängigen Nichteigentümers genutzt wird.[633]

Alle Momente dieser Kritik – die Freiheits- und Gleichheitsprobleme wie die von Rousseau und Proudhon durchaus gesehenen Gewalt-Folgen – kehren bei Gandhi wieder, aber in charakteristisch veränderter Rangordnung. In der

---

[629] „Le premier qui ayant enclos un terrain s'avisa de dire, *Ceci est à moi*, et trouva des gens assez simples pour le croire, fut le vrai fondateur de la société civile" usw. (Rousseau 1962, I: 169). Außerdem Proudhon 1849, insbesondere Chap. I.

[630] Proudhon definiert z.B. im Gegensatz zum Privateigentum das Okkupationsrecht als natürliche Weise, die Erde unter alle Arbeitenden in der Reihenfolge ihres Auftretens zu verteilen, reziprok das Recht auf Arbeit als Recht auf Teilhabe an den Gütern unter Erfüllung der festgesetzten Bedingungen (Proudhon 1849, Chap. V, § 2). Vgl. die Kritik Proudhons bei Stein, 1850, III, 3. Teil, 2. Abs.

[631] „Telle fut, ou dut être, l'origine de la société et des lois, qui … détruisirent sans retour la liberté naturelle, fixèrent pour jamais la loi de la propriété naturelle, fixèrent pour jamais la loi de la propriété et de l'inégalité, d'une adroite usurpation firent un droit irrévocable, et, pour le profit de quelques ambitieux, assujettirent désormais tout le genre humain au travail, à la servitude et à la misère" (Rousseau 1962, I: 181).

[632] Proudhon 1849, Chap. IV, § 6, Proposition.

[633] „L'homme qui se met en possession d'un champ, et dit: Ce champ est à moi, ne sera pas injuste aussi longtemps que les autres hommes auront tous la faculté de posséder comme lui; il ne sera pas injuste non plus, si, voulant s'établir ailleurs, il échange ce champ contre un équivalent. Mais si, mettant un autre à sa place, il lui dit: Travaille pour moi pendant que je me repose; alors il devient injuste, inassocié, *inégal*: c'est un propriétaire" (Proudhon 1849, Chap. V, § 2; vgl. Rousseau in Anm. 629).

Frage des Privateigentums als abstrakter Rechtszuständigkeit und seiner Verteilung gelangt er sogar, wie zu zeigen sein wird, schließlich zu einer weitherzi-
gen und lässigen Haltung. Aber er scheidet sich in einer tieferen Schicht – und
zwar nicht bei Betrachtung der Systemfolgen, sondern bei der Grundbestimmung der Individualität – radikaler von der Eigentumsphilosophie.

Zur Verdeutlichung muß letztere als eine der beiden Hauptausprägungen
okzidentalen Grundrechtsverständnisses hier wenigstens kurz charakterisiert
werden. Es geht dabei erst in zweiter Linie um die Legitimation des Eigentums
als Rechtsinstitut, primär aber um eine in der Tiefe wirkende Auslegung der
Individualität selbst, vom Bilde des Eigentums her, mit der fast unausweichlich
folgenden Betonung von Macht-, Vereinnahmungs- und Zentralisierungswillen
gegenüber der kommunikativen Grundbefindlichkeit des Menschen.

Diese Tendenz wird neuerdings unter dem Begriff des Besitzindividualismus erörtert, der von C. B. Macpherson zur Interpretation des ökonomisch-
politischen Sinns der englischen Naturrechtslehren seit Hobbes eingeführt
worden ist.[634] Dieser Begriff soll hier ebenfalls zur allgemeinen Kennzeichnung, wiewohl das Phänomen nicht erschöpfend, verwendet werden. Er bezieht sich im Ausgangspunkt auf das Verständnis von Individualität und Freiheit als Sich-zu-eigen-sein, oder Haben seiner selbst, auf die Identifizierung
des Selbst als des Eigenen. Mit den Worten einer Streitschrift der englischen
„Levellers" aus dem Jahre 1646: „Every one as he is himselfe, so he hath a
selfe Propriety, else could he not be himselfe."[635] In der Konsequenz dieser
Auffassung liegt die Ausblendung der sozialen Dimension aus der Konstitu-
tion des Selbst, ihre Qualifizierung als sekundär. Als deutscher Ausdruck einer
solchen Grundbestimmung bietet sich zunächst das Wort *Eigenheit* an, um den
umfassenden Sinn wiederzugeben, in dem „property" bei John Locke, zwischen den Bedeutungen „Eigentum" und „Eigenart" spielend, als gemeinsame
Wurzel von Leben, Freiheit und Eigentum erscheint.[636] Dem liegt bei Locke
ein über die spielerische Äquivokation hinausgehender Versuch der Identifizierung zugrunde: Eigentum gründet in der Eigentümlichkeit der menschlichen
Person, und diese ist ein expansiver Prozeß der Identitätsgewinnung als Aneignung.[637] Neben dem Wort „Eigenheit", das im 19. Jahrhundert sogar als

---

[634] Macpherson 1962.

[635] R. Overton: An Arrow against all Tyrants (12 October 1646), p. 3, zitiert nach Macpherson 1962: 140.

[636] „Their lives, liberties and estates, which I call by the general name – property" (Locke 1690, 2. Treatise on Government, § 123; vgl. §§ 87 und 173). – Nach Olivecrona
1975: 109 ff. ist property oder auch *propriety* die im 17. Jahrhundert gebräuchliche
Übersetzung des lateinischen *suum*, jedenfalls bei Hobbes; es bezeichnet eine Sphäre
des Seinigen, die traditionell, etwa bei Grotius und Pufendorf Leben, Leib, Ehre,
Handlungen und (möglicherweise) Erwerb umfaßte. Diese Ableitung übersieht
allerdings, was Locke angeht, den neuen und charakteristischen Punkt; vgl. die folgende Anmerkung.

[637] Für den Zusammenhang der beiden Bedeutungen vgl. einerseits Milam 1967: 16 ff.,

Schlüsselbegriff bei Max Stirner auftaucht,[638] ist in diesem Zusammenhang auch an die abgewandelte Form „Eigentlichkeit" zu erinnern, womit noch in der Existenzialanalytik Heideggers der ursprüngliche Seinsmodus des Daseins als sich-zu-eigen-sein bestimmt wird,[639] wiederum mit der Konsequenz der

---

andererseits Thiel 1981: 181 ff., 185. Die Identifizierung geht über den Begriff des Vermögens *(power)*: indem die Eigenschaften oder Qualitäten der Dinge („properties", bei Milam fälschlich auf sekundäre Qualitäten eingeschränkt) als das Vermögen begriffen werden, sowohl Vorstellungen *(ideas)* im Bewußtsein als auch reale Veränderungen in anderen Dingen (und somit mittelbar wiederum Veränderungen in der Vorstellung) hervorzubringen, erscheinen sie als identisch mit dem im eminenten Sinne aktiven Vermögen des menschlichen Denkens und Handelns, welches zugleich die Eigenart *(property)* der menschlichen Person ausmacht: Die Identität der Person selbst entsteht nämlich aus einer *Aneignung (appropriation)* vergangener Existenz in die Gegenwart durch das denkende Bewußtsein. Es ist nicht nur so, daß die durch das menschliche Aktionsvermögen bewirkte Veränderung (Bearbeitung) äußerer Dinge als Identifizierung menschlicher Eigenart mit der Eigenart der Dinge *(property)* betrachtet wird, vielmehr zieht die identifizierende Kraft des Bewußtseins zugleich vergangene Bearbeitung in den Bereich gegenwärtiger Identität und konstituiert damit eine Dimension andauernder Beherrschung (*property* im prägnanten Sinne).

Diese revolutionäre, dynamische Veränderung des überkommen Wortsinns, die sich erst bei einer Mitberücksichtigung von Locke 1939, insbesondere II, Chap. vii, xxi und xxvii) herausstellt, übersieht Olivecrona, wenn er z. B. glaubt, Lockes Formulierung „property in his own person" nach wie vor einfach als „property in his own body" interpretieren zu können (Olivecrona 1975: 113). Die von ihm konstatierte Neigung Lockes, die ältere Form „propriety" durch „property" zu ersetzen, ist im Gegensatz zu seiner Annahme für die Bedeutungsmanipulation höchst aufschlußreich: denn Lockes Vorbild Hobbes verwendet beide Formen nebeneinander, unterscheidet aber die Bedeutungen: *property* für Eigenart, Qualität, hingegen *propriety* für Eigentum. Daß Locke mit dem Wort *property* etwas besonderes vorhat, läßt sich bei einiger Hellhörigkeit für Nuancen auch aus der betont vorsichtigen Art der Einführung des Gedankens entnehmen: „Though the earth and all inferior creatures be common to all men, yet every man has a ‚property' in his own ‚person'. This nobody has a right to but himself. The ‚labour' of his body and the ‚work' of his hands, we may say, are *properly* his" (Locke 1690, 2. Treatise on Government, § 27, Hervorhebung DC).

[638] Stirner 1893, 2. Abteilung, I: Die Eigenheit. Eine Festlegung auf Stirners terminologischen Gebrauch des Wortes und auf seine weiteren Exzentrizitäten ist hier im übrigen nicht beabsichtigt. Stirner stellt der Freiheit als bloßer Wunschvorstellung des Los- und Ledigseins die Eigenheit als wirklichen Selbstbesitz (Selbstmächtigkeit) gegenüber, gelangt aber, indem er diese als „ursprüngliche Freiheit" auffaßt, zu der charakteristischen Gleichsetzung, z. B.: „Die Freiheit lehrt nur: Macht Euch los, entledigt Euch alles Lästigen; sie lehrt Euch nicht, wer Ihr selbst seid … Als Eigene seid Ihr wirklich Alles los, und was Euch anhaftet, das habt Ihr angenommen, das ist eure Wahl und euer Belieben. Der Eigene ist der geborene Freie, der Freie von Haus aus" (Stirner 1893: 193).

[639] Heidegger 1927, § 9: 42 f. Der possessive Sinn dieser Bestimmung, samt der sie fundierenden „Jemeinigkeit" des Daseins wird polemisch – im Verschweigen der langen vorausliegenden Denktradition unfair polemisch – vermerkt bei Adorno 1984: 489.

Abdrängung der sozialen Existenz ins Sekundäre, in die un„eigentliche" Sphäre des Man.

Die praktische Pointe des Besitzindividualismus liegt jedoch in dem Übergang zum äußeren Haben und damit in der Ableitung des *Eigentums* als eines mit der menschlichen Freiheit notwendig gegebenen Fundamentalrechts. Die klassische Deduktion des Eigentums bei Locke baut auf dem Satz auf, daß der Mensch Eigentümer seiner Person, Handlungen und Arbeit ist und durch Vermischung seiner Arbeit mit Gegenständen der Natur sie sich zu eigen macht, sein Eigentum begründet.[640] Der Übergang in die äußere Sphäre bedeutet gleichzeitig das Recht der handelnden Person, über die Äußerungen ihrer produktiven Fähigkeit, d.h. ihre Arbeitsfähigkeit ebenso wie die gegenständlichen Ergebnisse ihrer Tätigkeit (verstanden als Aufprägungen ihrer Eigenheit auf die Umwelt) frei und ausschließlich im eigenen Interesse zu verfügen. Während hier also aus dem Eigentum Veräußerlichkeit abgeleitet wird, ist stets die Zweideutigkeit zu beachten, daß die Eigentumsvorstellung andererseits dazu dient, die Unveräußerlichkeit des inneren Kraft- und Freiheitszentrums der Person selbst zu begründen. Eigentum an der eigenen Person bedeutet sowohl die Möglichkeit der (Teil-)Veräußerung der eigenen Arbeitskraft im freien Arbeitsvertrag wie die Unmöglichkeit der vollständigen Selbstüberantwortung. Bei Locke ist dies in der unvermittelten Doppelbestimmung ausgedrückt, daß der Eigentümer seiner selbst zugleich Eigentum Gottes ist, mithin zu Selbstmord oder Selbstversklavung nicht berechtigt.[641] Solcher Paradoxien ungeachtet bleibt der Grundgedanke, daß die Macht des Ichs, *seinen* Willen *seinem* körperlich-geistigen Wesen, weiterhin aber ebenso den Gegenständen der Außenwelt aufzuprägen, als nicht grundsätzlich verschieden begriffen und insgesamt von der Aneignung der Außenwelt her interpretiert wird. Der Sog dieser Interpretation ergreift auch – als Grenzfall – das Eigentum am eigenen Körper, das bei Locke erst durch die aneignende Kraft des Bewußtseins der Personidentität einverleibt wird.[642] Hegel bestimmt das Verhältnis als Gleichzeitigkeit von Le-

---

[640] „From all which it is evident, that though the things of Nature are given in common, man (by being master of himself, and proprietor of his own person, and the actions or labour of it) had still in himself the great foundation of property" (Locke 1690, 2. Treatise on Government, Chap. V, §§ 25 ff. und 44). Diese Konzeption wird von den Physiokraten aufgenommen (Güntzberg 1907: 63 f.), vgl. z.B. Mercier de la Rivière: „C'est donc de la nature même que chaque homme tient la propriété exclusive de sa personne, et celle des choses acquises par ses recherches et ses travaux" (Mercier de la Rivière 1767: 12).

[641] Locke 1690, 2. Treatise on Government, §§ 6, 23. Vgl. später Sieyès 1789, Art. 5: „Tout homme est seul propriétaire de sa personne. Il peut engager ses services, son temps, mais il ne peut pas se vendre lui-même. Cette première propriété est inaliénable" (Sieyès 1789, Archives Parlementaires: 422).

[642] Ausführlich erörtert an den Beispielen der Seelenwanderung, der Auferstehung nach dem Tode und des Verlusts eines Körperteils im Leben, in Locke 1959, II, Chap. 27, §§ 14 ff. (Idea of Personal Identity)

bendig-*sein* der Person im organischen Körper und durch den Willen vermitteltes *Haben* dieses Lebens und Körpers.[643]

Für eine prägnante neuere Fassung dieses Gedankengangs sei noch Georg Simmel zitiert: „Die Freiheit des Menschen erscheint zunächst als sein Eigenthum an sich selbst", empirisch: „als Herrschaft über den eigenen Leib" ... „als Fortsetzung dieser Freiheit erscheint nun die Herrschaft über ein Besitzthum; kein qualitativer sondern nur ein Unterschied der Entfernung von dem Zentrum der Verfügung trennt den Körper, über den ich als über den eigenen verfüge, von dem sonstigen gegenständlichen Eigenthum, über das ich verfüge." Schließlich kehrt sich die Perspektive um. „Das Ich fiele sozusagen ausdehnungslos in einen Punkt zusammen, wenn es keine Sphäre hätte, in der sein Wille sich realisiert, das heißt wenn es nichts besäße."[644]

Letztlich ist es diese Konzeption, die Bestimmung der Freiheit der Person als einer Bemächtigungs- und Aneignungstendenz, die den Gesichtspunkt des Eigentums in der Grundrechtstheorie hat so dominierend werden lassen. Sie hat – auf der gedanklichen Seite – wesentlich zu der Blindheit des Liberalismus für die menschenrechtliche Ambivalenz des Eigentumsbegriffes beigetragen, Blindheit für das Potential der Sachherrschaft, Herrschaft auch über Menschen zu begründen und insbesondere für die Äquivokation, die in der unterschiedslosen Anwendung des Eigentumsbegriffes auf persönliches wie gesellschaftlicher Nutzung gewidmetes Eigentum (Produktionsmittel) liegt. Sie hat umgekehrt die Menschenrechtsidee in toto als Ideologisierung des Eigentümerinteresses den Verdächtigungen der marxistischen Kritik ausgesetzt: die Menschenrechtskritik in Marx' Schrift „Zur Judenfrage" beruht gänzlich hierauf.[645]

---

[643] Hegel 1955 a, § 41. Hegel gibt hier und in den folgenden Abschnitten eine klassische Exposition der Identifizierung der Person im Eigentumsbegriff, vgl. insbesondere § 57.

[644] Simmel 1892/93, 2: 245–253. Eine vergleichbare, annähernd zeitgenössische Darlegung bei James 1890, Chap. X („The Consciousness of Self"): „In its widest possible sense ... a man's self is the sum total of all that he can call *his*" (James 1890, I: 291, Hervorhebung DC). „The parts of our wealth most intimately ours are those which are saturated with our labour ... at the loss of possessions ... in every case there remains ... a sense of the shrinkage of our personality" (ibid.: 293).

[645] MEW 1: 362ff., etwa: „Die praktische Nutzanwendung des Menschenrechtes der Freiheit ist das Menschenrecht des Privateigentums" (ibid.: 364). Oder: „Keines der sog. Menschenrechte geht also über den egoistischen Menschen hinaus, über den Menschen, wie er Mitglied der bürgerlichen Gesellschaft, nämlich auf sich, auf sein Privatinteresse und seine Privatwillkür zurückgezogenes und vom Gemeinwesen abgesondertes Individuum ist" (ibid.: 366).

Entsprechend Marx und Engels im Kommunistischen Manifest: „Von dem Augenblick an, wo die Arbeit nicht mehr in Kapital, Geld, Grundrente, kurz, in eine monopolisierbare gesellschaftliche Macht verwandelt werden kann, d.h. von dem Augenblick, wo das persönliche Eigentum nicht mehr in bürgerliches umschlagen kann, von dem Augenblick an erklärt ihr, die Person sei aufgehoben. Ihr gesteht also, daß ihr unter der Person niemanden anders versteht als den Bourgeois, den bürgerlichen Eigentümer. Und diese Person soll allerdings aufgehoben werden" (MEW 4: 477).

Umso bemerkenswerter, daß selbst Marx, wo er von dem Denkschema sich zu befreien unternimmt, immer noch die Begriffe der Selbst*entfremdung* und der (Wieder)-*Aneignung* des menschlichen Lebens gebraucht, die mit der Aufhebung des Privateigentums erreicht werden soll.[646] Eine solche Aufhebung betrifft nur die Einseitigkeit des Habens, die als Entfremdung der sinnlichen Weltaneignung, als ein Sich-Verlieren des Menschen in den Gegenstand verstanden wird. Sie soll in einer all- und gegenseitigen gesellschaftlichen Aneignung aufgehen, worin die gegenständliche Betätigung der Individualität zugleich deren Dasein *für* den anderen Menschen würde.[647]

Die harmonisierende Vorstellung der Individualität als selbstmächtiger Identität allerdings ist in dieser Sprache des Eignens und Vereinnahmens noch die gleiche wie in der trivialindividualistischen Gegenüberstellung egoistischer Monaden. Sie wird durch die Extrapolation auf die Gesellschaft nicht überwunden, sondern eher noch gesteigert. Das Individuum *ist* in dieser Projektion unmittelbar selbst schon, ohne Zwiespalt oder auch nur Spannung, das gesellschaftliche Wesen;[648] es wird als „die ideale Totalität, das subjektive Dasein der gedachten und empfundenen Gesellschaft für sich" gefeiert[649] und soll in der Ununterschiedenheit von individuellem und Gattungsleben als Gesellschaft zudem noch die „vollendete Wesenseinheit des Menschen mit der Natur" sein.[650] Vor solch allseitigem und totalisierendem Identifikationsdrang läßt sich kein Anspruch eines wahrhaft „anderen" mehr so recht anerkennen. Alles unverfügbar „andere" kann vielmehr nach Bedarf zu einem bloßen Rest noch undurchdrungener Fremdheit abgewertet und als „Abstraktion" ontologisch verdächtigt werden.[651] Jeder Gegensatz läßt sich so aufheben, wegdefinieren – fragt sich nur, von wem und ob nicht am Ende zum Schaden der Individualität, wie zugleich der Möglichkeitsbedingungen von Kommunikation und Gesellschaft.

Jedenfalls ist mit dieser ausschweifenden Vision der Besitzindividualismus, die Auslegung menschlicher Praxis als Selbst-Vergegenständlichung und -An-

---

[646] „Der Kommunismus als positive Aufhebung des Privateigentums als menschlicher Selbstentfremdung und darum als wirkliche Aneignung des menschlichen Wesens durch und für den Menschen" (Ökonomisch-philosophische Manuskripte, MEW, Ergänzungsband I: 536). Die geschichtsphilosophische Ausführung des Gedankens zuerst in „Deutsche Ideologie". I. Feuerbach, MEW 3: 17ff.

[647] MEW, Ergänzungsband I: 537–540. Vgl. auch zu Proudhon, in „Die heilige Familie", MEW 2: 44.

[648] „Es ist vor allem zu vermeiden, die ‚Gesellschaft' wieder als Abstraktion dem Individuum gegenüber zu fixieren. Das Individuum *ist das gesellschaftliche Wesen*" (MEW, Ergänzungsband I: 538).

[649] Ibid.: 539.

[650] Ibid.: 538.

[651] So wird auch dem Individuum die Reflexion über seine Begrenzung durch Herkunft von *anderen* Menschen, schließlich über die ursprüngliche Entstehung des Menschengeschlechtes aus einem Noch-Nicht, als „Abstraktion" ausgeredet (ibid.: 544 f.).

eignung, in Wahrheit nicht überschritten, sondern auf den Gipfel geführt.[652] Das heißt aber auch, daß die Menschenrechtskritik des Marxismus auf eigentümliche Weise an den Besitzindividualismus gekettet bleibt und von dessen kritisierter Unzulänglichkeit unversehens selbst eingeholt wird. Die Gefahren, die von der Hypertrophie des Eigentumsprinzips für die Freiheit des anderen ausgehen, von jener Bestimmung der Person-Identität als monadischen, gegenüber dem anderen aggressiven Aneignungswillens, werden durch die ebenso rückhaltlose Übereignung an die „Gesellschaft" bzw. das Kollektiv am allerwenigsten gebannt. Damit wird erst recht das kommunikative und politische Spannungsfeld der Intersubjektivität verfehlt, in dem Recht überhaupt, insbesondere generalisierbare Menschenrechte (*gleiche* Freiheit aller) ihren natürlichen Ort haben. Die Folgen jener kurzschlüssigen Extrapolation, samt der Verkennung der spezifischen Wahrheitsbedingungen von Recht und Politik, sind in der realen politischen Geschichte marxistischer Staaten verhängnisvoll zutage getreten. Über die Drastik dieses Befundes ist heute kein Wort mehr zu verlieren.

Hier, aber ebenso auch in der Elendsspur eines ungehemmten Wirtschaftsliberalismus – dies in Gandhis kolonialem Horizont die bedrängendere Erfahrung – ist eine ursprüngliche Diskrepanz zwischen besitzindividualistischem Ansatz und Menschenrechtsidee ins Augenfällige vergrößert zum Vorschein gekommen. Der Versuch einer grundsätzlichen Revision auch des anthropologischen Ausgangspunktes ist deshalb nahegelegt – etwa indem man jenseits der ganzen verfänglichen Denktradition auf die Anerkennung einer ursprünglichen Dualität der Person in sich selbst zurückgeht. Eine ältere Version hiervon ist uns bereits bei Luther entgegengetreten (vgl. §15). Später, nach Locke, findet Kant zu einer klaren dualistischen Negation, d.h. Brechung der besitzindividualistischen Souveränität, indem er mit charakteristischer Abweichung von Lockes Idee einer konkurrierenden Eigentümerschaft Gottes die dialogisch-moralische Struktur in die Person selbst verlegt: „Daher ein Mensch sein eigener Herr (sui iuris), aber nicht Eigentümer von sich selbst (sui dominus) (über sich nach Belieben disponieren zu können), geschweige denn von anderen Menschen sein kann, weil er der Menschheit in seiner eigenen Person verantwortlich ist."[653]

---

[652] Diese Zusammengehörigkeit ist besonders herausgearbeitet bei Dumont 1965: 59 und Dumont 1977: 137 ff.

Leider läßt er sich aber von seiner richtigen Einsicht verleiten, die „ökonomische Ideologie" (vgl. den Untertitel von „Homo Aequalis": Genèse et épanouissement de l'idéologie économique) für die alleinige Möglichkeit bzw. für das Wesen allen okzidentalen Individualismus und Egalitarismus zu halten, und die andere, hier in den Vordergrund zu stellende Traditionslinie zu übersehen oder doch zu unterschätzen. Er gelangt so zu einer simplifizierten, meines Erachtens ganz unzureichenden Gegenüberstellung von „holisme (hiérarchie) – primauté des relations entre hommes" und „individualisme (égalité) – primauté de la relation de l'homme aux choses". Vgl. Dumont 1977: 82. Für eingehendere Kritik vgl. Conrad 1982: 378 ff.

[653] Kant, Die Metaphysik der Sitten, 1. Theil: Metaphysische Anfangsgründe der

Mit systematischer Ausdrücklichkeit ist die Auffassung von menschlicher Personalität als einer Beziehung im einzelnen Menschen selbst (N. Elias), als einer irreduziblen Spannung zwischen Individuation und gesellschaftlicher Bestimmtheit im Individuum, von der neueren soziologischen Theorie entwickelt worden.[654] Damit tut sich die Möglichkeit auf, von der schlechten Abstraktion als bloßer Entfremdungsgestalt des Eigenen den legitimen Anspruch überindividueller Verständigung und Verbindlichkeit (Menschheit, Allgemeinheit, Kollektiv-Repräsentation, Über-Ich usw.) innerhalb der Subjektivität selbst zu unterscheiden, zusammen damit aber auch von bloßen Totalitätsphantasien des (individuell oder kollektiv verstandenen) Ego das legitime Recht individueller Besonderung. In der so als Konstitutionsbedingung von Personalität selbst erschlossenen Dimension intersubjektiver Bezug- wie auch Distanznahme läßt sich die Frage nach ursprünglichen Rechten der individuellen Person erneut und angemessen stellen.

Gandhi steht, wie von den Früheren etwa Luther oder Kant, auf der Seite einer dualistischen, Personalität als ursprüngliche Verhältnisbeziehung zwischen zwei Polen begreifenden Auffassung. Die dialogische Interpretation dieses Verhältnisses ist der Gandhi prägenden neueren hinduistischen Tradition nicht fremd; mit einem Text aus dem westlichen Indien (Maharashtra) des 17. Jahrhunderts: „The self is an argument unto itself."[655] Soweit Gandhis eigene,

---

Rechtslehre, § 17 am Ende. (Kant 1968, VI: 270). Die besitzindividualistische Ausdrucksweise – „Eigner seiner selbst" – in Kants früherer Abhandlung „Über den Gemeinspruch: Das mag in der Theorie richtig sein, taugt aber nicht für die Praxis" in Berlinische Monatsschrift 1793 (Kant 1968, VIII: 293) ist damit klar revidiert; die für den Vorwurf besitzindividualistischer Tendenzen Kants öfters ausgeführte Lehre von der bürgerlichen Selbständigkeit (= Eigentümerstellung) als Voraussetzung der Aktivbürgerschaft ist von sekundärer Bedeutung und kann hier unberücksichtigt bleiben. Zu dieser Diskussion Vollrath 1983: 112f. mit Nachwort.

654 Seit den Arbeiten von George Herbert Mead einerseits, andererseits von E. Durkheim und seiner Schule: bahnbrechend Durkheims Ableitung der Individualitätsbildung aus dem gesellschaftlichen Vorgang der Arbeitsteilung und seiner Ausprägung in der Einzelperson (Durkheim 1973, besonders die Schlußfolgerungen S. 453ff.) – mithin aus eben dem Vorgang, der für Marx die *entfremdete* Gestalt der menschlichen Tätigkeit als Gattungstätigkeit war (MEW, Ergänzungsband I: 539 und „Deutsche Ideologie" I, MEW 3: 17ff.). Die voll entwickelte Theorie Durkheims für Dualität der Person in Durkheim 1968, Chap. VIII, zusammengefaßt: 386ff. Der Beitrag von Norbert Elias ist die Historisierung der Personalitätsstruktur in Korrespondenz zur Entwicklung der Gesellschaft (vgl. hier Elias 1969, II: 390). Zu Begriff und Problem der Entfremdung Gehlen 1975; König 1975; Popitz 1973; Müller 1970.
Zu Mead und Durkheim Habermas 1981, Bd. 2; zu Mead und der von seiner Position sich ergebenden Kritik an Heideggers Begriff des Selbst Tugenhat 1979, insbesondere 278ff. Tugendhats Analyse wäre hinzuzufügen, daß der festgestellte Mangel in Heideggers Aufstellungen deutlich mit der possessiven Grundbestimmung des eigentlichen Selbstseins zu tun hat (sich-zu-eigen sein als kommunikationsloses in-sich-verloren-sein).

655 Tukaram (1607–1649). Zahlreiche Hymnen Tukarams, wenn auch nicht der hier

in diesem Punkt wenig explizite Äußerungen Schlüsse zulassen, dürften sich seine Vorstellungen hauptsächlich in der traditionellen Antithese von Selbst als empirischem Ich (ego) und Selbst als *Atman* bewegt haben. Ohne daß auf Einzelheiten der metaphysischen Vorstellungen hier einzugehen wäre, ist nur festzuhalten, daß eine solche Struktur der Selbst-Erfahrung ein Verständnis von Freiheit als eines in Selbstharmonie sich bestärkenden Aneignungsprozesses, und damit die Verklärung des Eigentums durch Verschmelzung mit der Freiheitsidee ausschließt. Gandhi scheidet denn auch Freiheit und Eigentum so grundsätzlich, daß Freiheit weder im einseitigen noch im gesellschaftlichen Genusse des Habens, sondern im Verzicht (bzw. der Verzichtsbereitschaft) auf das Haben, einschließlich des Habens des eigenen Körpers, des Selbstbehauptungswillens, des Lebens zum Vorschein kommt. Das ist gerade von der Konfliktsituation zwischen Einzelnem und Gesellschaft her gedacht. Weit entfernt, im Reichtum menschlichen Wesens und seiner allseitigen sinnlichen Bejahung in der gegenständlichen Welt die Emanzipation zu suchen,[656] sieht Gandhi sie in freiwilliger Armut[657] und der Fähigkeit, „Nein" zu sagen.[658] Er befindet sich dabei im Einklang mit einer alten indischen Tradition – solitäre Emanzipation durch „Welt"-Entsagung[659] –, zugleich aber, wie häufig, in der Nähe von älteren abendländischen Auffassungen. So kommt gerade die Umstellung des aktuellen Verzichts zur Verzichts*bereitschaft*, zur Besitzlosigkeit in der übertragenen Form der habituellen inneren Distanz zum Eigenen, wie es aus der Bhagavadgita abgeleitet wird,[660] in die Nähe des paulinischen *Haben, als hätte man nicht*. In beiden Fällen entspricht dem Nicht-Festhalten am Eigentum *(aparigraha)* das Festhalten am über-individuellen, mehr als „eigenen" Anspruch *(satyagraha)*. Ebenso ist es beispielsweise noch für Luther natürlich, den *freien* Willen, der „auf Gottes Willen schauet", dem *eigenen* Willen entgegenzusetzen, der an den Dingen dieser Welt „anklebt".[661]

---

zitierte, sind in das von Gandhi zusammengestellte Gesangbuch seines Satyagraha Ashram aufgenommen, vgl. „Ashram Bhajanavali" (1930), CW 44: 386 ff.

[656] Vgl. Marx über den Menschen in dem „ganzen Reichtum" seines Wesens, den „reichen all- und tiefsinnigen Menschen", über sein reiches menschliches Bedürfnis, über die Bejahung des Menschen mit allen Sinnen in der gegenständlichen Welt, usw. MEW, Ergänzungsband I: 541 ff.

[657] Rede in der Guild House Church, London 23.9.1931, CW 48: 50 ff.

[658] Gegen Tagores Kritik am negativen Charakter der Non-cooperation, in „The Poet's Anxiety", YI, 1.6.1921, CW 20: 161; ähnlich vor dem Plenum der Round Table Conference, London 1.12.1931: „That nation is today learning to say ‚No'" (CW 48: 363); Für die Frauenemanzipation: H, 2.5.1936: 93; für die „have nots": H, 5.2.1938: 443. Allgemein zur Eigen-Negierung von der „Wahrheit" oder dem „Selbst" siehe die Zitate Anm. 149 und 405 am Ende.

[659] Hierzu Dumont 1959: 45 ff.

[660] Vgl. „Discourses on the ‚Gita'" zu Bhagavadgita IV: 19 ff. (CW 32: 208 ff.) und das in Anm. 625 hieraus gegebene Zitat; ferner H, 10.10.1948: 271 (Kher 1959, I: 168): *mental detachment* als Laienethik.

[661] „So spricht man: ‚Ei, hat uns doch Gott einen freien Willen gegeben.' Antwort: Ja, freilich hat er dir einen freien Willen gegeben. Warum willtu ihn denn machen zu

Die Parallele bringt allerdings auch zu Bewußtsein, daß handfestere sozial-ethische Bedenken hinzukommen müssen, wenn sich aus einer solchen traditionellen Haltung der Übergang zu praktischer Eigentumskritik ergeben soll.[662] Solche Bedenken wachsen auch bei Gandhi, wie schon ersichtlich, aus der Überlegung, daß der aneignende Zugriff auf die Welt notwendig zugleich die Ausschließung anderer ist.[663] Die primäre Befürchtung richtet sich jedoch nicht auf die Ungleichheit, sondern auf die Gewaltsamkeit, die das Für-sich-Haben-Wollen produziert. „Where there is possessiveness, there is violence."[664]

Die konkrete Bedeutung solcher Sätze, die formelhaft verknappt einen Zusammenhang von Besitzwillen, Eigentum und Gewalt(samkeit), dann wieder von Staat und Gewalt(samkeit) konstatieren, liegt nicht in jedem Falle klar auf der Hand. Dies vor allem, wenn man von der vertrauten Argumentationsreihe her denkt, in der Eigentum und Staat gerade wegen ihrer Friedensfunktion, als

---

einem eigen Willen und läßt ihn nit frei, sondern dein eigen. Gott aber hat dir noch niemand ein eigen Willen gegeben. Denn der eigen Will kommt vom Teufel und Adam, die haben ihren freien Willen, von Gott empfangen, ihnen selbst zu eigen gemacht. Denn ein freier Wille ist, der nichts eigens will, sondern allein auf Gottes Willen schauet, dadurch er denn auch frei bleibet, nirgends anhangend oder anklebend" (M. Luther: Auslegung deutsch des Vaterunser für die einfältigen Laien. (1519) WA 2: 104).

Die Unterscheidung ist bekanntlich bei Kant aufgehoben, indem die – die Freiheit bedingende – Moralität als eigene Gesetzgebung der Vernunft begriffen wird. Allerdings ist nicht zu leugnen, daß gerade dadurch der Begriff der Freiheit Züge von Entsagung in sich aufgenommen hat, gegen die sich wiederum Stirner mit seiner Unterscheidung von Freiheit und Eigenheit empört: „Der Drang nach Freiheit als nach etwas Absolutem ... brachte uns um die Eigenheit: er schuf die Selbstverleugnung" (Stirner 1893, 2. Abteilung, I: „Die Eigenheit").

Zu Luthers Sprachgebrauch ist anzumerken, daß auch hier terminologische Festlegung nicht hineingedeutet werden darf. In anderem Zusammenhang kann er etwa die „Eigene Person" des Christen der „welt person" gegenüberstellen (vgl. §15 und Anm. 372).

[662] Die grundsätzlich positive, wenn auch nicht im modernen engagierten Sinne, Stellung Luthers zum Eigentum ist bekannt, vgl. etwa die Magnificat-Auslegung von 1522 (Cl. 2: 164ff., WA 7: 578ff.). Das geht so weit, daß er den im Türkenkrieg Gefangenen und in die Knechtschaft Verkauften die Flucht verbietet, weil damit das Eigentum des jeweiligen Herrn verletzt würde, der den Leib an sich gebracht hat, „daß er forthin nicht dein sondern sein Gut ist wie ein Vieh, oder andere sein Habe" (Heerpredigt wider den Türken (1529), WA 30, II: 193). Vergleichbare Äußerungen in den Bauernkriegsschriften.

[663] Vgl. M. Webers historische Interpretation der Eigentumsentstehung als eines Vorgangs der „Schließung" ökonomischer Chancen, zuerst durch die Gruppe nach außen, später innerhalb der Gruppe gegen die Gruppengenossen durch den Einzelnen. In Weber 1925, Teil II, Kap. 1, §2.

[664] „Discourses on the ‚Gita'", 18.3.1926, CW 32: 115. Umgekehrt: Die Gelübde des Nicht-Stehlens (asteya) und der Besitzlosigkeit (aparigraha) sind Hilfen, um zur Gewaltlosigkeit zu gelangen. In „Meaning of the ‚Gita'", Navajivan 11.10.1925, CW 28: 317.

legale Klärung und Absicherung von Bereichszuweisungen, gerechtfertigt werden. Gandhi dürfte im Ansatz voll die Kritik Tolstois übernehmen, die im Eigentum den rechtsförmigen Ausdruck für das über den persönlichen Bedarf
hinausgreifende Ausbeutungs- und Beherrschungsinteresse sieht, den Motor,
welcher eine Staatstätigkeit in Gang setzt, die letztlich überall auf rechtliche
Gewalttätigkeit oder auf die Drohung damit, als Sanktion, hinausläuft.[665] Jedoch scheint der Sinn bei Gandhi darüber hinaus, bis ins rein Spirituelle zu
gehen, bis an den Punkt, an dem Besitz als Anfang einer falschen Art von Ver-
strickung in die Dinge der Welt erscheint – wo sich die Sachen hart im Raum
stoßen und demzufolge die Selbstbehauptung (im Sinne von Eigen-Behaup-
tung) zum Zusammenprall führen muß.[666] Besitz wäre hier an sich schon als
Hindernis für die geforderte gewaltlose (= liebende) Zuwendung zur Welt anzusehen.[667] Von dieser Vorstellung her erscheinen dann die Phänomene handfester Gewalttätigkeit nur als natürliche Konsequenz. Solche wären etwa – im individuellen Fall – die Gewaltsamkeit der Besitznahme oder der Besitzverteidi-
gung, im großen aber und als systematisch-politische Konsequenz die mit der
Akkumulierbarkeit des Eigentums und zugleich der Knappheit der Gegenstände gegebene Möglichkeit einer Beschneidung der Lebensgrundlage anderer,
konkret: der ausgebeuteten und ausgehungerten Massen Indiens zu denken.
Um Gewalttat handelt es sich insofern, als hier ein Dauerangriff auf die physische Existenz stattfindet. Außerdem mündet dieser Angriff wiederum in die
aktualisierte Gewalttätigkeit des als Eigentumsschutz organisierten Staates.
Denn eine die natürlichen Gebrauchs- und Bearbeitungsverhältnisse verfäl-
schende Eigentumskonzentration unter Ausschließung der Mehrheit vom Eigentum kann nur mittels gewalttätiger Repression aufrechterhalten werden. Je
krasser die Ungleichverteilung, desto unentbehrlicher der gewaltsame Staat als
Verteidigung der Reichen gegen die Armen, wie es schon früh ein unverdächti-
ger Zeuge ausdrückte.[668] Die „Verteidigung" wird wie bei Tolstoi nur als Kon-

---

[665] Vor allem die in „Hind Swaraj" herangezogene Schrift „Moderne Sklaven" (Tolstoi
1911 a).

[666] Vgl. Autobiography, Part I, Chap. XX zu Bhagavadgita II: 62 f.; in der „History of
the Satyagraha Ashram" (1932) heißt es: „We thus find that it is impossible for a
man with ‚possessions' to observe ahimsa even in the gross meaning of that term. A
man of property must adopt measures for its security involving the punishment of
whoever tries to steal it" (CW 50: 188 ff., 208). Schließlich: „The very existence of
body stands in the way of total ahimsa. And without complete ahimsa one is unable
to see Truth. But one who has rid himself of passions comes very near to Truth" (S.
160).

[667] „Love and exclusive possession can never go together. Theoretically when there is
perfect love, there must be perfect non-possession. The body is our last possession.
So a man can only exercise perfect love and be completely dispossessed, if he is prepared to embrace death and renounce his body for the sake of human service" (Interview mit N. K. Bose, November 1934, auf die Frage, ob „love or non-violence"
sich mit Besitz in irgendeiner Form vereinen lasse, CW 59: 316 ff.).

[668] Smith 1937, Book V, Chap. I, Part 1: 674. Gandhi: „A non-violent system of

sequenz der Wegnahme gesehen, der herkömmliche Staat als Institutionalisierung des Raubes und insofern als Zentrum des „Todestanzes".[669]

Erst als Grund von Lebensbeeinträchtigung und in diesem ursprünglichen Sinn als Gewaltphänomen spielt also die Ungleichheit eine Rolle für die Eigentumskritik, nicht schon wegen der Irritation eines abstrakten Gerechtigkeitssinnes. Bei den Äußerungen über eine Staat und Eigentum inhärente Gewaltsamkeit ist der neuere Begriff der „strukturellen Gewalt" fernzuhalten, in welchem Zustände sozialer Ungerechtigkeit *per se* mit Gewalt und Unfrieden gleichgesetzt werden.[670] Gandhi meint Gewalttätigkeit als Akt der physischen Verletzung (auch, soweit durch regelmäßige Wiederholung zu einer Art Dauerwirkung gesteigert, etwa bei der Steuereintreibung), in Anwendung auf einen Zustand allenfalls die Tendenz, in offene, lebensverletzende Gewalttat überzugehen. Bei allem hat man sich die andere Drastik des indischen Massenelends im Verhältnis zu den vergleichsweise moderaten Verteilungsproblemen westlicher Industriegesellschaften zu vergegenwärtigen, außerdem die Überzeugung der indischen Nationalisten, daß es sich nicht um „natürliche" Armut, sondern um eine vom Kolonialsystem hervorgebrachte Verelendung handle.[671] Für Gandhi brachte das Kononialsystem in gesteigertem Maße die korrupte Verbindung von Eigentümer„gewalt" und politischer Gewalttätigkeit vor Augen – symptomatisch, daß die Kolonialmacht ihre so betonte Abneigung gegen Grundrechtsverbürgungen gerade im Falle des Eigentums durchbrach, um es als Grundrecht im indischen Verfassungsgesetz zu verankern.[672]

---

government is clearly an impossibility so long as the wide gulf between the rich and the hungry millions persists" (Constructive Programme, Ausgabe 1941, Kher 1959, I: 146). Gandhis Einschätzung des Staates in diesem Zusammenhang ist stark von L. Tolstoi bestimmt; vgl. § 9 und Anm. 251, § 17 und Anm. 479.

[669] In dem schon mehrfach zitierten Artikel „The Death Dance" aus YI, 9.3.1922, CW 23: 54 ff.

[670] In dieser Gleichsetzung und der aus ihr folgenden Legitimierung gewaltsamer Veränderungen als „Gegengewalt" liegt geradezu die Funktion des Begriffes, so wie er von J. Galtung als Grundbegriff der sogenannten „Kritischen Friedensforschung" in seinem Aufsatz „Peace and Peace Research" (1969) eingeführt worden ist; deutsch in Galtung 1972: 55–104.

[671] „And when the peasant is fully awakened to a sense of his plight and knows that it is not kismet that has brought him to the helpless state but the existing rule, unaided he will in his impatience abolish all distinctions between constitutional and unconstitutional, even violent and non-violent means" („Clearing the Issue", YI, 30.1. 1930, CW 42: 433). Über die wirtschaftsgeschichtlichen Anklagen der nationalistischen Literatur gegen das Kolonialsystem vgl. Rothermund 1965: 45 f.; Gandhi gibt die beiden wichtigsten Werke, Dadabhai Naoroji: Poverty and Un-British Rule in India, 1901 sowie R. C. Dutt, Economic History of India, 1903 in der Liste der empfohlenen „Autoritäten" im Anhang von „Hind Swaraj" an (CW 10: 65).

[672] Government of India Act, 1935 (26 Geo. 5, Ch. 5) sec. 299. Gandhi andererseits hatte im Namen des Nationalkongresses auf der Round Table Conference in London als Politik einer unabhängigen indischen Regierung umfassende soziale Umschichtungen durch Enteignung der unter dem Kolonialsystem Bereicherten ange-

§ 21 Kritik am Staatssozialismus. Trusteeship-Doktrin

Die beiden Momente, daß Eigentum als etwas dem Wesen des Menschen
Fremdes (nicht nur Ent-Fremdetes), d. h. als akzidentiell und verzichtbar erscheint und daß seine Problematik in erster Linie in seinem Potential an Gewaltsamkeit gesehen wird, bestimmen Gandhis Stellung zu sozialistischen
Doktrinen. So läßt sich verstehen, daß ein guter Teil europäischer Eigentumskritik übernommen werden kann – vor allem die Grundanschauung, daß das
wahre Wesen des Reichtums Macht über andere Menschen sei[673] –, ohne daß
doch die Eigentumsfrage der Schlüssel zur Erlösung der Gesellschaft würde.
Es bleibt immer im Blickfeld, daß Privateigentum (Kapital) nur *eine* Form sozialer Macht und Gewaltausübung ist, besser vielleicht: nur die eine Seite der
sozialen Gewaltorganisation. Die Verstaatlichung des Privateigentums löst deshalb im allgemeinen das Problem nicht, sondern kann es im Gegenteil noch
verschärfen, weil sie den Zusammenhang von Deprivation, Zwang zu fremd-
bestimmter Arbeit und Gewaltsanktion kurzschließt. Verstaatlichung ist zunächst einmal ohne Gewalt gar nicht durchzusetzen. In der Folge bedeutet sie
weitere Macht- und Gewaltkonzentration. So ist Staatseigentum möglicherweise noch gefährlicher als Privateigentum.[674] Bei Gandhis Grundanschauungen über Mittel und Zwecke (vgl. § 9) bedarf es kaum der Ausführung, daß ihm
die Hoffnung als irreal erschien, gerade vermittels einer letzten totalen Gewalt-

---

kündigt: „And they will be dispossessed, I may tell you, without any compensation,
because, if you want this government to pay compensation it will have to rob Peter
in order to pay Paul", Rede in der Sitzung des Federal Structure Committee, 19.11.
1931 (CW 48: 319). Zur Auffassung des Kolonialsystems als wirtschaftlichen Aus-
beutungssystems vgl. außer dieser Rede etwa „Some Implications", YI, 6.2.1930,
CW 42: 450; Brief an den Vizekönig Lord Irwin vom 2.3.1930, CW 43: 2; „The
Death Dance", YI, 9.3.1922, CW 23: 54.

[673] In einer Paraphrase von Ruskins „Unto This Last", II, Nr. 30 heißt es: „Careful
reflection will show that what we really desire through acquisition of wealth is power over other men – power to acquire for our advantage the labour of a servant, a
tradesman or an artisan [Ruskin: artist]. And the power we can thus acquire will be
in direct proportion to the poverty of others. ... So that growing rich means that as
large a number of men as possible shall have less than we have" („Sarvodaya" V, IO,
13.6.1908, CW 8: 290).
   Diese Bestimmung des Reichtums als Kapital, d. h. Mittel, sich fremde Arbeitskraft anzueignen, ist übrigens im Einklang mit der klassischen Tradition, etwa nach
Locke 1692: 36, wo die Ungleichheit der Verteilung von Land und Geld als Ursache
von Grundrente und Zins bestimmt wird. Es folgt bei Gandhi wie bei Ruskin eine
relativierende Betrachtung über die Ungleichheit: „Equality among men is certainly
not possible. But conditions of scarcity, unjustly created injure the nation" (vgl.
Ruskin 1905, II, Nr. 31; „scarcity" nur bei Gandhi).

[674] Die Stellungnahme bei dieser Abwägung schwankt, wie man deutlich in dem schon
zitierten Interview mit N. K. Bose vom November 1934 sehen kann: Dort wird eingangs Staatseigentum für „besser" als privates Eigentum angesehen; gleich darauf
aber heißt es: „In my opinion the violence of private ownership is less injurious
than the violence of the state" (CW 59: 316ff.).

konzentration ließen sich Gewalt und Staat überflüssig machen. An seiner Skepsis gegenüber dem Marxismus – die er durchhielt ungeachtet der in Nationalistenkreisen zeitweise modischen Schwärmerei für die Entwicklung Rußlands unter Lenin und Stalin – hat auch eine späte Lektüre des „Kapital"[675] nichts geändert.

Andererseits besteht Übereinstimmung mit den Sozialisten über das Ziel einer ausbeutungsfreien, ja klassenlosen Gesellschaft,[676] einer Befreiung und grundsätzlichen Gleichwertigkeit aller Menschen auch im Produktionsprozeß, und entsprechend über die Umwandlung des Arbeitsverhältnisses in eine Art Assoziation;[677] Übereinstimmung auch über die Notwendigkeit, extreme Eigentümermacht aufzulösen und demgemäß Fabriken, in denen sehr viele Menschen zusammen arbeiten, oder auch Schlüsselindustrien für die Produktion des lebensnotwendigen Bedarfs unter öffentliche Kontrolle (Staatseigentum oder „Kontrolle der Massen") zu bringen.[678] Unter solchen Prämissen kann Gandhi sich entschieden und wiederholt als Sozialisten bezeichnen und sich dahingehend ausdrücken, daß ihn „nur" die Frage der Gewalt vom Marxismus trenne.[679] Natürlich bedeutet dies stets einen Gegensatz in dem für Gandhi allein ausschlaggebenden Punkt: eine Verwerfung des Staatssozialismus als absolut untaugliches Mittel zu dem immerhin als gemeinsam grundsätzlich anerkannten Ziel einer herrschaftsfreien egalitären Massengesellschaft.

Die vielen tastenden und auch widersprüchlichen Äußerungen zum Thema des öffentlichen Eigentums erklären sich in ihrer konsistenten Tendenz erst, wenn man einbezieht, daß Gandhi einerseits um der individuellen Unabhängigkeit willen die zentralisierte Industrieproduktion überhaupt auf ein unentbehrliches Minimum reduzieren will; die Verstaatlichung solcher Rest-Industrien erscheint dann als weniger gefährlich.[680] Andererseits soll auch die Zwangsgewalt des Staates auf einen minimalen Rest beschränkt werden, in Richtung auf das Ideal einer gewaltfreien Ordnung: in einem solchen Zusammenhang

---

[675] In der Haft, T 6: 235.

[676] H, 13.3.1937: 40.

[677] Vgl. vor allem die Richtlinien für die Regelung des Ahmadabad-Arbeitskonflikts und die Erläuterungen dazu: die Arbeiter sollten als gleichberechtigte Miteigentümer mit den Aktionären betrachtet und u.a. deshalb voll über die Transaktionen des Unternehmens unterrichtet werden (H, 13.2.1937: 4, Kher 1959, III: 213); ähnlich z.B. 1946: der Arbeitgeber soll die Fabrik seinen Arbeitern als Miteigentümern zu gemeinsamer Verwaltung übergeben (T 7: 102).

[678] „Under Swaraj", YI, 15.11.1928, CW 37: 411f.

[679] Loc. cit. Anm. 677; H, 1.6.1947: 172.

[680] Zum Beispiel für Elektrizitätswerke: „If we could have electricity in every village home, I should not mind villagers plying their implements and tools with help of electricity. But then the village communities or the State would own power houses, just as they have their grazing pastures" (H, 22.6.1935: 146, Kher 1959, II: 48). Ähnlich für Fabriken zur Herstellung der von Gandhi als eine der „wenigen nützlichen Erfindungen" geschätzten Singer-Nähmaschinen (YI, 13.11.1924, CW 25: 251, Kher 1959: 39).

könnte öffentliches Eigentum in weiterem Umfang zugelassen werden. Die Aussagen variieren deshalb je nachdem, ob an den vorhandenen, Gewalt konzentrierenden Staat, oder an seine Transformation in ein gewaltfreies Gemeinwesen gedacht ist.[681]

Das Grundproblem aber behält immer die Form eines Dilemmas: Wie ist die Konzentration des im Eigentum angelegten Herrschafts- und Gewaltpotentials beim Einzelnen (Privateigentümer) zu verhindern, ohne daß sie auf der anderen Seite in gefährlich vergrößertem Maßstab beim Staat entsteht? In dieser Fragestellung und der zugrundeliegenden Verbindung von Eigentums- und Staatskritik folgt Gandhi in allen wesentlichen Punkten Tolstoi. Er beläßt es jedoch nicht dabei, sondern entwickelt einen Lösungsgedanken, der originell ist und auf charakteristische Weise von der etwas unvermittelten, individualistischen Utopie Tolstois abweicht: einmal, indem er die Erfordernisse koordinierter Arbeit, gemeinschaftlich zu nutzender Produktionsmittel berücksichtigt und deshalb das Prinzip repräsentierenden, führenden Handelns, also das politische Element, hinzubringt; zum anderen, indem er einen Weg der spontanen, geräuschlosen Umstellung angibt, der sofort (d.h. schon im gewaltsamen Staat) und individuell, sogar partiell beschritten werden kann, ohne die Rahmenbedingungen der Gesellschaftsordnung anzugreifen bzw. zuerst einmal aufzuheben – einen Weg, der im Verlauf aber von selbst zu einer sehr nachhaltigen Transformation dieser Ordnung von innen her führen muß.

Es ist dies die bekannte Treuhand-Theorie des Eigentums, im Englischen meist, auf den Eigentümer bezogen, als *doctrine of trusteeship* bezeichnet; der hier verwendete Begriff des *Trust* ist der technische Begriff der englischen *Equity*.[682] Der Eigentümer soll danach, um die Notwendigkeit einer Verstaatlichung oder Umverteilung aufzuheben, sein Eigentum sozusagen von sich aus sozialisieren. Er soll es in allem, was seinen unmittelbar notwendigen persönlichen Bedarf übersteigt, dem jeweils in Betracht kommenden Benutzerkreis widmen und zugute kommen lassen, gegebenenfalls auch, nach Art eines *public*

---

[681] Eine weitere Einzelanalyse der zahlreichen, nach Anlaß und Niveau der Fragesteller, aber auch dem Lebensalter Gandhis vielfach divergierenden Äußerungen kann hier unterbleiben; zur Orientierung vgl. hierzu wie zu der im folgenden dargestellten Trusteeship-Lehre die Sammlung Kher 1959, vor allem Bd. 1 und 2. Im ganzen ist, in Fragen vor allem des Zusammenhangs von Technik und sozialer Organisation, im Laufe der Zeit eine größere Offenheit für praktische Probleme gegenüber der recht kategorischen und naiven Zivilisationskritik der frühen Schrift „Hind Swaraj" zu beobachten, ein klarerer Bezug auf den Maßstab der menschlichen Selbständigkeit. Dazu auch der Herausgeber der oben genannten Sammlung Kher 1959, 1 in seiner Einleitung XIX ff.

[682] Aus der englischen Rechtsliteratur vor allem zu vergleichen die von Gandhi selbst während seines Studiums durchgearbeiteten „Principles of Equity" [1868] von E. H. T. Snell (Snell 1973): „Snell's *Equity* was full of interest, but a bit hard to understand" (Autobiography, Part I, Chap. XXIV). Zur raschen Orientierung noch „Jenk's English Civil Law", II: 951 ff. (Fiduciary Ownership); Halsbury: „Laws of England", zweckmäßigerweise 1. oder 2. Aufl., unter „Trusts and Trustees".

oder *charitable trust*, der Allgemeinheit.[683] Er behält die Sachherrschaft als Bestimmungsbefugnis, übt sie aber nur noch als Treuhänder und Geschäftsführer des begünstigten Personenkreises aus, in dem oben (§ 15) erläuterten Sinn als Repräsentant; seine Stellung ist der eines *trustee* unter einem *discretionary trust* vergleichbar.[684]

Somit kann es zunächst einmal bei weitgehender Ungleichheit der Eigentumsverteilung hinsichtlich der formalen Rechtszuständigkeit verbleiben.[685] Sie wird erst in der gesellschaftlichen Nutzbarmachung ausgeglichen. Auf diese Weise ist nicht nur der Staat als Monopolist der Produktionsmittel oder auch als übermächtiger Zwischeneigentümer bei einer egalitären Neuverteilung ausgeschlossen, es bleibt gleichzeitig das für Gandhi so wesentliche Recht der *sozialen Initiative* beim Eigentümer erhalten, d.h. auch in der Gesellschaft weit gestreut.[686] In Verbindung mit der Fremdnützigkeit behält das Eigentum seinen Charakter als Recht, als Vorrecht der Gebrauchsbestimmung, ebenso seine in der liberalistischen Staatstheorie betonte dezentralisierende Funktion. Zugleich ist aber deutlich, daß es seine Bedeutung völlig verändert, gewissermaßen eine „Umkehr der Antriebsrichtung"[687] erfährt: von einem Mittel der Selbstabsonderung (als welches es bei Marx kritisiert ist[688]) wird es zum Einsatzpunkt gesellschaftlicher Zuwendung. Der Eigentümer hat sein Eigentum nicht *für sich*, sondern *für andere*, stellvertretend begünstigt und in ihrem Inter-

---

[683] „Trusts for the benefit of large and changing groups of people, or to carry out certain purposes which are beneficial to the community at large" (Snell 1973, Chap. 3, Nr. 1).

[684] Beim *discretionary trust* entscheidet der Trustee nach seinem Ermessen über Art und Höhe der Nutzungszuwendung; (Jenk's English Civil Law 1947, Nr. 1726; Snell 1973, Chap. 2, Sec. 8).

[685] Gandhis Sprachgebrauch ist hier widersprüchlich. Bisweilen wird *possession* für Eigentum oder wenigstens Eigenbesitz gebraucht (vgl. Anm. 628 und 625), dann wieder mit *ownership* die Nutzungsberechtigung, also das bezeichnet, was nach Rechtsbegriffen *equitable ownership* im Gegensatz zur *legal ownership* wäre: „He may not own any wealth, though he may possess millions. Let him hold it in trust" (H, 1.9.1940: 266, Kher 1959, I: 167). Andererseits wieder, korrekt, auf die Frage, ob die Treuhandtheorie nicht den Staat zum Eigentümer mache: „That question involves some confusion of thought. Legal ownership in the transformed condition is vested in the trustee, not in the state. It is to avoid confiscation that the doctrine of trusteeship came into play retaining for the society the ability of the original owner in his own right" (H, 16.2.1947: 25, Kher 1959, I: 159 f.).

[686] Der Ausdruck „soziale Initiative" wird hier gebraucht, weil das Wort „Privatinitiative" durch die übliche Verquickung mit der Vorstellung des Privat*nutzens* als allein gültigen Handlungsmotivs depraviert worden ist. Vgl. für Gandhis Vorstellungen z.B. das Zitat in der vorigen Anm. am Ende: „Retaining *for the society* the ability of the original owner" (Hervorhebung DC).

[687] Mit dem Ausdruck Arnold Gehlens (Gehlen 1956: 264, vgl. Anm. 263).

[688] „Das Menschenrecht des Privateigentums ist also das Recht, willkürlich (à son gré), ohne Beziehung auf andere Menschen, unabhängig von der Gesellschaft, sein Vermögen zu genießen und über dasselbe zu disponieren, das Recht des Eigennutzes" („Zur Judenfrage" (1843), MEW 1: 365; vgl. auch Anm. 645).

esse verpflichtet: damit er mit dem Eigenen den für andere von ihm zu erwartenden Dienst leisten kann („only yours for that service").[689]

Es war der Augenblick der Einsicht in dieses Verhältnis, in dem Gandhi, wie eingangs erwähnt, zum ersten Mal „Religion in der Jurisprudenz entdeckte".[690] Inzwischen wird deutlicher geworden sein, mit wieviel systematischem Recht,[691] ganz abgesehen vom historischen Ursprung der *Equity*-Rechtsprechung. Daneben verdient es im Lichte der Erörterungen über „Ost und West" bemerkt zu werden, daß Gandhi den originellen Teil seiner Eigentumslehre findet, als er es unternimmt, die Lehren der Bhagavadgita hinsichtlich des Eigentumsverzichts mit Hilfe englischer Rechtsbegriffe zu interpretieren. Sein aufschlußreicher Bericht in der Autobiographie verdient an dieser Stelle eine wenigstens auszugsweise wörtliche Wiedergabe:

> To me the Gita became an infallible guide of conduct. It became my guide of daily reference. ... Words like aparigraha (non-possession) and samabhava (equability) gripped me. ... How was one to divest oneself of all possessions? Was not the body itself possession enough? Were not wife and children possessions? Was I to destroy all the cupboards of books I had? Was I to give up all I had and follow Him? Straight came the answer: I could not follow Him unless I gave up all I had. My study of English law came to my help. Snell's discussion of the maxims of Equity came to my memory. I understood more clearly in the light of the Gita teaching the implication of the word ‚trustee'. My regard for jurisprudence increased, I discovered in it religion. I understood the Gita teaching of non-possession to mean that those who desired salvation should act like the trustee who, though having control over great possessions, regards not an iota of them as his own.[692]

Dies hat auch Auswirkungen in der Sache. Prinzip der *Equity* ist es nämlich, sich an die gegebenen Rechtsinstitute anzulehnen und erst, wo Lücken oder Mißbrauch sich zeigen, korrigierend einzugreifen.[693] So wird auch das Eigentum zunächst einmal als anerkannt vorausgesetzt und erst dann, wenn seine Exklusivverwertung für den Eigentümer unter Ausschluß anderer als dem Gewissen anstößig *(unconscionable)* erscheint, von der *Equity* im Sinne eines gewissenhaften Gebrauchs modifiziert.[694] Daraus folgt nicht nur, wie schon festgehalten, die primäre Zuweisung der Rechtszuständigkeit als Bestimmungsmacht, sondern auch die Notwendigkeit, den Punkt festzulegen, an dem der anstößige Gebrauch beginnt – strenggenommen in Abweichung von der Bha-

---

[689] Rede über „Voluntary Poverty" in London, Guild House Church am 23.9.1931, CW 48: 56; vgl. auch § 16 und Anm. 410.

[690] Vgl. § 2 und Anm. 17.

[691] Vgl. §§ 15 und 16.

[692] Autobiography, Part IV, Chap. V.

[693] „Equity follows the Law", die zweite sogenannte Maxime der Equity in Snells Aufzählung; vgl. dort die Erörterung in Kap. 3, Snell 1973: 29.

[694] Ibid.: 22: „When it would have been unconscionable for the legal owner of property to keep the property for himself, the Court of Chancery acted on his conscience and compelled him to hold the property for the benefit of another person" (Snell 1973: 22).

gavadgita-Lösung einer durchgängigen, restlosen (und praktisch folgenlosen) Detachiertheit. Für Gandhi ist ein äußerlich faßbarer Bereich des Anstößigen erreicht, wenn die Eigentümer-Nutznießung über die Befriedigung des unmittelbaren Lebensbedarfs hinausgeht. Diese spezifische Abgrenzung ergibt sich ihm aus einer Verknüpfung der althinduistischen Ideale von *Aparigraha* (Besitzverzicht) und *Asteya* (Nicht-Stehlen).[695] Alles Sich-Aneignen von etwas für die Lebenserhaltung nicht unmittelbar Notwendigem wird nämlich als „Diebstahl" aufgefaßt; dies ursprünglich in dem geistlichen Sinn einer „Usurpation" des Nicht-Notwendigen im Widerspruch zum eigentlich geforderten Vertrauen in die göttliche Erhaltungsmacht und Weltökonomie:

> Non-possession is allied to non-stealing. A thing, not originally stolen, must nevertheless be classified as stolen property, if we possess it without needing it. Possession implies provision for the future. A seeker after Truth, a follower of the Law of Love cannot hold anything against tomorrow. God never stores for the morrow. He never creates more than what is strictly needed for the moment. If therefore, we repose faith in His providence, we should rest assured that He will give us everyday our daily bread, meaning everything that we require.[696]

Zudem steht es im Widerspruch zur Naturpflicht, sich den notwendigen Lebensunterhalt ständig durch körperliche Arbeit zu verschaffen.[697] Aber es folgt eine weltlich-rationale Begründung, als Naturgesetz bezeichnet, die zugleich ein Normalmaß des Verlangten und jedem Zumutbaren absteckt: Danach lassen sich (nur) beim Verzicht auf „Diebstahl" des Überflüssigen, zugleich des

---

[695] Diese beiden sind Bestandteil einer traditionellen Fünfheit von Idealen, fünf *yamas* oder auch *(maha) vratas* (Gelübde) genannt, ähnlich den buddhistischen fünf *shilas*; zur Tradition vgl. Kane 1968, V: 29, 943ff., 1419ff. Die fünf *Yamas* sind *satya* (Wahrheit, Wahrhaftigkeit), *ahimsa* (Gewaltlosigkeit), *aparigraha* (Besitzlosigkeit), *asteya* (Nicht-Stehlen) und *brahmacharya* (Keuschheit und allgemeiner: Kontrolle der Sinne). Sie finden sich in den Ashram-Gelübden von Gandhis Sabarmati-Ashram; vgl. Gandhis Satzungsentwurf CW 13: 91f., Erläuterungen 226ff., die endgültige Satzung CW 36: 398ff.; ferner die ausführliche spätere Kommentierung in den für die Ashram-Gemeinschaft bestimmten Briefen an Narandas Gandhi aus dem Yeravda-Gefängnis 1930, CW 44 (im Zusammenhang in: From Yeravda Mandir, Ahmedabad 1937).
[696] Aus Yeravda, 26.8.1930; CW 44: 103, Kher 1959, I: 187; vgl. auch H, 10.10.1948: 271; zu „Non-Stealing" ibid.: 168. Aus diesem Zusammenhang erklärt sich die auf den ersten Blick überraschende Reaktion Gandhis beim Finden des Trustee-Gedankens: Die Rückgabe einer Lebensversicherungs-Police an den Agenten (geschildert in Autobiography, Part IV, Chap. V).
[697] Der Gedanke des *bread labour*, siehe bei Anm. 617. Die Verbindung zum Vorstellungsbereich des Diebstahls kommt über Bhagavadgita III, 12 zustande, wo derjenige ein Dieb genannt wird, der die Gaben der Götter genießt, ohne seinerseits Opfer darzubringen (auch sein „Werk" als Opfer – ibid. III, 9). Zur Verbindung mit Tolstoi etwa die in Anm. 496 zitierte Tolstoi-Gedenkrede 1928 (CW 37: 262). Zur Auslegung der Bhagavadgita-Stelle und von *yajna* (Opfer) als körperliche Arbeit die „Discourses on the ‚Gita'", CW 32: 155ff.; Briefe aus Yeravda CW 44: 241ff., 259ff., Kher 1959, I: 120ff.

nicht selbst Erarbeiteten, die Besitzbedürfnisse aller Menschen miteinander vereinbaren. Die Beschränkung auf das Lebens-Notwendige öffnet für alle die Möglichkeit eines Lebens ohne Not und in Zufriedenheit.[698] Die mit dem Wort „Diebstahl" sich aufdrängende äußerliche Ähnlichkeit mit dem Dictum Proudhons ist wahrscheinlich zufällig und irreführend.[699] Dagegen wird auf den hier implizit sich ergebenden Gedanken eines primär zugestandenen Kern-Eigentums am lebensnotwendigen Bedarf noch einzugehen sein.

Für das den unmittelbaren Bedarf übersteigende Eigentum kommen Bhagavadgita und *Equity* darin überein, daß nicht ein völliger Verzicht auf das Haben verlangt wird, sondern eine Änderung des Sinnes von Haben: ein Verzicht auf das eigennützige Haben.

Den Beitrag der *Equity* wird man so veranschlagen dürfen, daß sie das desinteressierte Haben der Bhagavadgita in ein fremdinteressiertes Haben verwandelt und somit praktische Konsequenzen zu ziehen gestattet. Auf diese Weise wird im Eigentumsbegriff die für Gandhi insgesamt bezeichnende Umwendung der Welt-Entäußerung in den Welt-Dienst vermittelt.

Der Dienst des Eigentümers, als Pflicht der Nutzbarmachung seines Eigentums im Fremdinteresse gesehen, scheint in einem wichtigen Fall tatsächlich den Zusammenhang herzustellen, den Gandhis allgemeine Formel postuliert: daß das subjektive Recht sich nur aus der Pflichterfüllung legitimiert und, auf der andern Seite, daß die Pflichterfüllung Rechtsmacht verleiht, in diesem Falle Rechtsmacht von erheblicher sozialer Bedeutung. Die Selbstbestimmung nämlich über die Art des eigenen Dienstes führt in Anwendung auf Eigentum als Mittel solchen Dienstes zur Bestimmung nicht nur *für* andere, sondern auch *anstelle* anderer und das heißt: *über* andere.

Von dieser Seite her gesehen kann sich die Treuhändertheorie geradezu als ideologische Verbrämung der bestehenden ökonomischen Herrschaftsverhältnisse darstellen. Die Kritik liegt besonders nahe, weil das äußere Bestimmungsrecht über das Eigentum (Produktionsmittel) verifizierbar feststeht, die geforderte Umwidmung der Nutznießung durch den Eigentümer aber als innerlicher oder jedenfalls ungesicherter Vorgang erscheinen kann. Nimmt man Gandhis Insistenz auf möglichste Freiwilligkeit der Umwandlung und auf Gewaltlosig-

---

[698] „If each retained possession only of what he needed, no one would be in want and all would live in contentment" (CW 44: 103). Oder: „I suggest that we are thieves in a way. If I take anything that I do not need for my own immediate use, and keep it, I thieve it from somebody else. I venture to suggest that it is the fundamental law of Nature, without exception, that Nature produces enough for our wants from day to day, and if only everybody took enough for himself and nothing more, there would be no pauperism in this world. But so long as we have got this inequality, so long we are thieving" (Über die Ashram-Gelübde 1916, CW 13: 230 f.).

[699] Proudhon meint damit die Nutzung des Eigentums mittels der Arbeitskraft eines andern: dieser ist der Bestohlene (um den Wert seiner Arbeit); Gandhi denkt an die Anhäufung nicht genutzten, überflüssigen Eigentums bei den Reichen; bestohlen ist hier die Gesamtheit der von der Nutzung Ausgeschlossenen.

keit allfälliger gesellschaftlicher Sanktion hinzu, so scheint das Bild einer Utopie oder schlimmer, einer bloßen Phrasenfassade vor den unveränderten Strukturen der Ausbeutung fertig.

Wie wohlwollend oder gehässig man immer Gandhis Absichten einschätzen mag – so machen es doch in der Tat seine Gedankenführung und seine Diktion nicht nur in der Treuhandtheorie, sondern in der ganzen Eigentumsfrage besonders schwer, die mögliche juristische Tragweite zu erfassen. Vielen Äußerungen verleiht der stark religiöse Einschlag den Charakter von *consilia perfectionis*, und die Treuhand-Theorie gilt einer verbreiteten Kritik bestenfalls als harmlose Erbauungsliteratur für national-ökonomische Laien.

Aber der Treuhandtheorie geschieht Unrecht, wenn sie als konkrete Norm oder sozialtechnische Handlungsanweisung beurteilt wird. Sie ist, auch wenn sie konkrete, individuelle Schritte der Realisierung sofort ermöglichen soll, zunächst einmal ein allgemeines Gerechtigkeitsprinzip. Nach Funktion und Inhalt läßt sie sich dem zweiten der von J. Rawls aufgestellten Gerechtigkeitsprinzipien vergleichen, seinem sogenannten Differenzprinzip.[700] Der allgemeine, einer Konkretisierung in bestimmten Rechtsbeziehungen jeweils erst bedürftige Charakter des Gedankens ist am deutlichsten daran zu sehen, daß Gandhi ihn vom Eigentum auf andere Verhältnisse gesellschaftlicher oder natürlicher Ungleichheit überträgt. Er gibt überall ein Gerechtigkeitsmaß und zugleich ein Gerechtigkeitskorrektiv für jeweils hinzunehmende Ungleichheit: was einer den anderen[701] voraus hat, soll er *für sie* verwenden. Dies kann für die privilegierte Stellung eines Fürsten ebenso gelten wie für privaten Reichtum – angesichts der patrimonialstaatlichen Verhältnisse indischer Fürstentümer eine fast selbstverständliche Übertragung.[702] Es wird damit aber auch das klassische Vier-Kasten-Schema (das *Varna*-System), als Inbegriff eines Systems funktional-differenzierter sozialer Positionszuweisung, auf einen Begriff von Gerechtigkeit hin rationalisiert – und zwar *notabene* unter Betonung der erblichen Bedingtheit der Statusverschiedenheiten.[703] Denn das Treuhand-Prinzip gilt für

---

[700] „Social and economic inequalities are to be arranged so that they are both (a) to the greatest benefit of the least advantaged and (b) attached to offices and positions open to all under conditions of fair equality of opportunity" (Rawls 1973, § 13: 83). Soweit es sinnvoll ist, das weniger präzisierte Prinzip Gandhis näher zu vergleichen, erscheint bei ihm (a) radikalisiert insofern, als der ganze, nicht nur ein möglichst großer Nutzen der Bevorzugung den andern zugewendet werden muß, und ist andererseits auf (b) verzichtet wegen der Anknüpfung an eine historisch real gegebene Ausgangssituation und wegen der Einbeziehung auch natürlicher Ungleichheit (siehe weiter im Text oben).

[701] Eigentlich immer pluralistisch: die anderen oder „humanity".

[702] „To the Princes", H, 2.8.1942: 249.

[703] Introduction to „Varnavyastha", einer Sammlung von Gandhis Schriften zum *Varna*-System, 23.9.1934, CW 59: 61 ff. Das *Varna*-System, im Unterschied zu dem die indische soziale Wirklichkeit bestimmenden Pluralismus endogamer Sub-Kasten (*jati*), wird darin von Gandhi als ideale Norm einer bewußt auf das Gesellschaftsganze bezogenen, erblichen Funktionsverteilung mit treuhänderischem Charakter

zugeschriebene ebensogut wie für erworbene Vorrangpositionen.[704] Somit auch nicht nur für sozial gegebene, sondern gleichermaßen für natürlich bedingte Überlegenheit, für die Nutzung jedes natürlichen Talents.[705] In diesem Zusammenhang erklärt sich der öfters aufgestellte Satz, daß geistige Fähigkeiten ohne Entgelt dem Dienst für die Gesellschaft gewidmet werden müßten. Zum Gelderwerb (für den Lebensunterhalt) ist nur die für alle gleiche körperliche Arbeit zugelassen (*bread labour*);[706] hilfsweise, soweit das Gebot der körperlichen Arbeit eines jeden nicht zu verwirklichen und also auch eine geistige Tätigkeit als *bread labour* hinzunehmen ist, wird darauf bestanden, daß diese nicht höher als körperliche Arbeit entlohnt werden darf, sondern nur mit dem grundsätzlich für jedermann gleichen *living wage*.[707] Gerade die dem modernen Gerechtigkeitsgefühl – unreflektiert – selbstverständliche ökonomische Prämie auf Begabung wird verworfen.

Man hat es also einerseits mit einem universalen, auf viele Zusammenhänge beziehbaren Grundmuster der Legitimation zu tun – und zwar, wie angemerkt werden darf, von dem gemeinhin als konservativ angesehenen Typus der organischen Gesellschaftslehren. Andererseits kann, wie das letzte Beispiel lehrt, der traditionelle Rahmen unversehens von der Radikalität der praktischen Konsequenz aufgebrochen werden. Ohne Berücksichtigung der Neigung, zu

---

und ohne hierarchischen Sinn gerechtfertigt; Funktionsbedingung des Ganzen ist die Konzentration *jedes* Standes auf die je eigene Pflicht (*prima facie*: den ererbten Beruf) als reinen Dienst ohne Eigeninteresse, worin Gandhi die von der Bhagavadgita empfohlene Weltentsagung durch desinteressiertes Handeln sieht, „in a perfect spirit of detachment and altruism as *a pure trust*" (CW 37: 386, nach YI, 25.10.1928, Hervorhebung DC).

Es ist hier nicht der Ort, Gandhis Interpretationen des *Varna*-Systems auf den Grund zu gehen; vgl. auch § 25. Sie müssen im Zusammenhang gesehen werden mit seinen Bemühungen, die Unterstützung der Hindu-Orthodoxie im Kampf für die Abschaffung der Unberührbarkeit zu gewinnen, indem ein geläutertes, überlebensfähiges Modell der traditionellen Standesunterscheidungen entwickelt wird. Vgl. dazu noch „Varnadharma", Harijanbandhu, 19.3.1933, CW 54: 130–134; „Significance of the Varna-System", ibid. 9.4.1933, CW 54: 348 ff.; Harijan Sevak, 21.4.1933, CW 54: 468.

[704] Zur ersten Information über dieses Begriffspaar Dahrendorf 1967 a: 161 f., mit Hinweisen auf die amerikanischen Quellen.

[705] Interview mit Sozialisten in London, 21.10.1931, CW 48: 21; H, 1.2.1942: 20, Kher 1959, I: 183; in „To the Princes" (Anm. 702) heißt es: „Every individual must have the fullest liberty to use his talents consistently with equal use by his neighbours, but no one is entitled to the arbitrary use of the gains from the talents."

[706] „Bread Labour" in „History of the Satyagraha Ashram" 1932, CW 50: 214; Brief an M. Parekh, 11.3.1933, CW 54: 62; „Duty of Bread Labour", H, 29.6.1935: 156, Kher 1959, I: 98.

[707] „He believed in the division of labour or work. But he did insist on equality of wages. The lawyer, the doctor, or the teacher was entitled to no more than the *bhangi*." H, 23.3.1947: 78 (Kher 1959, I: 153). Ebenso H, 16.3.1947: 61 (Kher, ibid.). Dies ist eine der drei aus Ruskins „Unto This Last" gezogenen Hauptkonsequenzen, vgl. Autobiography, Part IV, Chap. XVIII.

derartigen radikalen Anwendungen fortzuschreiten, sich nie bei der Theorie als beschaulicher Weltvergewisserung zu beruhigen, sondern Gedanken als praktische Maximen der Weltveränderung aufzufassen, einem fast pragmatistischen Bedürfnis, Gedanken im sozialen Experiment zu (er)wägen, wird man Gandhis eigentümliche Grundhaltung ständig mißverstehen: konservativ im Ansatz, in der Konsequenz stets revolutionsbereit. Gerade in der praktisch wichtigen Frage der Eigentumsordnung wird man die Formulierung einer Grundidee wie der Treuhand-Auffassung als nichts anderes als die Eröffnung eines Feldes sozialer Veränderung sehen dürfen.

Der Treuhandbegriff hat im Laufe der Geschichte entgegengesetzten Zwecken gedient, nämlich ebensowohl der ideologischen Verstärkung von Machtansprüchen wie ihrer Begrenzung. Die entscheidende Frage ist jeweils, wem gegenüber die Treuepflicht oder Verantwortlichkeit bestehen soll.[708] In diesem Kardinalpunkt ist Gandhis Position klar: Verantwortlich ist der Eigentümer als Treuhänder keineswegs „nur" Gott, der Menschheit oder dem eigenen Gewissen, sondern real – d.h. intersubjektiv verifizierbar – der ihn umgebenden Gesellschaft. Damit ist die Grenze zu allen bloß Macht-konservierenden Treuhandideologien gezogen, deren gemeinsamer Grundgedanke es ist, Verantwortung zu sagen, wo Verantwortlichkeit ausgeschlossen werden soll.

Für die Realisierung der Verantwortlichkeit im einzelnen und für die Ausgestaltung der zu schaffenden Rechtsinstitute legt Gandhi kein Programm nieder – wohl gerade, weil er ein Grundprinzip nicht mit einem Gesetzeswerk verwechselt, sich der Grenzen seiner politischen Situation bewußt ist und keine Utopien entwerfen will; typischerweise sind detailliertere Programme von anderen entworfen und von ihm in allgemeiner Form gebilligt worden.[709] Die Erörterungen all dieser Fragen stammen – wie nicht übersehen werden sollte – aus der Zeit der Fremdherrschaft, wo Sozialreform nicht von der eigenen verantwortlichen Regierung, sondern allenfalls nach Art des *parallel government* freiwillig initiiert werden konnte.[710] Man darf die von der Theorie grundsätzlich

---

[708] Vgl. die klassische herrschafts-beschränkende Anwendung des Trust-Begriffes bei Locke 1690, Second Treatise (der das Volk zum Richter über Erfüllung der Trust-Obligation macht, § 240) mit der ambivalenten Rolle sowohl als Rechtfertigungstitel der Kolonialherrschaft wie später der Dekolonisierung; Darstellung bei Albertini 1966: 101 ff.

Für das hier verhandelte Thema Eigentum ist ein typisches Beispiel des – praktisch konsequenzlosen – Rechtfertigungstopos Treuhand die Formulierung bei Wendland: Das Christentum sieht „Eigentum als ein von Gott uns anvertrautes Gut an, dessen Verwendung durch die Norm der Liebe bestimmt ist. Jeder ist Gott [scil. und sonst niemandem, DC] Rechenschaft dafür schuldig, welchen Gebrauch er von ihm macht" (Wendland 1963: 79).

[709] So etwa „Jaiprakash's Picture", H, 20.4.1940: 96 (Kher 1959, I: 46 ff.) zu einem von Jayaprakash Narayan entworfenen Programm; oder die sogenannte „Practical Trusteeship Formula" (Kher ibid.: 165) aus der unmittelbaren Umgebung Gandhis.

[710] Vgl. zum Beispiel die Unterhaltung mit Sozialisten in London 1931, wo besonderes Gewicht auf die Freiwilligkeit gelegt und die Festsetzung der Aufwandsentschädi-

angestrebte freiwillige Antizipation und die Absicht, die Initiative des Eigentümers sozial nutzbar zu machen, nicht auf Dauer als ein Sich-Abfinden mit
mangelnder Ernsthaftigkeit mißverstehen. Denn es werden immerhin Überlegungen angestellt über die Höhe der dem Treuhänder (d. h. *notabene*: dem Eigentümer) für den Eigenbedarf zuzubilligenden „Kommission";[711] über ein an
staatliche Bestätigung zu knüpfendes Recht des Treuhänders, seinen Nachfol-
ger zu bestellen (ein Residuum der ursprünglichen Testierfreiheit des Eigentümers),[712] über staatliche Genehmigung auch der ersten Treuhänderbestellung
und sogar eine Mißbrauchsaufsicht über die Eigentums-Verwendung, das heißt
notfalls den Eingriff in die dem Eigentümer verbliebene Initiative der Zweckbestimmung und Leitung.[713] Erst recht steht die Grundfrage der Umwidmung
des Eigentums zum Treugut nicht im Belieben des Eigentümers – obwohl es
der Sinn der Treuhanddoktrin unter anderem ist, der Klasse der Eigentümer
eine gewisse Frist und Chance einzuräumen, sich zu überzeugen und selbst „zu
reformieren".[714] Zu irgendeinem geeigneten Zeitpunkt kann aber der Überzeu-
gungsprozeß durch (gewaltlose) Sanktionen beschleunigt und notfalls sogar
durch gesetzlichen Eingriff der Übergang zur Neuordnung erzwungen werden,
– ähnlich wie die *Equity* nicht nur den gewillkürten *trust* kennt, sondern auch
den selbständig aus Billigkeitsgründen dem Eigentümer auferlegten sogenannten *constructive trust*.[715]

Man sollte sich gerade in diesem Zusammenhang nicht dadurch zu einer
Unterschätzung der realen Implikationen verleiten lassen, daß die Transformation zur allgemeinen Treuhandordnung gedanklich meist mit der allmählichen
Abschaffung staatlicher Gewaltsanktionen verknüpft wird. Da Eigentum und
Staats*gewalt* als äquivalente und sich gegenseitig verstärkende Manifestationen
derselben zugrundeliegenden Gewaltsamkeitstendenz aufgefaßt werden, kann
dies nicht den Vorwegverzicht nur auf die eine Gewaltform, die staatliche
Durchsetzung, unter Belassung der anderen, des Eigentums, im Zeichen der
freien Eigentümerwillkür bedeuten. Es wird ja andererseits umgekehrt angenommen, daß „a non-violent system of government is clearly an impossibility
so long as the wide gulf between the rich and the hungry millions persists".[716]

---

gung dem Ermessen des Trustee überlassen wird (CW 48: 241 ff.), mit den in der
folgenden Anm. angeführten Stellen.

[711] 5–15 %, äußerstenfalls 25 %, in H, 1.6.1935: 121 (Kher 1959, I : 177); die gesetzliche
Regelung der Kommission in H, 12.4.1942: 116; H, 31.3.1946: 63 (Kher ibid.: 164
und 166).

[712] H, 23.2.1947: 37, (Kher 1959, I : 158); oder: „Choice should be given to the original
owner who became the first trustee, but the choice must be finalized by the State.
Such arrangement puts a check on the State as well as the individual." H, 15.2.1947:
25 (Kher 1959, I: 159).

[713] Practical Trusteeship Formula, vgl. Kher 1959, I: 165, Nr. 2–4.

[714] Ibid., Nr. 1.

[715] Zu Flexibilität und Ausdehnungsfähigkeit dieses Instituts vgl. Snell 1973, Chap. 5
(S. 185 ff.).

[716] Bei Kher 1959, I: 146 (aus dem Constructive Programme 1941 ed., 18).

Zunächst einmal sind die gewaltlosen Sanktionen – zum Beispiel in bezug auf das Eigentum an Produktionsmitteln: die *non-cooperation* der Arbeiter (sprich: Streik), oder auch im Verhältnis zum Gemeinwesen: *civil disobedience* aller Art – als wirksame Pressionen gedacht und auch vorstellbar.[717] Diese Sanktionen entfalten aber gerade in einer gewaltfreien Gesamtordnung ihre volle Kraft, weil dann abstrakte Eigentümerrechte nicht mehr mit staatlicher Zwangsgewalt durchgesetzt werden können. Unter solchen Bedingungen wird sich eher ein natürliches Gleichgewicht herstellen, wo der Arbeiter „nur merken muß, daß der Reiche in geringerem Grade Eigentümer seines Eigentums ist als der Arbeiter hinsichtlich des seinen, nämlich seiner Arbeitskraft" (und der daraus wachsenden Verfügungsmacht).[718] Was dann vom Eigentum an Produktionsmitteln unter Berücksichtigung einer allgemeinen Miteigentümerstellung der Arbeiter noch bleiben wird, ist nicht leicht zu sagen und von Gandhi wohl auch der Wirkung eines einmal in Gang gebrachten Wandlungsprozesses überlassen. Entgegen dem ersten Anschein erlangt also die Treuhändertheorie gerade durch ihre Einfügung in den Kontext einer verallgemeinerten Gewaltfreiheit eine höchst praktische, radikale Bedeutung.

Solange aber der Übergang in eine gewaltfreie Gesamtordnung nicht in Gang kommt, ebensowenig wie die freiwillige Konversion der Eigentümer, die Bedingungen des bestehenden, gewaltsanktionierten Legalstaates also fortgelten, wird als *ultima ratio* ein Recht zu gesetzgeberischen Eingriffen angenommen; es ist mit dem „geringstmöglichen Gewaltgebrauch" auszuüben,[719] aber zugleich, wie Gandhis Londoner Rede 1931 über die vom Kongreß geplanten gesellschaftlichen Umschichtungen zeigt, in größtem Stil.[720] Jenseits dieser letzten Ratio droht, wie den Eigentümern beschwörend vor Augen gehalten wird, die faktische Alternative des gewaltsamen sozialen Aufruhrs.[721]

---

[717] H, 25.8.1940: 260 (Kher, ibid.: 152).

[718] H, 3.6.1939: 145 (Kher, ibid.: 157); „As soon as the ‚have-nots' become conscious of their power and develop the will to say ‚NO', the conversion of the ‚haves' will be an accomplished fact" (H, 5.2.1938: 443). Oder auch: „We invite the capitalist to regard himself as trustee for those on whom he depends for the making, the retention and the increase of his capital. Nor need the worker wait for his conversion. If capital is power, so is work. Either power can be used destructively or creatively. Either is dependent on the other. Immediately the worker realizes his strength, he is in a position to become a co-sharer with the capitalist instead of remaining his slave" (YI, 26.3.1931; CW 45: 339).

[719] So in dem schon mehrfach zitierten Interview mit N. K. Bose 1934: „I would be very happy indeed if the people concerned behaved as trustees; but if they fail, I believe we shall have to deprive them of their possessions through the State with the minimum exercise of violence" (CW 59: 319).

[720] Vgl. Anm. 672. Auf die Londoner Rede wird unmittelbar im Anschluß an die in der vorigen Anm. zitierten Sätze nochmals Bezug genommen.

[721] „There is no other choice between voluntary surrender on the part of the capitalist of superfluities and consequent acquisition of the real happiness of all on the one hand, and on the other the impending chaos into which, if the capitalist does not

Was aber das Ausmaß der Reform angeht, so wird etwa einem Vertreter der Grundbesitzerklasse kurz vor der Unabhängigkeit auf seine besorgte Frage nach den Zukunftsaussichten der etwas puritanische Trost zuteil: „You will be as free as any scavenger."[722]

Das Ergebnis ist, daß dem Eigentum in dem uns vertrauten Sinn eines die Sachherrschaft über persönliche Habe und Mittel gesellschaftlicher Produktion gleichermaßen umfassenden Rechtsinstitutes die Heiligkeit des Grundrechts entzogen wird. Die naturrechtliche Legitimation eines unbeschränkten Aneignungs- und Besitzerrechts ist aufgehoben, und der ganze Bereich der Eigentumsordnung, soweit für das Wirtschaftssystem relevant, der öffentlichen Kontrolle zur Disposition gestellt.[723] Dies Ergebnis war in der historischen Lage Indiens nicht trivial.[724] Es hat zumindest dafür mitursächliche Bedeutung gehabt, daß der Schutz des Eigentums in der Grundrechtstafel der Karachi-Resolution[725] unter Gesetzesvorbehalt gestellt ist, und ihr folgend, die Präambel zur indischen Verfassung von 1950 unter den Staatszielen an liberalen Grundrechten nur Gedankenfreiheit und Gleichheit nennt.[726] Der in den Grundrechtsabschnitt immerhin doch aufgenommene Eigentumsartikel war in seiner Tragweite von Anfang an umstritten und hat immer einen ideell geminderten Status gegenüber anderen Grundrechten gehabt; er ist in der Folge wiederholt geändert und in der Wirkung drastisch eingeschränkt worden.[727] Auch

---

wake up betimes, awakened but ignorant, famishing millions will plunge the country and which not even the armed force that a powerful government can bring into play can avert" („Zamindars and Talukdars", YI, 5.12.1929, CW 42: 240).

[722] H, 28.4.1946: 102 (T 7: 97, bzw. Kher 1959, III: 203).

[723] „Practical Trusteeship Formula" Nr. 2: „It does not recognize any right of private ownership of property except in as much as it may be permitted by society for its own welfare" (Kher 1959, I: 165). Vgl. die Bezeichnung des Eigentums als „droit inviolable et sacré" in Art. 17 der französichen Erklärung der Menschen- und Bürgerrechte von 1789.

[724] Vgl. die schon erwähnte Eigentumsgarantie in sec. 299, Government of India Act, 1935, Anm. 672 und Text.

[725] § 18 und Anm. 538. Die frühen Grundrechtsentwürfe, z.B. im Nehru-Report von 1928 oder in der Commonwealth of India Bill von 1925 enthielten den Eigentumsschutz in unmittelbarem Zusammenhang mit der Freiheit der Person. Wie weit das Fehlen auch auf die sozialistischen Neigungen Jawaharlal Nehrus zurückgeht, ist naturgemäß schwer auszumachen. Jedenfalls kamen beide Autoren in diesem Punkt überein.

[726] Wörtlich: „To secure to all its citizens: JUSTICE, social, economic and political; LIBERTY of thought, expression, belief, faith and worship; and to promote among them all; FRATERNITY assuring the dignity of the individual and the unity of the Nation". Ähnlich schon die „Objectives Resolution" der Verfassunggebenden Versammlung vom 22.1.1947 (The Framing of India's Constitution, Bd. 2: 3).

[727] Darstellung der Entwicklung bei Vollmer 1975; Merillat 1970. In den Parlamentsreden Jawaharlal Nehrus anläßlich der Beratung des vierten Amendment zur Verfassung – dem gewichtigsten Eingriff in die Formulierung des Eigentumsartikels im Interesse der Agrarreform – sind Gandhis Grundanschauungen, sobald es an die innere Rechtfertigung der Maßnahme geht, unverkennbar präsent: vgl. über die Un-

wegen des Fehlens in der Präambel dürfte er kaum zu den allmählich sich her-
auskristallisierenden sogenannten *basic features* (bzw. der *basic structure*) der Verfassung zählen, die nach der Rechtsprechung des Supreme Court einer Verfassungsänderung entzogen sind.[728]

Man kann sich den Sinn der Treuhand-Theorie des Eigentums auch im Zusammenhang dessen klarmachen, was in § 12 über die Trennung von Motiv
und Funktion und die konstitutive Bedeutung dieser Unterscheidung für das
System der klassischen Nationalökonomie ausgeführt worden ist. Das Element
einer öffentlichen Zweckbestimmung von Eigentum und Erwerbstrieb ist diesem System ja nicht fremd, sondern nur durch eine eigentümliche Freigabe
und zugleich Instrumentalisierung der Eigentümermotivation vermittelt. Die
Treuhandtheorie bedeutet dann die Aufhebung jenes für Gandhi anstößigen
instrumentalisierenden Denkens, welches die auf Erwerbs-, Besitz- und Profit-
interesse reduziert vorgestellten Menschen als Mittel zur Beförderung des allgemeinen Wohlstandes einsetzt. An die Stelle soll die bewußte Inpflichtnahme
des Eigentümers für das Gemeininteresse treten. Die Treuhandlehre bedeutet
andererseits nicht die Aufgabe der gedachten Pluralität von Beurteilerstand-
punkten, der Unterscheidung von subjektivem Motiv und intersubjektiver
Funktionsbeurteilung, insofern als sie Initiative und Bestimmungsrecht beim
Eigentümer beläßt. Ausgeschlossen ist das gewissermaßen borniert, sich der
kommunikativen Verantwortung entschlagende und damit den Menschen als
Bestandteil einer ökonomischen Maschinerie verfügbar machende Eigeninteresse. Das Eigentum wird aber nicht öffentliches Amt, d. h. dem verbindlichen
Zwecksetzungszusammenhang des Gemeinwesens und praktisch seiner Büro-
kratie eingeordnet, sondern, um mit der Analogie eines im angelsächsischen
Rechtskreis entwickelten Begriffes zu sprechen: *public utility*.[729] Die Treuhand-

---

möglichkeit einer Entschädigung der „haves" zugunsten der „have-nots" bei der geplanten Strukturänderung: Lok Sabha Debates 14.3.1955 (9. Sess. 1955, Bd. 2, Sp.
1953); Verwahrung gegen die im Anschluß an anglo-amerikanische Rechtsliteratur
beschworene „sanctity of private property": 11.4.1955 (ibid., Bd. 3, Sp. 4836);
schließlich die bekenntnishafte Auslassung gegen Ende: „Mind you, I have no
respect for property. I have no respect for property at all except perhaps some personal belongings. I respect the other person's respect for property occasionally; that
is a different matter. But I am speaking – the House will forgive me – in a personal
sense: I have no property sense. It seems a burden to me to carry the property; it is
a nuisance. In life's journey one should be lightly laden; one cannot be tied down to
a patch of land or building or something else" usf. (ibid., Sp. 4840).

[728] *Kesavananda Bharati v. State of Kerala*, 24.4.1973, AIR 1973 S. C. 1461. Die Mehrheits-
meinung will darin die der Verfassungsänderung entzogene Grundstruktur der Verfassung durch Auslegung im Lichte der Präambel erschließen.

[729] *Public Utility*: Hier nicht in dem engeren Sinn eines öffentlichen Versorgungs-
betriebes, sondern in dem erweiterten, vornehmlich von der amerikanischen Rechts-
sprechung entwickelten: Privateigentum, das dem öffentlichen Gebrauch oder
Dienst gewidmet und deshalb, als „affected with a public interest", in besonderem
Maße öffentlichen Kontroll- und Nutzungsrechten unterworfen ist; vgl. die grundlegende Entscheidung *Munn v. Illinois* (1877), 94 US 113 (126). Nicht der Rechts-

theorie verbleibt so im Rahmen des die Produktionsordnung in der liberalen Verfassung bestimmenden Konstruktionsprinzips, das eine primäre Macht- oder Herrschaftsüberlassung an Private (im Gegensatz zu Delegation oder Kompetenzbegründung als Amt) mit der Entwicklung ausgleichender Rechts- garantien für die Abhängigen verbindet.[730] Sie treibt den Rechtsausgleich aller- dings zum Extrem, der Tendenz nach zur Sozialisierung der Substanz.

§ 22 Lebensrecht und Eigentum am notwendigen Bedarf

So bleibt schließlich zu fragen, wie weit die öffentliche Inpflichtnahme des Ei- gentums gehen darf, ob ihr keine Grenze gesetzt ist. Ebenso wie nach der Na- turrechtsanschauung des Besitzindividualismus das Eigentum sich quasi naht- los aus dem Begriff der tätigen Person herausbildete, kann ja umgekehrt die Auflösung des Eigentumsschutzes nur allzuleicht in die gesellschaftliche oder staatliche Beschlagnahme der Person selbst übergehen. Wir haben noch den Sinn der offenbar in sich widersprüchlichen Aussagen Gandhis zu Lebens- recht, Recht am eigenen Körper, der lebensnotwendigen Habe und anderer- seits der grundsätzlichen Verzichtsbereitschaft zu klären.

Daß sich durch diese Aussagen ein wirklicher Gegensatz hindurchzieht, der nicht nur in gelegentlichen rhetorischen Übertreibungen besteht, wird wahr- scheinlicher durch die Beobachtung, daß dergleichen ebenso wie in den oben zitierten Formulierungen über ein Lebens*recht* auch in der Eigentumsfrage zutage tritt. Vergegenwärtigt man sich die zahlreichen Auslassungen über Besitzlosigkeit und die ideale Bereitschaft zur Aufgabe selbst des eigenen Kör- pers als „des letzten Besitzes" – „There must be a definite intention and con- viction in my mind that I do not want to, I must not, possess anything on this earth as my property, not even this body, because this body also is a posses- sion"[731] –, dann verblüfft folgende Kritik Gandhis an dem „anderen" (im Ver- hältnis zu Gandhis eigenem) Sozialismus: „Under the other Socialism, there is no individual freedom. You own nothing, not even your own body."[732]

Allerdings ist es nicht schwer, den Unterscheidungsgrund zu finden. Es ist der politisch wie moralisch elementare Unterschied zwischen einer die extreme Form des Verzichts einschließenden eigenen Disposition und der Wegnahme

---

gedanke, wohl aber die Beschränkung auf besondere Kategorien von Eigentum und Unternehmungen wurde später aufgegeben (*Nebbia v. New York*, 291 US 502 – 1934) – bezeichnenderweise, weil sich die Beschränkung des öffentlichen Regelungs- interesses auf Sondergruppen in einem System allgemeiner Bedarfsdeckung durch privatwirtschaftliche Unternehmung weder definieren noch sachlich halten ließ.

[730] Zur Kategorie der Macht- oder Herrschaftsüberlassung Conrad 1965, vor allem § 25.

[731] Rede in Guild House Church, London 23.9.1931 (CW 48: 48ff., 53f).

[732] Interview mit Louis Fisher, einem amerikanischen Journalisten, H, 4.8.1946: 245 (Kher 1959, I: 45).

durch andere. Auf dieses Verhältnis ist, wie aus dem Zusammenhang deutlich, mit den Worten „individual freedom" im ersten Satz hingewiesen.[733] Entsprechend ist in dem oben herangezogenen Aufsatz über „Jain Ahimsa", wo das Am-Leben-Hängen als Ursache von Gewalttendenzen in der Welt verdächtigt wird, mit Entschiedenheit zugleich klargestellt, daß selbst solch „schmutziger Egoismus" niemals einem anderen das Recht gibt, ein Leben gegen jemandes Willen gewaltsam zu nehmen;[734] das gilt auch für Euthanasie-Situationen.[735] Nur die Berücksichtigung dieser – nicht immer ausgesprochenen, aber stets implizierten – Unterscheidung bewahrt vor Fehlschlüssen aus Gandhis befremdlicher Unbefangenheit im Einrechnen von Lebens-Opfern bei der *Satyagraha*. Das Rechnen über das Leben und vor allem die Selbstverantwortung des anderen hinweg ist nie gestattet. „It is not because I value life low that I can countenance with joy thousands *voluntarily* losing their lives for Satyagraha, but because I know that it results in the long run in the least loss of life, and, *what is more*, it ennobles those who lose their lives and morally enriches the world for their sacrifices."[736] Die in den bisherigen systematischen Überlegungen in den Vordergrund gerückte, charakteristisch moderne Reflexion auf den Beurteilerstandpunkt ist in den apodiktisch formulierten Moralismen Gandhis ständig mitzudenken. Nicht nämlich einfach das Verletzungsverbot als undiskutiertes Tabu schützt das Leben des anderen. Als eigentliche Begründung wird das Verbot angegeben, sich zum Richter über fremdes Leben aufzuwerfen. „Sacrifice of lives of others cannot be justified on grounds of necessity, for it is impossible to prove necessity. We may not be judges ourselves. The sole judges must be those whose life we would take."[737]

Es erscheint so ein Begriff von Lebens*recht* als des Rechts der Disposition über das eigene Leben. Aus diesem wahren Grundrecht kann ein Recht auf den notwendigen Lebensbedarf, also auch auf das Eigentum an der lebensnotwendigen Habe herauswachsen. Dieses Recht haben Gesellschaft und Staat zu re-

---

[733] Die vorangehenden Sätze lauten: „I want freedom for full expression of my personality [im Gegensatz zu dem vom Sozialismus wie Kapitalismus angestrebten materiellen Fortschritt]. I must be free to build a staircase to Sirius if I want to. That does not mean that I want to do any such thing" (ibid.).

[734] Vgl. § 19 am Ende (CW 37: 381 ff., 384). Bei aufmerksamem Lesen ist klar, daß nicht die Ableitung des Tötungsverbots aus dem Lebensrecht des Anderen angegriffen wird, sondern aus dessen angenommener Unfähigkeit zum Verzicht auf das eigene Leben.

[735] „More about Ahimsa", YI, 1.11.1928, CW 37: 410.

[736] YI, 8.10.1925, CW 28: 305 (Hervorhebung DC).

[737] „On the Verge of it", YI, 21.5.1925 (CW 27: 132). Ähnlich an der bereits bei Anm. 736 zitierten Stelle („From Europe", CW 28: 303 ff. = NV I: 43 ff.), der Antwort auf die Argumente eines deutschen Briefschreibers, der in der christlichen Tradition die Grenze der Gewaltlosigkeit da ziehen wollte, wo zugunsten des Lebens Dritter in fremdes Leben eingegriffen werden müsse; enthält u.a. eine Warnung vor einer „Konfusion" zwischen Selbstaufopferung und der Opferung fremden Lebens, sowie eine Ablehnung der Todesstrafe.

spektieren und auch zu gewährleisten; es kann, wie z.B. das Recht auf den Mindestlohn, mit Kampfmaßnahmen durchgesetzt werden.[738] Seine Verletzung, d.h. auch die Vorenthaltung des lebensnotwendigen Bedarfs, ist das, was als „Gewalt" in der Staats- und Eigentumskritik gleichermaßen figuriert; die oben erwähnte Differenz zum Begriff der „strukturellen Gewalt" verdeutlicht sich damit. Im Rahmen einer Auslegung des Gleichheitsprinzips als proportionale Gleichheit ist Gandhi gelegentlich sogar bereit, den Begriff des Lebensnotwendigen nach dem individuellen Bedarf verschieden zu bestimmen; es wird jedoch nicht der unmittelbare Bezug zur physischen Existenz aufgegeben oder je das subjektive Bedürfnis zum Richter gemacht.[739]

Andererseits wird das subjektive Existenzrecht niemals vom Eigenwert des animalischen Lebens, Körpers oder Besitzes her moralisch untermauert. Möglicherweise liegt hier der tiefste Unterschied zu Tolstoi. Alle diese Güter sind nicht „Wert", sondern nur Ermöglichung der moralischen Disposition. Das Dispositionsrecht sichert die Chance, der moralischen Forderung gemäß eigener Bestimmung zu genügen. Die Relevanz für die Welt des Alltags liegt darin, daß die moralische Forderung nicht notwendig auf Verzicht als einfache Preisgabe gerichtet ist, sondern, im Sinne der Interpretation als innerweltliche Askese, auf Verzicht in der Form der In-Dienst-Stellung für andere.

Die Worte „gemäß eigener Bestimmung" sollen verdeutlichen, daß es sich um ein subjektives Recht handelt. Gandhi duldet keine *von außen auferlegte* Funktionalisierung dieses Rechts durch irgendwelche Standards moralischen Gebrauchs; der andere und die Allgemeinheit haben hier keinen Rechts- oder Herrschaftsanspruch. Als Momente eines subjektiven Dispositionsrechts gehören Lebens- und Subsistenzrecht in den Zusammenhang eines radikalen Freiheitsbegriffs, der gelegentlich auch einmal als „right to sin" pointiert werden kann.[740] Die bereits mehrfach zitierte Rede über das Ideal der Besitzlosigkeit in der Londoner Guild House Church 1931 steht unter der Überschrift „*Voluntary Poverty.*"[741] In der politischen Praxis wird häufig der Gedanke akzentuiert, daß

---

[738] Gegen den Staat: vgl. das Zitat bei Anm. 611. Gegen den Arbeitgeber: Rede vor Textilarbeitern in Ahmedabad, 18.4.1920 (CW 17: 324).

[739] „To each according to his need", unter Berufung auf Marx (H, 31.3.1946, Kher 1959, I: 145). Die gewählten Beispiele zeigen die Strenge des anzulegenden Maßstabs, was durch ausdrücklichen Hinweis auf „bare necessities" im Vergleich zum Überfluß nochmals eingeschärft wird. Die proportionale Definition des Existenzbedarfs ist jedenfalls nur mit großer Vorsicht für die Bestimmung des Gewaltbegriffs heranzuziehen.

[740] Für Indiens nationale Freiheit, Statement für Reuter, auf der Überfahrt zur Round Table Conference in London, 3.9.1931, CW 47: 388. Dies ist nicht nur Rhetorik, sondern eine grundsätzliche Haltung. In der Frage des von Gandhi zweifellos als „Sünde" eingestuften Alkoholismus äußert sich diese Haltung z.B. als Ablehnung von Nötigungen beim „Picketing" von Spirituosenläden: „I would rather have India free than sober if freedom has to be sold to buy sobriety" (YI, 23.2.1922; CW 22: 454).

[741] CW 45: 50ff., z.B. Anm. 627 und 657.

ein denkbarer Verzicht zunächst einmal das ungeschmälerte Haben (Erwerben) von Recht und Besitz voraussetzt. Der Argwohn einer Vertauschung von freiwilliger und unfreiwilliger Armut ruft regelmäßig Gandhis geradezu demagogisches Pathos auf den Plan; so in der gereizten Replik auf Tagores kosmopolitische Appelle während des nationalen Aufstandes:

> At the present moment India has nothing to share with the world save her degradation, pauperism and plagues … Before, therefore, I can think of sharing with the world, I must possess… India must learn to live before she can aspire to die for humanity.[742]

Es ist dieselbe gedankliche Struktur – wenngleich mit deutlichen Abstufungen in der Bewertung des fraglichen Gutes –, die schon oben beim Recht auf Waffenbesitz begegnete. Sie zieht in das logische Verhältnis von Besitzrecht als Verzichtchance zusammen, was der indischen Tradition als Zeitfolge der Lebensstadien vom Inbesitz-Nehmen der Welt zu Weltentsagung vertraut ist. Konzentriert findet sie sich in paradoxen Formulierungen wie der bereits zitierten Konsequenz aus „Voluntary Poverty": „The only thing that can be *possessed* by all is *non-possession* … in other words, a *willing* surrender."[743]

Mit der okzidental anmutenden Bestimmung eines subjektiven Rechts als Chance der Moralität und der darin sich abzeichnenden Unterscheidung von Legalität und Moralität verschmilzt Gandhi erkennbar die traditionell-indische Abstufung von Asketenethik (Mönchsethik) und Laienethik, wie sie vor allem aus den heterodoxen Heilslehren des Jainismus und des Buddhismus bekannt ist. Wenn verschiedentlich hier von einem Normalmaß des jedermann Zumutbaren die Rede gewesen ist, das entsprechend der Kantschen Formalbestimmung als allgemeine Rechtsregel aufgestellt und durchgesetzt werden kann, so läßt sich dieses häufig mit den Geboten der alten Laienethiken identifizieren. So bedeutet beispielsweise *Aparigraha* – das Gebot völliger Besitzlosigkeit bis

---

[742] „The Great Sentinel", YI, 13.10.1921 (CW 21: 290 f.).

[743] Anm. 627 (Hervorhebungen DC). Zur 4-Stadienlehre des Hinduismus in diesem Zusammenhang aus der Einleitung zu „Varnavyastha", 1934: „And as the four stages represent a ladder of growth and are interdependent, one cannot leap to the stage of a *vanaprastha* or a *sannyasi*, unless he or she fulfilled the law of the first two *ashramas* – *brahmacharya* and *grihastha*" (CW 59: 61 ff.).
In dem Brief an C. F. Andrews vom 6.7.1918 zur Klärung des Standpunkts in der Rekrutierungsfrage ist die dialektische Struktur, in Anlehnung an die Lebensstadienlehre, für Körper-Besitz und Gewaltlosigkeit zusammen gesehen: „It is clear that before I can give a child an idea of *moksha* [Erlösung, Freiheit], I must let it grow into full manhood. I must allow it to a certain extent to be even attached to the body, and then when it has understood the body and so the world around it, may I easily demonstrate the transitory nature of the body and the world, and make it feel that the body is given not for the indulgence of self but for liberation. Even so I must wait for instilling into any mind the doctrine of ahimsa, i.e. perfect love, when it has grown to maturity by having its full play through a vigorous body. My difficulty now arises in the practical application of the idea: what is the meaning of having a vigorous body?" usw. (CW 14: 474).

zur Kleiderlosigkeit für den Jain-Mönch – für den jainistischen Laien die Beschränkung auf die notwendige Habe.[744] Die rigoristischen Anschauungen
Gandhis über Besitz-, Gewalt- und Lebensverzicht finden sich mit besonderer
Häufigkeit gerade in den Auslegungen der Ashram-Gelübde oder in Andachts-
texten für die Ashram-Gemeinde. Das mindert nicht ihre Bedeutung für die
Bestimmung des Rechtsbegriffs. Denn das Ashram-Leben war für Gandhis
charakteristisch gewandeltes Verständnis nicht Weltflucht – oder mit Max Webers Vorzugswort „religiöses Virtuosentum" –, sondern Experimentierfeld der
Gesellschaftsreform, einer generalisierbaren Moral.

---

[744] Guérinot 1926: 255. Zu den jainistischen Einflüssen auf Gandhi Anm. 466. Gelegentlich wird das klassische Gebot der *aparigraha* von vornherein in diesem er-
mäßigten Sinne formuliert, z.B. von P. V. Kane (zu den für alle geltenden 5 Yamas
der Yoga-Sutra II 30): „Nonacceptance of anything from another beyond what is
necessary for preserving the body" (Kane 1968, V, 1420). Aber Gandhis Äußerungen lassen keinen Zweifel, daß er in der idealen Forderung weitergehen will.

Kapitel 6

Freiheit und Gleichheit

§ 23 Freiheit der Meinungsäußerung. Religionsfreiheit

Das eigenartige Resultat der bisherigen Erörterungen ist, daß eine außerordentlich weit getriebene moralische Relativierung, um nicht zu sagen Unterminierung, des Lebens- und Eigentumsrechts nicht zur Auflösung des Konzepts grundlegender Individualrechte überhaupt führt. Dieser Befund wird von einer anderen Seite her verdeutlicht, wenn man feststellt, daß es jedenfalls eine Gruppe von Grundrechten gibt, die von Gandhi zu jeder Zeit kategorisch und mit einer nicht nur der politischen Gelegenheit verpflichteten Vehemenz gefordert werden: Gedankenfreiheit, Meinungsäußerungsfreiheit, Schreib- und Druckfreiheit und das hiermit im Zusammenhang gesehene Recht der freien Assoziation. Es handelt sich insgesamt um das Recht freier Gedankenkommunikation. Die Bedeutung für Gandhis allgemeinen Begriff von Politik als einer gewaltlosen repräsentativen Bemühung um gesellschaftliche „Wahrheit" ist evident, im besonderen aber auch die Bedeutung für den Konfliktaustrag durch die gewaltfreie Aktion. Zum einen handelt es sich dabei um Rahmenbedingungen der Wirkungschancen gewaltfreier Kampfmethoden; zum anderen liegt in deren noch näher zu erläuterndem Wesen als *Satyagraha* eine Verwandtschaft zur reinen Gedankenkommunikation, die uns bei der juristischen Untersuchung noch beschäftigen wird.[745] Es überrascht nicht, daß die entschiedensten Berufungen auf die Freiheit der Meinungsäußerung gerade aus den Phasen des akuten Kampfes gegen die britische Herrschaft stammen und sich gegen die Unterdrückung der öffentlichen Bekundungen gewaltlosen Ungehorsams durch Ausnahmerecht wie Pressezensur oder Versammlungsverbote wenden;[746] ebensowenig überrascht es, daß hierbei gerade der formale

---

[745] Zensurgesetze boten sich stets als Angriffsziele für exemplarische Gesetzesübertretungen im Rahmen des allgemeinen Protests gegen das staatliche Unterdrückungsregime an; so bekanntlich schon in der Rowlatt-Satyagraha (Teil I Anm. 10), wo sich das in erster Linie angegriffene Verhaftungsgesetz nicht für die direkte Übertretung eignete; vgl. Empfehlungen zu übertretender Gesetze durch das Satyagraha Komitee, 7.4.1919 (CW 15: 192). Ging der Kampf direkt um die Meinungsfreiheit, so entwickelte er sich von selbst zur *civil disobedience*: „The safest and quickest way to defend those rights is to ignore the restriction" (YI, 5.1.1922; CW 22: 142).

[746] Namentlich während der Non-cooperation-Kampagne 1921/22 und während der sogenannten *individual civil disobedience* gegen Indiens Beteiligung am Krieg, 1940/41. Vgl. einerseits „Expression of Opinion" (YI, 6.10.1921, CW 21: 240); oder: „We must first make good the right of free speech and free association before we can

Aspekt unabhängig vom Inhalt der Äußerungen besonders betont wird.[747] Doch ist das Eintreten für die Freiheiten der Kommunikation nicht auf solche Situationen beschränkt. Sie sind zentrales systematisches Element aller politischen Entwürfe. Wo *Civil Liberty* gefordert wird, tauchen sie auf.[748] Auch psychologisch ergibt sich dies fast von selbst: diese Freiheiten gehören zur Lebensluft eines Mannes, der von früh auf sein Leben in öffentliche Kommunikation, unter anderem in journalistischer Praxis, umsetzt; es ist ihm natürlich, sie mit dem Atmen, Essen oder Trinken zu vergleichen.[749] Der elementare Charakter wird häufig betont und an der Entschlossenheit exemplifiziert, bei Verboten auf jeweils elementarere Mitteilungsformen zurückzugehen, also etwa vom Druck auf handgeschriebene Zeitungen, von schriftlicher auf mündliche Kommunikation (Flüsterpropaganda) bis – in der Eindeutigkeit extremer Widerstandssituationen – zur stillschweigenden Verständigung bzw. zum demonstrativen Schweigen (Schließen der eigenen Presse als Protest gegen Zen-

---

make any further progress towards our goal" („The Immediate Issue", YI, 5.1.1922, CW 22: 142); Brief an den Vizekönig Lord Reading mit der Ankündigung von *civil disobedience* „For the enforcement of its [scil. the country's] demands including the elementary rights of free speech, free association and free Press", 1.2.1922 (CW 22: 304); andererseits: die von Gandhi entworfene Resolution des All-India Congress Committee vom 15.9.1940 (Zitat Anm. 564) und Gandhis Ansprache hierzu; Darstellung T 5: 317 ff.

[747] Die 1940 geforderte Redefreiheit hatte zum Ziel, „that the congress can carry on anti-war propaganda and preach non-co-operation with the Government in their war effort". Der taktische Sinn, die Forderung nach Redefreiheit zur Propaganda gegen Indiens Kriegsbeteiligung anstelle der Sachforderung des Ausscheidens Indiens aus dem Krieg in den Vordergrund zu schieben, scheint gewesen zu sein, ein (auch im Ausland!) wirkungsvolles Protestthema ohne unmittelbare Gefährdung der britischen Kriegsführung zu wählen und so eine entscheidende Konfrontation hinauszuschieben, auf welche die Kolonialregierung mit einem massiven Repressionsprogramm wartete; darüber Hutchins 1971.

Deutlich in anderer Funktion, nämlich in der einer Verschärfung des Kampfes, ist die Inanspruchnahme der Redefreiheit in Verbindung mit einem Aufruf an Beamte und Soldaten, den Regierungsdienst zu verlassen, am 4.10.1921 (CW 21: 235) nach der Verhaftung der Khilafatisten-Führer Mohammad und Shaukat Ali; vgl. „Tampering with Loyalty", YI, 29.9.1921 (CW 21: 221) – einer der Aufsätze, auf die Gandhis Verurteilung wegen *sedition* gestützt war.

[748] Etwa „To the Princes", H, 15.7.1939: 200; „Dr. Lohia's Challenge", H, 30.6.1946: 208 (betrifft *civil liberty* in Goa). Mit anderem Akzent, nämlich auf Freizügigkeit, Gewerbefreiheit und Recht auf Eigentumserwerb, wird *civil liberty* während der Auseinandersetzungen in Südafrika gefordert; vgl. zum Beispiel den Leserbrief an „Rand Daily Mail" vom 9.8.1906, CW 5: 387. Damals war die Meinungsäußerungsfreiheit nicht angegriffen.

[749] „If the whole of India were to say that even peaceful public meetings may not be held without permission, that peaceful volunteer associations may not be formed without permission, and that newspapers cannot be published without permission, that prohibition cannot be accepted. For a man may not be expected to ask for another's leave to breathe or eat or drink. The three things I have mentioned are the breath, the food and the drink of public life." (YI, 9.2.1922, CW 22: 368).

sur).[750] Es wird hiermit der im strengen Sinne unveräußerliche Charakter des Rechts im unausgesprochenen Gegensatz zum Eigentum bezeichnet, seine Gegebenheit mit dem natürlichen Dasein der Person als Willens- und Widerstandszentrum. „Elementary" hat ebenso den Sinn von „grundlegend": durchgesetzte Freiheit der Kommunikation, „freedom of speech and pen", wie es häufig heißt, ist der Grundstein aller anderen Freiheit und zugleich Mittel der Befreiung, „almost the whole *swaraj*".[751] Die öffentliche Meinung erscheint als der große Gegenspieler zur staatlichen Gewalt und, in schon fast stock-liberaler Einschätzung, als wirksamste Sanktion des öffentlichen Lebens.[752]

Die Freiheit der Meinungsäußerung ist auch strukturell ausgezeichnet insofern, als hier besonders sinnfällig Pflicht und Recht gleichgerichtet sind und in der leitenden Wertvorstellung, dem gewaltlosen Eintreten für subjektiv erfahrene Wahrheit, zusammenfallen. Die Pflicht besteht, weil die Wahrheit nicht nur Sache des Subjekts ist, nicht „geistiges Eigentum",[753] sondern alle angeht.

---

[750] „Elementary rights" z.B. im Brief an Reading vom 1.2.1922 (Anm. 746); „Liberty of the Press" – handwritten newspaper (YI, 12.1.1922, CW 22: 176); dazu nähere Anweisungen in Navajivan, 4.5.1930 (CW 43: 385); „Veiled Martial Law" zur gerade erlassenen Press Ordinance, mit der Aufforderung an die Redakteure, Sicherheitsleistung zu verweigern und notfalls Verlage zu schließen: „They may confiscate type and machinery, they will not confiscate pen and still less speech" (YI, 8.5.1930, CW 43: 352); Einstellen des Erscheinens von „Harijan" bei Zensurauflagen am 10.11. 1940 (vgl. T 6: 2) und gleicher Rat an Journalisten bei Beginn der Quit-India-Kampagne 1942, ihre Berichterstattung unter Bedingungen der Zensur einzustellen (T 6: 161); zur Atlantik-Charter und Churchills Einschränkung der dort verkündeten Prinzipien auf Europa: „I believe that my silence is much more eloquent than any words that I may utter" (T 6: 11); *Constructive Programme*, Dezember 1941: Politische Erwachsenenbildung „by word of mouth", sie sei staatlicher Einwirkung entzogen, „but if there is an interference, there must be a fight for this elementary right without which there can be no swaraj" (T 6: 23f.).

[751] Aus dem in der vorigen Anmerkung zitierten Artikel „Liberty of the Press" (1922); „Freedom of speech and pen is the foundation of swaraj. If the foundation-stone is in danger, you have to exert the whole of your right in order to defend that single stone ... If we can win this liberty of free speech, either by fighting for it or by negotiation, we have secured everything ... If I give it a religious colour, I can call it full religious liberty ... It is the foundation of freedom, especially when it has to be taken non-violently. To surrender it, is to surrender the only means for attaining freedom" (Rede vor dem All-India Congress Committee am 15. und 16.9.1940, T 5: 326, bzw. H, 29.9.1940: 303).

[752] „This is a fight to the finish. It is a conflict between the reign of violence and of public opinion" („A Puzzle and Its Solution", YI, 15.12.1921, CW 22: 29). Zu Verdächtigungen wegen der bei der Agitation für ein ungeteiltes, souveränes Bengal angewandten Methoden: „The only effective sanction was an enlightened public opinion, as Tolstoy used to say. The distinguished soldier and, later on, pacifist held that public opinion was a much more potent instrument than war or strife. The speaker [Gandhi] called this non-violence" (Gebetsansprache am 10.6.1947, referiert in H, 22.6.1947: 203, T 8: 11).

[753] Dieser Begriff und der Widerspruch zum Verbreitungs-Anspruch wahrhaftiger Überzeugung ist ironisiert in dem der englischen Ausgabe von „Hind Swaraj" – „In-

Hieraus ergibt sich, gerade auch im Konfliktfall, ein kategorisches Argument für die Inanspruchnahme des Rechts.[754] Der andere muß mit der aufrichtigen Meinung über Wahrheit konfrontiert werden, und zwar nicht nur in theoretisierender Neutralität, sondern mit der Intention auf Überzeugung und moralische Konsequenz, als „incitement".[755] Hiermit hängt zusammen, daß Geheimtaktiken verworfen werden; die Einzelheiten gehören allerdings eher zur politischen Methodenlehre der *Satyagraha*.[756]

Die Wahrheitspflicht, als Pflicht, nicht nur nicht zu lügen, sondern, wo immer es darauf ankommt, die Wahrheit zu vertreten,[757] hat, aus dem Wahrheitsbegriff heraus, unmittelbar religiösen Charakter: „To speak the truth is a *dharma* common to all."[758] Am Rande sei schon hier hervorgehoben, was in seiner vollen systematischen Bedeutung später noch zu entwickeln sein wird, daß diese Pflicht für alle Menschen gleich ist (hinduistisch gesprochen zum *sadharana dharma* gehört). Da die Pflicht, Wahrheit zu vertreten, in dem gründet, was nach Gandhis säkularisierenden Anschauungen innerstes Wesen der Religion selbst ist, kann die Meinungsäußerungsfreiheit pointiert mit „voller Religionsfreiheit" gleichgesetzt werden.[759] Es kommt nicht darauf an, daß etwa spezifisch religiöse Wahrheitsbehauptungen vertreten werden.

Zur Religionsfreiheit im engeren Sinne, also Freiheit der besonderen Religionen und ihrer Erscheinungsformen, sind die Aussagen sogar eher von konventioneller Art und fast zurückhaltend, wenn man es mit der Emphase vergleicht, mit der auf dem Recht der Gedankenkommunikation bestanden wird:

---

dian Home Rule" (1910) – aufgedruckten Vermerk: „No Rights Reserved" (Faksimile in CW 10).

[754] Zum Beispiel gegen die Press-Ordinance 1930: „It is the duty of the people to criticize the bureaucracy. It is our duty to wish that it be destroyed, to commit civil disobedience, to persuade Government servants to give up their jobs and the recruits to leave the army, and to persuade the people to refuse to pay taxes when they have the strength to do that" (Navajivan, 4.5.1930, CW 43: 385). Vgl. auch „I hold it to be the bounden duty of a satyagrahi openly and freely to express his opinions which he holds to be correct and of benefit to the public even at the risk of incurring popular displeasure and worse" („The Tangle of Ahimsa", YI, 11.10.1928, CW 37: 339).

[755] Im Sinne der berühmten, gegen die Unterscheidung *academic discussion – incitement* gerichteten Wendung von O. W. Holmes: „Every idea is an incitement" (Dissent in *Gitlow v. New York*, 268 US 652; 1925). Gandhi im Interview mit N. K. Bose im November 1934: „Question: Should we not confine our pursuit of truth to ourselves and not press it upon the world, because we know that it is ultimately limited in character? Answer: You cannot so circumscribe truth, even if you try. Every expression of truth has in it the seeds of propagation, even as the sun cannot hide its light" (CW 59: 316 ff.).

[756] Anm. 267 und Text.

[757] Vgl. die Erläuterungen zum Wahrheitsgelübde in den in Anm. 695 angegebenen Texten.

[758] „Discourses on the ‚Gita'", CW 32: 183.

[759] Anm. 751.

a) Religiös begründete *Praktiken*, die der aus Gesundheits- oder Moralgründen geforderten Rücksichtnahme auf andere widerstreiten, sollen gesetzlich unterbunden werden können.[760] Damit ist der Sozialreform auf Kosten religiösen oder pseudoreligiösen „Humbugs"[761] ein breites Feld eröffnet – zweifellos ein Desiderat angesichts der Vielgestaltigkeit und gelegentlichen Exzentrizität, ja Sozialgefährlichkeit mancher religiöser Betätigungsformen in Indien; hier spiegelt Gandhis Haltung einen seit dem 19. Jahrhundert gewachsenen Konsensus innerhalb der nationalen Erneuerungsbewegung. Allein die außerordentlich weitgefaßte Begründung, wie sie ähnlich später in dem doppelten Gesetzesvorbehalt zur Garantie der Religionsfreiheit in der indischen Verfassung von 1950 zum Ausdruck kommen sollte,[762] scheint nahezu unbegrenzte Eingriffe in religiöse Lebensführungsregeln und Gebräuche zu ermöglichen. Vermutlich war bei Gandhi eine ähnliche Einschränkung mitgedacht, wie sie später von der Rechtsprechung herausgearbeitet worden ist: daß der innere, zum Wesen der jeweiligen Religion gehörende Bereich, vor allem auch des Kultus, staatlichen Eingriffen der allgemeinen Sozialreform entzogen bleiben muß.[763] So erklärt sich jedenfalls seine vorsichtige Position hinsichtlich der Gesetzgebung zur Tempelöffnung für die „Unberührbaren".[764] Aber man wundert sich doch, wie wenig ausdrückliche Erörterung diesem Hauptproblem des Verhältnisses von Staat und Religion in Indien zuteil wird: der von okzidentalen Verhältnissen grundsätzlich abweichenden Situation, daß die indischen Religionen vor allem Systeme sozialer Lebensführung sind, Handlungseher als reine Glaubenssysteme im Sinne von Weltanschauungen; daß damit die Religionsfreiheit illusorisch ist, wenn sie nicht Betätigungsformen und Sozialordnungen mitbetrifft, die ihrerseits divergieren und kollidieren können.

---

[760] Zu Klagen über die angeblich religiös bedingte Unsitte der Defäkation im Freien außerhalb bestimmter Latrinen: „Religious freedom, like liberty, becomes license when it is indulged in at the expense of the health and safety of others, or in contravention of the principles of decency or morality. If you want to claim unrestricted and absolute liberty for yourselves, you must choose to retire from society and take to solitude" (H, 18.2.1939: 23).

[761] Ausdruck Gandhis, vgl. Text zu Anm. 106.

[762] Art. 25 stellt die Religionsfreiheit zunächst unter den Vorbehalt von „public order, morality and health" sowie den anderen Grundrechten und fügt in Abs. II weitere Vorbehalte zugunsten der Regelung äußerlicher (ökonomischer, politischer usw.), mit der Religionsausübung verknüpfter Aktivitäten sowie der „sozialen Wohlfahrt und Reform" hinzu.

[763] Zur Auslegung der Art. 25, 26 und der Entwicklung der Unterscheidung von „essential" und „non-essential religious practices" in der Rechtsprechung Derrett 1968: 437 ff., 474 ff. Als Illustration der dort zitierte Satz des Richters Ayyangar aus *Saifuddin v. State of Bombay*: „In my view by the phrase ‚laws providing for social welfare and reform' it was not intended to make the legislature to ‚reform' a religion out of existence or identity" (AIR 1962 SC 853, 871).

[764] Vgl. § 6, Anm. 123 und zugehörigen Text. Die Kompetenz zu Staatsgesetzen über die Öffnung von Hindutempeln für „Unberührbare" ist jetzt ausdrücklich in der Verfassung bestimmt, Art. 25 Abs. II (b).

Das hiermit gegebene Problem religiöser Gruppenrechte und öffentlich-religiöser Lebensform, das ganze politisch brisante Religionsgruppenproblem wird kaum als Problem der Religionsfreiheit angesprochen. Diese sieht Gandhi, entsprechend seiner schon erörterten Auffassung, daß die im Grunde singularische Religion sich in jeder Person einzigartig verschieden ausprägt, als Problem der Individualität.[765] Der Respektierung der Individualität dient die stets geforderte Trennung von Staat und Religion und der im Gegensatz zu Zeittendenzen säkularistische Begriff der Nation. Den Religionsgruppen („Minoritäten") werden von Gandhi und dem Kongreß in der Karachi-Resolution „kulturelle" Garantien angeboten;[766] erst während der harten Verhandlungen um Minderheitenrechte auf der Londoner Round Table Conference kommen dazu eigentliche Kollektiv-Schutzrechte für die Religionsausübung und die wichtige Garantie der „personal laws".[767] An der Großzügigkeit der Einstellung in diesen Fragen ist nicht zu zweifeln, zumal gerade dem Hindu das Denken in einer Vielheit und Nicht-Uniformität der Lebensgesetze aus seiner eigenen Tradition heraus natürlich war.[768] Aber solche Garantien für Gruppen-Eigenarten erscheinen doch als Fragen politischen Ermessens und praktischer Toleranz – das zeigen schon die Anordnung und etwa der Umstand, daß die für die Muslims wesentliche Verknüpfung von Religion, religiösem Recht und Sozialordnung nicht berücksichtigt wird.[769] Der letzte Ernst der religiösen Forderung und damit der Kern der Religionsfreiheit lag für Gandhi anderswo: in der Transzendierung der Gruppenverschiedenheiten durch die substantielle Einheit der gesuchten, subjektiv-individuell erfahrbaren „Wahrheit".[770] Es war

---

[765] Vgl. § 6 und Anm. 120.

[766] Entwurf CW 45: 370 unter 1 (c) Gewissens- und Religionsausübungsfreiheit (für den Einzelnen); 1 (d) Schutz und Kultur, Sprache und Schrift der Minoritäten.

[767] In einem von Gandhi dem Minorities-Committee der RTC vorgetragenen Memorandum des Nationalkongresses werden unter den Grundrechten Schutzgarantien für „cultures, languages, scripts, education, profession and practice of religion and religious endowments" der betreffenden Gruppen vorgeschlagen, sowie eine gesonderte Verfassungsgarantie für die *personal laws*, d.h. die je nach Religionszugehörigkeit verschiedenen traditionellen Familien- Erb- und Eherechte der Hindus, Muslims, Parsen etc. Die indische Verfassung enthält keine derartige Garantie, sondern sieht im Gegenteil die Einführung eines einheitlichen bürgerlichen Gesetzbuches in einem Programmsatz vor, der aber mit Rücksicht auf die Muslimminderheit bisher nicht ausgeführt worden ist (CW 48: 117 f.).

[768] Nach dem Begriff des für jeden Stand, jede Gruppe verschiedenen *sva-dharma*.

[769] Vgl. als Gegensatz hierzu die in der berühmten „Objectives Resolution" der pakistanischen Verfassunggebenden Versammlung von 1949 gegebene Staatszielbestimmung: „Wherein the Muslims shall be enabled to order their lives in the individual and collective spheres in accord with the teachings and requirements of Islam as set out in the Holy Quran and Sunnah."

[770] Die folgende Äußerung aus der späteren Zeit Gandhis ist sehr aufschlußreich für seine Anschauungen, wenn sie außerhalb einer diplomatischen Verhandlungssituation formuliert wurden: „Every single individual would be free to pursue his own religion without let or hindrance, so long as it did not transgress the common law.

bei solchen Anschauungen nicht gänzlich grundlos, daß die Vertreter der religiösen Minderheiten der primär auf Individualgrundrecht abgestellten Politik des Kongresses ein gewisses Mißtrauen entgegenbrachten.

b) Gegenüber der Propagierung von dogmatischen Sonderwahrheiten bestimmter Religionen hat Gandhi die aus seiner Abneigung gegen Missionierung motivierte Reserve.[771] Darin steckt auch eine Komponente des Eintretens für unversehrte Ausbildung der Individualität, die in ihren subtilsten Existenzfragen vor Meinungsdruck und – wenn man sich die Lage der illiteraten Massen vergegenwärtigt – geistiger Bevormundung geschützt werden soll. Aus diesem Interesse heraus wird die religiöse Unterweisung in Staatsschulen, sogar die bloße Reservierung von Schulzeiten für außerstaatlichen Religionsunterricht, als staatliche Einmischung in persönliche Angelegenheiten abgelehnt.[772] Ähnlich erklärt sich die allergische Reaktion auf die Verhandlungen von Hindupolitikern mit dem Führer der „Unberührbaren" Ambedkar über eine mögliche Massenkonversion von dessen Gefolgschaft, weil sich damit das Prinzip politischer Stellvertretung auf den Bereich höchstpersönlicher Gewissensentschließung (unzulässig) ausdehne.[773]

Andererseits verleitet eine derartige Empfindlichkeit schon gegenüber dem bloßen Autoritätsdruck, die Sorge um die Religionsfreiheit des Unterlegenen, Gandhi nicht dazu, Einschränkungen der persönlichen Konversionsfreiheit für zulässig zu halten.[774] Immerhin ist das Ins-Spiel-Bringen einer gegen private

---

The question of the ‚protection of the minorities' was not good enough for him; it rested upon the recognition of religious grouping between citizens of the same State. What he wished India to do, was to assure liberty of religious profession to every single individual" (H, 31.8.1947: 297 – Erläuterung des angestrebten Säkularstaats, referiert von N. K. Bose).

[771] Vgl. § 6 und Anm. 104 ff.

[772] Vgl. Anm. 120 und 122.

[773] Die Hindu-Mahasabha-Führer Jayakar und Moonje hatten Gespräche mit Ambedkar über dessen Konversionspläne geführt, mit dem Ziel, durch eine Konversion zum Sikkhismus das von Ambedkar erwogene völlige Ausbrechen der Unberührbaren aus dem hinduistischen Bereich zu verhindern. Hierzu Gandhi: „And who are the self-constituted leaders to barter away the religious freedom of Harijans? Has not every Harijan, however dull and stupid he may be, the right to make his own choice?" („A Dangerous Proposal", H, 22.8.1936: 220) Und erneut: „Religion is essentially an individual matter where each one has to decide for himself" (H, 19.9.1936: 251).

[774] Zur Konversion von Ambedkar selbst: „It is a matter for every individual to decide for himself to which faith he will belong … If therefore any Harijan wants to give up Hinduism, he should be entirely free to do so" („Limitations of Reformers", H, 21.3.1936: 44). Zur Missionsfreiheit etwa die Rede vor Missionaren in London am 8.10.1931, in der auch seine Bedenken gegen Bekehrungen dargelegt sind; jedoch: „Any suggestion that I should want legislation to prohibit missionary enterprise or to interfere with the beliefs of other people is unthinkable" (CW 48: 120 ff.). Oder: „No legal hindrance can be put in the way of any Christian or of anybody preaching for the acceptance of his doctrine" (H, 13.1.1940: 413).

geistige Autorität zu schützenden Gewissensfreiheit des einfachen Mannes ein
Gedanke, der in Spannung zum Prinzip der Freiheit der Meinungsäußerung
steht und Gefahren für die Religionsfreiheit selbst enthält. Die fragwürdigen
Konsequenzen lassen sich an den später in Indien erlassenen sogenannten
Religionsfreiheitsgesetzen studieren, welche einen Unterschied zwischen der
Propagierung der Religion und der Bekehrung Andersgläubiger konstruieren
und vag definierte „unlautere" Bekehrungsmethoden unter Strafdrohung stellen.[775] Auch gibt es von Gandhi selbst ambivalente Äußerungen, so wenn eine
gesetzliche Garantie der Bekehrungsfreiheit mit dem Hinweis auf die unbe-
zwingliche eigene Kraft der Wahrheit und das Beispiel des Propheten Daniel
für überflüssig erklärt wird.[776] Zwischen den Zeilen ist hier ebenfalls eine Unterscheidung zwischen „gewaltlosem" Bekennen der religiösen Überzeugung
und aggressivem Bekehrungsbetrieb zu lesen. Aber es drängt sich zugleich der
Gedanke auf, daß Religion, der wahre Feuerkern der *Satyagraha*, am ehesten
sich selbst helfen wird und weder zur Verbreitung noch zur Bewahrung vor
Verunglimpfung des staatlichen Schutzes bedarf[777] – möglicherweise sogar der
Gedanke, daß Religion ihre eigene Wahrheit gegenüber dem bloßen Habitus
am besten in der Gewissensprobe durch äußere Erschwerungen erfährt.[778]

Jedenfalls wird man zusammenfassend sagen können, daß die Freiheit der
besonderen Religionsform im Rang klar unter der allgemeinen Gedanken- und
Kommunikationsfreiheit steht – eben wegen deren religiösem Charakter – und
von dieser ihr Recht und ihr Maß ableitet. Dies scheint eine für den indischen
Kontext geradezu provokante Umkehrung des gewohnten Verhältnisses. Auch
die mit der Trennung von Staat und Religion erstrebte Sicherung der Individualität dient im Grunde der Offenhaltung ihrer Wahrheitschance, eines die freie
Kommunikation ermöglichenden Rechts.

---

[775] Die entsprechenden Gesetze der Gliedstaaten Madhya Pradesh und Orissa sind vom
Supreme Court für vereinbar mit Art. 25 der Verfassung erklärt worden, da a) die
Religionsfreiheit zwar das Recht der Propagierung, nicht aber der Bekehrung ein-
schließe, b) die religiöse Freiheit des zu Konvertierenden gegen *absichtsvolle* Bekeh-
rungsanstrengungen eines Anderen geschützt werden dürfe. *Rev. Stanislaus v. State of
Madhya Pradesh*, AIR 1977 SC 908.

[776] Im Weekly Letter, H, 28.4.1946: 102f. (T 7: 98f.).

[777] Gegen ein von der Regierung der Provinz Sind nach sec. 99-A des Code of Criminal
Procedure ausgesprochenes Verbot des Buches „Satyarth Prakash" des Arya-Samaj-
Gründers Dayananda Saraswati (wegen der in Kap. XIV enthaltenen Angriffe auf
den Islam): „Religion never suffers by reason of the criticism *fair or foul of critics*; it
always suffers from the laxity or indifference of its followers" (Hervorhebung DC).

[778] „Who could suppress the voice of truth if it filled one's being? And of what avail
was a statutory guarantee, if there was not the fire within to bear witness to truth?"
H, 28.4.1946: 102f. (T 7: 99).

§ 24 Gleichheit

Im Grunde müßte man erwarten, das Gleichheitsrecht im Zentrum der menschenrechtlichen Vorstellungen Gandhis zu finden. Seine politische Praxis läßt sich von den frühesten Stadien bis zuletzt in einem sehr wesentlichen Sinne als ein Auftreten für mißachtete Gleichheitsansprüche auffassen. Ja, seine Rolle wird insgesamt überhaupt erst in eine angemessene Perspektive gerückt, wenn man ihn im Zusammenhang mit der egalitären Bewegung des Zeitalters sieht und als eine ihrer führenden Gestalten. Angefangen vom Kampf gegen die Rassendiskriminierung in Südafrika, über das Eintreten für ausgebeutete Landpächter oder Textilarbeiter im indischen Heimatland, für die Emanzipation der „Unberührbaren" oder der Frauen, bis hin zur Auffassung der nationalen Frage als eines Ringens um die Anerkennung Indiens, bzw. des Inders qua Inder, als eines gleichberechtigten Partners im britischen *Empire* oder der Völkergemeinschaft, ist das die Bewegung auslösende Grundmotiv immer das streitbare Einfordern der Anerkennung einer unmittelbaren Gleichrangigkeit für die jeweils zurückgesetzte Individualität. Selbst die Gewaltlosigkeit, das Hauptthema in Gandhis politischer Mission, wird in ihrer Anwendung auf die soziale Organisation gelegentlich mit Gleichheitserwägungen begründet: in der Demokratie ist die gleiche Einfluß- und Teilnahmechance auch für die schwächsten und ärmsten Mitglieder nur unter Bedingungen der Gewaltlosigkeit offenzuhalten.[779]

Verglichen aber mit der Ausdrücklichkeit der Berufung auf Individual*rechte* der Meinungs- und Gewissensfreiheit, fällt im Problembereich der Gleichheit wiederum die Spärlichkeit eigentlicher Rechtsformulierungen – sei es eines subjektiven Gleichheitsrechts, sei es eines allgemeinen Gleichheits-Rechtssatzes – neben pragmatischen Reformvorschlägen oder Kampfzielen auf. Dies besonders bei den großen Emanzipationsthemen der Frauen- und Unberührbarenfrage. Bei letzterer scheinen die mannigfaltigen Bemühungen Gandhis – wenn man sich etwa den Inhalt der frühen Jahrgänge des „Harijan" vergegenwärtigt – geradezu darauf gerichtet zu sein, immer wieder eine Zuspitzung auf die abstrakte Frage von Menschenrecht und seiner Verletzung bzw. der die Verletzung brechenden Durchsetzung unter Aufbietung aller Phantasie für produktive Veränderungsschritte zu verhindern. Auch der geläufige, verallge-

---

[779] „My notion of democracy is that under it the weakest should have the same opportunity as the strongest. That can never happen except through non-violence." H, 18.5.1940: 129, bzw. NV I: 269; ähnlich H, 11.2.1939 bzw. NV I: 211 f. „To me it is a self-evident truth that if freedom is to be shared equally by all – even physically the weakest, the lame and the halt – they must be able to contribute an equal share in its defence. How that can be possible when reliance is placed on armaments, my plebeian mind fails to understand" (H, 21.4.1946 bzw. NV II: 35). Man wird sich bei diesen Worten an die egalitäre Begründung des Waffenrechts durch den Grafen Mirabeau erinnern (Anm. 578), und auf diese Weise eine zusätzliche Einsichtsmöglichkeit in die paradoxe Haltung Gandhis zur Frage des Waffengesetzes gewinnen.

meinernde Kampfbegriff der Diskriminierung spielt eine bemerkenswert un-
tergeordnete Rolle.

Dies mag seine besonderen taktischen Gründe und auch seine besondere
Nuance in den Auseinandersetzungen um die „Unberührbarkeit" haben, wo
ein tiefgreifender Normkonflikt zwischen traditionellen und modern-individu-
alistischen Gleichheitsprinzipien aufzulösen und außerdem die religiös-politi-
sche Aufgabe einer Versöhnung des Hinduismus mit sich selbst gestellt war.
Aber eine ähnliche Zurückhaltung im Gebrauch des abstrakten Gleichheits-
arguments ist auch sonst, in ideologisch eindeutigeren Situationen, zu beobachten. Liest man beispielsweise Gandhis eigene Schilderung seiner ersten Erlebnisse von Rassendiskriminierung in Südafrika, die seine spontane Auflehnung und weiterhin seine politische Tätigkeit ausgelöst haben, so konstatiert
man ein geradezu auffälliges Fehlen jedes allgemeineren Räsonnements über
Menschenrecht und Menschengleichheit selbst in der nachträglichen Reflexion.[780] Die Empörung entspringt einem elementaren, nicht weiter analysierten
Gefühl, beleidigt zu sein; das Wort „insult" kommt auf diesen Seiten überaus
häufig vor. Dies ist auch der Grundton und das die Argumentation insgesamt
treibende Pathos in den Zeugnissen aus jener Zeit. Wenn vornehmlich in juristischen Schriftstücken in noch zu erläuternden positiv-rechtlichen Zusammenhängen im einzelnen auch Argumente der formellen Gleichbehandlung,
der unterschiedslosen Gesetzesanwendung, des Ausschlusses willkürlicher
Klassifizierung vorgebracht werden, so sind doch Ausdrücke wie „humiliation", „insult", „indignity", „degradation" die wiederkehrende Bezeichnung
für den Inbegriff des der indischen Bevölkerungsgruppe angetanen Unrechts.
Deren *Ehre* und *Prestige* zu wahren, heißt es zu Beginn der eigentlichen Wider-
standsphase, sei der wahre Sinn *(real nature)* des Kampfes.[781]

---

[780] Autobiography, Part II, Chap. VII ff.; „Satyagraha in South Africa", Chap. 6, 11.

[781] IO, 7.9.1907, „Johannesburg Letter" (CW 7: 221). Vgl. weiter z.B. aus den ersten
Schriften zur Wahlrechtsfrage in Natal den Leserbrief an die Times of Natal, „Rammysammy", vom 25.10.1894 im Zusammenhang mit dem sogenannten „Green Pamphlet" (The Grievances of the British Indians in South Africa, An Appeal to the Indian Public. 1896, CW 2: 1 ff.) S. 17: „We cannot, however, too often urge that it is
not political power that we want but it is degradation which these Franchise Bills
involve that we resist" (CW 1: 135).
Andererseits Gandhis Rede zur Eröffnung der ersten Satyagraha (gegen die *Registration Ordinance* Transvaals 1906): „The Ordinance seeks to humiliate not only ourselves but also the motherland. The humiliation consists in the degradation of
innocent men ... We are innocent, and insult offered to a single innocent member
of a nation is tantamount to insulting the nation as a whole" (nach „Satyagraha in
South Africa", Chap. 11); dazu die erste der in der Protestversammlung vom 11.9.
1906 in Johannesburg angenommenen Resolutionen, Nr. 2 „It [scil. The Draft
Asiatic Ordinance] subjects the British Indian community of the Transvaal to
degradation and insult totally undeserved by its past history" (CW 5: 422). Resümee
von Gandhis Rede: „This present Ordinance ... was so bad that no self-respecting
Indian could live under it" (IO, 22.9.1906, CW 5: 419).
Zum historischen und juristischen Hintergrund der Entwicklung in Südafrika

Diese konkret-emotionale Akzentsetzung verdient Beachtung, um so mehr, als andererseits der politische Kampf in Südafrika von Gandhi immer als eine Sache des Prinzips aufgefaßt und geführt wurde[782] – mit der Zeit sogar in vielen Punkten fast nur noch als Sache des Prinzips unter weitgehendem Verzicht auf sofortige praktische Einlösung – und weil dieses Prinzip, ausdrücklich bestimmt, nichts anderes heißen konnte als Gleichberechtigung der Inder ohne Rücksicht auf ihre Hautfarbe oder Religion: „legal or theoretical equality".[783]

---

enthalten die CW 1 einführende Skizzen; vgl. im einzelnen, auch zum folgenden Huttenback 1971; Hancock 1962, Chap. 16. Zur allgemeinen Geschichte Südafrikas: Walker 1957. Dokumente und Gesetzestexte sind zum Teil zugänglich in Eybers 1969; Newton 1968.

[782] Schon der anfängliche Entschluß, unter Verschiebung der Rückkehr nach Indien in Natal sich dem Kampf um die Rechte der Inder zu widmen, veranlaßt durch den Gesetzesentwurf, welcher Asiaten das Wahlrecht entziehen sollte, ist durch eine prinzipielle Sicht dieser Franchise Amendment Bill von 1894 motiviert (und zwar entgegen den Erläuterungen der ortsansässigen Landsleute, welche hierin zunächst nur eine Lokalintrige von wenig praktischem Interesse sahen): „It is the first nail into our coffin. It strikes at the root of our self-respect" (vgl. den Bericht in Autobiography, Part II, Chap. XVI; Details der Vorgeschichte bei P 1965: 395, Text der Franchise Amendment Bill ibid.: 745).

Ganz entsprechend Gandhis spätere Wertung des „Black Act" von 1906/07, des Unterschieds von freiwilliger und gesetzlich auferlegter Registrierung, der Auffassungsdifferenzen über erzielte Vereinbarungen mit General Smuts usw. Beispielsweise im Schreiben an den Registrar of Asiatics in Pretoria vom 26.5.1908: „The general has failed entirely to appreciate the essence of the late struggle ... It was never to obtain individual rights but to preserve and assert the communal rights and selfrespect of Asiatics" (CW 8: 262). Explizit zu der aus dem Prinzip, nicht den Einzelheiten begründeten Ablehnung des „Black Act", unter gleichzeitiger Verteidigung gegen das von britischer Seite dem Prinzipienstandpunkt angehängte Etikett der „Sentimentality" in „Why We Oppose", IO, 30.11.1907 (CW 7: 398 f.).

[783] Letter to the Press, London 5.11.1909 (CW 9: 515), bezieht sich auf die Einwanderungsgesetze Transvaals. Gandhi ging es in dieser Frage darum, die offene Diskriminierung irgendeiner Klasse von *British Subjects* auf Gesetzesebene auszuschließen, auch wenn er aus pragmatischen Gründen bereit war, in begrenztem Umfang diskriminierende Verwaltungspraktiken bei der Gesetzesanwendung (vorerst) hinzunehmen. Zum Zusammenhang mit den Verhandlungen zur Unions-Verfassung und zu der sogenannten „australischen Klausel" für die praktisch diskriminierende Zulassung von Einwanderern Huttenback 1971: 205 f., 270 ff.

Der Fall kann hier als exemplarisch für Gandhis Taktik in den späteren südafrikanischen Jahren stehen, nachdem sich abzeichnete, daß an eine sofortige, auch faktische Beseitigung aller Diskriminierungen nicht zu denken war. Es mußte dann darum gehen, vorerst das Prinzip durchzusetzen in der Hoffnung auf eine spätere, geräuschlose Angleichung auch der Praxis. Dazu „Satyagraha in South Africa", Chap. 10. Der Realismus dieses Beharrens auf dem bloßen Prinzip zeigt sich in dem südafrikanischen Widerstand gerade gegen eine formelle Gleichberechtigung (Smuts bei Huttenback 1971: 206), andererseits in der Verlegenheit des *Empire* angesichts offener Diskriminierung. Der Standpunkt Gandhis wird besonders deutlich in dem Interview mit dem Colonial Secretary Lord Crewe vom 16.9.1909 (CW 9: 408 ff.) und in dem Brief an Lord Ampthill vom 1.9.1909 (CW 9: 378).

Hinzuzufügen wäre, daß das Prinzip der Rechtsgleichheit in der damaligen Situation nicht erst erschlossen oder neu formuliert werden mußte. So war unter anderem die von Cecil Rhodes vor Beginn des Burenkriegs in seiner Rede in Kapstadt am 18. Juli 1899 verkündete Parole „equal rights for every civilised man south of the Zambesi" die ideologische Devise, unter der – mit wechselnden Graden der Inklusivität und der Aufrichtigkeit – die Expansion des britischen Empire in Südafrika betrieben wurde, insbesondere gegen die offen antiegalitären Burenrepubliken.[784] Für eine in ihrer Existenz durch die imperialen Zusammenhänge bestimmte Einwanderergruppe war es die gegebene Parole.

Das unter solchen Umständen auffallende, juristisch wenig artikulierte Abheben auf den Ehrenpunkt enthält allerdings implizit auch einen Gleichheitsanspruch, und sei es nur auf ein Mindestmaß sozialer Anerkennung, auf die Zurückweisung einer irgendwie empfindlichen „Herabsetzung". Rückblickend ist zu erkennen, daß es gegenüber dem griffigen Gleichheitsschlagwort sogar ein Mehr an Potential enthält; daß gerade das unspezifizierte Gefühl verletzten Stolzes das Einfallstor für allmählich sich aufdrängende menschenrechtliche Postulate sein kann, indem es ohne spekulative Voraussetzungen und inhaltlich variabel von verletzter persönlicher Eitelkeit[785] über verletzten Nationalstolz[786] bis zu verletztem religiösem Gefühl[787] immer weiteren Begründungszusammenhängen Raum läßt.

---

[784] Vgl. beispielsweise gegenüber den im Grondwet der Südafrikanischen Republik (Transvaal) von 1858 ausdrücklich niedergelegten Grundsätzen der Ungleichheit zwischen farbigen und weißen Einwohnern (Art. 9) und der reformierten Staatsreligion unter Ausschluß anderer christlicher Bekenntnisse (Art. 20 ff.), die der Republik in der Pretoria-Konvention 1881 abgehandelten Garantien für Eingeborene (Art. 13 ff.) und der vollen Rechtsgleichheit hinsichtlich persönlicher Freiheit, Handels- und Niederlassungsfreiheit für „all persons other than Natives" (Art. 267). Auf letztere Bestimmung konnten sich später unter Gandhis Beratung die indischen Händler im Transvaal berufen, ebenso wie auf die von Cecil Rhodes vor Beginn des Burenkriegs in seiner Rede in Kapstadt am 18.7.1899 verkündete Parole von „equal rights for every civilised man south of the Zambesi" (Newton 1968: 164, von Gandhi aufgenommen IO, 11.6.1903, CW 3: 336). Zu den „Ausländer"beschwerden, welche den Anlaß zum Burenkrieg abgaben, befand sich auch die diskriminierende Behandlung britisch-indischer Untertanen in Pretoria, woran Gandhi nach Ende des Burenkriegs wiederholt erinnert, z.B. in der Petition an den britischen Staatssekretär für die Kolonien, Chamberlain, vom 7.1.1903 (CW 3: 271).

[785] In „Satyagraha in South Africa", Chap. 6 über seine Ankunft in Durban 1893: „I was well dressed according to my lights and landed in Durban with a due sense of my importance. But I was soon disillusioned" (CW 29: 37).

[786] „Thus God laid the foundations of my life in South Africa and sowed the seed of the fight for national self-respect" (Über den Entschluß zum Verbleiben in Südafrika, Autobiography, Part II, Chap. XVI, CW 39: 116).

[787] Gandhi über das religiöse Argument gegen den Asiatic Law Amendment Act Transvaals (Gegenstand der 1. Satyagraha): „If it be a fact that Indians conscientiously consider that the Act unmans them, degrades them, practically enslaves them, can those who are less than men ever worship God; can men who, well knowing the

So gesehen – und hier darf man die weitere Entwicklung vorgreifend schon berücksichtigen – sagt es etwas über den Rang des Gleichheitselements in Gandhis Vorstellungen aus, daß der Ehrenpunkt auch sonst häufig in den Vordergrund gerückt wird, zum Beispiel wenn es um Freiheitsverletzungen geht. Zu einer wesentlich späteren Zeit, in der Aussage vor dem Hunter-Committee zur Untersuchung der Ausschreitungen anläßlich der *Satyagraha* gegen den *Rowlatt Act*, gibt Gandhi als ersten Einwand gegen das Ausnahmegesetz an, es stelle eine Schmähschrift gegen die indische Nation dar.[788] Wenn er es außerdem „very restrictive of human liberty" nennt, so zeigt doch die Fortsetzung: „and that no self-respecting person or nation could allow such legislation",[789] daß auch sein Freiheitssinn mit einem empfindlichen Ehrgefühl in Zusammenhang steht, und so mit einem Mindestanspruch auf Gleichrangigkeit in irgendeinem, noch näher zu bestimmenden, Bezugsrahmen.

Der hier auftretende Begriff der Selbstachtung – der internalisierte und damit normativ verallgemeinerte Ehrengesichtspunkt – scheint sogar der übergeordnete, nach anderen Äußerungen der denkbar höchste Gesichtspunkt zu sein. Selbstachtung ist kostbarer als die persönliche Freiheit;[790] der Verlust der Selbstachtung ist das, was eigentlich den Verlust der *civil liberty* unerträglich macht;[791] es gibt keinen größeren Verlust für den Menschen als den Verlust der Selbstachtung.[792]

Man hat es mit einem zeitlebens festgehaltenen Schlüsselbegriff innerhalb von Gandhis normativen Auffassungen der Person zu tun. Es wäre dies die Stelle, wo bei ihm eine unmittelbare Intuition von so etwas wie allgemeinem Menschenrecht, von einem Inbegriff *gleicher* Menschenwürde, erscheinen müßte. In der Tat bezieht sich eine der frühesten Berufungen auf höheres

---

injurious consequences of a particular measure accept it from base, because purely selfish and worldly, motives ever serve God?" (IO, 30.11.1907, CW 8: 399).

[788] „My fundamental objection to the Rowlatt Act is that it constitutes a libel on the whole Indian nation" (nach der Wiedergabe in YI, November 1919, abgedruckt in der Aufsatzsammlung aus „Young India" 1919–1922, Madras 1922: 5ff., 36; der Passus fehlt in der amtlichen, in CW 16: 378ff. abgedruckten Verhandlungsniederschrift). Vgl. noch den Polizeibericht von einer Vernehmung Gandhis zur Agitation gegen den Rowlatt Act, vom 27.4.1919: „Questioned as to what he objected to in it, he avoided giving a direct answer as to facts, but said that it was degrading" (Source Material II: 783).

[789] CW 16: 381.

[790] „Free life under the government has become intolerable, for the price exacted for the retention of freedom is unconscionably great. Whether we are one or many, we must refuse to purchase freedom at the cost of our self-respect" mit der Konsequenz: „We seek arrest because the socalled freedom is slavery" („A Puzzle and its Solution", YI, 15.12.1921, CW 22: 28).

[791] „No person or group can thus remain without civil liberty, without losing self-respect" (Brief an den portugiesischen General-Gouverneur in Goa, H, 11.8.1946: 260).

[792] „I cannot conceive a greater loss to a man than the loss of his self-respect" („Satyagraha in South Africa", Chap. 42, CW 29: 233).

Recht gegen Gesetzesrecht auf ein gemeinmenschliches Gebot der Selbstachtung. In seinem Brief an den Abgeordneten Hulsteyn vom 17. September 1907
heißt es:

> To the Asiatic Registration Act, British Indians have undoubtedly been advised by
> my Association not to submit, because, in my humble opinion, it is their duty first to
> submit to a higher law, namely, that which dictates to mankind an idea of self-
> respect and respect for declarations solemnly and sincerely made.[793]

Bei einem für verschiedenartigste Begründungen so offenen Begriff wird man
indessen sorgfältig auf Nuancen der Formulierung zu achten haben, etwa auf
den Unterschied zwischen der nur ein Jahr früheren Rede in Johannesburg
(1906): „No self-respecting *Indian* could live under it",[794] und der späteren,
oben wiedergegebenen Stellungnahme zum Rowlatt Act (1919): „No self-
respecting *person* or *nation* could allow such legislation".

Die Verschiedenheit ist keine zufällige. Durchweg ist in den früheren Stellungnahmen aus der südafrikanischen Zeit die verletzte Ehre nicht die allgemeine menschliche Würde, sondern die Würde des Inders und britischen
Reichsbürgers. Erst allmählich hat sich von diesem Standpunkt aus eine Entwicklung hin zum Prinzip einer unvermittelten, für alle gleichen Menschenwürde vollzogen. Ausgangs- und Endpunkt dieser Wandlung sind einigermaßen deutlich sichtbar. Im einzelnen ist sie allerdings bisher nicht untersucht
worden und kann auch hier nicht mit der für eine völlige Aufklärung erforder-
lichen Ausführlichkeit analysiert werden. Doch ist die biographische Perspektive an dieser Stelle auch innerhalb einer systematischen Betrachtung nicht zu
entbehren, weil erst die Genesis der Überzeugung allgemeiner Menschengleichheit bei Gandhi ihre systematische Bedeutung innerhalb seiner Vorstellungen und zugleich damit seinen Zugang zur Menschenrechtsidee erhellt.

§ 25 Entwicklung der Gleichheitsvorstellungen in der südafrikanischen Zeit

Die ersten Petitionen und für das breitere Publikum verfaßten Druckschriften
im Namen der indischen Minderheit in Südafrika fordern Rechte gegen Herabsetzung und plädieren mit dem allgemeinen Status des *British Subject*,[795] mit der
Reichsideologie des Zusammenlebens verschiedener Völkerschaften unter der

---

[793] CW 7: 233.

[794] Zur Draft Asiatic Ordinance, Anm. 781.

[795] Beispiele: Leserbrief an Natal Advertiser 23.9.1893 (CW 1: 76); Deputation to Natal
Governor 3.7.1894 (CW 1: 102); The Indian Franchise 16.12.1895 (CW 1: 256 ff.,
280); „the most elementary right of British citizenship" („Green Pamphlet", vgl.
Anm. 781, CW 2: 33), ähnlich in Times of India (Weekly) 19.8.1899 (CW 3: 85); Memorandum vom 17.12.1903 (CW 4: 87); Leitartikel „Ourselves" zu der ersten Num-
mer von „Indian Opinion", 4.6.1903 (CW 3: 313).

Krone im *Empire*,[796] außerdem aber mit der besonderen Bekräftigung dieses Status für Inder und der ausdrücklichen Zusicherung einer gleichberechtigten Untertanenschaft in der Proklamation Königin Victorias vom 1. November 1858.[797] Diese Art staatsrechtlicher Argumentation, wie sie sich einem die Möglichkeiten des positiven Rechts ausnutzenden Anwalt zunächst einmal anbieten mußte, bedingte nicht nur die Unterscheidung der Inder von anderen, nicht dem Kolonialreich entstammenden Asiaten,[798] sondern auch die Ab-

---

[796] Gandhi war zunächst ideologischer Imperialist; von den zahlreichen Belegen vgl. etwa seine Gratulation an Königin Victoria zum diamantenen Regierungsjubiläum 1897, CW 2: 317; den in der vorigen Anmerkung zit. Artikel aus Times of India (1899) über die indische Frage in Südafrika, wo er schreibt: „And, after all, is it not the Imperial point of view alone which is worth considering, and before which every other view must bend?" (S. 86); die Glückwunschadressen an die siegreichen englischen Generäle im Burenkrieg (März 1900): „There is nothing in our programme but a desire to promote harmony and goodwill between the different sections of the *one* mighty Empire" (CW 3: 142 ff.; „Ourselves", vgl. die vorige Anm.); zusammenfassend Huttenback 1971: 82; Moon 1968: 28 f.
Er begann allerdings bald und in rasch zunehmendem Maße die Reichsidee als normativen Maßstab aufzufassen, an der er die Realität des Empire kritisch maß. Typisch etwa: „India and Natal" vom 31.5.1902 anläßlich der Krönung Edwards VII.: „There can be no *true imperialism* unless we have oneness, harmony and toleration among all classes of British subjects" (CW 3: 252, Hervorhebung DC). Ähnlich „Empire Day" über die Ziele der „true imperialists", unter Berufung auf John Ruskin: „The British Empire has not risen to its present proud position by methods of oppression, nor is it possible to hold that position by unfair treatment of its loyal subjects" (IO, 26.5.1906, CW 5: 326). Schließlich entwickelte sich hieraus eine immer offenere Infragestellung des Empire nach seiner raison d'être; vgl. den Abschiedsbrief an den Undersecretary for the Colonies London vom 6.11.1909 nach den erfolglosen Verhandlungen über die künftige Unionsverfassung von Südafrika: „It is a matter of very deep regret that the Earl of Crewe is unable to hold out any hopes of obtaining recognition of theoretical equality ... which alone, it is respectfully submitted, can justify the holding together of different peoples of the world under the same sovereignty" (CW 9: 519; vgl. ibid. 516 „Letter to the Press").
Zu dem Brief findet sich ein Vermerk in den Akten des Colonial Office: „This is a very strong letter indeed. If Mr. Gandhi means what he says." Es sollte sich herausstellen, daß Gandhi in solchen Dingen eben das meinte, was er sagte. Zuvor schon (zu der Diskriminierung bei der Einreise): „And that persistence in such a policy as this to which we draw attention cannot but lead eventually to the disruption of the Empire" (IO, 11.3.1906). Über die Entwicklung der Haltung Gandhis im Zusammenhang: Dungen 1971. Gandhis eigene (spätere) Darstellung: Autobiography, Part II, Chap. XXVI; zur Reichstreue im Burenkrieg vor allem „Satyagraha in South Africa", Chap. 9.

[797] Mit dieser Proklamation übernahm die Krone nach dem Sepoy-Aufstand anstelle der East India Company die direkte Regierungsverantwortung für die britischen Besitzungen in Indien. Vollständiger Textabdruck in: Constitutional Documents (Pakistan): 328. Die für Gandhi wesentlichen Sätze zusammengefaßt schon im Anm. 795 zitierten Leserbrief an den „Natal Advertiser", später wiederholt, z.B. in IO, 9.7.1903 „The Proclamation of 1858", CW 3: 357 f.

[798] IO, 27.8.1903, CW 3: 424. Vgl. die Anwaltsnotizen zu einem Musterprozeß gegen die Klassifizierung von Indern unter „persons belonging to one of the aboriginal

hebung von anderen farbigen britischen Untertanen, d. h. vor allem den *Kaffir races*, den schwarzen „Eingeborenen".[799]

Die Forderung nach Gleichstellung mit den weißen Staatsbürgern ist somit zunächst geradezu gleichbedeutend mit der Forderung nach Unterscheidung von den farbigen Eingeborenen; die mangelnde Anerkennung des hier empfundenen Rangunterschieds ist eine mit der Zurücksetzung gegenüber den Weißen verbundene weitere Verletzung indischer Selbstachtung.[800] Juristisch geht es jeweils darum, den besonderen Rechtsanspruch der indischen Einwanderer nicht in den pauschalen Diskriminierungsbegriffen wie „natives", „coloured people" oder „uncivilized races" untergehen zu lassen;[801] keinesfalls werden etwa Versuche unternommen, eine gemeinsame naturrechtliche oder auch nur staatsrechtliche Gleichheit aller Diskriminierten geltend zu machen.[802] So spielt, wie es ja schon die Gesetzessprache nahelegt, aber nicht nur in diesem Zusammenhang, die Berufung auf Rang und Niveau der indischen traditionellen Zivilisation eine große Rolle,[803] um einen Anspruch gerade der

---

races of Asia, among whom are comprehended the so-called Coolies, Arabs, Malays, and Mahomedan subjects of the Turkish Empire" in Gesetz 3/1885 des Transvaal (CW 3: 8ff.; 1898). Ein praktisches Problem war u.a. die übliche Bezeichnung der indisch-mohammedanischen Händler aus Gujarat als „Arabs". Vgl. auch Huttenback 1971: 102ff.

[799] Swan 1985: 84; oder auch in der Petition an den Colonial Secretary Lord Ripon vom 17.7.1894 (CW 1: 116ff., 122); aus dem in Anm. 781 zitierten „Green Pamphlet": „We are classed with the natives of South Africa – Kaffir races" (CW 2: 8); IO, 26.11.1904 (CW 4: 302). Für die Anrufung der Proklamation von 1858 zur Begründung einer Sonderstellung etwa die Petition an den Natal Legislative Council vom 6.7.1894 (CW 1: 109).

[800] In der Petition an Lord Ripon (vgl. vorige Anm.): „Your Lordship's Petitioners have noticed with shame and sorrow the zealous attempt made to compare your Petitioners with the natives of South Africa." Gemeinsame Sonderklassifizierung von „Natives and Asiatics" in Eisenbahn und Post ist „indignity" and „insult" für die Inder: „Green Pamphlet", loc. cit.: 13. Vgl. noch aus späterer Zeit die bei Huttenback 1971: 138 zitierte Eingabe vom 15.2.1904, die das „dumping down all the Kaffirs of the town" in das den Indern zugewiesene Viertel, und das „mixing of the Kaffirs with the Indians" beklagt (CW 4: 244f.).

[801] So bei den Auseinandersetzungen im Transvaal um die Auslegung der oben (Anm. 784) erwähnten Bestimmungen der Pretoria und London Conventions, welche den gleichen Rechtsstatus für „all persons other than natives" gewährleisteten, vgl. Huttenback 1971: 102ff.; in der Petition an Lord Ripon vom Mai 1895 (CW 1: 187ff., 191); im Statement für das Constitution Committee, Transvaal, 29.5.1906 (CW 5: 335ff.). Zu „coloured" und „uncivilised races" instruktiv die Denkschrift an die Legislative Assembly in Natal vom 7.4.1905 (CW 4: 397). Auch hier wird bereits der Ausschluß vom Waffenrecht als verletzende Benachteiligung im staatsbürgerlichen Status angegriffen (S. 398, ähnlich 386).

[802] Zum Beispiel ausdrücklich: „The Native, being the son of the soil, has a right to fair treatment, but being what he is, perhaps some legislation, which may be of a restrictive character, is necessary. It can, therefore, never apply to Asiatics" (IO, 25.3. 1905, CW 4: 386).

[803] Ausführlich z.B. im offenen Brief an die Abgeordneten der Legislative Assembly

Inder auf Gleichstellung mit den Weißen als nationale Anwartschaft zu begründen, das heißt konkret: die sofortige Gleichstellung der auch nach westlichen Maßstäben zivilisierten Inder und die individuelle Chance der Gleichstellung bei Erreichen dieses Standards.[804] So wird dem Ausschluß aller Asiaten vom Wahlrecht – unter dem gesetzgeberischen Vorwand einer Disqualifizierung der mit den Wahlinstitutionen nicht vertrauten Völkerschaften – der Hinweis auf das Vorhandensein gewählter Repräsentativgremien in Indien, nämlich die alte, autochthone Tradition der Dorf- und Kastenräte sowie die Einführung des Repräsentativprinzips in der gemeindlichen Selbstverwaltung durch die Kolonialgesetzgebung entgegengehalten.[805] Den Hintergrund für solche Darlegungen zivilisatorischer Ebenbürtigkeit und für die entsprechenden Angleichungsforderungen für die britisch-indischen Untertanen bildet stets die Abgrenzung von den eingeborenen Völkerschaften. Vereinzelt wird sogar die Rassenverwandtschaft zu den Europäern aus der gemeinsamen indoarischen Abstammung bemüht.[806]

Den Weg der Veränderung solcher Anschauungen hin zum Axiom menschenrechtlicher Gleichheit zu markieren ist deshalb besonders schwer, weil Gandhi auch später am Gedanken der jeweils besonderen Rolle einzelner Völker und Kulturen festgehalten hat, als er längst dazu gelangt war, alle Ansprü-

von Natal, Dezember 1894 (CW 1: 142 ff., 149 ff.), unter Bemühung vornehmlich europäischer Autoritäten.

[804] In der Petition an Lord Ripon 1894 (Anm. 799, CW 1: 123 f.) für die Assimilierung früherer Indenturarbeiter; daß noch deren Abkömmlinge ohne Rücksicht auf einen etwaigen sozialen Aufstieg als „uncivilised" klassifiziert werden, rügt die in Anm. 801 erwähnte Denkschrift an das Parlament in Natal 1905 als besonders unverständlich (CW 4: 397). Plädoyer für einen „zivilisierten" Klienten in Dada Osman's case, Natal Mercury 15.9.1898 (CW 3: 20).

[805] Petition an Natal Assembly vom 28.6.1894 zur Franchise Amendment Bill, 1894 (Text bei P 1965: 745), welche ausdrücklich Asiaten vom Wahlrecht ausschloß, mit der in der Präambel angegebenen Begründung, sie seien an Wahlrecht nicht gewöhnt (CW 1: 92 ff.); „The Indian Franchise", Broschüre vom 16.12.1895 (CW 1: 256 ff.); Denkschrift an die Natal Assembly vom 27.4.1896, (CW 1: 312) zur zweiten Franchise Amendment Bill, welche nunmehr Asiaten indirekt, als „natives or descendants … of natives of countries which have not hitherto possessed elective representative institutions (founded on the Parliamentary Franchise)" ausschließen sollte (Franchise Amendment Act 8/1896 sec. 2, Text bei P 1965: 746 und Eybers 1969: 215; Text der Bill und Geschichte der Beratungen in „Memorial to J. Chamberlain" vom 22.5.1896, CW 1: 324 ff.); hier wird, nachdem im Hinblick auf die indische Argumentation zum Kommunalwahlrecht der oben in Klammern gesetzte Passus nachträglich eingefügt wurde, nunmehr auch auf den gerade ergangenen Indian Councils Act, 1892 (55 und 56 Vict., eh. 14) abgehoben, der das Wahlprinzip in die zentralen indischen Repräsentativgremien einführte. Zum Ganzen auch „Green Pamphlet" (Anm. 781), CW 2: 55 ff.

[806] Deputation an den Premierminister von Natal, 29.6.1894 (CW 1: 97); offener Brief an die Abgeordneten der Gesetzgebenden Versammlung in Natal, Dezember 1894 (CW 1: 142 ff., 149).

che aus zivilisatorischer Prätention, auch des Inders, zurückzuweisen,[807] Selbstbestimmung *(swaraj)* zum Geburtsrecht des Wilden wie des Zivilisierten auszurufen[808] und das „Ideal" von Gleichheit und Brüderlichkeit auf die „Menschheit" insgesamt zu beziehen.[809] Sicherlich entsprach dies zunächst einmal einer der indischen Tradition mit ihren kollektiven Positionszuweisungen und Kastenabgrenzungen natürlichen Grundanschauung. Das egalitäre Problem stellte sich unter diesen Voraussetzungen vorwiegend – wie insbesondere bei der Auseinandersetzung mit dem Kastensystem noch deutlich werden wird – als Aufgabe, das „Denken der Differenz" (L. Dumont)[810] mit der Aufhebung ihrer hierarchischen Bewertung zu verbinden. „While I have abolished all distinction between an African and an Indian, that does not mean that I do not recognize the difference between them".[811]

Für die Berücksichtigung von Unterschieden sprachen allerdings in diesem Falle nach Gandhis zeitlebens festgehaltener Beurteilung auch pragmatische Gründe. So hat er rückblickend die Besonderheit der Existenzbedrohung für die indische Minorität als Einwanderergruppe hervorgehoben, wie auch umgekehrt ihre Ungefährlichkeit für die weiße Bevölkerung, und die Schwarzen Südafrikas davor gewarnt, ihre „bei weitem größere Sache" (als ursprünglich ansässige Majorität) mit der indischen zu vermengen.[812]

Ob diese Haltung nach gegenwärtigen Maßstäben politisch zweckmäßig und billigenswert war oder aber die weiße Segregationspolitik objektiv begünstigte,[813] steht hier nicht zur Diskussion. Es geht vielmehr um die Wahrnehmung

---

[807] Vgl. zum Beispiel Autobiography, Part IV, Chap. XIV: danach haben die Hindus sich selbst als Aryas oder auch als zivilisiert betrachtet, und dieser anmaßende Exklusivitätsanspruch hat, ähnlich wie im Falle der Juden, die Nemesis rassischer Verfolgung auf sich gezogen (CW 39: 230). Vgl. weiter die Bemerkungen zur „sogenannten Unzivilisiertheit" der Zulus, Autobiography, Part IV, Chap. XXV und „Satyagraha in South Africa", Chap. 2: „It is only vanity which makes us look upon the Negroes as savages. They are not the barbarians we imagine them to be" (CW 29: 13).

[808] „Swaraj is the birthright of all countries – I feel constrained to say, the birthright even of the savage as of the most civilized man", Rede in Colombo 22.11.1927 (CW 35: 296).

[809] „If mankind was to progress and to realize the ideal of equality and brotherhood", H, 25.8.1946 (CW 85: 96); vgl. auch sein Verständnis der eigenen Berufung als „serving humanity" (Autobiography, Part IV, Chap. XXV, CW 39: 252).

[810] Dumont 1966: 322.

[811] Interview mit Rev. S. S. Tema, einem Mitglied des African National Congress, am 1.1.1939 (CW 68: 272 ff., 273).

[812] „Conclusion" von „Satyagraha in South Africa", Navajivan, 22.11.1925 (CW 29: 268); Interview mit S. S. Tema, loc. cit. (CW 68: 272 f., erschienen unter der Überschrift „A Non-White United Front" in H, 18.2.1939); in gleichem Sinn die Stellungnahme zur Südafrika-Resolution des All-India Congress Committee vom 26.6.1939 (CW 69: 376 ff.). Eine fallweise Kooperation zwischen den Bevölkerungsgruppen wird dadurch nicht ausgeschlossen – vgl. auch den Bericht über die Kooperation mit der chinesischen Minorität im Transvaal, „Satyagraha in South Africa" Chap. 20 (CW 29: 120 f.)

[813] So die Kritik bei Swan 1985: 112.

einer allmählichen egalitären Transformation des traditionell gruppenspezifi-
schen Denkens. Aus späterer Sicht wird der oben wiedergegebene Rat an die
Schwarzen zur Wahrung ihrer politischen Sonderrolle verbunden mit dem Rat
zur Kooperation mit der indischen Bevölkerungsgruppe und der an diese gerichteten Mahnung: „They may not ... run you down as ‚savages' while exal-
ting themselves as ‚cultured' people in order to secure concessions for themselves at your expense" (CW 68: 273) – eine direkte Verwerfung der ursprünglich von Gandhi selbst verfolgten Politik. Das Eindringen verallgemeinerter
Gleichheitsideen ist aber schon in Gandhis späterer südafrikanischer Zeit zu
beobachten und wertet beispielsweise die uns heute anstößigen rassistischen
Formulierungen hinduistischer Exklusivität unversehens um: gerade wo Gandhi sich der westlichen Rasse-Ideologie anscheinend anzupassen sucht, unterminiert er ihre eigentliche, diskriminierende Intention durch Insistieren auf der
Gleichheit aller Rassen.[814]

Wie hier ist auch sonst in diesen Jahren durch die beibehaltene Betonung
der Unterschiedlichkeit hindurch ein aufgeklärteres, Diskriminierungen über-
greifendes, humanes Interesse herauszuhören. So werden allmählich von einem „purely Imperial standpoint" die Behandlung auch der Eingeborenen, die
Mißachtung ihrer Rechte und Gefühle in die Kritik einbezogen.[815] Im Verhältnis zu den anderen „Coloureds" (d.h. den nicht-indischen asiatischen Minder-
heitsgruppen und Mischlingen) verbindet sich zunehmend mit dem juristisch-
taktisch begründeten Beharren auf dem Sonderstatus der indischen Gruppe die
Anerkennung der gemeinsamen Sache, des „struggle for freedom of existence".[816] Die Gleichartigkeit der Bedrückungssituation bei aller Verschieden-

---

[814] „We believe as much in the purity of race as we think they do, only we believe that
they would best serve the interest, which is as dear to us as it is to them, by
advocating the purity of all the races and not one alone ... We would remind them
of Lord Macaulay's remark in one of his essays, wherein he says: ‚We are free, we
are civilised to little purpose if we grudge to any portion of the human race an equal
measure of freedom and civilisation.'" In „The Labour Question in the Transvaal",
IO, 24.9.1903 (CW 3: 451 ff., 453) aus Anlaß von Befürchtungen der White Leagues
vor dem unbeschränkten Import chinesischer Indenturarbeiter. Im gleichen Artikel
finden sich neben dieser, bei Swan 1985: 112 als Beleg für Gandhis „Rassenstolz"
angeprangerten Stelle bemerkenswerte Spuren seiner sich entwickelnden neuen
Denkweise, so die Anzweifelung der Rechtsgültigkeit der Indenturverträge mangels
echter Freiwilligkeit, die Sittenwidrigkeit der Beschränkung der freien Verfügung
über die eigene Arbeitskraft, und allgemein-humanitäre Kritik: „The millionaires, in
their eagerness to add to their millions, and others in their rush to become suddenly
rich, do not even consider it necessary to give a passing thought to the fact that the
Chinese, much abused as they are, have some claim as their fellow-human beings on
their attention."

[815] „The Orange River Colony", IO, 22.4.1905 (CW 4: 413 f.).

[816] „A Plea for Distinction", IO, 25.8.1906 (CW 5: 398 f.); „Though the hardships
suffered by those people and the Indians are almost of the same kind, the remedies
are not identical" („The Coloured People's Petition", IO, 24.3.1960, CW 5: 241 ff.,
243).

heit der positivrechtlichen Beschwerdegründe und Rechtsbehelfe – in dieser Formel wird eine Wendung zu naturrechtlicher Gemeinsamkeit vorbereitet, die mit der Diskreditierung formalrechtlicher Prozeduren und Unterscheidungen, mit dem Übergang zu naturrechtlich begründeter Gehorsamsweigerung durchbrechen kann. Das Trennungssystem als solches wird mehr und mehr als bloße (implizit bezweifelte) Voraussetzung namhaft gemacht und nur innerhalb des einmal so bestimmten Rahmens auf Anerkennung der indischen Besonderheit gedrungen; gelegentlich wird auch seine Logik durch ironische Perfektionierungsvorschläge ad absurdum geführt.[817]

Diese spätere Phase der Ambivalenz und die darin durchscheinenden Tendenzen zu egalitärer Humanität dürfen allerdings nicht darüber hinwegtäuschen, daß im Ausgangspunkt ein ganz unmittelbares Gefühl der Ehrverletzung durch die Gleichbehandlung mit den „Wilden" steht, das in seinem Kulturstolz von der Idee naturrechtlich gleicher Menschenwürde weit entfernt zu sein scheint – und das sich noch lange Zeit in unklarem Gemenge mit neueren Einsichten erhält und immer wieder durchbricht. Wenn man dieser unbequemen Feststellung ausweicht, bringt man sich um die Chance, die Wurzeln der Veränderung, und damit auch die spätere Radikalität Gandhis zu verstehen. Ganz gewiß wird man irregeführt, wenn man sich von Gandhis eigener, späterer Selbststilisierung in seinen autobiographischen Darstellungen leiten läßt, wonach die egalitäre Überzeugung von Anfang an Teil seiner Natur, und sein Herz unfähig gewesen sei, Unterscheidungen nach Gruppen-Zusammengehörigkeit, Religion oder Hautfarbe zu machen.[818] Die autobiographischen Schriften sind eine in politisch-pädagogischer Absicht geschriebene Interpretation der Ereignisse. Ihre handgreifliche „Moral von der Geschichte" muß bei der historischen Rekonstruktion ständig mit zeitgenössischen Berichten, wo immer solche vorliegen, konfrontiert und ins Verhältnis gesetzt werden. Das gilt in besonderem Maße für die südafrikanische Phase, deren historisch-kritische Erforschung lange völlig vernachlässigt und erst in neuerer Zeit ernsthaft angepackt worden ist.[819]

Der erste, der hinter Gandhis Darstellungen jener Zeit systematisch zurückzufragen suchte, Erik H. Erikson, hat dies nicht mit Hilfe zeitgenössischer Quellen – seien es Gandhis eigene Schriften oder unabhängige Darstellungen Dritter – unternommen, sondern auf dem Wege der tiefenpsychologischen

---

[817] Typisch die wiederkehrende Erwägung: „*Since* distinctions are made between one class and another, justice will never be done to the Asiatic unless he is treated apart from the Natives" (IO, 25.3.1905, CW 4: 386, Hervorhebung DC). In „Coloured Passengers on the Transvaal Railways" findet sich der Vorschlag: „If separate carriages are to be provided for different races, logically, there should be compartments for Natives, Chinese, British Indians, Cape Coloured people, Boers, Englishmen, Germans, and so on" (IO, 5.11.1904, CW 4: 292).

[818] Vgl. insbesondere Autobiography, Part IV, Chap. X (CW 39: 221).

[819] In erster Linie sind hier die Studien Huttenback 1971 und Swan 1985 zu nennen.

Konstruktion.[820] Das eigentliche Durchbrechen einer allgemeinen humanitären Identifikation in Gandhis Bewußtsein will Erikson in dramatischer Koinzidenz mit dem Entschluß zur militant-gewaltlosen Widerstandaktion ansetzen: während der Episode des Zulu-Aufstandes in den Sommerwochen des Jahres 1906, als Gandhi mit einer von ihm organisierten freiwilligen Sanitätsabteilung verwundete Zulus zu pflegen hatte. Diese gerade der indischen Truppe von den Weißen zugeschobene Aufgabe begrüßte Gandhi nach seinem Bericht besonders; angesichts der Grausamkeiten und unverhältnismäßigen Gewalttätigkeiten der von ihm abgelehnten und als Menschenjagd bezeichneten militärischen Operation konnten sich generelle Reflexionen auf die *conditio humana* sehr wohl einstellen. Jedenfalls fällt in diese Zeit, wiederum nach Gandhis Bericht, der Entschluß zu der definitiven Selbstunterwerfung unter die Gebote der sexuellen Enthaltsamkeit *(brahmacharya)* und der Besitzlosigkeit *(aparigraha)*, die beide in seinen Augen mit der Berufung zum Dienst an der *Menschheit (serving humanity)* unabweislich verbunden sind.[821] Der erste Aufruf zur politischen Verweigerung des Gesetzesgehorsams, „die Geburt der Satyagraha",[822] folgte fast unmittelbar hierauf.

So einleuchtend, systematisch wie psychologisch, eine Rekonstruktion dieser Art ist, wonach eine metaphysisch bestimmte Idee allgemeiner Humanität, implizit also auch die Idee menschenrechtlicher Gleichheit, zusammen mit Gandhis Selbstvergewisserung über seine humanitäre Mission zur Reife gekommen sei – mit der Absage an Gewalt, Sexualität und Besitztrieb und dem Entschluß, über den Rahmen der Legalität und zugleich der anwaltlichen Praxis und Klientel hinauszugehen –, so kann man andererseits nicht darüber hinwegsehen, daß die Quellen*texte* diese Deutung nur mangelhaft, wenn überhaupt, belegen. Zunächst ist es für unseren systematischen Zusammenhang wichtig festzuhalten, daß der erste zivile Widerstand nicht im Namen von Humanität und überpositivem Recht, sondern im Namen von übergeordneten positiven Rechtsgrundsätzen erklärt wird, noch immer in Loyalität zum *Empire*.[823] Es werden die Prinzipien und übergeordneten Instanzen des Kolo-

---

[820] Erikson 1970: 176ff. Erikson stützt sich hauptsächlich auf einen Vergleich der Darstellungen Gandhis in der Autobiographie und in „Satyagraha in South Africa".

[821] Ein formelles Gelübde auf Brahmacharya legte Gandhi kurz darauf ab, und nur hiermit befaßt sich die Darstellung in Autobiography, Part IV, Chap. XXV, vgl. aber Part III, Chap. VII. „Satyagraha in South Africa", Chap. 11 erwähnt auch die Besitzlosigkeit. Sie wurde erst 1912 durch die Umwandlung des Landbesitzes in Phoenix in Trust-Vermögen förmlich vollzogen („Trust Deed", CW 11: 320ff.), nachdem schon zuvor Gandhis vormals einträgliche Anwaltspraxis in Johannesburg als Folge der politischen Widerstandsaktionen und der Übersiedlung auf die Tolstoi-Farm praktisch zum Erliegen gekommen war.

[822] Kapitelüberschrift von Autobiograhy, Part IV, Chap. XXVI; die Überschrift von „Satyagraha in South Africa", Chap. 12 lautet: „The Advent of Satyagraha", nämlich der Widerstandsbeschluß gegen die Asiatic Law Amendment Ordinance des Transvaal in der Versammlung vom 11.9.1906.

[823] „He felt he had done the right thing in advising them to take this step as loyal Bri-

nialreichs gegen die Partikulargesetzgebung einer Kolonie angerufen. Der Appell beruht nach wie vor auf dem besonderen Rechtsstatus des Inders, die Gleichstellung mit den Eingeborenen wird hier und noch später ebenso impulsiv abgelehnt wie zuvor.[824] Auch in Gandhis späteren Berichten über jene für seine innere Entwicklung so entscheidenden Wochen kommen die angenommenen allgemeineren Gedanken über eine fundamentale Identität der menschlichen Befindlichkeit in der Welt, oder gar eine über spontanes Mitleid hinausgehende Identifizierung des Inders mit dem „Schwarzen" als gemeinsam „nicht-weiß",[825] auf eine geradezu auffällige Weise nicht vor. Die Hypothese Eriksons ist – erklärtermaßen[826] – tiefenpsychologische Spekulation, die ihre Überzeugungskraft aus einer Sphäre jenseits sprachlicher Ausdrücklichkeit nehmen muß. Das gilt insbesondere – und mit der entsprechenden Mahnung zu erhöhter Vorsicht bei philosophisch beeinflußter Verbalisierung – für Eriksons zentrale Reflexion über Religiosität als Bewußthalten des einen die gemeinmenschliche Identität schaffenden Faktums Tod und als Liebe zu *allen* Menschen als *gleichermaßen* sterblich.[827] Wenn diese allgemeine Bestimmung in

---

tish subjects. In all their action in this respect they were full of loyalty" (Über Gandhis Rede in der Versammlung, nach IO, 22.9.1906, CW 5: 419). In den Resolutionen wird die Gesetzgebung mehrfach als „unbritish" bezeichnet und um Verweigerung der königlichen Sanktion gebeten; die eigentliche Widerstandsresolution IV erklärt die Bereitschaft, für die Gehorsamsverweigerung ins Gefängnis zu gehen „until it shall please his most Gracious Majesty the King-Emperor to grant relief" (CW 5: 422 f.). Für ausführlichere konstitutionelle Argumentation vgl. die Erklärung Gandhis in der Deputation an den Staatssekretär für die Kolonien, Lord Elgin, London, vom 8.11.1906 (CW 6: 113 ff.).

[824] Bei den in der vorigen Anm. zitierten Resolutionen, die geltend machen, daß die Gesetzgebung Inder noch *unter* Natives (andernorts: Kaffirs) stellt und sie als potentielle Kriminelle behandelt, könnte man zweifeln, ob dies ein Argumentum ad absurdum sein soll oder eine beginnende Reflexion, die es vermeidet, Gleichstellung mit den Eingeborenen zu rügen. Später heißt es dann wieder, die Inder würden in einen Status der Leibeigenschaft *(serfdom)* versetzt, *obwohl sie zivilisierten Ländern angehörten* (IO, 8.6.1907, CW 7: 19). Gegen die Gleichstellung mit Natives z.B. später wieder die Petition an die Transvaal Legislative Assembly vom 15.6.1908 (CW 8: 293).
Aus dem Bericht über die Gefängnis-Erfahrungen anläßlich der ersten Satyagraha: „Our garments were stamped with the letter ‚N‘, which meant that we were being classed with the Natives. We were all prepared for hardships, but not quite for this experience. We could understand not being classed with the whites, but to be placed on the same level with the Natives seemed too much to put up with." (CW 8: 135); es folgen Erwägungen, daß man andererseits auf diese Weise die Sitten der Eingeborenen und ihre Behandlung im Gefängnis „studieren" konnte. Vgl. noch den in Nuancen abweichenden Bericht ibid.: 119 ff.

[825] Für die Behauptung Eriksons, Gandhi habe seit der Zeit der Zulu-Rebellion begonnen, sich zusammen mit allen Nicht-Weißen als „schwarz" zu bezeichnen (Erikson 1970: 196), kann ich keinen Beleg entdecken.

[826] Erikson 1970: 194, über den Versuch, Lücken in Gandhis Darstellung durch psychologische Verbindungslinien zu überbrücken.

[827] „The genius of religiosity – namely, that striving for ethical clarity in the face of the

irgendeinem analytischen Sinne letztlich auch für den *homo religiosus* Gandhi Gültigkeit beanspruchen mag: ausdrücklich wird Gleichheit so, als Gleichheit vor dem Tode, bei ihm nie begründet. Es ist deshalb angezeigt, auf andere, jedenfalls vordergründig deutlichere Entwicklungslinien zu achten.

In Betracht kommen erstens die vergleichenden Religionsstudien, die ihn schon früher mit den egalitären Zügen des Christentums, vor allem aber mit dem Egalitarismus des Islam bekannt machen.[828] Sie führen ihn darüber hinaus zur Ansicht einer fundamentalen Äquivalenz aller Religionen und deshalb einer fundamentalen Gleichheit aller Menschen als Religion-habend.[829] Die Verifizierung dieses aus dem Vergleich der Hochreligionen gewonnenen Grundsatzes bereitet übrigens gerade im Falle der Zulus gewisse Schwierigkeiten, die durch die Gleichsetzung von Religiosität und Moralität überwunden werden müssen.[830] Eine instinktiv egalitäre Auffassung des religiösen Phänomens scheint frühzeitig zur Kritik am christlichen Dogma der alleinigen Gottessohnschaft Jesu geführt zu haben; sie wird in einer als Keim der Grundrechtskonzeption beachtenswerten Wendung berichtet: „If God could have sons, all of

---

one fact which gives all humanity a joint identity and yet is denied be each subspecies in its own way. Religiosity is the consciousness of death, the love of all men as equally mortal, and the charitable insight that men hate other men ‚mortally' in the hope of gaining a sense of immortality out of the vaingloriousness of their own pseudospecies" (Erikson 1970: 194).

[828] Neben den rückblickenden Darstellungen in der Autobiographie sind hier als zeitgenössischer Beleg die Berichte über die religionskundlichen Vorträge aufschlußreich, die Gandhi 1905 in Johannesburg im Freimaurertempel der Theosophischen Gesellschaft hielt (CW 4: 368 ff.; 375 ff.; 405 ff.). Wenn er in diesen Vorträgen das egalitäre Prinzip primär mit dem Islam einführt (CW 4: 376), so zeigen doch zahlreiche Anrufungen „christlicher" neben „britischen" Gerechtigkeitsgrundsätzen in den früheren praktisch-politischen Schriften, daß er auch das Christentum weitgehend in diese Richtung interpretierte (z.B. im Leserbrief „Rammysammy" vom 25.10.1894; CW 1: 135; im Offenen Brief an die Abgeordneten in Natal 1894: CW 1: 142 unter III.). Die religiöse Begründung der Rassendiskriminierung bei den Buren scheint er für eine Skurrilität dieses im Grunde nur an das Alte Testament glaubenden Volkes gehalten zu haben („Satyagraha in South Africa", Chap. 2 und 5 mit dem amüsierten Bericht von der Behandlung einer indischen Delegation durch Präsident Krüger). Doch gelangte er auch nach seinen sonstigen Erfahrungen in Südafrika dazu, den Islam hinsichtlich wirklichen Gleichheitsbewußtseins weit über das Christentum zu stellen; eindrucksvoll YI, 7.1.1926 (CW 29: 360).

[829] Zur Gleichheit aller Religionen CW 4: 405 und 409, ferner die anschließende Richtigstellung in IO, 20.5.1905 (CW 4: 431). Als „Hauptsache" an der Theosophie bezeichnet Gandhi die Idee der „brotherhood of Mankind" (Vortrag in Johannisburg 1905, nach T 1: 72 – nicht in den CW wiedergegeben); Autobiography, Part IV, Chap. IV. Vgl. allgemein § 6.

[830] „If we acknowledge morality as the basis of religion, the Negroes being moral may be held even to be religious." „Satyagraha in South Africa", Chap. 2, CW 29: 14. Entschiedener, aber unverkennbar dogmatisierend aus größerem zeitlichen Abstand 1946 bei T 7: 45, zitiert in Anm. 114.

us were His sons."[831] Möglicherweise äußern sich hier ganz unvermittelt egalitäre Traditionen der neueren indischen *Bhakti*-Religiosität. Im übrigen erlaubt es auch die dogmatische Toleranz bzw. Inklusivität des Hinduismus gegenüber anderen Religionen, das religiös gefaßte Gleichheitsprinzip dem Hinduismus zuzusprechen. Ja, es wird sogar eine Bestätigung der indischen Religionen – Buddhismus, Jainismus und des alle derartigen Einflüsse verarbeitenden späteren Hinduismus – in so etwas wie einer Leistung höheren Gleichheitssinnes gefunden: im alles kreatürliche, auch das tierische Leben einschließenden Mitleid *(compassion)*, das für Gandhi die *ahimsa* begründet.[832]

Hier, in diesem erweiterten Bezugsraum, hat die von Erikson postulierte gleichmäßige Sympathie mit allem dem Tode ausgelieferten Lebendigen ihren Ort, aber sozusagen un-existenzialistisch. Der Tod als Faktum, oder auch das Bewußtsein des bevorstehenden Todes, begründet nicht die gemein *menschliche* Identität, sondern die mitleidvolle Verbundenheit mit dem Leiden und Sterbenmüssen *aller Kreatur*. Diese weite, passive Identität könnte der Ausbildung spezifisch menschenrechtlicher Gleichheitsvorstellungen sogar gefährlich werden. Die dem traditionellen hinduistischen Denken natürliche Vorstellung der Kontinuität zwischen Tier- und Menschenwesen ist eine der möglichen Ursachen dafür, daß sich dort naturrechtliche – im Sinne von menschenrechtlicher, individualistischer – Spekulation in geringem Maße, wenn überhaupt, ausgebildet hat.[833] Auch bei Gandhi läßt sich eine Schwierigkeit, eine gewisse Inkongruenz daran ablesen, daß er einerseits von „Identifizierung mit allem was lebt" spricht, in späteren Jahren gelegentlich sogar ausdrücklich von „equality", in bezug auf Mensch und Tier,[834] andererseits zu jeder Zeit unbefangen

---

[831] Autobiography, Part II, Chap. XV (CW 39: 112/113), aus der Zeit des ersten Aufenthalts in Pretoria 1893/94. Es ist interessant festzustellen, daß dies egalitäre Argument nicht in den Antworten Rajchandras auftaucht, an den sich Gandhi in derselben Zeit mit verschiedenen religiösen Fragen, u.a. auch die Gottessohnschaft Jesu betreffend, gewandt hatte (vgl. CW 32: 598).

[832] Hierzu neben den erwähnten Vorträgen vor allem die Episode in Autobiography, Part II, Chap. XXII (CW 39: 132); Brief an Jamnadas Gandhi vom 2.7.1913 (CW 12: 125), in dem *compassion* als Kriterium für den Vergleich der Religionen bezeichnet wird.

[833] Am klarsten hierzu die Ausführungen bei Weber 1963, II: 141 ff., hinter die allerdings ein vorläufiges Fragezeichen zu setzen ist. Weber will das Naturrechtsproblem im indischen Kontext, samt dem Begriff einer natürlichen Gleichheit der Menschheit als „vollständig und prinzipiell" ausgeschlossen sehen, u.a. auch wegen der Kontinuität zwischen Tier, Mensch und Gott in der durchgeführten Re-Inkarnationslehre (ibid.: 144). Er übersieht allerdings in seiner Eingenommenheit von der Entdeckung der „Eigengesetzlichkeit" (sva-dharma) der jeweils besonderen Kastenethik fast völlig die (begriffsnotwendige) Existenz des *sadharana dharma*. Seine Thesen sind deshalb eher als Exposition eines Problems zu lesen.

[834] Autobiography, Farewell (CW 39: 401). Gleiches Lebensrecht von Mensch und Tier: Anm. 603 und 615. Vgl. auch das Zitat in Anm. 844; „Indeed, if I could say so without arrogance, I would say that my family comprises all living beings" (Brief an den Bruder Lakshmidas Gandhi vom 20.4.1907, CW 6: 430).

den polemischen Topos für Entwürdigung – Menschen würden behandelt wie Tiere – verwendet.[835] Unschwer ist hier zu erkennen, daß verschiedene Traditionen zusammenfließen. Das englische Juristenwort „equality" wird zunächst noch nicht, soweit ersichtlich, für die religiös, aus *compassion* erfahrene Identität aller Lebewesen gebraucht, auch späterhin niemals etwa das Wort „Respekt" (vor dem anderen Leben, im Sinne Albert Schweitzers). Beide Wörter gehören ursprünglich in die Sphäre der Auszeichnung spezifisch menschlicher Gleichheit.

Diese besondere menschliche Gleichheit wird in der aktiven, dem Menschen vorbehaltenen Seite der religiösen Erfahrung gefunden. Sie besteht, wie gesagt, in der anthropologisch konstanten religiösen *Fähigkeit*, nicht in der religiös erfahrenen kreatürlichen Situation. Gerade die Menschen sind, in den von Gandhi gefeierten Worten der „guten" Königin-Kaiserin Victoria, „the same before God",[836] weil sie alle – um die erwähnte kritische Reflexion zum Christentum hinzuzunehmen – zur Gottessohnschaft berufen sind. Ein äquivalenter Ausdruck hierfür erlangt zu einem späteren Zeitpunkt größte Bedeutung: „*Harijan*", der von Gandhi für die Unberührbaren im Umlauf gebrachte Name.[837] In Gandhis englischer Erklärung bedeutet er „man of God" (Mann bzw. Mensch Gottes) im Doppelsinn von „devotee" und „beloved of God";[838] deutsch wäre er am besten in der Pluralform wiederzugeben: Gottes Leute. Der mit einem solchen Namen leicht sich einstellende Gedanke einer besonderen Auserwähltheit ist aber nicht gemeint. Die Unberührbaren heißen Harijans nicht als gesonderte Klasse, sondern in Vorwegnahme der allgemein-menschlichen Bestimmung. Die Kasten-Hindus werden auf denselben Namen An-

---

[835] Die Wendung „Indians in Natal are ... treated as beasts" in einer tendenziös-verknappten Zusammenfassung des „Green Pamphlet" (Anm. 781) durch die Reuter-Agentur (Text CW 2: 187) spielte eine auslösende Rolle bei dem gegen Gandhi unternommenen Lynchversuch anläßlich seiner Rückkehr nach Durban 1897; vgl. die entsprechenden Wendungen im „Green Pamphlet" CW 2: 12 und 33, sowie die spätere Replik S. 32 und Anm. ibid. Aus späterer Zeit etwa die Rede in Johannesburg vom 16.8.1908: „It cannot benefit the Colonists to have British Indians in the Transvaal who are not men but may be treated as cattle even though it may be showcattle" (CW 8: 458); „[The Dutch] knew how to tame human beings like other animals and they believed that their religion did not object to their doing so" („Satyagraha in South Africa", Chap. 2, CW 29: 16); über die Behandlung der 3. Klasse-Passagiere auf der Bahn: „My experience is that the officials, instead of looking upon third class passengers as fellowmen, regard them as so many sheep" (Autobiography, Part V, Chap. III).

[836] „Empire Day", IO, 27.5.1905 (CW 4: 449 f.).

[837] *Hari*: vaishnavitischer Gottesname, und *-jan*: Volk, Leute. Das Wort ist keine Neubildung Gandhis, sondern kommt in der religiösen Literatur verschiedener neuindischer Sprachen schon vor, so im Gujarati (Narasinh Mehta, von hier die Anregung für Gandhi, CW 53: 9), im Marathi (Moropant, vgl. H, 4. w. 1933: 6, CW 53: 457), im Hindi (Tulsidas, vgl. H, 4.4.1936: 58).

[838] H, 11.2.1933 (CW 53: 266 f., 374 ff.).

spruch erheben können, wenn sie sich von den Praktiken der Unberührbarkeit befreit, d.h. die Gleichheit aller Menschen erfaßt haben.[839]

Die Ableitung der Gleichheitsidee aus „Gottesunmittelbarkeit" macht unter anderem verständlich, warum später in Gandhis praktischem Emanzipationsprogramm für die Unberührbaren die Eröffnung des Tempelzugangs – die sichtbare Vollbürtigkeitserklärung jener Deklassierten als religiöse Menschenwesen – eine so große Rolle spielte.[840] Die alle geläufigen Rangvorstellungen umkehrende Aufforderung an die Kastenhindus aber, die wahre religiöse Vorzugsposition von „Harijans" durch Läuterungsanstrengungen zu erreichen, weist auf die Auffassung des religiösen Verhältnisses als einer erst in Tätigkeit sich herstellenden Realität. Die alle Menschen gleichermaßen in Anspruch nehmende religiöse Bestimmung ist *realization of God* (Erfassen und zugleich Wirklich-Machen Gottes, des Selbst, des *Atman*);[841] in Gandhis Auslegungsbegriffen verdeutlicht, heißt dies: eigentätiges, auf Mittlerschaft oder charismatische Stellvertretung nicht angewiesenes und nicht wartendes Wahr-Machen der Wahrheit. Im Licht dieser Anforderung kann eine kontemplative Todeserfahrung nicht die eigentliche oder gar die alleinige Gegebenheit bleiben, die die Gemeinschaft alles Menschentums verbürgt.[842] An der Perspektivänderung

---

[839] CW 53: 267, und in polemischer Schärfe, gegen den Einwand eines orthodoxen Pandit, wichtiger als politische Befreiung der Unberührbaren sei ihre „emancipation from the snare of the dark forces of nature": „Who is to be emancipated from the snare of the dark forces of Nature? ... As against the Pandit's my humble prescription is that it is the Brahmin whose privilege and duty it is to disentangle himself from the snare of superiority and himself become a ‚Harijan, man of God'". („A Sanatanist's Conclusions", H, 25.2.1933, CW 53: 395 ff., 398).

[840] Durchaus nicht alle zeitgenössischen Reformer teilten diese Auffassung, vor allem nicht der Hauptrepräsentant der Unberührbaren selbst, B. R. Ambedkar, der von einer Integration in den bestehenden Hinduismus nichts hielt und die Tempelfrage eher als Ablenkung von Wichtigerem betrachtete. Vgl. zu der Frage Anm. 123 und die dort angegebene Literatur, zu Ambedkars Rolle außerdem Zelliot 1973: 29 ff.
  Nach Gandhis Ansicht konnte nur durch Eröffnung des Tempel-Zugangs „religious equality" hergestellt werden („Hindu", 15.2.1933, CW 53: 307 in Auseinandersetzung mit Ambedkar), diese aber ist unerläßlich für volle menschliche Emanzipation: „There is no half-way house between abject slavery and perfect religious equality. Hence my humble insistence upon temple-entry without losing sight of the other things we must do" (H, 4.3.1933, CW 53: 459).

[841] „Man's ultimate aim is the realization of God, and all his activities, social, political, religious, have to be guided by the ultimate aim of the vision of God" (H, 29.8.1936: 226, T 4: 88); zur Äquivalenz von God, Self, Truth in dieser Formel etwa Autobiography, Introduction; für *atman* etwa: „Discourses on the ‚Gita'" Nr. 22 (CW 32: 120 f.) und 30 (ibid.: 129). Vgl. noch: „I claim the whole of mankind to be children of our God, having absolutely the same capacity for self-realization" (YI, 1.7.1926, CW 31: 76).

[842] Diese Relativierung ist zu beachten in Äußerungen, welche die zentrale religiöse Bedeutung des Todesphänomens im Sinne Eriksons zunächst zu bestätigen scheinen, etwa YI, 23.9.1926 (CW 31: 440) oder das Brieffragment vom 3.3.1918 über Todesangst: „Anyone who is even faintly alive to the reality of the *atman* understands the true meaning of death" (CW 14: 234).

ist das für unseren Zusammenhang Wesentliche die Begründung gemein-
menschlicher Identität als aktiver Identität: „To realize God is to work like
God."[843] Aus jener erst ergibt sich die in tätigem Mitleiden einseitig zu vollzie-
hende weitere Solidarität auch mit dem subhumanen Leben, die hier passive
Identität genannt wurde. Sie bleibt sekundäre, abgeleitete Identität.[844] Die ihr
typische Tätigkeitsform ist das Beschützen (protection), symbolisiert in der Beschützung der Kuh.[845] Der Tätigkeitstypus im Verhältnis zu den Mitmenschen,
den fellow-beings, ist Dienst (service). Wir dienen unseren fellow-beings „in order
that we may see a glimpse of God through them; because they have got the
same spirit as we have, and unless we learn that, there is a barrier drawn
between God and ourselves; if we want to demolish that barrier, the beginning
is made by complete identification with our fellow-beings".[846]

Noch in einer zweiten, mehr praktischen Hinsicht gelangt Gandhi in derselben Lebensphase, in der sich seine religiösen Anschauungen klären, zur Herausarbeitung einer Idee spezifisch menschlicher Gleichheit. Es ist der Einfluß
christlicher Sozialreformer, die aus Ruskin und Tolstoi abgeleitete Grundpflicht gleicher körperlicher Arbeit um den gleichen Subsistenzlohn, und allgemein Ruskins am Wohlergehen „noch des Letzten" orientierte Wirtschafts-
ethik, die ein egalitäres Konzept Gestalt annehmen lassen.

Dabei ist gegenüber Ruskin und seinem etwas pastoralen Ton und seinem
Titel „Unto This Last",[847] der im Sinne einer herablassenden Caritas gedeutet
werden könnte, hervorzuheben, daß auch hier der Egalitarismus Gandhis nicht
auf eine passive Identität zielt, etwa mit den leidenden, auf göttliche oder
obrigkeitliche Fürsorge harrenden unteren Volksklassen. Vielmehr arbeitet seine Interpretation selbständig und in kräftigen Strichen eine bei Ruskin allenfalls implizierte, wahrscheinlich aber gar nicht intendierte Gleichheit der Einzelnen in ihrer unter moralische Berufung gestellten „Seelenkraft" heraus.[848]

---

[843] Zur Bhagavadgita (1926), (CW 32: 202).

[844] „Hinduism insists on the brotherhood not only of all mankind but of all that lives
… The moment we have to establish equality between man and the whole creation"
(Gespräch mit Rao Bahadur Rajah über die Unberührbarenfrage, H, 28.3.1936: 51).

[845] Vgl. das Zitat in § 6 („Man through the cow is enjoyned to realize his identity with
all that lives." CW 21: 248).

[846] Improvisierte Antwort auf eine Diskussionsfrage nach der Rede über „Voluntary
Poverty" in der Londoner Guild House Church, 1931 (CW 48: 58).

[847] Der Titel von Ruskins schon wiederholt erwähnter Schrift „Unto this Last" wird
daselbst ganz am Ende aus dem Gleichnis von den Arbeitern im Weinberg (Matth.
20, 14) hergeleitet: „Until the time come, and the kingdom, when Christ's gift of
bread, and bequest of peace, shall be ‚Unto this last' as unto thee" (Ruskin 1905:
114).

[848] Den Ausdruck „Soul-Force", der vor allem in früheren Schriften, etwa „Hind
Swaraj", die in der Satyagraha wirkende Energie beschreibt, gewinnt Gandhi aus einer Zusammenziehung von Ruskins Gedankengang, wonach die abstrakt-ökonomi-
sche Betrachtung des Arbeitsverhältnisses übersieht, daß der Mensch eine besondere Art von Maschine sei, deren „motive power" nicht Dampf, sondern Seele und

Was Gandhi ursprünglich an Ruskins Schrift anzog: die Ablösung rein instrumentellen nationalökonomischen Denkens, die Kritik des „strategischen" Handlungstyps zugunsten des kommunikativen, mündete doch bei Ruskin in einem Gesellschaftsideal organischer Gerechtigkeit mit entschieden elitärer Prägung. Gandhis nüchternes „Resumé" führt statt dessen die Folgerung einer Inanspruchnahme jedes Einzelnen als gleichberechtigt-mitwirkungsverpflichtet ein.[849] Den Gedanken, daß Arme und Reiche einander bedürfen (nach Ruskin: weil der Unterschied eine produktive gesellschaftliche und moralische Spannung erzeugt), wertet er dahingehend um, daß der Arme und der Reiche vor allem „gleich" sind.[850] Das Prinzip des gleichen *living wage* für alle Arten geistiger und körperlicher Arbeit wird in einem offenbaren Mißverständnis in Ruskins Ausführungen über „fixed wages" hineingelesen.[851] Auch die Wen-

---

ihre Kraft sei (ibid.: 29; vgl. Gandhi, Sarvodaya, CW 8: 258). Daß „Soul-Force" sich außerdem als Übersetzung des während der bengalischen Swadeshi-Bewegung als Parole verwendeten *atmasakti* empfohlen haben könnte (wie Sarkar 1965: 29 vermutet), ist möglich, da Gandhis Epitome von „Unto This Last" erst 1908 verfaßt ist.

[849] Vgl. zum Beispiel Ruskins Bestimmung von „wealth" als „possession of the valuable by the valiant", d.h. Besitz nützlicher, zum Leben wertvoller Dinge durch diejenigen, die damit etwas (gesellschaftlich) Nützliches, Lebensförderndes anfangen können, folglich der *science of wealth* auf der Verteilungsseite als *science of* „distribution not absolute, but discriminate; not of every thing to every man, but of the right thing to the right man" (Ruskin 1905, IV, Nr. 61, 63, 64), schließlich des nationalen Reichtums: „There is no Wealth but Life ... That country is the richest which nourishes the greatest number of noble and happy human beings" (ibid., Nr. 77) mit Gandhis etwas schlicht geratener Paraphrase: „Useful articles are those which support human life. Supporting human life means Provision of food, clothing etc., so as to enable men to live a moral life and to do good while they live. ... We thus see that there is no wealth besides life. That nation is wealthy which is moral. This is not the time for selfindulgence. Everyone must work according to his ability" (CW 8: 371 f.).

[850] „,The rich and the poor have met. God is their maker.' ,The rich and the poor have met. God is their light.' [Sprüche Salomos, 22: 2; 29: 13]. ... „That is to say, as long as the world lasts, the action and counteraction of wealth and poverty, the meeting, face to face, of rich and poor, is just as appointed and necessary a law of that world as the flow of stream to sea, or the interchange of power among the electric clouds" usw. (Ruskin, III, Nr. 44: 58 f.).
Gandhi: „Solomon says further: ,The rich and the poor are equal. God is their maker, God gives them knowledge.' The rich and the poor cannot live, the one without the other. They always need each other. Neither of them can be regarded as superior or inferior to the other. But evil consequences follow when the two forget that they are equal, and that God is their light.'" (CW 8: 325).
Vgl. weiter die bei Gandhi nicht aufgenommene Stelle, in der Ruskin sich gegen den Vorwurf verteidigt, Sozialist zu sein: „If there be any point insisted on throughout my works more frequently than another, that one point is the impossibility of Equality. My continual aim has been to show the eternal superiority of some men to others ... and to show also the advisability of appointing such persons ... to guide, to lead, or on occasion even to compel and subdue, their inferiors according to their own better knowledge and wiser will" (Ruskin, III, Nr. 54: 74).

[851] Vgl. Gandhis zweite, aus Ruskin abgeleitete Maxime „That a lawyer's work has the

dung gegen das utilitaristische Optimierungsprinzip mit seiner Vernachlässigung des Einzelschicksals und gegen den darin liegenden aufgeklärten Despotismus, somit aber die eigentliche egalitäre Pointe, wird Ruskins Schrift erst durch Gandhis Paraphrase gegeben. Die Änderung des Titels drückt deshalb – möglicherweise unabsichtlich – mehr aus als eine bloße Anpassung an den Verständnishorizont seines indischen Publikums.[852]

Was diese Verschiebungen bei der Auslegung für uns interessant macht, ist die sich unwillkürlich hier bemerkbar machende Wirkung einer Art egalitären Sogs. Die Signifikanz einer solchen Interpretation „gegen den Strich" und gelegentlich auch direkt gegen den Text wird fast durchweg in der Literatur übersehen, die im Banne des Einflußschemas darauf ausgeht, verehrungsvoll Gleichsinnigkeit und Übereinstimmungen zu betonen.[853] Die von Gandhi spä-

---

same value as the barber's in as much as all have the same right of earning their livelihood from their work" (Autobiography, Part IV, Chap. XVIII) mit den ausdrücklich gegenteiligen Ausführungen Ruskins, nochmals in einer nachträglich angefügten Fußnote erläutert: Ruskin verlangt einheitliche Lohnfestsetzung für jeden Typ Arbeit gesondert, ohne Rücksicht auf das Gesetz von Angebot und Nachfrage, also eine Art Tarif, um den Wettbewerb vom Preis auf die Auswahl der Leistung zu verlagern (Ruskin, III, Nr. 52).

[852] Gandhi gibt als Grund der Titeländerung und überhaupt der Zusammenfassung der „Substanz von Ruskins Buch" die Schwierigkeit für indische Leser an, die zahlreichen biblischen Anspielungen zu verstehen (sein Vorwort, CW 8: 239). Man vergleiche aber die in diesem Vorwort weiter vorgenommene Ausdeutung mit dem Schluß bei Ruskin (Nr. 85: 114). Gandhis Titel *Sarvodaya* bedeutet Sonnenaufgang wie auch Aufstieg für alle, seine englische Übersetzung mit „Dawn" = Morgendämmerung läßt an den Anbruch eines Tages für Tätigkeit denken, an Aufbruch. Die Verwendung von „Unto This Last" bei Ruskin ist nach dem Zusammenhang karitativ im Sinne universellen Mitleidens, also dessen, was bei Gandhi die weitere, passive Identität auch mit tierischem Leben ausdrückt. Der sofort gültige Imperativ, zugleich die Worte, die wahrscheinlich Gandhis Metapher angeregt haben („Raise the veil boldly; face the light" – vgl. Autobiography, Part IV, Chap. XVIII: „I arose with the dawn to reduce these principles into practice"), ist charakteristischerweise bei Ruskin von der universellen Verheißung durch eine eschatologische Zeitdifferenz getrennt.
Anderswo benutzt Ruskin typisch utilitaristische Optimierungsformeln, die Gandhi jeweils abändert. Vgl. neben der in Anm. 849 zitierten die Stelle bei Ruskin Nr. 40: „Perhaps even that the final outcome and consummation of all wealth is the producing as many as possible full-breathed, bright-eyed, and happy-hearted human creatures" mit Gandhi: „that men must be maintained in the best possible health, both of body and mind, and in the highest state of honour" (CW 8: 325).

[853] Für die Tendenz der Harmonisierung bzw. Minimierung der Gegensätze z.B. Dhawan 1957: 31f.; Bondurant 1965: 155f.; McLaughlin 1974: 17ff.; Ganguli 1973: 56ff., der zwar ausführlich analysiert, es sich z.B. aber leistet, die oben bemerkte eschatologische Vertagung des „Unto this Last" bei Ruskin im Zitat S. 62 einfach wegzukürzen. Wenn die Gegensätze, wie bei B. Bhattacharya 1969: 203ff., einmal klar herausgestellt werden, so ebnet die folgende Reflexion auf Gandhis „Eklektizismus" alles wieder ein. Eingehende Erörterung der Literatur bei M. Blume 1987: 114ff.

ter geradezu kanonisierend hochgespielte Wirkung Ruskins läßt sich jedenfalls
noch weniger als diejenige Tolstois im Sinne geradliniger Übertragung verstehen, sie folgt vielmehr vertrackteren Linien, die seinem rebellisch aktualisierenden Geist mehr entsprechen. Offenbar werden Ruskins Lehren von Gandhi
unter dem Einfluß seiner konkreten Lage und der anderen sich damals formie-
renden Ideen verändert aufgefaßt, in der Tendenz umgebogen im Lichte namentlich der zuvor schon aus Tolstoi entnommenen Grundpflicht des *bread
labour*. Sie verstärken ihrerseits den Zusammenhang und die Anziehungskraft
dieser Ideen, wie man an dem (irrigen) Wiederfinden der *Bread-Labour*-Idee bei
Ruskin[854] und der hiervon angeregten alsbaldigen Gründung des *Phoenix Settlement* sehen kann.[855] Aus der etwas abstrakten Gleichsetzung des Menschen in
seiner allgemeinsten religiösen Bestimmung erwächst unter der Einwirkung der
wirtschaftlichen Reformideen das Gleichheitspostulat in einer anschaulichen
Gestalt: der *Realisierung* gleicher Gotteskindschaft aller als praktische Tätigkeit.
Mit dem für jeden geltenden Gebot, zur Lebenserhaltung körperliche Arbeit
zu leisten, erscheint mit einer Art natürlicher Evidenz eine handgreiflich egali-
sierende gemeinmenschliche Pflicht, läßt sich ein elementares Stück jenes für
alle Menschen gleich „Richtigen und ihrer Natur Gemäßen" dingfest machen –
in hinduistischen Kategorien, wiewohl mit höchst unorthodoxem Inhalt: des
sadharana dharma –, welches so etwas wie naturrechtliche Gleichheit substantiell
auszudrücken hätte.

Beides: die religiöse, dogmatisch angenommene Gleichheit und die refor-
merisch postulierte gleiche Arbeitspflicht mußte nun aber den Blick auf die
Ausgestoßenen der eigenen indischen Gesellschaft lenken: auf die „Kasten-
losen" *(outcastes)* bzw. „Unberührbaren", jene, die Gandhi später *Harijans* nennen sollte, die vorzugsweise die Pflicht körperlicher Arbeit erfüllten, und die
gleichwohl – in Wahrheit, und dies war das Skandalon, eben deshalb – gerade
im Namen der Religion deklassiert waren.

An dieser Stelle tritt zu den spekulativen Ansätzen als drittes, die Bewegung
wahrscheinlich auslösendes Moment die eigenartige historische Konstellation
hinzu. Aus der in Indien deklassierten Schicht stammte der Hauptteil der nach
Südafrika rekrutierten Arbeiterkontingente – wenn man die Angehörigen der
niedrigen Shudrakasten einrechnet, die ebenfalls (obschon in geringerem Gra-

---

[854] Vgl. die dritte aus Ruskin extrapolierte Maxime („That a life of labour, i. e., the life
of the tiller of the soil and the handicraftsman is the life worth living." Autobiography, Part IV, Chap. XVIII), von der Gandhi behauptet, sie sei ihm vollständig neu
gewesen – obwohl er nach eigener Angabe schon in Durban vor 1896 Tolstois „Was
sollen wir denn tun?" gelesen hatte, das die Lehre vom bread labour *in extenso* entwickelt (Autobiography, Part II, Chap. XXII). Bei Ruskin andererseits findet sich
diese Lehre nicht; Gandhi ist wahrscheinlich angeregt durch die Abschnitte über die
Schäden übermäßiger Industrialisierung Englands und die Unersetzbarkeit der
Landwirtschaft (vgl. „Unto This Last" IV Nr. 81 mit „Sarvodaya" IX, CW 8: 372).
[855] Autobiography, Part IV, Chap. 19.

de) durch ihre traditionelle Arbeitsfunktion rituell belastet waren.[856] Da wo der Widerspruch (als der er sich dem kritisch aufklärerischen Blick Gandhis zeigen mußte) unerträglich krasse Formen annahm – an der Stellung des Paria in der eigenen Gesellschaftsordnung –, muß der Umbruch zu prinzipiell egalitärem Denken eingesetzt haben. Die Einsicht war durch die drastische Erfahrung vorbereitet, daß die Inder insgesamt in Südafrika in die Rolle des Paria gedrängt waren. Sie erhielt aber vermutlich erst im Zusammenhang mit den beschriebenen Gedankengängen ihre grundsätzliche, naturrechtliche Dimension. Entsprechendes gilt für die Auslösungswirkung der besonderen historischen Situation auch im übrigen: es mag sein, ist sogar wahrscheinlich, daß die von der weißen Diskriminierung erzwungene nationale Solidarisierung ohne Rücksicht auf soziale – und übrigens auch religiöse oder regionale Verschiedenheiten[857] – ihr Teil zur Ausbildung von Gleichheitsvorstellungen beigetragen hat. Für sich genommen, ohne Hinzutreten der kulturkritischen Reflexion, konnte sie jedoch diese Wirkung nicht haben. Denn solange der Boden der geltenden Wertvorstellungen nicht grundsätzlich verlassen war, auf der Basis von Gandhis eigenem imperialistischen und zivilisatorischen Credo,[858] mußte ihn seine Tätigkeit und insbesondere seine Anwaltspraxis in die entgegengesetzte Richtung drängen.

Als Anwalt, d.h. als Vertreter hauptsächlich der wohlsituierten, freien Händler, war Gandhi gehalten, der pauschalen Herabsetzung des Inders durch die Betonung sozialer Unterschiede unter den Indern entgegenzuarbeiten, die Existenz zivilisierter, „achtbarer", des vollen Mitbürgerstatus und insbesondere des Wahlrechts würdiger Inder zu erweisen.[859] Das Eintreten für die halb-

---

[856] Nach Huttenback 1971: 27 f. gehörten etwa 60 % den Shudra- und Unberührbarenkasten an, 25–35 % den Vaishya-Kasten.

[857] Die importierten Arbeiter stammten größtenteils aus den Präsidentschaften Madras und Bengalen (zumeist aus dem heutigen Uttar Pradesh), sprachen also einerseits drawidische (Tamil und Telugu), andererseits indoarische Sprachen (Hindostani). Die Händler kamen aus Gandhis Heimatlandschaft Gujarat, neben einigen Parsen hauptsächlich Muslims (*vulgo* als „Arabs" bezeichnet), im Unterschied von den meist hinduistischen Arbeitern. Für die Ansicht, daß die ursprünglich sehr heterogene indische Bevölkerungsgruppe durch die gemeinsamen Benachteiligungen zu politischer Aktionseinheit zusammengeschweißt wurde: Huttenback 1971: 43.

[858] Die ursprüngliche Zivilisations- und vor allem Bildungsfreudigkeit Gandhis wird unter dem Eindruck der 1910 in „Hind Swaraj" ostentativ vollzogenen Kehrtwendung leicht unterschätzt. Als Gegenbeispiel, schon aus der Zeit, wo er unter dem Einfluß westlicher Kulturkritik stand, sei hier auf den Artikel „Changes in the Condition of China" verwiesen, der die Ausbreitung der europäischen Zivilisation in China, mit gewissen Vorbehalten, begrüßt: „It is natural that everyone who desires the growth of civilization should welcome these signs of progress" (IO, 26.5. 1906, CW 5: 329 f.).

[859] „Respectable Indian", z.B. CW 1: 98; das Ausweis-System für „freigelassene" frühere Indentur-Arbeiter „often puts respectable Indians in a very unpleasant position" (CW 2: 104); „Green Pamplet" CW 2: 12 und 14 führt aus, daß eine äußere Unterscheidung, z.B. anhand der Kleidung, für die Polizei ein leichtes wäre; allgemein

freien, unter dem Indentur-System nach Südafrika gebrachten Plantagen- und Grubenarbeiter, die *coolies*, blieb demgegenüber vorerst Sache allgemeinpolitischer Vertretung, sogar eher noch: Fürsorge, mit nur allmählich sich herstellender Identifikation.[860] Vom Argument, daß nicht jeder Inder Kuli sei, bis zur

---

„Satyagraha in South Africa", Chap. 5 (CW 29: 33); ibid., Chap. 6 zu den Bemühungen um Unterscheidung der besser gestellten Inder von den Arbeitern; in diesem Sinne auch die Petition an Ripon von 1894 (CW 1: 125); der Unterschied noch immer betont in der Petition an Lord Elgin vom 13.8.1906 (CW 5: 394f.). Vgl. demgegenüber die andersartige Stellungnahme aus späterer Zeit (1912) CW 11: 261.

Zur Wahlfrage das häufige Argument, daß auch die ausgezeichnetsten Vertreter Indiens, z.B. der in einem englischen Wahlkreis ins Parlament gewählte Abgeordnete Dadabhai Naoroji, in Natal vom Wahlrecht ausgeschlossen wären: z.B. CW 1: 99 (Deputation to Natal Premier 29.6.1894); CW 1: 124 (Petition to Lord Ripon 17.7. 1894).

[860] Zum Indentur-System vgl. Huttenback 1971: 6f.; Tinker 1974; Walker 1957: 295f., dessen Sprache noch immer die damalige Atmosphäre der Menschenbehandlung recht gut spiegelt. Zu den verschiedenen Status-Gruppen der Indentur-Arbeiter, „freigelassenen" Ex-Indentur-Arbeiter und der freien Inder „Satyagraha in South Africa", Chap. 3. Für die politische Seite von Gandhis Tätigkeit vgl. die schon einen Monat nach seinem Entschluß zum Verbleib erfolgte Gründung des Natal Indian Congress und dessen Satzung vom August 1894 (CW 1: 130). Dort sind unter den Zielen bezeichnenderweise separat aufgeführt: „4. To inquire into the conditions of Indians and to take proper steps to remove their hardships. 5. To inquire into the conditions of the indentured Indians and to take proper steps to alleviate their sufferings".

Trotzdem darf nicht die Gandhis Tätigkeit von vornherein innewohnende Tendenz zur politischen Repräsentation *aller* in Südafrika lebenden Inder übersehen werden; dies gerade, wenn man die anfängliche Differenzierung in anwaltliche Interessen-Wahrnehmung, im engeren Sinne politische Vertretung und Sozialarbeit bemerkt. Eine Darstellung, wie die bei Brown 1974: 4ff., wonach Gandhis Interesse in der ersten Zeit im wesentlichen seiner wohlhabenden Klientel von Muslim-Händlern und ihren Sorgen gegolten habe und er erst unter dem Druck gewandelter Verhältnisse und umfassenderer Diskriminierungen ab 1906 zur Erweiterung seiner politischen Technik und dann auch Klientel gebracht worden sei, verzeichnet das Bild erheblich. Weder waren Gandhis Zielsetzungen noch andererseits die Diskriminierungen in der ersten Phase so begrenzt. Die umfassende Bedrückung aller ansiedlungswilligen Ex-Indentur-Arbeiter durch die Kopfsteuer (3 engl. Pfund) geht in Natal auf das Jahr 1895 zurück und wurde von Gandhi schon im „Green Pamphlet" als eine der Haupt-„grievances" genannt (CW 2: 58). Für scharfe Angriffe auf die Behandlung der Indentur-Arbeiter vgl. schon den „Open Letter" an die Abgeordneten von Natal im Dezember 1894 (CW 1: 142ff.), für die Verwerfung des Indentur-Systems insgesamt Gandhis Petition an die gesetzgebende Versammlung Natals im Mai 1895 (CW 1: 176ff.), für die anwaltliche Unterstützung eines mißhandelten „Coolie" den berühmten Fall des Balasundaram (Autobiography, Part II, Chap. XX und „Green Pamphlet" CW 2: 20ff.). In Wahrheit ist das Auffallende, wie sehr Gandhi von Anfang an das Gegenteil von „limited politics" betrieb. Seine lukrative Anwaltspraxis war zu keiner Zeit Selbstzweck, sondern Mittel zur Ermöglichung seiner breiter angelegten politischen Aktivität. Entscheidend für das Verständnis ist das Erfassen seiner „prinzipiellen", dabei behutsam induktiv vorgehenden Taktik: wonach die Vertretung des „günstigen" Falles immer repräsentativ und in Vorgriff auf

Klarheit des Axioms, daß auch der Kuli Anspruch auf vollen Rechtsstatus, auf Selbstbestimmung und ebenbürtige Menschenwürde habe, war es in der damaligen Welt eines ungebrochenen Zivilisationspathos und fraglos akzeptierter Besitz- und Bildungsqualifikationen noch ein weiter Weg.[861] Das Zivilisationserfordernis erkannte Gandhi grundsätzlich an, allerdings unter der Voraussetzung einer prinzipiell gleichen Anwartschaft auf Zivilisierung; für das Wahlrecht beispielsweise in der Petition an Lord Ripon vom 17. Juli 1894:

> Your Lordship's Petitioners, while they admit (although they cannot help remarking that poverty should be no crime if a man is otherwise fit) that the indentured Indians, while under indenture, may not have the right to vote, they respectfully submit that even these men should not forever be deprived from voting if they acquire the sufficient qualifications in later life.[862]

Allerdings mußte auch die Argumentation von Respektabilität und „Zivilisiertheit" im Einzelfall, bzw. deren regelmäßig erfahrene Fruchtlosigkeit, zwangsläufig den rassistischen Kern der Regelungen bloßlegen, indem sich der Vorwandcharakter der sachlichen Differenzierungsgründe und ihre Irrelevanz für den Diskriminierungswillen herausstellte.[863] Insofern mag man auch in derartigen anwaltlichen Bemühungen Gandhis die eigene naturrechtliche Logik der Sache ihr untergründiges Werk treiben sehen. Vermutlich kommt man dem wahren Sachverhalt näher mit der Annahme, daß auch ein bewußtes Element des Tests in Gandhis Ernstnehmen der Sachargumente und der imperialen Reichsideologie lag. Man spürt von Anfang an, und zunehmend, hinter den gelegentlich etwas musterschülerhaft wirkenden Beschwörungen der Grundsätze von „fairplay", von „civilization" oder „christianity", der „best British traditions", „fundamental principles of the British Constitution" oder „principles of justice as known to the British Constitution"[864] den Charakter einer

---

eine allgemeine Besserung des indischen Loses geschieht. Ausdrücklich hierzu „Green Pamphlet (CW 2: 19) und Gandhis Rede in Madras 1896: die Händler „Owing to their less unfortunate position, have formed themselves into custodians of the interests of the whole Indian population there" (CW 2: 95).

[861] Zu „coolie" vgl. die wiederholt zitierte Rede in Madras (CW 2: 96f.), die zugleich die Art der Beleidigungen anschaulich macht, denen Inder damals ausgesetzt waren; die Rede auf dem Kalkutta Congress am 27.12.1901 (CW 3: 213); „What is a ‚Coolie‘", IO, 21.5.1904 (CW 4: 192). Grundsätzlich aber werden Bildungs- und Besitzqualifikationen für das Wahlrecht anerkannt: „The Indian Franchise" 16.12.1895, CW 1: 272f.

[862] CW 1: 123.

[863] Exemplarisch der oben, in Anm. 804, erwähnte Lizenz-Prozeß des Dada Osman; vgl. dazu auch Huttenback 1971: 85f.; Gandhis Darstellung in der Petition an den Secretary of State Chamberlain vom 31.12.1898 (CW 3: 30ff.), aus der sich im übrigen ersehen läßt, daß die Kolonisten das Erkennen der wahren Diskriminierungsabsicht nicht gerade schwer machten. Äußerungen von Amtspersonen, wie: es gehe darum „to rid the town of the Asiatic curse", oder: „I would not even give a Chinaman the chance of a dog" scheinen keine Seltenheit gewesen zu sein.

[864] Für derartige, außerordentlich häufige Wendungen hier die Beispiele aus Gandhis

Herausforderung, eines gutgläubig, aber nicht blinden Auges unternommenen Experiments auf die „Wahrheit" des Reichsgedankens und auf die Konsistenz der Gegenspieler in ihrem Verhalten bezüglich der eigenen Ideale.[865]

Entscheidend dürfte aber geworden sein, daß Gandhi den Zivilisationsgedanken nicht nur in der Weise beim Wort nahm, daß er in günstigen Spitzenfällen die Rechtsgleichheit einklagte, sondern daß er sich zugleich um eine Hebung des Zivilisationsstandes seiner Landsleute allgemein und speziell ihrer Anstoß erregenden sanitären Sitten bemühte;[866] mit anderen Worten, daß er nicht nur als Anwalt, sondern sogleich auch als Sozialpolitiker tätig wurde, und daß er dabei auf das Diskriminierungsphänomen im eigenen Lager stieß. Hier konnte es nicht mehr nur um die an die Weißen gerichtete politische Konsistenzforderung, um die „imperial brotherhood"[867] gehen, hier mußte vielmehr eine eigenständige und fundamentalere Konsistenzreflexion einsetzen, welche die „brotherhood of Mankind"[868] in ihrer gesellschaftlichen Zusammengehörigkeit betraf: den „Wahrheits"charakter der Zivilisation selbst, soweit sie Teilnehmerrollen zuwies.

Wenn in der eigenen indischen Gesellschaft gerade diejenigen, welche die Reinigungsdienste (insbesondere die Unratbeseitigung) verrichteten, die doch für ein zivilisiertes Leben unerläßlich sind, wenn diese Menschen der schärfsten, institutionalisierten Verachtung verfielen: als „unberührbar", d.h. durch die bloße Berührung verunreinigend galten, so ergab sich der Widersinn, daß in einer nach dem Gesichtspunkt der Reinheit hierarchisch gegliederten Ordnung derjenige, der Reinheit schafft, der „Unreine" ist, und zwar nicht nur im Sinne temporärer Verunreinigung bei der Arbeit, sondern eines unentrinnbaren, verachteten Lebensstatus.[869] So betrachtet zeigte das System seine innere

---

Leserbrief an den „Natal Advertiser" 1893 (CW 1: 76), aus seinem „Open Letter" an die Abgeordneten der Natal Legislative Assembly 1894 (CW 1: 144), der Petition an ebendiese im Mai 1895 (CW 1: 177), und aus der Presse-Erklärung vom 21.1.1899 (CW 3: 51).

[865] Vgl. für diesen Ton den Leserbrief „Rammy-Sammy" an die Times of Natal, 1894 (CW 1: 135) und etwa schon die Schlußabschnitte des Open Letter von 1894 (CW 1: 161 ff.). Naturgemäß ergab sich eine gewisse Verschärfung, als in den früheren Burenrepubliken nach dem Burenkrieg eben die Diskriminierungen fortgeführt wurden, die zu den offiziellen britischen Kriegsgründen gehört hatten; Memorandum für Chamberlain vom Januar 1903 (CW 3: 271 ff.) und vom 16.3.1903 (CW 3: 284).

[866] „Satyagraha in South Africa", Chap. 6 (CW 29: 42). Für das Aufgreifen der in dieser Hinsicht gegen die Inder erhobenen Vorwürfe vgl. den Open Letter von 1894, CW 1: 147.

[867] Abschiedsansprache in Durban am 15.10.1901: „What was wanted in South Africa was not a white man's country; not a white brotherhood, but an Imperial brotherhood" (CW 3: 206, nach Referat im „Natal Advertiser" 16.10.01).

[868] Für die Theosophie vgl. Anm. 829.

[869] Über den Gegensatz rein – unrein als Strukturprinzip des Kastensystem vgl. Dumont 1966, insbesondere Nr. 24 und 25; Srinivas 1966: 120. Auf den Unterschied einer temporären von einer durch keinerlei Reinigungsbemühung zu tilgenden lebenslänglichen rituellen Unreinheit legt Gandhi in seiner späteren, expliziten Aus-

Verwandtschaft zu der auch im äußeren ähnlichen Behandlung der Inder in Natal: auch hier fand es sich, daß die Gesellschaft bzw. die Herrenschicht gerade die für ihren Bestand unersetzlichen Dienste mit einer Art Ächtung belohnte. Es bestand ein klares öffentliches Bewußtsein dessen, daß wirtschaftliche Prosperität und Zivilisationsstand der Kolonie weitgehend von der importierten indischen Arbeitskraft, dem Sklavenersatz, abhängig waren.[870]

Die doppelte Außenseiterposition des Inders in Südafrika im Verhältnis zur dortigen wie zur einheimischen Gesellschaft erwies sich als ideal günstiger Beobachtungspunkt, um die strukturelle Vergleichbarkeit der Diskriminierung zu erfassen, ihre funktionale Äquivalenz zur Sklaverei als Arbeitssystem, und zu einer die Binnenkulisse transzendierenden Kritik vorzudringen. Die verschiedenen hier angedeuteten Momente scheinen zu der Einsicht zusammengeschossen zu sein, daß nur derjenige vor die volle Wahrheit seines Menschseins im Verhältnis zu den anderen Menschen gebracht wird, der bereit ist, auch die niedrigsten sozialen Dienste, auf die er seinerseits rechnet, selbst für andere zu erbringen und *darin*, in dieser Tätigkeit, den Deklassiertesten seiner Mitmenschen gleich zu werden.

Gandhi hat in der (ja sehr viel später geschriebenen) Autobiographie den Entwicklungsgang dieses Gedankens nicht nachgezeichnet, weil ihm rückblickend das Gefühl für die allgemeine Menschengleichheit als eine von Anfang an gegebene Konstante erschien.[871] Das ist, wie wir oben gesehen haben, in dieser Form nicht richtig oder doch eine starke Verkürzung. Selbst wenn man aber die unwillkürliche nachträgliche Harmonisierung mit einem als Anlage von vornherein gegebenen Gleichheitsinstinkt psychologisch erklären will, ist es nicht belanglos zu sehen, an welchem Phänomen sich seine expliziten Gleichheitsvorstellungen entwickeln und welche Form sie infolgedessen annehmen. Hier ist die Wendung von der reinen Rassenfrage oder der national-kulturellen Verschiedenheit hin zur Rollenverteilung in der eigenen Gesellschaft von

einandersetzung mit der Institution der „Unberührbarkeit" großes Gewicht; vgl. etwa „‚Vaishnavas' and ‚Antyajas'", Navajivan, 12.12.1920 (CW 19: 97ff.).
  Im Text ist, Gandhis Argumentationsweise folgend, der Unterschied zwischen ritueller Unreinheit und Unsauberheit im Sinne moderner Hygiene bewußt vernachlässigt. Dem Einwand, dies sei ein Argumentationstrick oder auch ein modernistisches Mißverständnis, würde der Hindu-Reformer die Überzeugung entgegenhalten, mit eben der Identifizierung dem ursprünglichen Sinn den Reinheits-Regeln näher zu sein; vgl. Srinivas 1966: 124. Ein gewisses Maß von Überschneidung der Begriffsfelder erklärt ja erst das Paria-Problem der rituellen Statusminderung wegen typischer Hygienedienste.

[870] Die Plantagenwirtschaft in Natal war nach Aufhebung der Sklaverei 1834 in großer Gefahr und wurde nur durch den Import der billigen Indentur-Arbeiter aus Indien gerettet; darüber Huttenback 1971: 1ff.; Gandhi, Open Letter (CW 1: 144ff. unter Berufung auf einheimische Stimmen); Walker 1957: 522. Zur Vergleichbarkeit des Indentursystems mit der Sklaverei vgl. Gandhi CW 13: 146 (1915) und 247ff. (1916).

[871] Autobiography, Part IV, Chap. X (CW 39: 221).

größter Bedeutung. Von einem frühen Zeitpunkt an läßt sie sich an Indizien verfolgen.

Der polemische Vergleich der Rolle des Inders in Südafrika mit dem des Paria in Indien taucht in den Beschwerdeschriften von Anbeginn an auf, und bezeichnenderweise sogleich auch das religiöse Argument gegen einen derartigen Ausschluß von der menschlichen Gesellschaft.[872] Alsbald sieht sich Gandhi, auch von seiten der Weißen, aber in umgekehrter Tendenz, mit dem Vergleich und mit dem Vorwurf konfrontiert, er fordere für seine Landsleute in Südafrika ein Mehr an Status als ihnen zum größeren Teil in der eigenen Gesellschaft zukomme.[873] Vom westlichen Standpunkt aus ein mehr als eigenartiges, anscheinend aber unverwüstliches und in der Folge *ad nauseam* wiederholtes Argument,[874] mußte es allerdings für die indische Seite eine Herausforderung zur Selbstprüfung hinsichtlich der eigenen Diskriminierungspraktiken sein. Wenn somit Gandhi auch explizit auf das Paria-Problem als Entscheidungs- und Überlebensfrage an den Hinduismus förmlich gestoßen wurde, bleibt es beachtenswert, daß, und auf Grund welcher Denkvoraussetzungen er es in dieser kritischen Bedeutung sofort und lange vor anderen indischen Nationalisten erfassen[875] und es andererseits zum Paradigma des Gleichheitsproblems innerhalb der menschlichen Gesellschaft überhaupt generalisieren konnte.

Seine hiermit zusammenhängende Beschäftigung mit Hygienefragen und sanitärer Reform innerhalb der indischen Bevölkerungsgruppe setzt schon in der ersten Phase seiner politischen Tätigkeit in Natal ein, im Rahmen der Aktivitäten des Natal Indian Congress.[876] Mit den dabei gesammelten Erfahrungen

---

[872] Petition an Lord Ripon vom 17.7.1894 (CW 1: 116 ff.), Nr. 17 (S. 121: „pariahs of society"); Open Letter an Natal Abgeordnete, Dezember 1894: „That the treatment of the Indians is contrary to the teachings of Christianity needs hardly any argument. The man, who taught us to love our enemies and to give our cloak to the one who wanted the coat, and to hold out the right cheek when the left was smitten, and who swept away the distinction between the Jew and the Gentile, would never brook a disposition that causes a man to be so proud of himself as to consider himself polluted even by the touch of a fellow-being" (CW 1: 161 f.).

[873] Bei P 1965: 477 f. wird ein 1894 im „Critic", Johannesburg, erschienener Artikel mit diesem Argument wiedergegeben, der Gandhi in Erwiderung seines „Open Letter" aufforderte, mit seinen Bemühungen im eigenen Lager zu beginnen. Nach Pyarelal hat dieser Artikel Gandhis Augenmerk auf die Bedeutung der Paria-Frage gelenkt. Vgl. aber schon die Zitate in der vorigen Anm. Die Auseinandersetzung mit dem Argument dann in „The Indian Franchise", 1895 (CW 1, 256 ff., 260 und 271).

[874] Vgl. noch bei Walker 1957: 551.

[875] Es ist wohl nicht zu weit spekuliert, hier an die begrifflich wie assoziativ naheliegende Anwendbarkeit einer der *Maxims of Equity* zu erinnern, die bekanntlich Gandhi von seinem Studium des Snellschen Lehrbuches her geläufig waren: „He who comes into equity must come with clean hands" (Nr. 6 in der Zählung Snells). Auf sie beruft er sich jedenfalls später in diesem Zusammenhang, vgl. YI, 23.2.1921 (CW 19: 385).

[876] „Satyagraha in South Africa", Chap. 6 (CW 29: 42).

stellt er sich beim ersten Zwischenaufenthalt in Indien 1896, anläßlich eines Seuchenausbruchs in der Bombay Presidency, einem sanitären Inspektions-komitee in Rajkot als Mitarbeiter zur Verfügung. Diese Arbeit gibt ihm Gele-genheit zur Beobachtung der den Kastenvorurteilen widersprechenden größe-ren Reinlichkeit der „Unberührbaren"-Viertel und, wie man annehmen darf, zur Konfrontation von modernen Hygienevorstellungen mit rituellen Rein-heitsideen.[877] Es ist eine Arbeit, wie sie sich später in den sogenannten *locations*, den Indern zugewiesenen Quartieren, im Transvaal wiederholen und ihm ver-gleichende Betrachtungen über die Rolle von Ghettos und der in Ghettos ab-gedrängten Bevölkerungsklassen nahelegen wird.[878] Nach seiner Rückkehr und Niederlassung mit der Familie in Durban kommt es – vor dem Burenkrieg und lange vor der kritischen Phase der Zulu-Rebellion und der ersten *Satyagraha* – zum Eklat im eigenen Hause über das Ansinnen an seine Frau, die typischen, schon damals abwechselnd von dem Ehepaar selbst verrichteten Reinigungs-dienste der „Unberührbaren" *für* einen „Unberührbaren" zu verrichten, näm-lich für einen ins Haus aufgenommenen, einer *Panchama*-Familie entstammen-den und (noch dazu) zum Christentum übergetretenen Büroangestellten.[879] Kurz darauf fällt er auf der Sitzung des Nationalkongresses in Kalkutta 1901 dadurch unliebsam auf, daß er sich auch hier demonstrativ an die verachteten Arbeiten des Fegens und Latrine-Reinigens, der Säuberung jedenfalls seiner unmittelbaren Umgebung macht.[880] Von vornherein zeichnet sich im Umriß die politische Rolle Gandhis als erweitert und eingeschmolzen in die des Gesellschaftsreformers ab, als den er sich *in summa* zeitlebens verstanden hat;[881] es zeichnet sich auch ab, daß ihm seine Art von praktischem Ernst-machen mit der Reform etwas von der Rolle des *Bhangi* auferlegt wird, als den er sich später, im buchstäblichen wie übertragenen Sinne, zu bezeichnen liebte: des *Reinigers* in jedem Betracht, von den spirituellen Fragen bis zu den Feger-und Latrinenreinigungsdiensten[882] – aber auch des Ausgestoßenen oder doch

---

[877] Autobiography, Part II, Chap. XXV (CW 39: 139).

[878] „Some of the classes which render us the greatest social Service, but which we Hin-dus have chosen to regard as ‚untouchables', are relegated to remote quarters of a town or a village. Even so in Christian Europe the Jews were once ‚untouchables', and the quarters that were assigned to them had the offensive name of ‚ghettoes'. In a similar way today we have become the untouchables of South Africa" („Coolie Locations or Ghettoes?", Autobiography, Part IV, Chap. XIV, CW 39: 229).

[879] Autobiography, Part IV, Chap. X.

[880] Autobiography, Part III, Chap. XIII, (CW 39: 181 ff.).

[881] Vgl. schon in der vermutlich ersten öffentlichen Rede des damals Neunzehnjährigen zu seinen Mitschülern in der Alfred High School in Rajkot vor seiner Ausreise nach England: „I hope that some of you will follow in my footsteps and after you return from England you will work wholeheartedly for big reforms in India" (nach der Kathiawar Times vom 12.7.1888, CW 1: 2).

[882] Bericht einer Gebetsansprache in Delhi 1947: „He was a bhangi, and it was the duty of a true bhangi and, therefore, a true Hindu to cleanse not only the dirt of the body, but also the pollution of the mind and spirit" (T 7: 367 f.).

des von der „guten Gesellschaft" in einem durchaus ambivalenten Sinne Geschiedenen.[883]

Man macht sich nicht leicht eine zureichende Vorstellung von der Anstößigkeit, die Gandhis Versuche einer praktischen Identifizierung mit den „Unberührbaren" für indische Verhältnisse zunächst hatten. Auch wenn die Besserung des Loses der *depressed classes* zu jenem Zeitpunkt schon in den verschiedensten sozialreformerischen Programmen ihren Platz gefunden hatte[884] – das Interesse daran sollte mit der Ankündigung der Verfassungsreformen 1917 aus durchsichtigen politischen Gründen sprunghaft anwachsen[885] –, waren doch die praktischen Konsequenzen, die Gandhi aus vielerorts dämmernden Einsichten sofort, sehr frühzeitig zog, unerhört und brachten ihn, ehe der Heiligenschein des Mahatma seine Sonderbarkeiten verklärte, in Gefahr, in einer Mischung von Lächerlichkeit und Skandal isoliert zu werden. Die Aufnahme einer „Unberührbaren"-Familie in den Sabarmati-Ashram 1915 führte zum Abspringen der Geldgeber und in die Nähe des sozialen Boykotts,[886] und die Praktiken des Fegens und Toilettenreinigens scheinen nicht zuletzt eine Rolle beim Ausschluß aus Gokhales reputierlicher Reformgesellschaft, der *Servants of India Society*, gespielt zu haben.[887]

---

[883] Bereits wegen seiner Englandreise war Gandhi von der eigenen Kaste exkommuniziert worden (vgl. die Schilderung in „The Vegetarian", 13.6.1891, CW 1: 58, sowie später in „Outcaste", Autobiography, Part I, Chap. XII; über das partielle Andauern dieses Zustands nach seiner Rückkehr Autobiography, Part II, Chap. II). 1925 bezeichnet er sich wegen seines Zusammenlebens mit *Antyajas* als „outcaste" (CW 26: 8), vgl. auch Anm. 886. Aus der Inner Temple Inn wurde er nach seiner Verurteilung 1922 ausgeschlossen und sein Name aus der Anwaltsliste gestrichen (Wortlaut des Beschlusses CW 23: 555); sein berühmtes Lendentuch bzw. das Auftreten in einfacher handgesponnener Kleidung in London markierte das „nicht zur Gesellschaft Gehören" ebenso wie sein demonstratives Wohnen in den Bhangi-Quartieren Delhis 1946/47 usw.

[884] Zum Beispiel in der Satzung der 1905 gegründeten „Servants of India Society" Gokhales (vgl. T 1: 74), von welcher im folgenden (zu Anm. 887) die Rede ist.

[885] Mit der Ankündigung eines schrittweisen Übergangs zum Repräsentativprinzip und der gleichzeitig praktizierten Verfassungspolitik, getrennte Wählerschaften für besondere soziale Gruppen wie etwa die Muslims einzuführen, wurde das Interesse evident, die um 20 % der indischen Bevölkerung ausmachende Gruppe der „Unberührbaren" als der „Hindu-Nation" zugehörig zu erweisen. Über die seit 1917 in Gang kommenden Reformbestrebungen auf Hinduseite vgl. Lütt 1976, Kap. IV, 1 (b).

[886] Autobiography, Part V, Chap. X; Moon 1968: 65; Source Material III: 7.

[887] Gandhi zog seinen Aufnahme-Antrag zurück, nachdem sich innerhalb der Gesellschaft lebhafte Meinungsverschiedenheiten über seine Mitgliedschaft ergeben hatten; Brief an Srinivasa Sastri 13.1.1916 (CW 13: 200); Autobiography, Part V, Chap. VI; vgl. die Darstellung bei Brown 1974: 50. Als Grund werden meist, seiner eigenen Umschreibung folgend, prinzipielle Auffassungsunterschiede über die Arbeits-„methoden" angegeben. Es deutet aber einiges darauf hin, daß es sich im besonderen um seine Methoden der „Unberührbaren"-Reform handelte. Mit dem Fegen und Toilette-Reinigen hatte er gleich nach seinem probeweisen Eintritt in der Gesellschaft Anstoß erregt (Jayakar 1958 I: 316; T 1: 159). Gandhis Tagebucheinträge

Während des Burenkrieges beteiligen sich – auf Gandhis Anregung – an dem Einsatz des indischen freiwilligen Ambulanzkorps 1899–1900 auch mehrere hundert Indentur-Arbeiter, also Angehörige der untersten Kasten; gleichzeitig einigen sich die das Führungsteam stellenden Freiwilligen aus der Oberschicht, keinen Unterschied zwischen „dignified" und „other work" zu machen.[888] Die neue – für indische Begriffe revolutionäre – Erfahrung aktiver Gemeinschaft auch mit „Parias" – und zwar im südafrikanischen Kontext gewissermaßen doppelt „Parias" – dürfte den Grund gelegt haben für die spätere erstmalige und kampf-entscheidende Einbeziehung dieser Schicht in den aktiven Widerstand beim Marsch der Grubenarbeiter nach Transvaal 1913.

In den erwähnten religionsvergleichenden Texten aus dem Jahre 1905 illustriert dann Gandhi das Prinzip der Gleichheit aller Menschen ungeachtet ihrer Religionsverschiedenheit überraschend auch mit dem Beispiel der Gleichheit zwischen Brahmanen und *Bhangi*. Ja, er stellt gerade dies, ohne den Widerspruch zum gewöhnlichen Verständnis der Tradition zu erwähnen, als Lehre des Hinduismus dar:

> To my mind, there is no distinction between a Hindu and a Muslim or Christian … I maintain that Hindu religion teaches us to look upon all with an equal eye without making distinctions between Hindu and Muslim, Brahmins and bhangi, and that is the religion I follow.[889]

Auch wenn er dabei durch äußerliche Anlehnung an einen klassischen indischen Text beeinflußt sein mag,[890] ist das Beispiel *Bhangi* den anderen Gliedern

---

über die kritischen Diskussionen mit Mitgliedern in den Tagen nach Gokhales Tod Februar 1915 (CW 13: 160) weisen auf die Bhangi-Frage als Hauptthema hin. Ein vertraulicher Polizeibericht (Bombay Secret Abstract 1915 § 186, Source Material III: 3), der Verschiedenheit der „Ideale" als Grund der Unstimmigkeiten angibt, erwähnt immerhin auch Gandhis Propagierung der „dignity of manual labour". Man wüßte gern, ob Gandhis Bericht von der Einstellung aller finanziellen Unterstützung für seinen Ashram nach Aufnahme einer „Unberührbaren"-Familie (Autobiography, Part V, Chap. X) sich auch auf den bei der Servants of India eingeräumten Kredit (ibid., Chap. II) bezieht. Auffällig sind schließlich die den Kontext betreffenden Bemerkungen über „Service" im Kapitel über die Ashram-Gründung (ibid., Chap. IX). Zur Namensgebung: „I liked the name ‚Sevashram' (d.h: „abode of service") but for the absence of emphasis on the method of service." Anläßlich der Frage eines besonderen Demutsgelübdes: „Service without humility is selfishness and egotism."

888 „Satyagraha in South Africa", Chap. 9 (CW 29: 64 ff.). Die „Leaders" hatten alternativ Mitarbeit in den Kliniken, auch für „sweepers or scavenger's work" angeboten und scheinen einige Schwierigkeit gehabt zu haben, neben den von den Behörden offenbar bevorzugten einfachen Arbeitern zum Dienst angenommen zu werden; vgl. das Telegramm Gandhis an den Colonial Secretary vom 4.12.1899 (CW 3: 127).

889 IO, 20.5.1905, CW 4: 430 f.

890 Die Formulierung verrät, daß Gandhi hier schon, wie später verschiedentlich, Gebrauch von Bhagavadgita V, 18 macht (z.B. in der Ansprache in Mayavaram 1915, CW 13: 70, oder CW 19: 100, nach Navajivan, 12.12.1920), wonach der Weise „looks on all with an equal eye, a Brahmin, a dog and an Antyaja" (so Gandhis Wie-

in der Reihe der Religionsvergleichung inkongruent und verrät ein besonderes Interesse (während zum Beispiel wiederum die Schwarzafrikaner und ihre Religion unerwähnt bleiben); um eine gedankenlose literarische Assoziation kann es sich nach der vorangegangenen Beschäftigung mit Reformtheorien und nach den eigenen Reformexperimenten in der Lebensführung nicht mehr handeln. Spätestens zu diesem Zeitpunkt muß sich also für Gandhi die Frage menschlicher Gleichheit als ein primär innerhalb der eigenen Gesellschaftsordnung aufzusuchendes Problem herausgestellt haben. Und spätestens zu diesem Zeitpunkt müssen sich auch die Grundzüge der für die indische Gesellschaft und ihre quasi-religiöse Kastenordnung zu suchenden Lösung abzeichnen: die Ablehnung der „Unberührbarkeit" nicht nur als unmenschlich sondern auch als un-hinduistisch, und von diesem Extremfall her die Infragestellung der hergebrachten hierarchischen Interpretation des Kastensystems oder aber seiner Existenzberechtigung überhaupt.

§ 26 Gleichheit und Kastensystem

Die in ihrer Genesis hier beschriebene, bis spätestens 1905 gefundene Grundposition liegt von da an axiomatisch fest: Die fundamentale Gleichberechtigung der Menschen als *selbst* verantwortlich handelnde Wesen, die allen gesellschaftlichen Positionszuweisungen vorgegeben ist und ihnen gegenüber vorrangig Geltung beansprucht. Die damit geforderte Auseinandersetzung mit dem Kastensystem steht Gandhi allerdings in ihrer expliziten Form erst noch bevor; sie bleibt in Südafrika im Hintergrund. Wir werden sehen, daß sie ihn dann nach seiner Rückkehr ins indische Mutterland lange und intensiv beschäftigen und durch eine Reihe unterschiedlicher Positionen führen wird. Aber diese langwierige und widerspruchsvolle Auseinandersetzung erschließt sich nur von dem Befund her in angemessener Perspektive, daß Gandhis egalitäre Grundüberzeugung bereits vorher feststeht und stets den Maßstab gibt. Die den Ausgangspunkt bezeichnende Verwerfung der Unberührbarkeit ist so unbedingt, daß Gandhi zu keinem Zeitpunkt bereit ist, sie von traditionell religiösen Argumentationen in Frage stellen zu lassen. Vielmehr macht er sie umgekehrt zur Bedingung seiner Loyalität gegenüber dem Hinduismus: „If it is proved to me that this is an essential part of Hinduism, I for one would declare myself an open rebel against Hinduism itself."[891] An dieser Position – der Be-

---

dergabe CW 19: 100; vollständig, nach der Übersetzung Radhakrishnas: „Sages see with an equal eye a learned and humble Brahmin, a cow, an elephant or even a dog or an outcaste"). Es bedarf kaum der Hervorhebung, daß dieser Text für Gandhis Absichten sozusagen zuviel beweist, nämlich Gleichmütigkeit angesichts aller, auch der abstoßendsten Erscheinungen der Sinnenwelt, nicht aber eine Gleichheit gerade des *outcaste* als Mitmensch.

[891] Rede in Mayavaram, 1.5.1915, CW 13: 69.

urteilung nicht der Unberührbarkeit nach dem Hinduismus, sondern umgekehrt des Hinduismus nach seiner Stellung zur Unberührbarkeit – hält er stets
unbeirrbar fest,[892] auch im Zusammenhang seiner vertieften Bemühungen um
Grundgedanken der Kasten- bzw. *varna*-Ordnung und der teils reformerischen,
teils apologetischen Versuche ihrer Versöhnung mit dem Egalitarismus. Das
Gleichheitsprinzip muß bei diesen interpretatorischen Bemühungen, wie stets,
auch in Relation zu legitimen oder gleichgültigen Verschiedenheiten in der
historischen, kulturspezifischen Situation konkretisiert werden,[893] d. h. auch
kontingente, uns gelegentlich befremdliche Festlegungen und Begrenzungen
erfahren. Doch erweist sich die egalitäre Tendenz bei alledem als das eigentliche Regulativ, das konservierende Abgrenzungen ständig relativiert und sich
schließlich, in Gandhis späten Jahren, als Radikalisierung durchsetzt.

Was die Erfahrungen der südafrikanischen Situation für Gandhi erbrachten,
war zunächst, hinsichtlich der gesellschaftlichen Struktur, die Einsicht, daß
sich hinter den Diskriminierungen nach Rasse, Kaste und Nationalität die Frage der Arbeitsverfassung verbarg. Es war evident, daß der Inder als Kuli in
Südafrika nicht einfach nur verachtet, sondern in seiner verachteten Rolle gerade erwünscht war. Die Schwierigkeiten begannen erst mit dem Auftreten „zivilisierter" oder wenigstens der Semisklaverei entwachsener Inder *(ex-indentured
Indians)*, die man nicht mehr ohne weiteres auf den verachteten Status und die
entsprechende Arbeit herabdrücken konnte; dies war ja auch die eigentliche
Bedeutung des Streits um den Ausdruck „coolie" als Bezeichnung für alle Inder.[894] Die Ironie seiner Anwaltsrolle in diesem Zusammenhang konnte Gandhi kaum verborgen bleiben: daß der von ihm unternommene Nachweis der
„Zivilisiertheit" seinen Klienten erst wirklich unerwünscht machte, weil man
„unzivilisierte" Arbeitskraft brauchte. Die Einsicht in diesen Zusammenhang
wurde ihm von der tonangebenden Schicht in Südafrika auch in keiner Weise
schwer gemacht. Man könnte sogar den Attorney-General von Natal mit der
Äußerung zitieren, daß die Inder lediglich als Arbeitskräfte für die Entwicklung lokaler Industrien hergebracht worden seien und für alle Zukunft „hewers
of wood and drawers of water" bleiben sollten.[895] Die für gehobene Ansprü-

---

[892] Zum Beispiel in der Rede auf der Suppressed Classes Conference, Ahmedabad,
13.4.1921: „I believed that untouchability was no part of hinduism; and, that if it
was, such hinduism was not for me" (CW 19: 571); oder in der Rede vor Gandhi
Seva Sangh, 20.4.1937 (CW 65: 136); in der Rede in Chatham House, London 20.10.
1931: „Untouchability is a curse upon Hinduism, and I have no hesitation in saying
that, if untouchability is not rooted out of Hinduism, Hinduism must perish" (CW
48: 194).

[893] Allgemeiner zur Struktur des Gleichheitssatzes und Gandhis Situation zwischen europäischen und indischen Traditionen Conrad 1982: 365 ff.

[894] Vgl. Anm. 861.

[895] Vgl. „Green Pamphlet" (1896, CW 2: 8). Für ein besonders bemerkenswertes Beispiel der auch bei höheren Amtsträgern möglichen Ausdrucksweise vgl. die bei Huttenback 1971: 244 wiedergegebene Aktennotiz des Gouverneurs von Natal, McCal-
lum, aus dem Jahre 1907: „Because we wanted *indentured labour for agriculture* it is no

che entwickelte Rechtfertigung der Diskriminierung aus einer unüberbrückbaren Kulturverschiedenheit von Ost und West, wie sie Gandhi beispielsweise bei General Smuts entgegenkam,[896] gab zugleich ein Paradigma durchsichtiger Verschleierungsideologie. Solche Phänomene dürften Gandhis Blick auch für die spekulativ-ideologische Verschleierung des Sinnes der Kastenhierarchie geschärft haben: dafür, daß auch hier die Diskriminierung der Arbeitskräftebeschaffung diente, daß die Tabuierung der unreinen Kasten die Gesellschaft von der Anerkennung der Existenznotwendigkeit der unreinen Arbeiten entlastete, daß somit die Hindugesellschaft sich vor der Wahrheit ihrer Existenz und zugleich vor einem Teil ihres eigenen Selbst verschloß.

Dieser Ansatz von der Arbeitsbedeutung der gesellschaftlichen Statusunterscheidungen führte unmittelbar ins Zentrum der in Indien anstehenden Reformprobleme. Er wies über das Paria-Problem hinaus auf die Frage der Einschätzung aller niedrigen, und d. h. auch der körperlichen, Arbeit überhaupt, wie des Status der auf sie verwiesenen Gruppen. Aber auch in bezug auf Südafrika öffnete er Gandhi den Blick für das wahre Wesen der gegen die schwarzen Eingeborenen gerichteten Diskriminierung, für den ausbeuterischen Sinn etwa der Forderung, Südafrika müsse „a white man's country" bleiben – bei gleichzeitiger Angewiesenheit auf „schwarze" und „braune" Arbeitskraft.[897] Anfänglich dagegen, in den Tagen seiner imperialistischen Begeisterung, hatte Gandhi noch unbefangen Cecil Rhodes' Parole, man müsse die Schwarzen die Würde der Arbeit lehren, für seine Argumentation aufgegriffen, anscheinend ohne Gespür für den darin liegenden Zynismus, denn vorzugsweise ging es ja um niedere, für die Weißen „unwürdige" Arbeit.[898] Wie anders klingt es in den

---

reason why we should be swamped by black matter in the wrong place – namely storekeepers, etc."

[896] Vgl. Gandhis Referat der weltanschaulichen Argumente von J. Smuts in „Satyagraha in South Africa", Chap. 10.

[897] „So long as the great numerical inequality between the Europeans and the Kaffirs continues to remain in favour of the latter, it is passing strange how any man could call South Africa a white man's country ... It cannot be denied that, rightly or wrongly, the white man wishes to begin and end as a boss in South Africa. He would not perform manual work. Under the circumstances the Kaffirs must play a very important part in the economy of South Africa, and so long as such a condition of affairs prevails in South Africa, the brown man must find a place." Denn: „In South Africa ... there are things which the white man would not do, and the Kaffir could not do. It has, therefore, been possible for the Indians to live in South Africa. There may be overlapping in some instances, but as a rule each of the races has found its own level and its vocation" („‚Anglo-Indian' on the British Indians in South Africa", IO, 3.12.1904, CW 4: 304f., 305). Der Passus zeigt gut die oben für diese Phase konstatierte Verbindung wachsender sozialer Einsicht mit herkömmlichem Gruppendenken.

[898] Rhodes hatte das Schlagwort bei der Begründung des sogenannten Glen Grey Act, 1894, aufgebracht, der eine Ansiedlungspolitik in Reservaten mit einer Kopfsteuer verband, die zur Aufnahme niederer Lohnarbeit motivieren sollte. Darüber Walker 1957: 432f.; P 1965: 364; die Rede Rhodes' in Newton 1968, I: 124 (125).

späteren Jahren, wenn er der neu entstehenden Aufsteiger-„Elite" der „Colonial-Born Indians" ihre Scheu vor manueller Arbeit vorhält und sie an die Abhängigkeit aller gehobenen Berufe von der produktiven Arbeit der „great native races" erinnert.[899] Der entscheidende, inzwischen vollzogene Schritt, die Konsistenzforderung an die gesellschaftliche Struktur und die Reflexion auf die Gleichheit der von jedem prinzipiell geforderten Arbeitsbereitschaft, ermöglichte es Gandhi schließlich, sich von der Beschränkung auf rein nationale oder rassische Gleichheitsforderungen zu lösen – denn das war ein verbreiteter, auch ihm selbst zunächst bedenklich naheliegender Irrweg, der bisher allemal nur auf die wechselseitige Anerkennung von Eliten in ihren Vorrangansprüchen hinausgelaufen war und den Zugang zu menschenrechtlichem Denken eher versperrte. Diesen Zugang bekommt erst, wer den kritischen Blick auch der eigenen Gesellschaft zuwendet.

Bei Gandhi heißt es im „Green Pamphlet" (1896): „There is a very good reason for requiring registration of a native in that he is yet being taught the dignity and necessity of labour. The Indian knows it and he is imported because he knows it" (CW 2: 12f.). Vgl. damit Gandhis spätere kritische Wertung in „Satyagraha in South Africa", Chap. 2: den Arbeitszwang durch die den Einheimischen oktroyierte „Zivilisation", ihre Zähmung zu Arbeitstieren durch die Buren usw. Zum Glen Grey Act: „In order to increase the Negro's wants or to teach him the *value of* labour, a poll-tax and a hut tax have been imposed upon him" (ibid., CW 29: 14–15). Das von mir hervorgehobene Wort „value" ist hier für „dignity" eingetreten, weil Gandhi in verändertem Zusammenhang die positive Wertung der „dignity of labour" beibehielt.

[899] In „To the Colonial-Born Indian" heißt es: „A nation cannot be built out of clerks or even merchants ... We all live upon the great industry of the natives and Indians engaged in useful occupations in this country. In this sense they are more civilized than any of us, not excluding European non-producers, inhabiting this continent" usw. (IO, 15.7.1911, CW 11: 124f.); vgl. auch „A Reproach", IO, 3.9.1910 (CW 10: 315 f). Zur „New Elite" und ihren Bestrebungen ausführlich erstmals Swan 1985: 191ff., meines Erachtens allerdings teilweise in Überbewertung ihrer Rolle und Verkennung von Gandhis Position.

Glossar

Das Glossar ist als bloße Orientierungshilfe für den Nicht-Indienkundigen gedacht, weshalb die indologisch korrekte Schreibweise mit diakritischen Zeichen, die auch im Text fehlen, nicht berücksichtigt wurde.

agraha – Festhalten
ahimsa – Gewaltlosigkeit
ananda – Seligkeit
anekantavada – Lehre von der Nichteindeutigkeit („manyness of reality")
antyaja – Angehöriger der vierten Kaste (= Schudra)
aparigraha – Besitzlosigkeit
artha – Reichtum, Wohlergehen, Nutzen
Arya Samaj – Reformbewegung im Hinduismus
ashrama – Lebensstadium
asteya – Nicht-Stehlen
atmasakti – Seelenkraft
atman – Seele, das Selbst
ayat – Vers
azadi – Freiheit
bania – Kaufmannskaste
baqr-Id – Fest zur Beendigung des Ramadan
bhakti – Liebe zu Gott
bhangi – Unberührbaren-Kaste, Abfallbeseitiger, Straßenkehrer
brahmacharya – Keuschheit, Kontrolle der Sinne
brahman – die Macht spirituellen Erfassens, Weltseele
charkha – Spinnrad
danda – Bestrafung (wörtlich: Stock, Stab)
dandaniti – Politik des Stocks = Strafe, Strafjustiz
daridranarayana – „Gott der Armen" (Beiname Vischnus)
desacara – Landessitte
dharma – Religion, das alle verbindende universale Gesetz
dharna – wörtlich: festbleiben, ausharren; hier: das Aufstellen von Streikposten, Blockieren von Gebäuden
din – arab. „Religion", universaler Glaube an den einen Gott
Ganpati-Sloks – Gebete, Verse an den Gott Ganpati (= Ganesha)
gorakshini sabha – Kuhschutzgesellschaft
grihastha – Hausvater, das zweite Stadium der vier ashramas
Hari-jan – Gottesvolk (Hari: Beiname Vischnus)

hartal – Streik
himsa – Gewalt
himsak – Gewalttäter
Hindu Mahasabha (MHS) – Organisation der Hindu-Nationalisten
Hindutva – Hindutum
jati – Kaste (im Sinne von endogamer Einheit)
jihad – arab. „Heiliger Krieg"
kafir – Ungläubiger
Kali-Puja – Verehrung der Göttin Kali
karmayoga – der Heilsweg der Tat
khadi, khaddar – handgewebtes Tuch
Khilafat-Bewegung – Eintreten für das türkische Kalifat
kismet – Schicksal (von Gott gegeben)
kshatra – die Macht einseitigen Befehls, der durchsetzbare Wille
kshatriya – Kriegerkaste
mahatma – große Seele
madhhab – arab. Rechtsschule, Rechtsnorm (im Rahmen der shariah)
matsya-nyaya – Gesetz des Stärkeren („Gesetz der Fische")
maya – Illusion der Welt
moksha – Erlösung, Befreiung
prayopavesa – „sich hinsetzen zum Sterben", Fasten zum Tode
purohita – Hofkaplan
purushartha – Lebensziel des Menschen
rajadharma – Pflichten des Königs
raja sasana – königlicher Befehl
Ram Raj, Ramrajiya – Herrschaft des Gottes Ram = gerechte Herrschaft
sadhana – Erlösungsweg
sadharana dharma – allgemeines Gesetz (im Gegensatz zum Kastengesetz)
sadhu – Bettelmönch
samabhava – Gleichheit, Gleichwertigkeit
sanatani-Hindu – Bezeichnung für einen orthodoxen Hindu
sannyasa – Büßer- oder Eremitendasein, viertes Lebensstadium
sannyasi – Asket
sarkar – Staat
sarvodaya – (Sonnen-)Aufgang für alle: gerechte Sozialordnung, als Gegen-
    parole zum utilitaristischen Optimierungsprinzip
sat – das Seiende
satya – Wahrheit, Wahrhaftigkeit
satyagraha – Festhalten an der Wahrheit, Festigkeit in der Wahrheit (von skr.
    satya und agraha – Festhalten, Festigkeit in …)
Shakti-Puja – Verehrung der Göttin Shakti
shariah – arab. das göttliche Recht im Islam
shastra – Belehrung, Lehrbuch
shila – Gelübde

suddhi-Bewegung – wörtlich: Reinigung, im übertr. Sinn Rekonversion zum
  Hinduismus
svadharma – Eigengesetzlichkeit
swadeshi – Begriff aus der bengalischen Widerstandsbewegung nach 1905: Beschränkung auf inländische Produkte
swaraj – Unabhängigkeit, Selbstbestimmung
swa-rajiya – Selbständigkeit
vaishnava – vischnuitisch (nach dem Gott Vischnu)
vanaprastha – das dritte Lebensstadium
varna-System – die vier Kasten bzw. Stände
varnasankara – die Verwischung der varnas
vrata, maha vrata – Gelübde
vyavahara – Verhalten, Handeln
ulama – arab., islamische Gelehrte
yajna – religiöse Opferhandlung, Opfer
yama – Gelübde

Quellen

I. Gandhi: Texte und Äußerungen

Zitiert wird aus der monumentalen, vom indischen Staat herausgegebenen Gesamtausgabe:

„Collected Works of Mahatma Gandhi", Delhi/Ahmedabad 1956 ff. (= CW Band: Seite), die in chronologischer Anordnung in 90 Bänden erschienen ist.

Dort finden sich auch die von Gandhi geschriebenen Bücher, alle ursprünglich in Gujarati, in eigener bzw. autorisierter Übersetzung:

Hind Swaraj: Indian Home Rule, 1909 (= CW 10: 6–68).
Satyagraha in South Africa, 1924/25: Dakshina Africana Satyagrahano Itihas (= CW 29: 1–269).
An Autobiography or the Story of my Experiments with Truth, 1925–29 (= CW 39: 1–402).

Außerdem:

Non-Violence in Peace and War. 2 Bde., Ahmedabad 1942 und 1949 (= NV Band: Seite).

Für die spätere Zeit sind außerdem die beiden großen, eher hagiographischen Darstellungen benutzt, die zahlreiche mündliche und schriftliche Äußerungen verläßlich wiedergeben:

Tendulkar, Dinanath Gopal (1960–63): Mahatma. Life of Mohandas Karamchand Gandhi, 8 Bde., 2. Aufl. Delhi (= T Band: Seite).
Pyarelal (1965): Mahatma Gandhi. The Early Phase. Ahmedabad (= P 1965: Seite).
Pyarelal (1980): Mahatma Gandhi. Bd. II: The Discovery of Satyagraha – On the Threshold. Bombay (= P 1980: Seite).
Pyarelal (1965): Mahatma Gandhi. The Last Phase. 2 Bde., Ahmedabad (= P 1956 Band: Seite).

Daneben kommen, vor allem zur raschen Orientierung und für die späteren Belege, thematisch geordnete Kompilationen in Betracht:

Kher, V. B. (1959): Gandhi. Economic and Industrial Life and Relations. 3 Bde., zweite Aufl. Ahmedabad (= Kher 1959, Band: Seite).
Kher, V. B. (1967/68): Political and National Life and Affairs. 3 Bde., Ahmedabad (= Kher 1967/68, Band: Seite).

Gandhis Zeitschriften:

„Indian Opinion", 1903–1914. „Indian Opinion" (= IO, Datum) erschien gleichzeitig in
    englischer, Gujarati-, Hindi- und Tamil-Fassung.
„Young India", New Series, 1919–1930 (= YI, Datum). „Young India" erschien auf
    gujarati.
„Navajivan" (= Navajivan, Datum), Wochenschrift auf Gujarati. Die Aufsätze aus Na-
    vajivan finden sich in englischer Übersetzung in den Collected Works.
„Harijan", 1933–1947 (= H, Jg.), Harijan Sevak erschien auf hindi, Harijan bandhu auf
    gujarati.

II. Dokumente zur Verfassungsgeschichte

Sedition Committee 1918. Report (Rowlatt Committee), Calcutta 1919, Repr. Delhi
    1973.
Indian Constitutional Documents, hrsg. von Anil Chandra Banerjee. Dritte Aufl., 4
    Bde., Calcutta 1961, Bd. III.
Speeches and Documents on the Indian Constitution. 1921–1947, hrsg. von Maurice
    Linford Gwyer/Appadorai, Angadipuram, 2 Bde. Bombay 1957.
Joint Committee on Indian Constitutional Reform, Bd. 1: Report, London 1934.
The Framing of India's Constitution. Select Documents, 5 Bde., hrsg. von B. Shiva Rao,
    New Delhi/Bombay 1968.
Source Material for a History of the Freedom Movement in India (Collected from Bom-
    bay Government Records), Bd. II (1885–1920) Bombay 1958; Bd. III: Mahatma
    Gandhi, Bombay 1965.
Government of Pakistan. Ministry of Law and Parliamentary Affairs (Law Division):
    Constitutional Documents Bd. I: 1600–1933, Karachi 1964.
Pakistan Historical Society. History of the Freedom Movement, Bd. III, Karachi 1963.
Human Rights. Comments and Interpretations. A Symposium, hrsg. von der UNESCO
    1950.

Literatur

„Gewalt", in: Evangelisches Staatslexikon, hrsg. von Roman Herzog/Hermann Kunst/ Wilhelm Schneemelcher, Stuttgart, S. 852–865.

Adorno, Theodor (^{3}1974): Der Positivismusstreit in der deutschen Soziologie, Darmstadt.

Adorno, Theodor (^{3}1984): Jargon der Eigentlichkeit, in: Gesammelte Schriften, Bd. 6, hrsg. von Rolf Tiedemann, Frankfurt a. M., S. 413–526.

Albertini, Rudolf von (1966): Dekolonisation. Die Diskussion über Verwaltung und Zukunft der Kolonien, Köln.

Ali, Chaudhri Muhammad (1967): The Emergence of Pakistan, New York.

Althaus, Paul (1969): Luthers Lehre von den beiden Reichen im Feuer der Kritik, in: Heinz-Horst Schrey (Hrsg.): Reich Gottes und Welt. Die Lehre Luthers von den zwei Reichen, Darmstadt, S. 105–141.

Ambedkar, Bhimrao Ramji (^{2}1946): What Congress and Gandhi Have Done to the Untouchables, Bombay.

Andrews, Charles Freer (1929): Mahatma Gandhi's Ideas, London.

Arendt, Hannah (^{2}1971): Macht und Gewalt, München.

Arnold, Sir Edwin (1891): The Light of Asia; or, The Great Renunciation, Boston.

Arthasastra: The Kautilya Arthasastra, hrsg. von R. P. Kangle (1963), Bombay.

Ashworth, Andrew J. (1975): Self-Defence and the Right to Life, in: Cambridge Law Journal 34.2, S. 282–307.

Austin, Granville (1966): The Indian Constitution: Cornerstone of a Nation, Oxford.

Autour de la nouvelle déclaration universelle des droits de l'homme. Textes réunis par l'U.N.E.S.C.O. (Jacques Maritain) 1949.

Banerjee, Anil Chandra (^{3}1961): Indian Constitutional Documents, 4 Bde., Calcutta.

Barion, Hans (1968): Weltgeschichtliche Machtform? Eine Studie zur Politischen Theologie des II. Vatikanischen Konzils, in: ders. (Hrsg.): Epirrosis. Festgabe für Carl Schmitt I, Berlin, S. 13–59.

Barth, Karl (Hrsg.) (1948): Kirchliche Dogmatik I, Zürich.

Barth, Karl (^{8}1947): Der Römerbrief, Zürich.

Basham, Arthur Llewellyn (1954): The Wonder that was India, London.

Basham, Arthur Llewellyn (1971): Traditional Influences on the Thought of Mahatma Gandhi, in: Ravinder Kumar (Hrsg.): Essays in Gandhian Politics. The Rowlatt Satyagraha of 1919, Oxford, S. 17–42.

Berger, Hermann (1967): Hochsprache und Volkssprache in Indien, in: Jahrbuch des Südasien-Instituts der Universität Heidelberg 1966, Wiesbaden, S. 24–34.

Bernays, Robert (1931): „Naked Fakir", London.

Bhagavadgita (^{2}1949): With an Introductory Essay, Sanskrit Text, English Translation and Notes by Sarvepalli Radhakrishnan, London.

Bhagavadgita (1972): The Song Celestial or Bhagavad-Gita, translated from the Sanscrit Text by Sir Edwin Arnold, London.

Bhattacharya, Bhuddhadeva (1969): Evolution of the Political Philosophy of Gandhi, Calcutta.

Biardeau, Madeleine (1965): L'Inde et l'histoire. A Propos de l'œuvre de Louis Dumont, in: Revue Historique 89, S. 47–58.

Binder, Leonard (1961): Religion and Politics in Pakistan, Berkeley.

Birkenhead, Second Earl of (1965): Halifax. The Life of Lord Halifax, London.

Birukoff, Paul (1925): Tolstoi und der Orient. Briefe und sonstige Zeugnisse über Tolstois Beziehungen zu den Vertretern orientalischer Religionen, Zürich.

Blackstone, William ([5]1773): Commentaries on the Laws of England, Oxford.

Blume, Michael (1987): Satyagraha. Wahrheit und Gewaltfreiheit, Yoga und Widerstand bei M. K. Gandhi. Gladenbach.

Blunt, Edward (1937): The Indian Civil Service, London.

Böckenförde, Ernst-Wolfgang (1973): Politisches Mandat der Kirche?, in: ders.: Kirchlicher Auftrag und politische Entscheidung, Freiburg, S. 206–224.

Böckenförde, Ernst-Wolfgang (1976): Die Entstehung des Staates als Vorgang der Säkularisation, in: ders. (Hrsg.): Staat, Gesellschaft, Freiheit. Studien zur Staatstheorie und zum Verfassungsrecht, Frankfurt a. M., S. 42–65.

Bolitho, Hector (1954): Jinnah: Creator of Pakistan, London.

Bondurant, Joan Valérie (1965): Conquest of Violence. The Gandhian Philosophy of Conflict, rev. Edition, Berkeley, Los Angeles.

Bonhoeffer, Dietrich (1970): Widerstand und Ergebung, München.

Bornkamm, Heinrich (1961): Das Problem der Toleranz im 16. Jahrhundert, in: ders., Das Jahrhundert der Reformation. Gestalten und Kräfte, Göttingen, S. 262–290.

Bornkamm, Heinrich (1969): Luthers Lehre von den Zwei Reichen im Zusammenhang seiner Theologie, in: Heinz-Horst Schrey (Hrsg.): Reich Gottes und Welt, Darmstadt, S. 165–195.

Bose, Nirmal Kumar (1948): Selections from Gandhi, Ahmedabad, 1972.

Bose, Nirmal Kumar (1953): My Days with Gandhi, Calcutta.

Bose, Nirmal Kumar/P. H. Patwardhan (1967): Gandhi in Indian Politics, Bombay.

Bose, Nirmal Kumar (1971): Lectures on Gandhism, Ahmedabad.

Bose, Subhas Chandra (1964): The Indian Struggle 1920–1942, Calcutta.

Broomfield, John Hindle (1968): Elite Conflict in a Plural Society: Twentieth Century Bengal, Berkeley.

Brown, Judith Margaret (1974): Gandhi's Rise to Power. Indian Politics 1915–1922, Cambridge.

Brown, Judith Margaret (1977): Gandhi and Civil Disobedience. The Mahatma in Indian Politics 1928–1934, Cambridge.

Brunner, Otto (1939): Land und Herrschaft. Grundlagen der territorialen Verfassungsgeschichte Südostdeutschlands im Mittelalter.

Campbell-Johnson, Alan (1951): Mission with Mountbatten, London.

Carlsson, Gosta (1968): Betrachtungen zum Funktionalismus, in: Ernst Topitsch (Hrsg.): Logik der Sozialwissenschaften, Köln, S. 236–261.

Carstairs, George Morris (1961): The Twice Born. A Study of High Caste Hindus, London.

Cassirer, Ernst ([6]1964): Philosophie der symbolischen Formen, Darmstadt.

Chand, Tara (1961–1972): History of the Freedom Movement in India, New Delhi.

Chatterjee, Bankim Chandra (1882): Anandamath, Calcutta 1882.

Chaudhuri, Nirad Chandra (1951): The Autobiography of an Unknown Indian, London.

Chaudhuri, Nirad Chandra (1974): The Continent of Circe. An Essay on the People of India, Bombay.

Chauhan, D. S. (1974): Mohandas Karamchand Gandhi: Reconstruction, Revolutionary Thought, and Action Strategy, in: Asia Quarterly, S. 65–79.

Chirol, Valentine (1910): Indian Unrest, London.

Clausewitz, Carl von (1973): Vom Kriege. Hinterlassenes Werk des Generals Carl von Clausewitz, 18. Aufl. Bonn.

Cohen, Stephen Philip (1971): The Indian army: its contribution to the development of a nation?, Berkeley, London 1971.

Conrad, Dieter (1965): Freiheitsrechte und Arbeitsverfassung. Berlin.

Conrad, Dieter (1973): Von der Teilung Indiens zur Teilung Pakistans: Staatsrechtliche Aspekte, in: Internationales Asienforum 4, S. 136–192, 342–351.

Conrad, Dieter (1982): Gandhi's Egalitarianism and the Indian Tradition, in: Günther-Dietz Sontheimer/Parameswara Kota Aithal (Hrsg.): Indology and Law: Studies in Honor of Prof. J. Duncan M. Derrett, Wiesbaden, S. 359–410.

Conrad, Dieter (1986): Max Webers Interpretation des Dharma und sein Begriff der Eigengesetzlichkeit, in: Max Weber e l'India. Atti del Convegno Internazionale su: La Tesi Weberiana della Razionalizzazione in Rapporto all'Induismo e al Buddhismo. Hrsg. vom Goethe-Institut in Turin und Centro Piemontese di Studi sul Medio ed Estremo Oriente, Turin, S. 37–78.

Conrad, Dieter (1989): Schwierigkeiten beim Schreiben der Wahrheit – ein Brief Gandhis zur Universalen Menschenrechtsdeklaration der UN, in: Jahrbuch des Wissenschaftskollegs zu Berlin 1987/88, Berlin, S. 191–212.

Conrad, Dieter (1990): Der Begriff des Politischen, die Gewalt und Gandhis gewaltlose politische Aktion, in: Jan Assmann/Dietrich Harth (Hrsg.): Kultur und Konflikt, Frankfurt a. M., S. 72–112.

Conrad, Dieter (1999): Zwischen den Traditionen. Probleme des Verfassungsrechts und der Rechtskultur in Indien und Pakistan. Gesammelte Aufsätze aus den Jahren 1970–1990, hrsg. von Jürgen Lütt/Mahendra Pal Singh, Stuttgart.

Conrad, Dieter (2001): Gandhi as Mahatma: Political Semantics in an Age of Cultural Ambiguity, in: Vasudha Dalmia/Angelika Malinar/Martin Christof (Hrsg.): Charisma and Canon. Essays on the Religious History of the Indian Subcontinent, Oxford, S. 223–249.

Contiades, Ion (1968): Nachwort, in: Lessing, G. Ephraim: Ernst und Falk. Gespräche für Freimaurer, Frankfurt a. M., S. 129–157.

Coupland, Reginald (1942–44): Report on the Constitutional Problem in India, 3 Bde., Oxford.

Dabin, Jean (1964): Der Staat oder Untersuchungen über das Politische, Berlin.

Dahrendorf, Ralf (1967 a): Homo Sociologicus: Versuch zur Geschichte, Bedeutung und Kritik der Kategorie der sozialen Rolle, in: ders., Pfade aus Utopia. München, S. 128–194.

Dahrendorf, Ralf (1967 b): Die Funktionen sozialer Konflikte, in: ders., Pfade aus Utopia. München, S. 263–277.

Dalton, Dennis G. (1970): Gandhi During Partition. A Case Study in the Nature of Satyagraha, in: Cyril Henry Philips (Hrsg.): The Partition of India. Politics and Perspectives, London, S. 222–244.

Derrett, John Duncan Martin (1968): Religion in Modern Indian Law, in: ders., Religion, Law and the State in India, Leiden, S. 437–481.

Dhawan, Gopinath (^{3}1957): The Political Philosophy of Mahatma Gandhi, Ahmedabad.

Dodwell, Henry Herbert (Hrsg.) (1964): The Cambridge History of India, Bd. 6 The Indian Empire, Delhi.

Duchrow, Ulrich (1970 a): Christenheit und Weltverantwortung. Traditionsgeschichte und systematische Struktur der Zweireichelehre, Stuttgart.

Duchrow, Ulrich (1970 b): Reich Gottes und Welt, Stuttgart.

Duchrow, Ulrich/Wolfgang Huber/Louis Reith (1975): Umdeutungen der Zweireiche-lehre Luthers im 19. Jahrhundert, Gütersloh.

Duchrow, Ulrich/Wolfgang Huber (1976): Die Ambivalenz der Zweireichelehre in lu-therischen Kirchen des 20. Jahrhunderts, Gütersloh.

Dumbauld, Edward (1957): The Bill of Rights and What It Means Today, Norman.

Dumont, Louis (1959): Le renoncement dans les religions de l'Inde. Archives de Socio-logie des Religions, S. 45 ff.

Dumont, Louis (1961): On Putative Hierarchy and some Allergies to it, in: Contribu-tions to Indian Sociology 5, S. 58–78.

Dumont, Louis (1964): Nationalism and Communalism, in: Contributions to Indian So-ciology 7, S. 30–70.

Dumont, Louis (1965): The Modern Conception of the Individual. Notes on its Genesis and that of Concomitant Institutions, in: Contributions to Indian Sociology 8, S. 13–61.

Dumont, Louis (1966): Homo Hierarchicus. Essai sur le système des castes, Paris.

Dumont, Louis (1977): Homo Aequalis. Genèse et épanouissement de l'idéologie éco-nomique, Paris.

Dungen, Peter H. M. van den (1971): Gandhi in 1919: Loyalist or Rebel, in: Ravinder Kumar (Hrsg.): Essays in Gandhian Politics, Oxford, S. 43–63.

Durkheim, Émile (^{5}1968): Les formes élémentaires de la vie religieuse, Paris.

Durkheim, Émile (^{3}1970): Die Regeln der soziologischen Methode, Neuwied.

Durkheim, Émile (^{2}1973): De la Division du Travail Social, Paris.

Ebert, Theodor (1969): Gandhis Theorie der gewaltfreien Aktion, in: Mahatma Gandhi. 1869/1969, Bonn/Bad Godesberg, S. 69–97.

Edwardes, Michael (1963): The Last Years of British India, London.

Elias, Norbert (1976): Über den Prozess der Zivilisation. Soziogenetische und psycho-genetische Untersuchungen, Frankfurt.

Erikson, Erik Homburger (1970): Gandhi's Truth. On the Origin of Militant Nonvio-lence, London.

Erikson, Erik Homburger (1975): Der junge Mann Luther, Frankfurt a. M.

Ermacora, Felix (1970): Allgemeine Staatslehre. Vom Nationalstaat zum Weltstaat, Ber-lin.

Eybers, George Welfing L. (1969): Select Constitutional Documents Illustrating South African History 1795–1910, New York.

Farquhar, John Nicol (1967): Modern Religious Movements in India, Delhi.

Feil, Ernst/Rudolf Weth (Hrsg.) (1969): Diskussion zur „Theologie der Revolution", München.

Fenske, Hans (1972): Gewaltenteilung, in: Otto Brunner/Werner Conze/Reinhart Ko-selleck (Hrsg.): Geschichtliche Grundbegriffe. Historisches Lexikon zur politisch-sozialen Sprache in Deutschland, Bd. 2, Stuttgart, S. 923–958.

Ferber, Christian von (1970): Die Gewalt in der Politik. Eine Auseinandersetzung mit Max Weber, Stuttgart.

Figgis, John Neville (^{2}1923): Studies of Political Thought from Gerson to Grotius, Cambridge.

Forck, Gottfried (1959): Die Königsherrschaft Jesu Christi bei Luther, Berlin.

Freund, Julien (1965): L'essence du politique, Paris.

Friedrich, Carl Joachim (1953): Der Verfassungsstaat der Neuzeit, Berlin.

Galtung, Johan (1972): Gewalt, Frieden und Friedensforschung, in: Dieter Senghaas (Hrsg.): Kritische Friedensforschung. Frankfurt a. M., S. 55–104.

Ganguli, Birendra Nath (1973): Gandhi's Social Philosophy. Perspektive and Relevance, Delhi.

Garbe, Richard von (1914): Indien und das Christentum, Tübingen.

Gautamiya-Dharmasastra, engl. Übers. von Georg Bühler, in: Sacred Books of the East, Bd. 2, London 1879.

Gehlen, Arnold (1956): Urmensch und Spätkultur. Philosophische Ergebnisse und Aussagen, Bonn.

Gehlen, Arnold (1975): Über die Geburt der Freiheit aus der Entfremdung, in: Heinz-Horst Schrey (Hrsg.): Entfremdung, Darmstadt, S. 27–41.

Geiger, Theodor (1926): Die Masse und ihre Aktion. Ein Beitrag zur Soziologie der Revolution, Stuttgart.

Geschichtliche Grundbegriffe. Historisches Lexikon zur politisch-sozialen Sprache in Deutschland, hrsg. von Otto Brunner/Werner Conze/Reinhart Koselleck, 8 Bde., Stuttgart 1972 ff.

Gewalt und Gewaltanwendung in der Gesellschaft. Eine Thesenreihe der Kammer der EKD für öffentliche Verantwortung, Gütersloh 1973.

Ghose, Aurobindo (1965): On Nationalism. First Series, Pondicherry.

Ghose, Aurobindo (^{2}1907): The Doctrine of Passive Resistance, Pondicherry.

Ghoshal, Upendra Nath (1959): A History of Indian Political Ideas, Oxford.

Gilbert, Martin (1976): Winston S. Churchill, London.

Glasenapp, Helmuth von (1925): Der Jainismus. Eine indische Erlösungsreligion, Berlin.

Gollwitzer, Helmut (1969): Die Revolution des Reiches Gottes und die Gesellschaft. Thesen 1968, in: Paul Neuenzeit (Hrsg.): Die Funktion der Theologie in Kirche und Gesellschaft, München, S. 129–155.

Gopal, Ram (1956): Lokamanya Tilak, London.

Gopal, Sarvepalli (1957): The Viceroyalty of Lord Irwin 1926–1931, Oxford.

Grimm, Jakob und Wilhelm (1898): Deutsches Wörterbuch, Bd. IV, Leipzig 1898.

Guérinot, Armand Albert (1926): La religion djaina, Paris.

Güntzberg, Benedikt (1907): Die Gesellschafts- und Staatslehre der Physiokraten, Altenburg.

Habermas, Jürgen (1963): Theorie und Praxis. Sozialphilosophische Studien, Neuwied.

Habermas, Jürgen (^{3}1968): Strukturwandel der Öffentlichkeit. Untersuchungen zu einer Kategorie der bürgerlichen Gesellschaft, Neuwied.

Habermas, Jürgen (1971): Vorbereitende Bemerkungen zu einer Theorie der kommunikativen Kompetenz, in: Jürgen Habermas/Niklas Luhmann (Hrsg.): Theorie der Gesellschaft oder Sozialtechnologie, Frankfurt a. M., S. 101–141.

Habermas, Jürgen/Niklas Luhmann (1971): Theorie der Gesellschaft oder Sozialtechnologie, Frankfurt a. M.

Habermas, Jürgen (1973): Legitimationsprobleme im Spätkapitalismus, Frankfurt a. M.

Habermas, Jürgen (1976): Zur Rekonstruktion des Historischen Materialismus, Frankfurt a. M.

Habermas, Jürgen (1981): Theorie des kommunikativen Handelns, Frankfurt a. M.

Hacker, Paul (1961): Schopenhauer und die Ethik des Hinduismus, in: Saeculum 12, S. 366–399.

Halsbury, Hardinge Stanley Giffard of (1907–1917): Halsbury's Laws of England, London.

Hancock, William Keith (1962): Smuts. The Sanguin Years 1870–1919, Cambridge.

Hart, Herbert Lionel Adolphus (1961): The Concept of Law, Oxford.

Hasbach, Wilhelm (1890): Die allgemeinen philosophischen Grundlagen der von François Quesnay und Adam Smith begründeten politischen Ökonomie, Leipzig.

Hauser, Richard (1949): Autorität und Macht. Die staatliche Autorität in der neueren protestantischen Ethik und in der katholischen Gesellschaftslehre, Heidelberg.

Hay, Stephen Northup (1970 a): Jain Influences on Gandhi's Early Thought, in: Sibna-rayan Ray (Hrsg.): Gandhi, India and the World, Bombay, S. 14–23.

Hay, Stephen Northup (1970 b): Asian Ideas of East and West. Tagore and His Critics in Japan, China, and India, Cambridge/Mass.

Heckel, Johannes (1938): Cura Religionis, in: Festschrift für Ulrich Stutz. Stuttgart, S. 224–298.

Heckel, Johannes (1952): Kirchengut und Staatsgewalt, in: Helmut Quaritsch/Hermann Weber (Hrsg.): Staat und Kirchen in der Bundesrepublik, Berlin, S. 44–79.

Heckel, Johannes (^{2}1973): Lex Charitatis. Eine juristische Untersuchung über das Recht in der Theologie Martin Luthers, München.

Hegel, Georg Wilhelm Friedrich (^{4}1955 a): Grundlinien der Philosophie des Rechts. Sämtliche Werke. Neue Kritische Ausgabe, hrsg. von Johannes Hoffmeister. Bd. 12, Hamburg.

Hegel, Georg Wilhelm Friedrich (^{5}1955 b): Die Vernunft in der Geschichte, in: Sämtliche Werke. Neue Kritische Ausgabe, hrsg. von Johannes Hoffmeister. Bd. 18, Hamburg.

Heidegger, Martin (1927): Sein und Zeit, Halle.

Heimsath, Charles Herman (1964): Indian Nationalism and Hindu Social Reform, Princeton.

Heller, Hermann (^{3}1963): Staatslehre, hrsg. von Gerhart Niemeyer, Leiden.

Hennis, Wilhelm (1959): Zum Problem der deutschen Staatsanschauung, in: Vierteljahresresfte für Zeitgeschichte 7, S. 1–23.

Hintze, Otto (^{2}1962): Staatsverfassung und Heeresverfassung, in: Gesammelte Abhandlungen, Bd. 1, Göttingen, S. 52–83.

Hobbes, Thomas (1953): Leviathan, London.

Hofmann, Hasso (1964): Legitimität gegen Legalität. Der Weg der politischen Philosophie Carl Schmitts, Neuwied.

Holl, Karl (1917): Luthers Anschauung über Evangelium, Krieg und Aufgabe der Kirche im Lichte des Weltkriegs.

Holl, Karl (1927): Luther, in: ders., Gesammelte Aufsätze zur Kirchengeschichte Bd. 1, Tübingen.

Hölscher, Lucian (1976): Die Entstehung des Begriffs „Öffentlichkeit". Eine begriffsgeschichtliche Untersuchung. Diss. Heidelberg.

Horsburgh, Howard John Neale (1968): Non-Violence and Aggression. A Study of Gandhi's Moral Equivalent of War, New York.

Huber, Wolfgang (1973): Kirche und Öffentlichkeit, Stuttgart.

Hutchins, Francis G. (1971): Spontaneous Revolution: The Quit India Movement, Delhi.

Huttenback, Robert A. (1971): Gandhi in South Africa. British Imperialism and the Indian Question 1860–1914, Ithaca.

Iqbal, Muhammad (1930): Reconstruction of Religious Thought in Islam, Lahore.

Iyer, Raghavan N. (1973): The Moral and Political Thought of Mahatma Gandhi, New York.

James, William (1890): The Principles of Psychology, New York.

Jayakar, Mukund R. (1958): The Story of my Life, Bombay.

Jellinek, Georg (^{3}1959): Allgemeine Staatslehre, Darmstadt.

Jenks English Civil Law, hrsg. von Percy Henry Winfield, London ^{4}1947.

Jennings, Sir Ivor (1953): Some Characteristics of the Indian Constitution, Madras.

Jinnah, Mohammad Ali (^{6}1960): Speeches and Writings, Bd. 1, hrsg. von Jamil-ud-Din Ahmad, Lahore.

Jinnah, Mohammad Ali (1964): Speeches and Writings, Bd. 2, hrsg. von Jamil-ud-Din Ahmad, Lahore.

Johnson, Gordon (1973): Partition, Agitation and Congress: Bengal 1904 to 1908, in: Modern Asian Studies 7, S. 533–588.

Jordan, Hermann (1968): Luthers Staatsauffassung, Darmstadt.

Kabadi, Waman P. (Hrsg.) (1932): India's Case for Swaraj. By Mahatma Gandhi, Bombay.

Kafka, Gustav E. (1973): Ziviltheologie – Heute?, in: Gustav E. Kafka/Ulrich Matz: Zur Kritik der Politischen Theologie, Paderborn, S. 25–46.

Kafka, Gustav E. (1974): Allgemeine Staatslehre und Politikwissenschaft (unvollendet), in: Juristische Blätter 96, S. 493–506.

Kane, Pandurang Vaman (^{2}1968): History of Dharmashastra. Ancient and Medieval Religious and Civil Law in India, Poona.

Kant, Immanuel (1968): Werke. Akademie-Textausgabe. Unveränderter photomechanischer Abdruck des Textes der von der Preußischen Akademie der Wissenschaften 1902 begonnenen Ausgabe von Kants gesammelten Schriften, Berlin.

Kantowsky, Detlev (1972): Gandhi und Indiens Entwicklung heute, in: ders., Indien. Gesellschaftsstruktur und Politik, Frankfurt a. M., S. 126–145.

Keer, Dhammanjay J. (1959): Lokamanya Tilak, Bombay.

Keer, Dhammanjay (1973): Mahatma Gandhi. Political Saint and Unarmed Prophet, Bombay.

Keith, Arthur Berriedale (^{2}1937): A Constitutional History of India 1600–1935, Allahabad.

Kelsen, Hans (1922/23): Gott und Staat, in: Logos 11, S. 261–284.

Kelsen, Hans (^{2}1960): Reine Rechtslehre, Wien.

Kelsen, Hans (1966): Allgemeine Staatslehre, Bad Homburg.

Kelsen, Hans (^{3}1965): Sozialismus und Staat. Eine Untersuchung der politischen Theorie des Marxismus, Wien.

Khalid, Detlev (1974): A Study of Ataturk's Laicism in the Light of Muslim History, in: Islam and the Modern Age 5, S. 43–73.

Kimminich, Otto (1970): Deutsche Verfassungsgeschichte, Frankfurt a. M.

Kinder, Ernst (1969): Luthers Ableitung der geistlichen und weltlichen „Oberkeit" aus dem 4. Gebot, in: Heinz-Horst Schrey (Hrsg.): Reich Gottes und Welt, Darmstadt, S. 221–241.

Kodalle, Klaus-Michael (1973): Politik als Macht und Mythos. Carl Schmitts „Politische Theologie", Stuttgart.

König, René (1975): Freiheit und Selbstentfremdung in soziologischer Sicht, in: Heinz-Horst Schrey (Hrsg.): Entfremdung, Darmstadt, S. 397–419.

Koselleck, Reinhart (1959): Kritik und Krise, Freiburg.

Krockow, Christian Graf (1958): Die Entscheidung. Eine Untersuchung über Ernst Jünger, Carl Schmitt, Martin Heidegger, Stuttgart.

Krüger, Herbert (1964): Allgemeine Staatslehre, Stuttgart.

Lau, Franz (1969): Leges charitatis, in: Heinz-Horst Schrey (Hrsg.): Reich Gottes und Welt. Die Lehre Luthers von den zwei Reichen, Darmstadt, S. 528–547.

Lecler, Joseph (1965): Geschichte der Religionsfreiheit im Zeitalter der Reformation, Stuttgart.

Lenin, Wladimir Iljitsch (^{5}1970): Sozialismus und Religion, in: Werke Bd. 10, S. 70–75.

Lessing, Gotthold Ephraim (1968): Ernst und Falk. Gespräche für Freimaurer (1777). Mit den Fortsetzungen Joh. Gottfr. Herders und Friedrich Schlegels hrsg. u. mit einem Nachwort versehen von Ion Contiades, Frankfurt a. M.

Lingat, Robert (1973): The Classical Law of India, New Delhi.

Locke, John (1690): Two Treatises of Government, London.

Locke, John (1692): Some Considerations of the Consequences of the Lowering of Interest, and Raising the Value of Money, London.

Locke, John (1959): An Essay Concerning Human Understanding, New York.

Low, D. Antony (1966): The Government of India and the First Non-co-operation Movement 1920–1922, in: The Journal of Asian Studies 25, S. 241–259.

Luhmann, Niklas (1969): Klassische Theorien der Macht, in: Zeitschrift für Politik, NF 16, S. 149–170.

Luther, Martin (^{5}1959), Werke in Auswahl, hrsg. von Otto Clemen, 6 Bde. Berlin (= Cl.).

Luther, Martin, D. Martin Luthers Werke. Kritische Gesamtausgabe. Weimar 1883 ff. Briefwechsel. Weimar 1930 f. (Weimarer Ausgabe = WA).

Lütt, Jürgen (1970): Hindu-Nationalismus in Uttar Pradesh 1867–1900, Stuttgart.

Lütt, Jürgen (1976): The Movement for the Foundation of the Benares Hindu University, in: German Scholars on India. Contributions to Indian Studies, hrsg. vom Cultural Department of the Embassady of the Federal Republic of Germany, New Delhi, S. 160–195.

Lütt, Jürgen (1977): Religion und Politik in Indien. Pandit Malaviyas Vermittlerrolle im politischen Hinduismus des frühen 20. Jahrhunderts, unveröffentlichte Habilschrift Heidelberg.

Machiavelli, Niccolo (1960): Il Principe, Mailand.

Macpherson, Crawford Brough (1962): The Political Theory of Possessive Individualism. From Hobbes to Locke, Oxford.

Maier, Hans (1969): „Politische Rheologie"? Einwände eines Laien, in: Helmut Peukert (Hrsg.): Diskussion zur „Politischen Theologie", München, S. 1–25.

Maier, Hans (1970): Theologie der Revolution und politische Theologie, in: Essener Gespräche zum Thema Staat und Kirche, hrsg. von Joseph Krautscheidt/Heiner Marré, München, S. 62–89.

Majumdar, Romesh Chandra (1962–63): History of the Freedom Movement in India, Calcutta.

Majumdar, Romesh Chandra/Hemchandra Raychaudhury/Kalikinkar Datta (1963): An Advanced History of India, London.

Majumdar, Romesh Chandra (Hrsg.) (^{2}1978): The History and Culture of the Indian People, Bombay.

Mandeville, Bernard de (1988): Die Bienenfabel oder private Laster als gesellschaftliche Vorteile, München.

Manu (1884): Manusmrti Manavadharmashastra. The Ordinances of Manu, hrsg. von A. Coke-Burnell/E. Hopkins, London.

Manu (1964): The Laws of Manu, hrsg. von Georg Bühler, Delhi.

Matz, Ulrich (1973): Verteidigung der Politik gegen die Politische Theologie, in: Gustav E. Kafka/Ulrich Matz (Hrsg.): Zur Kritik der Politischen Theologie, Paderborn, S. 9–24.

Matz, Ulrich (1975): Politik und Gewalt. Zur Theorie des demokratischen Verfassungsstaats und der Revolution, Freiburg.

McLaughlin, Elizabeth T. (1974): Ruskin and Gandhi, London.

McPherson, Kenneth (1974): The Muslim Microcosm: Calcutta 1918 to 1935, Wiesbaden.

Menon, Vapal Pangunni (1968): The Transfer of Power in India, Bombay.

Mercier de la Rivière (1767): L'Ordre Naturel et Essentiel des Sociétés Politiques, Paris.

Merillat, Herbert Christian Laing (1970): Land and the Constitution in India, Bombay.

Metz, Johann Baptist (1968): Zur Theologie der Welt, München.

Metz, Johann Baptist/Jürgen Moltmann/Willi Oelmüller (Hrsg.) (1970): Kirche im Prozeß der Aufklärung. Aspekte einer neuen „Politischen Theologie", München.

Marx, Karl/Friedrich Engels: Werke, Berlin 1957 ff. (= MEW).

Meyer, Johann Jakob (1925): Das altindische Buch von Welt und Staatsleben, Hannover.

Milam, Max (1967): The Epistemological Basis of Locke's Idea of Property, in: The Western Political Quarterly 20, S. 16–30.

Minault, Gail (1974): Islam and Mass Politics: The Indian Ulama and the Khilafat Movement, in: Donald Eugene Smith (Hrsg.): Religion and Political Modernization, New Haven, S. 168–182.

Minault, Gail/David Lelyveld (1974): The Campaign for a Muslim University 1898, 1920, in: Modern Asian Studies 8, S. 145–189.

Minault, Gail (1975): Religious Symbolism and Political Mobilization: A Reinterpretation of the Khilafat Movement, in: Dietmar Rothermund (Hrsg.): Islam in Southern Asia. A Survey of Current Research, Wiesbaden, S. 37–39.

Mitrokhin, L. V./A. V. Raikov (1974): New Revelations about the Amritsar Massacre, in: Soviet Review (New Delhi) 24, Bd. XI, May 23 (New Delhi), S. 44–53.

Moltmann, Jürgen (1969): Gott in der Revolution, in: Ernst Feil/Rudolf Weth (Hrsg.): Theologie der Revolution, München, S. 64–81.

Moltmann, Jürgen (1970): Theologische Kritik der Politischen Religion, in: Johann Baptist Metz/Jürgen Moltmann/Willi Oelmüller (Hrsg.): Kirche im Prozeß der Aufklärung. Aspekte einer neuen „Politischen Theologie", München, S. 11–52.

Mommsen, Wolfgang (Hrsg.) (1951): Deutsche Parteiprogramme vom Vormärz bis zur Gegenwart, München.

Mommsen, Wolfgang J. (^{2}1974): Max Weber und die deutsche Politik 1890–1920, Tübingen.

Monier-Williams, Monier (1960): A Sanskrit-English Dictionary, Oxford.

Montesquieu, Charles-Louis de Secondat, Baron de (1949): De l'Esprit des Lois. Texte établi avec une introduction, des notes et des variantes par Gonzaque Truc, Paris.

Montesquieu, Charles-Louis de Secondat, Baron de (1949): Traité des devoirs, in: Œuvres Complètes, hrsg. von R. Caillois, Paris, S. 108–111.

Moon, Penderel (1968): Gandhi and Modern India, London.

Moore, Robin James (1973): The Mystery of the Cripps Mission, in: Journal of Commonwealth Political Studies 11, S. 195–213.

Moore, Robin James (1974): The Crisis of Indian Unity 1917–1940, Oxford.

Moraes, Frank (1960): India Today, New York.

Morris-Jones, Wyndraeth Humphreys (1960): Mahatma Gandhi – Political Philosopher?, in: Political Studies 8, S. 16–36.

Morris-Jones, Wyndraeth Humphreys (1964): The Government and Politics of India, London.

Mühlmann, Wilhelm (1950): Mahatma Gandhi. Der Mann, sein Werk und seine Wirkung, Tübingen.

Mujeeb, Mohammed (1967): The Indian Muslims, London.

Müller, Friedrich (1970): Entfremdung. Zur anthropologischen Begründung der Staatstheorie bei Rousseau, Hegel, Marx, Berlin.

Munshi, Kanaiyalal Maneklal (1967): Indian Constitutional Documents, Bd. 1: Pilgrimage to Freedom (1902–1950), Bombay.

Nanda, Bal Ram (1958): Mahatma Gandhi. A Biography, Boston.

Nehru, Jawaharlal (1962): An Autobiography, Bombay.

Newton, Arthur Percival (Hrsg.) (^{2}1968): Select Documents Relating to the Unification of South Africa, London.

Niemeijer, Albert Christiaan (1972): The Khilafat Movement in India 1919–1924, Den Haag.

Nitivakyamrta (1962): Il Nitivakyamrta di Somadeva Suri. Einführung u. italien. Übers. von O. Botto, Torino.

Olivecrona, Karl (1975): The Term ‚Property‘ in Locke's Two Treatises of Government, in: Archiv für Rechts- und Sozialphilosophie 61, S. 109–115.

Otto, Rudolf (1917): Das Heilige. Über das Irrationale in der Idee des Göttlichen und sein Verhältnis zum Rationalen, Breslau.

Owen, Hugh F. (1968): Towards Nationwide Agitation and Organisation: The Home Rule Leagues 1915–1918, in: Donald Anthony Low (Hrsg.): Soundings in Modern South Asian History, London, S. 159–195.

Parel, Anthony (1969): The Political Symbolism of the Cow in India, in: Journal of Commonwealth Political Studies 7, S. 177–202.

Parsons, Talcott (^{5}1967): The Structure of Social Action, Glencoe.

Parwez, Ghulam Ahmad (1968): Islam: A Challenge to Religion, Lahore.

Payne, Robert (1969): The Life and Death of Mahatma Gandhi, London.

Perry, Richard L./John C. Cooper (1958): Sources of Our Liberties. Documentary Origins of Individual Liberties in the United States Constitution and Bill of Rights, Chicago.

Peukert, Helmut (Hrsg.) (1969): Diskussion zur „politischen Theologie“, Mainz.

Popitz, Heinrich (1973): Der entfremdete Mensch. Zeitkritik und Geschichtsphilosophie des jungen Marx, Darmstadt.

Proudhon, Pierre-Joseph (1849): Qu'est-ce que la propriété, ou Recherches sur le principe du Droit et du Gouvernement, Paris.

Quaritsch, Helmut/Hermann Weber (Hrsg.) (1967): Staat und Kirchen in der Bundesrepublik. Staatskirchenrechtliche Aufsätze 1950–1967, Bad Homburg.

Quaritsch, Helmut (1970): Staat und Souveränität. Bd. 1: Die Grundlagen, Frankfurt a. M.

Qureshi, Ishtiaq Husain (1977): The Muslim Community of the Indo-Pakistan Sub-continent, Karachi.

Rai, Lajpat (1915): The Arya Samaj. An Account of its Origin, Doctrines, and Activities, with a Biographical Sketch of the Founder, London.

Rao, B. Shiva (1968): The Framing of India's Constitution. A Study, Bombay.

Rawls, John (1973): A Theory of Justice, London.

Reibstein, Ernst (1963): Völkerrecht. Eine Geschichte seiner Ideen in Lehre und Praxis, München.

Rendtorff, Trutz/Heinz Eduard Tödt (1968): Theologie der Revolution. Analysen und Materialien, Frankfurt a. M.

Riasanovsky, Nicholas Valentine (1954): Rußland und der Westen: Die Lehre der Slawophilen, München.

Risley, Sir Herbert (1904): The Peoples of India, London.

Rolland, Romain (1924): Mahatma Gandhi, Paris.

Rolland, Romain (1969): Cahiers Romain Rolland 19, Paris.

Rothermund, Dietmar (1965): Politische Willensbildung in Indien, Wiesbaden.

Rothermund, Indira (1963): India: The Philosophy of Restraint. Mahatma Gandhi's Strategy and Indian Politics, Bombay.

Rousseau, Jean-Jacques (1954): Du Contrat Social ou Principes du Droit Politique, Paris.

Rousseau, Jean-Jacques (1962): Discours sur l'origine et les fondements de l'inégalité parmi les hommes, in: ders., The Political Writings, hrsg. von Charles Edwyn Vaughan, Cambridge, Bd. 1, S. 125–196.

Roy, Pratap Chandra (1962): The Mahabharata of Krishna-Dvaipayana Vyasa, Calcutta.

Ruskin, John (1905): Unto This Last, in: The Works, hrsg. von Edward Tyas Cook/ Alexander Wedderburn, Bd. 17, London, S. 5–118.

Santee, John C. (1976/77): The Right to Keep and Bear Arms, in: Drake Law Review 26, S. 423–444.

Sarkar, Sumit (1965): Trends in Bengal's Swadeshi Movement (1903–1908), in: Bengal Past and Present, Calcutta, S. 10–37, 140–160.

Sarkar, Sumit (1973): The Swadeshi Movement in Bengal, 1903–1908, New Delhi.

Savarkar, Vinayak Damodar (1923): Hindutva. Who is a Hindu?, Bombay.

Sayeed, Khalid B. (1978): Pakistan. The Formative Phase 1857–1948, Karachi.

Scharffenorth, Gerta (1964): Römer 13 in der Geschichte des politischen Denkens. Ein Beitrag zur Klärung der politischen Traditionen in Deutschland seit dem 15. Jahrhundert. Diss. Heidelberg.

Scheler, Max (1915): Der Genius des Krieges und der deutsche Krieg, Leipzig.

Scheler, Max (1924): Arbeit und Ethik, in: Schriften zur Soziologie und Weltanschauungslehre, Leipzig, Bd. 3, S. 26–84.

Scheler, Max (1933): Schriften aus dem Nachlaß, Bd. 1., Berlin.

Scheuner, Ulrich (1973): Das Problem der Gewalt und der gewaltsamen sozialen Veränderung in der ökumenischen Diskussion, in: Ulrich Scheuner, Schriften zum Staatskirchenrecht, hrsg. von Joseph Listl, Berlin, S. 563–577.

Schlette, Heinz Robert (1969): Religion ist Privatsache. Ein Beitrag zur „Politischen Theologie", in: Helmut Peukert (Hrsg.): Diskussion zur „politischen Theologie", Mainz, S. 72–81.

Schluchter, Wolfgang (1971): Wertfreiheit und Verantwortungsethik. Zum Verhältnis von Wissenschaft und Politik bei Max Weber, Tübingen.

Schmitt, Carl (1922): Politische Theologie, München u. a.

Schmitt, Carl (1934): Politische Theologie. Vier Kapitel zur Lehre von der Souveränität, München.

Schmitt, Carl (1950): Der Nomos der Erde im Völkerrecht des Jus Publicum Europaeum, Köln.

Schmitt, Carl (1958): Verfassungsrechtliche Aufsätze aus den Jahren 1924–1954. Materialien zu einer Verfassungslehre, Berlin.

Schmitt, Carl (1963): Der Begriff des Politischen. Text von 1932 mit einem Vorwort und drei Corollarien, Berlin.

Schmitt, Carl (^{2}1964): Die Diktatur. Von den Anfängen des modernen Souveränitätsgedankens bis zum proletarischen Klassenkampf, Berlin.

Schmitt, Carl (1970): Politische Theologie II. Die Legende von der Erledigung jeder politischen Theologie, Berlin.

Schnatz, Helmut (Hrsg.) (1973): Päpstliche Verlautbarungen zu Staat und Gesellschaft. Originaldokumente mit deutscher Übersetzung, Darmstadt.

Scholler, Heinrich Johannes (1958): Die Freiheit des Gewissens, Berlin.

Schrenck-Notzing, Caspar (1961): Hundert Jahre Indien. Die politische Entwicklung 1857–1960. Eine Einführung, Stuttgart.

Schrey, Heinz-Horst (Hrsg.) (1969): Reich Gottes und Welt. Die Lehre Luthers von den zwei Reichen, Darmstadt.

Schrey, Heinz-Horst (1971): Literaturbericht zur „Politischen Theologie", in: Theologische Rundschau 36, S. 346–377.

Schrey, Heinz-Horst (1972): Literaturbericht zur „Politischen Theologie", in: Theologische Rundschau 37, S. 43–77.

Sellin, Volker (1978): Politik, in: Otto Brunner/Werner Conze/Reinhart Koselleck (Hrsg.), Geschichtliche Grundbegriffe. Historisches Lexikon zur politisch-sozialen Sprache in Deutschland, Bd. 4, Stuttgart, S. 789–874.

Sen, Amulyachandra (1956): Asoka's Edicts. With a Preface by Suniti Kumar Chatterji, Calcutta.

Senghaas, Dieter (Hrsg.) (^{2}1971): Kritische Friedensforschung, Frankfurt a. M.

Sharma, Jagdish Saran (1962): India's Struggle for Freedom. Select Documents and Sources, Bd. 1, New Delhi.

Sharp, Gene (1960): Gandhi Wields the Weapon of Moral Power, Ahmedabad.

Shraddhanand (1946): Inside Congress, Bombay.

Simmel, Georg (1892/93): Einleitung in die Moralwissenschaft, Berlin.

Sitaramayya, Pattabhi Bhogaraju (1969): History of the Indian National Congress, Bd. 1: 1885–1935, New Delhi.

Smend, Rudolf (^{2}1968): Staat und Kirche nach dem Bonner Grundgesetz, in: ders., Staatsrechtliche Abhandlungen, Berlin, S. 411–422.

Smith, Adam (1937): An Inquiry into the Nature and Causes of the Wealth of Nations, hrsg. von E. Cannan, New York.

Smith, Donald Eugene (1963): India as a Secular State, Princeton.

Smith, Vincent Arthur (^{3}1961): Oxford History of India, Oxford.

Smith, Wilfred Cantwell (^{2}1947): Modern Islam in India, Lahore.

Snell, Edmund Henry Turner (^{27}1973): Snell's Principles of Equity, hrsg. von Robert Edgar Megarry/Paul Vivian Baker. London.

Sohm, Rudolph (1975): Das Verhältnis von Staat und Kirche aus dem Begriff von Staat und Kirche entwickelt, Darmstadt.

Sölle, Dorothee (1971): Politische Theologie. Auseinandersetzung mit Rudolf Bultmann, Stuttgart.

Spear, Thomas George Percival (1961): India. A Modern History, Ann Arbor.

Spratt, Philip (1966): Hindu Culture and Personality. A Psycho-Analytic Study, Bombay.

Srinivas, Mysore Narasimhachar (1966): Change in Modern India, Berkeley.

Stein, Lorenz von (1850): Geschichte der sozialen Bewegung in Frankreich, München.

Sternberger, Dolf (1961): Der Begriff des Politischen. Der Friede als der Grund und das Merkmal und die Norm des Politischen, Frankfurt a. M.

Sternberger, Dolf (1974): Machiavellis ‚Principe' und der Begriff des Politischen, Wiesbaden.

Stietencron, Heinrich von (1973): Zur Rolle der Religion in der pakistanischen Staatskrise 1970/71, in: Internationales Asienforum 4, S. 332–341.

Stirner, Max (1893): Der Einzige und sein Eigentum, Leipzig.

Stokes, Eric (1959): The English Utilitarians and India, Oxford.

Strauss, Leo (1932): Anmerkungen zu Carl Schmitt, Der Begriff des Politischen, in: Archiv für Sozialwissenschaft und Sozialpolitik 67, S. 732–747.

Strauss, Leo (1956): Naturrecht und Geschichte, Stuttgart.

Strauss, Leo (1959): What is Political Philosophy, Glencoe.

Swan, Maureen (1985): Gandhi. The South African Experience, Johannesburg.

Tagore, Rabindranath (1961): Anthologie, hrsg. von A. Chakravarty, Freiburg.

Talmon, Jacob [oder Yaakov?] Leib (1960): Political Messianism. The Romantic Phase, New York.

Tenbruck, Friedrich Heinrich (1961): Zur deutschen Rezeption der Rollentheorie, in: Kölner Zeitschrift für Soziologie und Sozialpsychologie 13, S. 1–40.

Thibon, Gustave (1939): Le risque au service de la prudence, in: Etudes Carmélitaines 24, S. 47–70.

Thiel, Udo (1981): Locke's Concept of a Person, in: Reinhardt Brandt (Hrsg.): John Locke, New York, S. 181–193.

Thoreau, Henry David (1969): Über die Pflicht zum Ungehorsam gegen den Staat, Zürich.

Thoreau, Henry David (2004): Walden, or Life in the Woods, hrsg. von Jeffrey S. Cramer, New Haven.

Tilak, Bal Gangadhar (1922): His Speeches and Writings, Madras.

Tinker, Hugh (1974): A New System of Slavery, London.

Tolstoi, Leo N. (1884): Mein Glaube, in: Sämtliche Werke. Sozial-ethische Schriften, Bd. 2.

Tolstoi, Leo N. (1902): Was sollen wir denn tun? (1882–1886), in: Sämtliche Werke. Sozial-ethische Schriften Bd. 3 und 4., Leipzig.

Tolstoi, Leo N. (1903): Das Reich Gottes ist inwendig in Euch, in: Sämtliche Werke. Sozial-ethische Schriften Bd. 6 und 7., Leipzig.

Tolstoi, Leo N. (1911 a): Moderne Sklaven. (1899–1900), in: Sämtliche Werke. Sozial-ethische Schriften Bd. 11: Religiös-ethnische Flugschriften, Jena.

Tolstoi, Leo N. (1911 b): Vom Sinn des Lebens. Sämtliche Werke. Sozial-ethische Schriften Bd. 11., Jena.

Tolstoi, Leo N. (1911 c): Was ist Religion? Sämtliche Werke. Sozial-ethische Schriften, Bd. 11: Religiös-ethnische Flugschriften, Jena.

Tönnies, Ferdinand (^{2}1912): Gemeinschaft und Gesellschaft. Grundbegriffe der reinen Soziologie, Berlin.

Triepel, Heinrich (1938): Die Hegemonie. Ein Buch von führenden Staaten, Stuttgart.

Troeltsch, Ernst (^{3}1923): Die Soziallehren der christlichen Kirchen und Gruppen, in: Gesammelte Schriften Bd. 1, Tübingen.

Tucker, Sir Francis (1950) While Memory Serves, London.

Tugendhat, Ernst (1979): Selbstbewußtsein und Selbstbestimmung. Sprachanalytische Interpretationen, Frankfurt a. M.

Tuka Ram (1991): Says Tuka. Selected Poetry of Tuka Ram, 1991.

Tyan, Émile (1991): Djihad, in: The Encyclopedia of Islam, hrsg. von B. Lewis/Ch. Pellat/J. Schacht, Bd. II: C–G, ^{4}Leiden, S. 538–540.

Ulpian, D. 1. 1. 1. 2, in: Okko Behrends/Rolf Knütel/Berthold Kupisch/Hans Hermann Seiler [Hrsg. und Übers.]: Corpus Iuris Civiles, Text und Übersetzungen, Bd. 2, Digesten 1–10, Heidelberg (1995), S. 91–92.

Varma, Vishwanath Prasad (^{3}1967): Modern Indian Political Thought, Agra.

Verdross, Alfred (^{2}1963): Abendländische Rechtsphilosophie. Ihre Grundlagen und Hauptprobleme in Geschichtlicher Schau, Wien.

Verdross, Alfred (1977): Der klassische Begriff des „bonum commune" und seine Entfaltung zum „bonum commune humanitatis", in: Österreichische Zeitschrift für öffentliches Recht und Völkerrecht 28, S. 143–162.

Vico, Giambattista (1744): Principj di una Scienza Nuova d'Intorno alle Natura delle Nazioni.

Vollmer, Franz-Josef (1975): Eigentumsbeschränkungen in Indien, Wiesbaden

Vollrath, Ernst (1983): Ist Eigentum als Menschenrecht begründbar?, in: Johannes Schwartländer/Dietmar Willoweit (Hrsg.), Das Recht des Menschen auf Eigentum, Kehl, S. 109–120.

Walker, Eric Anderson (1957): A History of Southern Africa, London.

Wavell (1973): The Viceroy's Journal, hrsg. von Penderel Moon, London.

Weber, Marianne (1950): Max Weber. Ein Lebensbild, Heidelberg.

Weber, Max (1922): Gesammelte Aufsätze zur Wissenschaftslehre, Tübingen.

Weber, Max (^{2}1925): Wirtschaft und Gesellschaft, in: Grundriß der Sozialökonomik, 3. Abteilung, Tübingen.

Weber, Max (^{5}1963): Gesammelte Aufsätze zur Religionssoziologie, 3 Bde., Tübingen.

Weber, Max (^{3}1971): Gesammelte Politische Schriften, Tübingen.

Wellock, Wilfred (1963): Off the Beaten Track. Adventures in the Art of Living, Varanasi.

Wendland, Heinz-Dietrich (1963): Einführung in die Sozialethik, Berlin.

Winternitz, Moritz (^{2}1968): Geschichte der indischen Literatur, 3 Bde., Stuttgart.

Wittgenstein, Ludwig (1963): Philosophische Untersuchungen, in: ders., Schriften, Bd. 1, Frankfurt a. M., S. 279–544.

Wolf, Gunther (Hrsg.) (1972): Luther und die Obrigkeit, Darmstadt.

Wolff, Otto (1963): Mahatma Gandhi: Politik und Gewaltlosigkeit, Göttingen.

Wolpert, Stanley (1962): Tilak and Gokhale: Revolution and Reform in the Making of Modern India, Berkeley.

Zelliot, Eleanor (^{2}1973): Learning the Use of Political Means: The Mahars of Maharashtra, in: Rajni Kothari (Hrsg.): Caste in Indian Politics, New Delhi, S. 29–69.

Personenregister